邓伟志全集

◎ 续集（三）◎

上海大学出版社

图书在版编目(CIP)数据

邓伟志全集. 第25卷, 续集. 三/邓伟志著. —上海: 上海大学出版社, 2020.12
ISBN 978-7-5671-3975-6

Ⅰ.①邓… Ⅱ.①邓… Ⅲ.①邓伟志－全集②社会科学－文集 Ⅳ.①Z427②C53

中国版本图书馆CIP数据核字(2020)第205625号

责任编辑　陈　强
助理编辑　夏　安
封面设计　柯国富
技术编辑　金　鑫　钱宇坤

邓伟志全集

续集三

邓伟志　著

上海大学出版社出版发行
(上海市上大路99号　邮政编码200444)
(http://www.shupress.cn　发行热线021-66135112)
出版人　戴骏豪

*

南京展望文化发展有限公司排版
江阴市机关印刷服务有限公司印刷　各地新华书店经销
开本787mm×960mm　1/16　印张28.75　字数470千
2020年12月第1版　2020年12月第1次印刷
ISBN 978-7-5671-3975-6/Z·91　定价　98.00元

版权所有　侵权必究
如发现本书有印装质量问题请与印刷厂质量科联系
联系电话:

总　　序

光阴荏苒，不知不觉已经到了风烛残年，"有知有觉"地感到死神正在向我频频招手。

在阔步向前、准备与死神握手言欢时，回顾一生，深感自己渺小如沙枣。1960年大学毕业以来，既没干过"惊天"之举，也没有什么"动地"之为，我好像就干了一件事：拿笔写文章。我幼年时拿过镰刀，不过那是割草喂牲口，还达不到割麦子、割大豆的水平；我拿过锤子，那是在"文革"前，每星期四下工厂，在机修车间夯平铁板时，乘师傅休息，自己挥两锤练练身手。一年365天，我可能有364天在握笔写文章。我永远不会忘记导师"曲不离口，'笔'不离手"的教导。从前我是用蘸水钢笔在纸上写的，现在是用汉王笔在电脑上写。我"晨起鸟啼前"，写；我"夜卧人静后"，趴在书桌上写。1960年冬，我下乡"反五风"，住在社员家中，没书桌，又不许个人写作，甚至还把个人写作视为"种自留地"，我便躲在坟地里，背着西北风，迎着太阳念啊念的，念个不停。念也是为了写。因为写，我得过大奖；因为写，我惹过大祸。二十多年前，我的处境相当艰难，估计写了也发不出去了。我曾想摆个书摊，或者开个书报亭，只要能有口饭吃，我依然想要边看书边写出一本"孤本"书来。

我之所以努力写作，是因为长期受环境的陶冶和影响，受理论研究这个职业的驱使和几十年学术惯性的推动，由此在我这个理论工作者眼里形成了一个顽固的偏见："万般皆下品，唯有'写作'高。"军官的"命令"固然威风，说一不二，无人违抗，但是远没有我们这般引人七嘴八舌的文章有魅力，因为认识总有个过程。"茅塞顿开"也有个"开"的程序，一道命令就立即想通是罕有的。首长的"批示"虽然能立即转化为行动，但是远没有我们这让人藏之深山的文章有生命力。况且依照那"批示"所作的"转化"会不会随着时间的推移来个"否定",都难说。小文章即使会过时,但是生命周期无论如何要比"批示"久远得多。货币的出现是人类文明的标志。在今天你如果没钱,寸步难行。可是一叠百元大钞的文化价值,又怎能抵得上一篇反映民意的小文章?尽管小文章一撕就破,百元大钞汽车都压不碎,可是小文章能打动人的心灵,能进入人的骨髓,这绝不是百元大钞所能做到的。说"万般皆下品,唯有'写作'高"也许是过头话,可是,"写作"高于权和钱这"两般"则是没错的。不是吗?再高超的政治主张、再前沿的经济理论也都要靠文章来表述。

古人讲:"人情练达皆文章。"我又是遵照我20世纪60年代初导师的教导,认为:处处留心皆学问。世界上那么多绿党,那么多动物保护协会,没有为苍蝇讲好话的。在一次"等待"时,为消磨时间,我留心苍蝇,于"不疑处生疑",马上写了《为苍蝇翻案》,赞苍蝇的抗菌能力,建议把苍蝇身上的什么"素"提炼出来,为人所用。有次在意大利遇到养鸵鸟的农场主,他们坚决否认鸵鸟有"钻头不顾尾"的习惯,于是我立即著文批评所谓"鸵鸟政策"的比喻欠周全。

可是,这种"处处留心"必然带来所学所写太杂,这种"信手拈来"必然失之于肤浅。杂,是我治学上的拦路虎,也是这套《全集》的一大弱点。小时候,读过郭沫若为自己过于杂而悔恨的文章,可是,为什么自己还要坚持"杂"下去呢?

问题在于:杂家本是我1960—1962年在上海社科院学习室期间的培养目标。为了让我们接受做杂家的使命,上海社科院的导师们不知讲了多少道理,不知举了多少案例。书记李培南是陆定一封的"小马克思"。他把培养我们当杂家、当评论员比作参议、参谋。他说:"司令、政委在分析敌情时有不同意见,参谋的话就起决定作用。"院长杨永直把杂家比作冲锋枪,他说:"冲锋枪比重炮灵活,拎得动,拉得出。"副院长庞季云不仅用"美国总统要给评论员杂家登门拜年"的故事来激励我们,还请老师给我们讲解"四书""五经",要求我们背诵《胡笳十八拍》等等一系列做法,让我们心悦诚服。我们全室20人个个都把终身做杂家视为民族的重托、国家的需要。杂家的观念对我们先入为主,也就决定了我后来的主动去中国大百科全书出版社上海分社工作,争取做"百科全书派",也就是决心继续做一名杂家。

问题在于:"文革"中,从1971年4月起,一直到"文革"结束后的1980年,我从事了近10年的自然科学研究。从"被动"到"自觉",从"为了安全而改行"到"实现大跨度结合",尝到了"杂"到自然科学的甜头。通常讲"隔行如隔山",可我切身体会:隔行不隔"理"。

问题还在于:热爱了杂家以后,便形成了一系列有利于杂家的理念。杂,会使得文章有血有肉,不至于像瘪三那样,瘦得只有骨头没有肉。杂,有助于提高文章的知识含量,增强趣味性,提高可读性,让读者读起来不吃力、不释卷。杂,只有杂才容易形成杂交优势,时而自然科学,时而社会科学,远缘杂交,更坚实有力。杂,更重要的是赋予人更广阔的想象空间,产生联想,出现思想碰撞的璀璨火花,即创新。杂很容易被人认为是杂乱无章。杂乱无章的文章是有的,可是做到杂而不乱、杂而有章也是可能的。万变不离其宗,纵横要求捭阖。会把渔网"撒得开"的,也一定会抓住纲,"收得拢"。

自1980年在"文革"后中国第一个社会学系——复旦大学分校社会学系(即今天的上海大学社会学院的前身)开设"家庭社会学"讲座、1981年2月正式在社会学系讲授"家庭社会学"课程以来,那"杂"开始有了自我约束,"东一榔头西一棒"的事有所减少。然而,由于我所从事的社会学专业本身就是一个大容量、多分支的综合性学科,于是我又深感自己"杂"得不够了。20世纪末,联合国教科文组织讲,社会学下有110个分支学科;美国社会学界说,社会学下有120个分支学科;21世纪初,南京社科院的同行统计,社会学下有170个分支学科。收在《邓伟志全集》里的《文化卷》实则是文化社会学,收在全集里的《教育卷》近乎教育社会学,收在全集里的《科普卷》类似科学社会学,收在全集里的《传媒卷》可谓传播社会学,还有收在全集里的《议政卷》也可以认为是用社会调查的"参与法"写出的"政治社会学"。而《人物卷》《亲历卷》在我这个社会学人眼中就是社会学的一个又一个案例。《散文卷》《书评卷》虽然称不上社会学宏论,但是它无一不是"社会评论"。把全集各卷加在一起,其总和还够不上社会学分支学科数的一个零头。媒体上称我"社会学家",我实不敢当,充其量我是"家"字下面那个"豕"身上的一根毛。

不仅从知识占有面来看,我不是合格的什么"家",而且从观点上看,也不是合格的什么"家"。几十年来,我在正确路线指引下,写过还算正确的文章;在错误路线指引下,也写过有严重错误的文章;毋庸讳言,我在正确路线指引下也写过不正确的文章,在错误路线指引下也写过并不错的文章。在2008年出版《邓伟志文集(6卷本)》时,我收了包含错误观点的文章,这次出版《邓伟志全集》,我又收了更多的包含错误观点的文章,连那些无人知晓的错误文章我也亮出来了。比方说,在《社会学卷》中收进了社会学尚未在中国恢复和重建时写的、未曾发表过的、为人民公社贴金的调查报告。我认为,不收进这些错误文章就不像我邓伟志了,隐去了错误文章不仅不像什么"家",好像连做人的起码也没有了。在这部全集中,我在好几处批评隐恶扬善的文选。尤其是那些我所尊敬过的长者,当年我们小字辈是在他们大人物影响下写出错误文章的,可如今他们似乎从未讲过错话。我有时埋怨自己记忆力太强。假如能忘记了大人物的错话,就不会如《孟子》所言"说大人则藐之"了;假如能忘记了大人物的错话,不就会对大人物肃然而又起敬了吗?可是,不知怎么搞的,大人物越是"隐恶",我越会忆起他们的"恶"。当然,摆出错误文章不是坚持错误,不是让谬种流传,而是让自己不要忘记错误,不要重犯错误,同时也让读者引以为戒。与此同时,我也不赞成有些认识错误的大人物"要把文章统统烧掉"的说法。错误是正确的先导,创伤是成熟的捷径。过去不等于现在,更不等于将来。我们这些生活在风云多变中的学人的伤口正在愈合。何况我们并不是一无是处。在历史唯物主义眼里,成功和失败都有存在的历史价值。

不感叹曾经失去的,不垂涎没有得到的,不追求不属于自己的,但是我珍惜我奋斗到今天唯一拥有的财富:一千余万字的作品。这便是我出全集的目的。

"人心是杆秤。"粉丝有粉丝的眼力,网友有网友的鉴赏水平,读者有读者的评价尺度。不论是对还是错都是篡改不了的历史,都必须还给社会,交给读者。这便是我出全集的目的。

学无涯,全集有涯。我说全集不全,包含两层意思:一是在汇编全集时,有些文章没有找到,不过,找不到的极少,是个零头。我说全集不全的另一层意思是,全集出版以后,如果还有一口气,也许还会再写一点什么。报上宣传过"我是属书的"那句话。人生仿佛也是一本书,是一本写不完的无字书,不到断气那一天就不会截稿。

盼望我这些充满是是非非的文字会引出见智见仁的议论。

Preface

Deng Weizhi

Time flies by. Without realizing it, I have become a candle flame flickering in the wind. I see Death beckoning me towards him.

As I step forward, ready to shake hands with Death, I look back on my life and realize I am as insignificant as a grain of sand. After graduating in 1960 from university, I did not accomplish anything earthshattering. It seems like I have only done one thing: take up my pen to write essays. In my childhood I used a sickle; but that was to cut grass to feed animals, not to harvest wheat or soybeans. Before the Cultural Revolution, I took up the hammer every Thursday afternoon while my Master took a break to pound iron plates in a machine repair workshop. I wrote essays 364 days a year. I will never forget my mentor's words, "sing every second, write every second". In the past, I wrote with ink on paper; now I write with pixels on my laptop. I write before the birds begin to sing in the morning, and I continue to write long into the late night silence. In the winter of 1960, I went to live in a peasant's house in the countryside due to the political movement "Five—Anti Campaign". The farmer's house did not have a desk, and civilian writing was forbidden. I hid in a cemetery and continued my reading — with my back to the wind during the winter and under the sunshine in the summer. I read relentlessly in order to be able to write again someday. My writing received distinguished awards; yet it has also courted immense trouble. Over 20 years ago, my situation was extremely difficult. I felt that even as I wrote, no one would publish my work. At one point, I thought I would need to stand up a small bookstand in order to survive while continuing to read and write my magnum opus.

My motivation for working hard at writing has long been cultivated and influenced by my environment. Spending decades of my career in the world of theory and academia, I have taken a strong prejudice: writing matters above all else. Of course, a military officer's commands are imposing and powerful, but they do not draw out the discussions that make an article captivating. True comprehension is a process. A command may be immediately understood, but it is not as long lasting as a polished article. Money is a symbol of human civilization. Nowadays one could not survive without money. But the cultural value of money cannot be compared to that of a small article that can affect public opinion. A printed piece of paper is easily torn, yet paper money doesn't tear even when run over with a car. A small article reflecting public opinion may touch a person's heart and enter his soul. This is not something that can be purchased with any large sum of money. Nothing matters above writing. This might be an exaggeration, but at the very least, writing is above power and money. Even the best political proposition or modern economic theory could not be expressed without articles.

There is an ancient Chinese saying, "All human relationships are worthy of being written as articles." I follow the teaching of my mentor in the 1960s that said "everything happening around you in the world counts as wisdom." There are so many environmental and animal protection associations around the world. However, there are no groups that support the household fly. One time, I observed flies during some down time and wrote an article "An appeal for the case of the fly." The article praised the antibacterial ability of flies and proposed a study to adapt the fly's ability to decontaminate food for the human body. There was another instance when I was in Italy and met ostrich farmers who did not believe that ostriches bury their heads in the sand to block out reality. This immediately inspired me to write an article criticizing the commonly used "ostrich policy" metaphor.

However, this kind of "inspired by everything" mentality inevitably results in disparate and superficial learning and writing — there was a lack of focus. The biggest weakness in my "collected works" is the diversity of my writing topics. When I was a child, I read an article written by Guo Moruo saying that he regretted his diversity of writing topics. Yet why did I stay on the same path of diversity?

The problem is: I trained in the diverse style of syncretism when I studied at the Shanghai Social Science Academy from 1960 to 1962. My mentor at the Academy provided countless reasons and cited innumerable case studies in order to get us to accept the mission of syncretism. Old party commissioner, Lu Dingyi, deemed my mentor, party secretary Li Peinan, to be a "young Karl Marx." He groomed us to be syncretism commentators similar to a senate or general staff who can help two parties reach a decision during a conflict. Our department president, Yang Yongzhi likened a syncretist with a submachine gun because it is more flexible and lighter than heavy artillery. Our vice president Pang Jiyun encouraged us by saying our position was important enough to have US president send New Year greetings. He also taught us "The Four Books and The Five Classics", asked us to learn "Eighteen Songs of a Nomad Flute", etc. All 20 of the students in the department were convinced that syncretism was our life long responsibility to the country. With this preconception, I later joined the Encyclopedia of China later on and kept on being a syncretist. During the "Cultural Revolution," I worked in natural sciences for almost 10 years, between April 1971 and 1980. From passive to active, from "safety purpose" to orientation of multi disciplines combination, I enjoyed my venture into natural sciences. The gap between different disciplines is said to be as huge as mountains, but I find some universal principles.

Syncretism leads some concepts of diversity. Diversity makes article rich and varied. Diversity brings more knowledge in essay. Diversity brings heterogeneity. Diversity brings imagination and innovation.

My self-discipline started in 1980 when I taught "Family Sociology" in the department of sociology at Fudan University, Campus Shanghai. It was the first Sociology department revived in China after the "Cultural Revolution," predeceasing the Faculty of Social Science at Shanghai University. According to UNESCO, at the end of last century, there were 110 sub-disciplines of sociology. According to US, there are 120 sociological sub-disciplines. According to colleagues in Nanjing Social Science Academy, at the beginning of the 21th century, there are 170 sociological sub — disciplines. Under "Deng Weizhi Collected Works", "Volume Culture" is actually cultural sociology, "Volume Education" is almost sociology of education, "Volume Popular Science" is nearly sociology of science, "Volume Media" could be named as sociology of mass media. "Volume Political Participation" might be sociology of politics based on sociological participating investigation. "Volume Characters", "Volume Experience" are not systematical social review, but are social commentary more or less. All the volumes together are only small part of different sociological sub — disciplines. I am called sociologist in media, but I am only tiny "sub — sociologist". When we are discussing social structure, my standpoint is usually at the side of poor people. I insist that government should fight for the socially weak group and I am proud to hold my title as "sociologist for the poor".

As an unqualified " — ologist," I have written right articles under the right political policy, I have written seriously wrong articles under the wrong political policy. To be frankly, I had also written wrong articles under the right political policy, and, right articles under the wrong political policy. The wrong articles were collected in "Collection of Deng Weizhi" and published in 2008. I collected more wrong articles this time in "Collected Works of Deng

Weizhi", even those read by nobody, including unpublished social investigation for the people's commune before sociology was reinstated in China. I am my wrong articles, I am "—ologist" with my wrong articles. This is my moral basement. In this collection, I criticized some people's collections which contain right articles only and delete the wrong articles. I wrote wrong articles under the construction of those respectful superiors when I was young. Nowadays there are not wrong words in their collections at all. I hate myself for my excellent memory. If I could forget the VIPs' wrong words, I would not "despise VIP" ("Mencius"), if I could forget the VIPs' wrong words, I could admire VIP faithfully. Of course, re-publishing the wrong articles is not meant to spread the wrong opinion, but to warn ourselves not to repeat the error. I believe that wrong ideas should not be forgotten because mistakes are the guide to the right way. Wounds make us mature. Over is not present, over is not future. Our wounds are healing in this variable world. According to historical materialism, correctness and failures both exist with their historical values. I do not regret my past, I don't search for what I missed, I wouldn't seek which doesn't belong to me. I cherish my only wealth today — about 3000 articles. This is my aim to publish this collection.

"Heart is steelyard". Fans, web users and readers have their own value. Mistakes or correctness could not change history. They should turn back to society, the readers. This is also my purpose for publishing this collection.

There is no of boundary of academia, but there is boundary of collection. Collection is not complete. Because: 1, around 0.1% articles are missing and 2, after the collection published, if I am still alive, perhaps I will likely write again. I have said that my zodiac sign is book. Life is a like book. I will keep on writing until I die.

Hopefully this collection full of right and wrong brings all kinds of comments.

Vorwort

Als wäre die Zeit vergangen wie eine Kerze, die zu schnell verbrennt, weil sie vom Wind angefacht wird, so empfinde ich im Bewusstsein dessen, dass dies mein letzter Lebensabschnitt ist.

Sich damit vertraut zu machen, den Gevatter Tod bald begrüßen zu müssen geht immer damit einher, dass man sein ganzes Leben überdenkt, sich erinnert und ein Resümee zieht. Dabei fühlte ich mich auf merkwürdige Weise sehr klein und unbedeutend wie ein unscheinbarer, stacheliger Strauch. Seit 1960, seit meinem Aufbaustudium, habe ich weder spektakulären Erfolg gehabt, noch eine überragende Tat vollbracht. Eigentlich scheint es mir, als habe ich mich nur mit dem Schreibgerät beschäftigt. In meiner Kindheit war die Sichel mein Arbeitsgerät um damit Gras für das Vieh zu mähen, denn Weizen oder Soja mähten andere. Vor der Großen Kulturrevolution war der Hammer mein Werkzeug, als ich nämlich jeden Donnerstag in der Reparaturwerkstatt der Fabrik arbeitete. Wenn sich der Meister ausruhte, war es an mir, den Schmiedehammer zu schwingen. Es gibt keinen Tag im Jahr, an dem ich nicht schreibe, ich schreibe an 365 Tagen im Jahr. Stets habe ich mich an den Rat meines wissenschaftlichen Mentors gehalten, der mir gesagt hatte, wie wichtig es sei, täglich zu üben und zu schreiben. Im Winter 1960 hatte ich mich der Bewegung „Fan Wu Feng" angeschlossen und wohnte bei einem Mitglied der Kommune auf dem Land, in dessen Hütte es keinen Schreibtisch gab, wie es auch damals nicht erlaubt war, für sich allein etwas zu schreiben. Es war sogar so, dass das Schreiben suspekt war und den Verdacht erweckte, man trachte danach für sich allein zu wirtschaften und stünde der Volkskommune feindlich gegenüber. Also schlich ich zum Friedhof, um dort unbemerkt von den anderen lesen zu können, sogar laut zu lesen, ob heftiger kalter Wind wehte, die Sonne brannte oder in aller Frühe es gerade erst dämmerte. Lesen befördert die Fähigkeit, selbst zu schreiben. Schreiben brachte mir große Anerkennung, aber vor mehr als 20 Jahren auch ernste Schwierigkeiten, so dass ich nicht mehr mit der Veröffentlichung meiner Aufsätze rechnen durfte. Ich hatte mich schon damit abgefunden, meinen Lebensunterhalt damit zu verdienen, einen Kiosk zu führen und Bücher, Zeitschriften und Zeitungen zu verkaufen. Nie verließ mich jedoch der Wunsch zu lesen, zu schreiben, wenigstens ein einziges Werk hätte ich so gerne veröffentlicht.

Warum war mir das Schreiben so wichtig? Sowohl während meiner Berufsausbildung, als auch während meines Aufbaustudiums habe ich immer geschrieben und der anhaltende Umgang mit dem geschrieben Wort hat meine Neigung zum Schreiben über Jahrzehnte verfestigt. Als Theoretiker steigerte ich mich sogar zu der Ansicht, nur Schreiben zähle, alles andere sei ohne Wert. Während man sagen kann, dass es zum Beispiel für einen Offizier einfach ist, seine Befehlsgewalt und sein Ansehen zu nutzen, um einen Befehl gleich in die Tat umsetzen zu lassen und so unmittelbar zu gestalten, so erschien mir dieses Handeln weniger attraktiv, als durch das Wort zu wirken, durch die reiche Vielfalt der Gedanken und Meinungen Erkenntnisse und Einsichten anzustoßen, die weit mehr zur Folge haben, als die bloße Ausführung eines Befehles, auch wenn dieser von einer untadeligen Person gegeben wurde. Erkenntnis erscheint mir weit mehr zu sein, nämlich ein Programm zur Öffnung des Geistes, der dem Menschen vernünftiges Handeln überhaupt erst ermöglicht. Auch wenn die Anweisung eines hohen Offiziers gleich in die Tat umgesetzt wurde, so war es doch nicht gesagt, dass die Wirkung dieser Maßnahme von Bedeutung oder von Dauer sein würde. Auch wenn ein Aufsatz hinsichtlich seiner Erkenntnisse überholt ist, so bleibt doch seine Wirkung immer noch mächtiger als eine einfache Anweisung, die ausgeführt wurde. Vom Denken, von der Erkenntnis geht eine eigene und bleibende Kraft und Wirkung aus. Die Einführung des Geldes war ein Entwicklungsschritt unserer menschlichen Zivilisation. Ohne Geld kannst du nichts bewirken. Ein 100 Yuen-Schein überdauert, auch wenn er von einem Auto überrollt wird. Ein kleiner Aufsatz aber, obwohl er leicht zu zerreißen ist, kann doch den Menschen zu Herzen gehen und in ihren Herzen etwas in Gang setzen, was durch Geld nicht zu erreichen ist. Es war sicher überzogen zu denken, nur Schreiben zähle, alles andere sei ohne Wert. Aber ich finde sicher Zustimmung, wenn ich sage, das geschriebene Wort sei mehr wert als Macht und Geld. So kann die beste Politik nicht ohne das geschriebene Wort auskommen, wie auch die ausgezeichnetsten Theorien der Schriftform bedürfen, erst mittels des geschriebenen Wortes verfügbar gemacht werden.

Wie die Altvorderen sagten: man kommt in der Welt zurecht, wenn man schreiben kann. Von meinem damaligen wissenschaftlichen Betreuer habe ich gelernt, stets alles genau zu beobachten. So fiel mir z. B. auf, dass es viele Naturschützer und Tierfreunde auf der Welt gibt, von denen aber keiner die Stubenfliege wertschätzte. So schrieb ich einen Aufsatz mit dem Titel „ Revision des Urteils über die Stubenfliege", denn diese produziert eine antibiotische Substanz, die es wert war, auf ihre pharmazeutische Verwendbarkeit geprüft zu werden, was ich anregte. Ein anderes Beispiel: In Italien sah ich einen Betrieb für Straußenzucht, wo man für die Tiere keine Möglichkeit geschaffen hatte, ihrer Natur gemäß den Kopf im Sand vergraben zu können. Das erschien mir ein sehr anschauliches Beispiel dafür zu sein, wie manche meinen, die Kopf-in-den-Sand-Haltung möglichst radikal kritisieren zu wollen.

Alles zu beobachten birgt aber auch die Gefahr in sich, sich zu verzetteln, beliebig in der Themenwahl zu sein, im Oberflächlichen zu verbleiben, auch wenn es vielleicht gefällig zu lesen war. Vielleicht war das auch von Nachteil für meine Karriere, vielleicht ist das auch ein Nachteil der „Gesammelten Werke von Deng Weizhi". Als ich jünger war, las ich einen Text des berühmten Dichters Guo Moruo, der sich über die scheinbare Beliebigkeit seiner Themen im Nachhinein sehr grämte. Warum musste ich dennoch daran festhalten?

Dazu muss man wissen, dass während meiner Studienzeit am der Akademie für Sozialwissenschaften in Shanghai von 1960 bis 1962 ein eklektizistischer Theorieansatz vorherrschend war. Wir sollten dazu befähigt werden, aus allen vorhandenen Wissenschaften die wichtigen und für uns brauchbaren Elemente herauszunehmen um diese ganz neu und besser zusammenzusetzen. Unser Sekretär Li Peinan, der von Lu Dingyi den Spitznamen „junger Karl Marx" erhalten hatte, wollte uns zu umfassend gebildeten Geisteswissenschaftlern machen, er maß der Rolle des Kritikers eine hohe Bedeutung zu, quasi der einer notwendigen Rolle im Stab der Offiziere. Bei der Analyse der Aktivitäten des Gegners käme es nämlich darauf an, unterschiedliche Sichtweisen zur Verfügung zu haben, diese sollten wir liefern. Rektor Yang Yongzhi hat den Eklektizisten als Maschinenpistole angesehen, weniger als ein schweres Geschütz und gezielter einzusetzen. Prorektor Pang Jiyun erzählte einmal, wie der amerikanische Präsident seinen Kritiker ehrte, indem er ihm einen Neujahrsbesuch abstattete. Diese Geschichte hat uns ermutigt. Außerdem hat uns unser Studienleiter „Die kanonisierten klassischen vier Bücher und die fünf klassischen Werke" auswendig lernen lassen, sogar „Die 18 Abschnitte der Hu Jia", bis wir diese verinnerlicht hatten. Wir waren 20 Jugendliche, jüngere Akademiker, die ihr Leben dem Eklektizismus widmen wollten, die begeistert die uns vom Volk gegebene Verantwortung annehmen und dem Staat nützlich sein wollten. Der Einfluss des eklektizistischen Wissenschaftsansatzes, unter dem ich meine Forschungen begann, hat mich nachhaltig geprägt. Später ging ich aus eigener Initiative zum Verlag „Enzyklopädie" und bewarb mich dort um eine Mitarbeit. Für mich war das stringent.

Während der Großen Kulturrevolution, vom April 1971 bis 1980 war ich fast 10 Jahre im naturwissenschaftlichen Bereich tätig. Zuerst im Hintergrund, dann ganz mit Überzeugung. Zuerst ging es mir um Sicherheit und um einen Berufswechsel, dann erkannte ich die Chancen, die darin liegen, Brücken zwischen den Fachgebieten zu bauen, insofern habe ich von der Beschäftigung mit der Naturwissenschaft sehr profitiert. Allegemein nimmt man an, dass Fachgebiete von einander getrennt sind, auf der Metaebene kann man sie aber zusammenhängend erkennen.

Das eklektizistische Denken ist mir in Fleisch und Blut übergegangen und somit zur alltäglichen Gewohnheit geworden. Vielfalt der Themen und verschiedene Blickwinkel machen Texte lebendig, anschaulich und interessanter. Sie regen den Leser mehr an und wecken beständig seine Neugier und sein Interesse. Vielfalt ist die Voraussetzung einer Hybridisierung. Interdisziplinäres Herangehen bringt ganz neue Erkenntnisse hervor. So ist es mir auch immer ein Anliegen gewesen, den Menschen weite Denkräume zu eröffnen und sie zum Frucht bringenden Streit zu ermutigen. Vielfalt sollte man nicht als unstrukturiertes Durcheinander abtun, was es zweifellos auch sein kann, aber damit beginge man einen fatalen Irrtum. Im Angesicht der ungeheuren Veränderungen, die wir erlebt haben, möchte ichmich daran erinnern, dass wir das Wesentliche im Blick behalten sollten. Auch ein ausgeworfenes Fischernetz kann wieder eingeholt werden.

Nach dem Ende der Großen Kulturrevolution wurde die erste Fakultät für Sozialwissenschaften Chinas in Shanghai gegründet, die Fakultät für Soziologie auf dem Campus der Fudan Universität (jetzt Fakultät für Soziologie an der Shanghai Universität). Dort begann ich im Februar 1981 das Fach Soziologie der Familie zu unterrichten. Hier setzte ich mich für Themen-und Methodenpluralität ein. Das alte Prinzip „hier ein Hammer, dort ein Knüppel" war offensichtlich unzureichend. Die Sozialwissenschaft barg ein großes Potential, was nach Differenzierung und Vertiefung, nach interdisziplinären Betrachtungen und Herangehensweisen verlangte. Die UNESCO, die Organisation der Vereinten Nationen für Wissenschaft und Kultur listet am Ende des 20. Jahrhunderts 110 Wissenschaftszweige in der Soziologie auf. In den USA werden 120 aufgeführt. Zu Beginn des 21. Jahrhunderts differenzieren die Kollegen der sozialwissenschaftlichen Akademie in Nanjing nach 170 Disziplinen. Wir sind einen langen Weg gegangen. Im Band „Kultur" in „Sämliche Werke von Deng Weizhi" geht es um Kultursoziologie, der Band „Erziehung" war Erziehungssoziologie, der Band „Populärwissenschaft" zählt zur Wissenschaftssoziologie, der Band „ Medien " zur Kommunikationssoziologie. Der Band „ Teilnahme " über Bürgerbeteiligung im Staats-und Verwaltungshandeln gehört zur Politiksoziologie und folgt dem evidenzbasierten methodischen Ansatz der Partizipation. Die Bände „Portraits" und „Erfahrungen" sind ebenfalls vom soziologischen Standpunkt aus geschrieben. In den Bänden „Prosa" und „ Rezensionen" finden sich vielleicht keine klugen Forschungsergebnisse, aber Kommentare zu gesellschaftlichen Erscheinungen von zeitgeschichtlichem Wert. Alles in allem befinden sich den Bänden Bezüge auf sämtliche Wissenschaftszweige. In den Medien wurde ich als Soziologe bezeichnet. Dies erfüllt mich mit Stolz, wenngleich ich auch die Ehre nicht verdiene, meine Kenntnisse diesen Begriff nicht rechtfertigen, als auch meine Haltung dessen nicht wert ist.

Seit einigen Jahren, seit der Öffnung, habe ich einige Aufsätze schreiben können, die als richtig gelten dürfen. Davor bin ich unter den vorherigen Rahmenbedingungen auch schweren wissenschaftlichen Irrtümern erlegen. Es soll hier nichts beschönigt werden: Man hätte unter der „falschen Politik" auch gute Aufsätze schreiben können, wie auch selbstverständlich unter der „ richtigen Politik" wertloses und falsches Geschreibe stattgefunden hat. Im Jahr 2008 wurde mit der Herausgabe der „Gesammelten Werke von Deng Weizhi" begonnen. Darin wurden auch die zum Teil bisher unveröffentlichten Aufsätze aufgenommen, die aus heutiger Sicht als reine Propaganda und

Vorwort

Ruhmeslieder auf die Volkskommunen gelten müssen. Es wäre persönlich und wissenschaftlich unredlich gewesen, diese Aufsätze nicht zu veröffentlichen. Sie gehören dazu. Ich habe andere dafür kritisiert, dass sie ihre Fehler verschweigen, aber sich für ihre Verdienste loben lassen, darunter auch von mir hoch geschätzte Gelehrte. Diese waren es nämlich auch, unter deren Einfluss wir als ganz junge Leute Thesen vertreten haben, die heute als kaum mehr nachvollziehbar erscheinen. Daher können sie nicht so tun, als seien sie gar nicht dabei gewesen. So ist mir mein gutes Gedächtnis auch manchmal zur Last geworden, manches hätte der Mantel des Vergessens bedecken sollen. Je mehr Schwächen und Fehler von hochrangigen Gelehrten unter den Teppich gekehrt und verschiegen werden, umso mehr habe ich mich an ihre Fehler erinnert. Es geht nicht darum Fehler endlos gegen eine Person zu verwenden, sondern es geht darum, Fehler als Teil des Weges zur reifen Erkenntnis zu zeigen, damit der Leser Entwicklungen nachvollziehen und daraus lernen kann. Das ist ganz im Sinne des historischen Materialismus. Auf eine Verletzung folgt Heilung, auf einen Irrtum die Erkenntnis.

Wenn ich etwas verloren habe, dann habe ich mich nicht beklagt, wenn ich etwas nicht erreichte, dann habe ich anderen den Erfolg nicht mißgönnt. Was mir nicht zustand, das habe ich nicht verlangt. Worauf ich aber Wert lege, ist, dass mein einziger wirklicher Reichtum aus meinem Werk im Umfang von 11 Millionen Zeichen besteht. Ich habe mir gewünscht und freue mich sehr, dass es in Gänze veröffentlicht wird.

Das Herz, auch das Gewissen ist wie eine Waage. Jeder meiner Leser, wo ihnen meine Texte auch begegnen, bringt seine eigenen Ansichten und Werte mit. Die Fehler, die wir gemacht haben, auch das, was wir richtig gemacht haben, können die Geschichte nicht mehr ändern. Wir sollten diese Tatsachen den Lesern zugänglich machen und auch zumuten, deshalb möchte ich diese Sammlung meiner Werke vollständig vorlegen.

Wissenschaft ist allumfassend, deshalb sollte es für die Wissenschaft keine Begrenzungen geben. Wenn die vorliegende Sammlung aus zwei Gründen doch nicht vollständig ist, dann liegt es daran, dass einige Artikel nicht mehr aufgefunden werden konnten, weiterhin liegt es daran, dass ich ganz sicher weiterhin schreiben werde, solange es mir irgend möglich ist.

Ich sei im Sternzeichen Buch geboren, so wurde einmal geschrieben. Vielleicht kann man das Leben mit dem Prozess des Schreibens vergleichen, jedenfalls hoffe ich schreiben zu können, solange ich leben werde.

Ich wünsche mir, dass die vorliegende Sammlung, die Irrtümer nicht verschweigt und das was Gültigkeit hat präsentiert, meine Leser zu lebhaften Diskussionen anregt.

陈丽江 译　Ingn Becker 校

目 录

卷首语 …………………………………………………………（1）

观 察 思 考

国强友多国运旺 ………………………………………………（3）
论社会平衡 ……………………………………………………（7）
坚持人民至高无上 ……………………………………………（16）
变"敏感点"为学术"生长点" …………………………………（19）
怎样才是以人为本
　　——德国社会治理一瞥 …………………………………（21）
"上和下睦" ……………………………………………………（29）
从赛龙舟引发的思考 …………………………………………（31）
一定要完整地理解马克思 ……………………………………（33）
南美行感悟 ……………………………………………………（35）
统战工作中的统一性和多样性 ………………………………（36）
论种族融合与种族消亡
　　——写在访问居住在海拔四五千米的印加人之后 ……（38）
"改革学"刍议 …………………………………………………（50）
《世界社会主义研究年鉴（2018）》序 ………………………（63）
我的学生是酋长 ………………………………………………（69）
让爱洋溢在家庭的每个角落 …………………………………（71）
从"象牙变小了"说起 …………………………………………（73）
人皆可以为尧舜 ………………………………………………（75）
不可多生，不可不生 …………………………………………（76）

《前沿》走在前 ……………………………………………………………（78）
全球化时代：我们如何认识多样性和统一性 ……………………（80）
《善治龙津》序言 …………………………………………………………（89）
新时代"双百"方针的现实意义 …………………………………………（92）
改革"再出发"要求完善社会治理 ………………………………………（100）
智慧社区与社会和谐 ……………………………………………………（107）
探访德国政府开放日 ……………………………………………………（110）
要处理好非遗的几个关系 ………………………………………………（116）
用六种力组成全力以赴 …………………………………………………（118）
疫情中的德国人 …………………………………………………………（128）
知识的处境知多少？
　　——罗马尼亚见闻 …………………………………………………（130）
用两点论看常识 …………………………………………………………（133）
战疫提醒我们从哪几方面改进社会管理？……………………………（140）
说"贤" ……………………………………………………………………（144）
对健康体系的十点建议 …………………………………………………（146）
用世界眼光看公务员财产公开 …………………………………………（148）
家乡的火石 ………………………………………………………………（150）
从"只纳一川"到海纳百川
　　——访德国弗莱堡大学 ……………………………………………（151）
知识经济时代的知识分子问题 …………………………………………（154）
对"北欧模式"的云端调查和解析 ………………………………………（173）

历 史 追 忆

1976，我所接触的少数民族兄弟 ………………………………………（185）
善待学者，繁荣学术
　　——《学术月刊》初创阶段的几件事 ……………………………（192）
赵朴初鲜为人知的往事 …………………………………………………（197）

豫皖苏区的大恩人彭雪枫……………………………………（200）
称柯庆施"柯老"的来历……………………………………（202）
我与宋庆龄的秘书……………………………………………（203）
我多年任职复旦分校的所见所感
　　——八十述怀之一……………………………………（205）
结缘社会学……………………………………………………（211）
我所经历的特区建设思想争鸣………………………………（213）
想起了夏征农………………………………………………（220）
两万多人是怎样合写一部书的
　　——编纂《中国大百科全书》的日日夜夜……………（222）
不吝付出，方能杰出
　　——记上海图书馆老馆长顾廷龙…………………（231）
我亲历民进六大会议选举盛况
　　——八十抒怀系列之三………………………………（235）
我在1978年遇到的三件大事………………………………（240）
"读＋走→写"
　　——我的治学方程式…………………………………（242）
第四只眼睛看王实味…………………………………………（253）
四处求教记
　　——回忆我的自然科学十年…………………………（255）
淮海战役给了我一个"胆"…………………………………（260）
关于上海解放的点点滴滴……………………………………（263）
在1960年下乡反"五风"的日子里…………………………（265）
中国第一枚火箭怎么会在上海发射？
　　——纪念共和国70年之一……………………………（268）
参加开国大典的年轻人陈震中………………………………（271）
解放战争的胜利是解放思想的胜利…………………………（273）
在恢复高考中值得一提的事…………………………………（275）
聆听毛泽东在最高国务会议上的讲话录音…………………（278）

笔墨官司，有比无好 …………………………………………………… (281)
同饮一杯水
　　——怀念毛委员增滇好友 ……………………………………… (285)
追忆上海解放前后的统战工作 …………………………………… (287)
我所知道的上海社联六十年
　　——八十抒怀系列之四 ………………………………………… (299)
宋庆龄在新中国社会建设中的特殊贡献 ………………………… (304)
求学十部曲 ………………………………………………………… (307)
手捧邓小平"宣言书"手迹的时刻 ………………………………… (316)
平民市长曹荻秋 …………………………………………………… (317)
难忘我们的儿童团 ………………………………………………… (319)
七十年前松江县各代会的历史意义 ……………………………… (322)
华东局三位领导戒烟的秘密 ……………………………………… (327)
我所知道的民革元老刘云昭 ……………………………………… (329)
"邓氏三论"的来龙去脉 …………………………………………… (333)
真了解民情的刘瑞龙 ……………………………………………… (338)
春晚压台戏的主角是谁？ ………………………………………… (341)
天下没有无疵之佳作 ……………………………………………… (342)
为潘汉年的"心病"作个"解" ……………………………………… (344)
普遍性仅次于宪法的根本大法
　　——重读中国的第一部婚姻法 ………………………………… (347)
又想起了韩材料 …………………………………………………… (352)
我在小小村落里长大
　　——八十抒怀之六 ……………………………………………… (354)
我与"八大员"的情分 ……………………………………………… (359)
改革的交响乐
　　——读《一个人的四十年》 ……………………………………… (364)
教育家于右任是真正的无产者 …………………………………… (369)
踏着猿人的足迹 …………………………………………………… (371)

建言献策

为十九大建言 …………………………………………………………（389）
参政党的监督问题 ………………………………………………………（391）
从"读"到"走"再到"写"
　——我的祝福与嘱咐 …………………………………………………（397）
生活甜美,身体健美,家庭和美,事业完美,山海壮美,尽善尽美
　——2018年3月24日在萧县企业家协会年会上的讲话 …………（402）
越是热爱执政党,越要热心于议政,不屈不挠地议政 ………………（406）
建议立即停止对期刊定级的做法 ………………………………………（414）
心往一处想,劲往一处使
　——我是如何为中国国际进博会建言的 …………………………（416）
建议换个思路,把疫灾当作"破坏性试验" ……………………………（419）
贯彻"双百"方针,发挥知识分子作用,建设长三角文化高地 ………（420）

卷 首 语

收录在这第25卷中的文章是80岁前后写的,准确地说,大部分是80岁以后写的。古人讲:"人之将死,其言也善。"这话似乎不全对,死前乱讲者有之。我的体会是:人之将死,其言则多。老人十有八九是啰唆的。

近年来,我每年都要送一二十次花圈。送走了亲朋,自然要想到自己不用多久就会步其后尘而去。在这个时候,想得最多的是如何把八十多年的经验和教训,告诉年轻人,让他们少走我走过的弯路,更快成长。作为教师,更希望学生超过老师,拉他们站在老师的肩膀上攀登科学高峰。还有,我从事社会学教学与研究已40载,对社会的治理和建设也有些看法,也想告诉社会,尤其是想把晚年的、自以为成熟的想法献给社会。40年是指自己在社会学恢复和重建后,在第一个社会学系开始教书到今天的40年。1962年进中共中央华东局政治研究室,实际上也是研究社会。再早,1960年大学毕业后在上海社会科学院学习室、研究室也是观察、研究社会,只不过不是沿着社会学的学理研究社会。60年来,对广义社会的认识是遵循唯物辩证法的第三定律——肯定否定律前进的。我的肯定有肯定错了的,我的否定有否定错了的。一句话,我是在不断纠正自己错误认识的过程中前进的。这里有外因起作用,比如有些错误认识是从书本上拣来的,但主要是内因起作用。那么到了晚年呢?总以为最后所肯定的认识是正确的。

因此,在第25卷里,很多篇幅是讲求学、治学的,讲"读、走、写"三者关系的。《求学十部曲》在上海大学讲了一次,在德国洪堡大学讲了一次,去年底又在上海海洋大学讲了一次。2020年2月到7月,又在《新民晚报》连载。大部分收在25卷中,内容有些重复,敬请读者批评和谅解。我在这里不敢用时髦的"分享"二字。对学界,我强调"追求发财莫进来,要想当官走别路"。我强调尊重国内外的大社会学家，但不可迷信大社会学家。迷信是创新的大敌。过去否定大学问家的一切是荒唐的，如果从一个极端跳到另一个极端，肯定大人物的一切也是不必要的。如果挂着"研究"牌子的课题，乃至机构，只有捧场，没有指出不足，是对不起"研究"二字的。

认识社会是为了改造社会，重要的是改造社会。在第25卷中我结合国内外的实际，讲了社会治理、社会变革。这些年我侧重于贫困社会学、贫困文化学的研究，走访了国内外的不少贫困地区，与150多个国家的百姓交谈、合影。我提出了"社会以人为本，人以社会为本"的"互本论"。即使对十恶不赦的带着手铐的人也要尊重他的人格，不打不骂不侮辱。我批评曾经流行过的"兼顾公平"的权威说法，我认为把公平置于"兼顾"的次要地位是制造社会矛盾、社会冲突，加剧社会冲突强度和烈度的温床。

2018年是中国改革开放40周年，为把改革开放提升到规律高度，我写了篇《改革学刍议》，从社会有机论、社会结构论的角度，提出了改革的八大规律：目标守恒律、一改百改律、贫富平衡律、快慢有节律、进出有则律、内外有别律、差异包容律、上下同心律。我的这些说法是自以为是，究竟是"是"还是"非"，还很难说。历史是社会实践的足迹，历史是最公正的裁判员。无数事实摆在面前：很多历史人物"盖棺"未必能"论定"，何况我这普通的老教师呢？古人云"春蚕到死丝方尽"，我是老蚕将死丝将尽。能不能再出第26卷，还是未知数。托读者的福，但愿再写下去，只要有一口气……

观察思考

国强友多国运旺[*]

7月下旬,在迎接十九大的专题研讨班上,习近平庄严地提出:"让中华民族以更加昂扬的姿态屹立于世界民族之林。"这响亮的一句,立即激起了我心中的浪花。

近年来我利用讲学、开会和自费旅游的机会,去了很多国家,接触了很多国家的普通百姓,单是有过交谈、一起留影的就有140多个国家的人。在与140多个国家的交往中,目睹中国在世界民族之林中的昂扬姿态,深感中国的国际声望在一天天提高。

中国路通四方

在五大洲的许多国家,如英、法、美等国的大城市都有"中国城""中国路",并且已载入史册。实际上,未载入史册的,网上、书本上很难查到的"中国路"还有很多,像新加坡的上海路、格鲁吉亚的北京大道、莫桑比克等国的毛泽东大道、津巴布韦的孙逸仙博士路都鲜为人知。这几年,随着中国国际地位的提升,许多国家增建了"中国路"。我在爱尔兰、摩洛哥等国都看到过新的中国商城,还有阿根廷新建的"中华人民共和国路"。

给我印象最深的是波兰华沙新建的"中国大道"。我在告别了钢琴家肖邦的塑像,从刻有无线谱的石凳上立起来继续前行的时候,忽然看见远处有大红灯笼,眼睛顿时一亮,疲劳马上消失。边走边看,不知怎么哼出了"肖邦琴声惹人醉,大红灯笼翩翩飞"。我急不可耐地向行人打听,前面为什么挂这么多大红灯笼?回答是:这条路是"中国大道"。接着我也从路牌上看到包括汉字在

---

[*] 原载《世纪》2017年第6期。

内的几种文字的"中国大道",一股昂扬之气油然而生。

尽管出国没几天,我也早就萌发了思乡之情,如今能迈步在中国大道上,仿佛回到了家乡,我这两条老腿也轻巧了许多。灯笼起于秦,兴于汉,盛行于大唐,紧接着又从民间进入皇宫。古代早就有"彩灯兆祥,民富国强"一说。今日对我来说,应该是国强民乐。是强大的祖国,为我们老百姓装上了"飞毛腿""千里眼",提供了"打起背包走天下"的优越条件。

中国大道边上有好几个磨盘大的"福"字。老伴看到旁边还有书法灯笼,提议在这里拍张照,用"福"字祝福我们的国家、我们的人民幸福安康。

走在中国大道上,我想起"一带一路"。"一带一路"是中国丝绸之路的延伸和发展,"一带一路"正在连接地球上的千条万条路。

中国字遍全球

听许多朋友讲,几年前出国旅行最令人心烦的是,游览车上的翻译机有英文、法文、德文、西班牙文,就是没有中文。可如今我们出去旅游不仅翻译机上有中国声音,在旅游信息处有大量中文资料、中文地图,方便了好多,在法国,有的路标也写有汉字。

不仅如此,我还曾在一家医院门口看见一块几米高的巨石。巨石的一面刻有几十种文字的"欢迎",另一面是用几十种文字写的"再见"。那就是说,不管你是哪国人,进门看见的是"欢迎",出门看见的是"再见"。令人欣慰的是中文的"欢迎"与"再见"字号都特别大,位置也特别显著、醒目。

去年有一天是德国外交部的开放日。所谓开放日,就是在那一天不管是什么人,不管是他们国内的人,还是任何其他国家的人都可进入外交部大院和一部分办公室,以及他们存放紧急公文包的地下室。在外交部进门处也有一个用百余种文字写着"欢迎"二字的大屏幕。中文的"欢迎"二字不仅最大,也最多,一连写着五个"欢迎"。德国外交部副部长看我对着大屏幕望得出神,便拉我在大屏幕前拍了张照片,可惜挡住了一部分中国字。他又建议我单独拍一张。礼尚往来,他们欢迎我们,我们也欢迎、欢喜他们。

有一次我到一家瓷器厂参观。那里有个项目,参观者如果要在所买的瓷器上写字,可以请瓷厂一位女性书写员帮助书写,但要付20欧元。我买了一只与他们赠送给李克强总理的瓷杯一模一样的瓷杯,提出由我自己来写,费用照付,她很高兴。在我写的时候,忽然来了三位白人,他们知道我是中国人,其中一位提出希望让我用中国字来写,费用照付给那位书写员。书写员点头同意,想不到书写员随后又要求我为她写中国字作为纪念,并说我们三人都互不收费。我真想不到中国字如此受欢迎。

从讲学中知道,在西方很多大学里汉学专业成了热门。我去过哈佛大学、伦敦大学的汉学图书馆,他们藏书甚丰。慕尼黑大学的汉学图书馆离社会学系不远,我常去。书架上有我好几位上海朋友的作品,出借率很高。我看了特别高兴。

中国人受尊敬

我到埃及,不论走到哪里都有埃及人对我讲"你好",也有个别儿童讲"好你"的。连那些沿尼罗河游到我们游览船边讨饭的小青年,见坐在船上的人是中国人模样,也会讲"大家好"。我们听了很开心,微笑地跟他们打招呼。

我知道"瘦死的骆驼比马大",想不到"瘦了的骆驼'起不来'"。我担心我这草民成为压死骆驼的一根稻草,也对他们的贫困产生怜悯,便对牵骆驼的中年人说:"没关系!我就先不骑上去了,让骆驼跟我们一起步行吧!"牵骆驼的中年人说:"你们中国人真好!"走了几步,牵骆驼的中年人还是于心不安,请另一位牵骆驼的青年人一起把我架上瘦骆驼。

有次进犹太教堂,按这一教派的教规不可在教堂内拍照,但可以在院子里拍照。正当我们在院子里聊天互拍时,拉比(主持人)出来了。我对同行人讲:"能不能与拉比合影?"同行人讲:"拉比在院子里也不可拍照。"这话被拉比听到了。拉比说:"你是中国人?"我点了点头。拉比马上拉着我的手,并且示意同行人一起过来。拉比把我们带进他的工作室,把门一关,让我与他站在一起拍照。这样做既不违反教规,又满足了我的心愿。我深感外国人对中国人的友好,中国的朋友遍天下。

随着"中华民族实现了从站起来、富起来到强起来的历史性飞跃",中国人也实现了从"说话算数"到"声音嘹亮"的飞跃。中国提出的构建"人类命运共同体"已多次写进联合国的有关决议。我在与百国百姓的交流中更加体会到"人类命运共同体"的正确性,回国后写了篇万余字的《多学科视野下的"人类命运共同体"》(载《探索与争鸣》2017 年第 6 期)。如今中国已与世界上一百几十个国家建立了两千五百多对友好省州和友好城市关系,此外,还有不计其数的友好区(市下的区)。那里有中国货、中国字、中国文化。中国货支撑中国文化、中国风度；中国文化就是中国尊严。我去过朱德故居，接触过胡兰畦（著有《在德国女牢中》一书）研究所。在世界上，不仅当代中国人受尊敬，古人如孔子也受尊敬。孔子塑像、林则徐塑像屹立在东西半球。如果生命允许，我打算出一本照片加文字的《与百国百姓在一起》，写一写与百国百姓同聊、同行、同乐的故事。红地毯好走，可惜是单色，单调；与百姓一起爬山路、走泥路多姿又多彩。走红地毯的朋友容易变脸，交老百姓为友可靠无风险。

国强友人多，友多国运旺。

论 社 会 平 衡[*]

一部人类社会的历史就是追求人类平衡的历史。"社",早在中国古籍中就有志同道合者集会的意思。"社会"二字最早连用始于《旧唐书·玄宗上》,意思也是村民集会。英语 society、法语 societe 来自拉丁语 socius,都是"伙伴"的意思。德语 Gesellschaft 源于动词 gesellen,也有结伴、交往的内涵。它们都是"平衡"的近义词。社会的第一功能就是把单个人组织起来,形成合力。社会是沿着"平衡—不平衡—平衡"的轨道前进的。"潮平两岸阔",没有平衡就没有今日之世界。因此,中共十九大提出"我国社会主要矛盾已经转化为人民日益增长的美好生活需要和不平衡不充分的发展之间的矛盾"[1]。秉纲而目自张,执本而末自从。中国人民在站起来的时候追求平衡,在富起来的时候追求平衡,在强起来的时候更要追求平衡、防止不平衡、解决不平衡。平衡是强起来的强心剂。

平衡理论是古今中外常论常新的重大课题

今年是俄国"十月革命"100 周年。对十月革命尽管说法不一,但多是在具体问题上有分歧,批判的声音多是出自受害方之口。不说别的,十月革命之所以能够发动得起来,是因为列宁认识到帝国主义之间经济发展的不平衡,必然导致帝国主义各国之间为重新划分势力范围而引发斗争,从而使得社会主义革命有可能首先在一国或几国取得胜利。被列宁赞为"最大的理论家"的布哈林,在十月革命后写了《过渡时期的经济》等四本著作阐述工业与农业、重工业与轻工业、市场与计划的关系,提出"发展速度上保持各部门的平衡

[*] 原载《探索与争鸣》2017 年第 12 期。

发展"[2]。

明年是马克思诞辰200周年,一年前德国就已开始筹备纪念活动。马克思在《资本论》中对资本主义商品生产平衡状态的剖析,将是纪念活动的题中应有之义[3]。怎样维持德国这两年原住民与难民、移民之间的平衡,正是当前棘手的问题。

50多年前,毛泽东提出了关于社会主义平衡发展的科学思想,他把"综合平衡问题"列为1959年庐山会议的十八个问题之一。他说:"大跃进的主要教训之一、主要缺点是没有搞平衡。……在整个经济中,平衡是个根本问题,有了综合平衡,才能有群众路线。"他又说:"有三种平衡:农业内部农林牧副渔的平衡;工业内部各个部门、各个环节的平衡;工业和农业的平衡。整个国民经济的比例关系是在这些基础上的综合平衡。"毛泽东常讲的"弹钢琴""全国一盘棋""两条腿走路"都是平衡的形象比喻。

再早,两千年前的《汉书·律历志上》也说道:"准正,则平衡而钧权矣。"

在国外理论界,有关平衡的论述也层出不穷。法国的孔德、英国的马歇尔和斯宾塞等人从哲学角度提出"平衡论",他们认为,平衡、渐变是正常的,不平衡则是反常的。后来,意大利的帕雷托和美国的帕森斯在此基础上进一步形成了"社会均衡论"。近年来,加拿大的明茨伯格在《社会再平衡》一书中也强调,社会平衡不是一劳永逸的,必须不断调整。

在国外还有从另一逻辑起点上研究不平衡的。以普里戈金为首的布鲁塞尔学派把自然科学的研究成果移植到社会中,建立起一种新的关于非平衡系统自组织的理论——耗散结构理论,认为系统通过不断地与外界交换能量与物质,就可能从原来的无序状态转变为一种时间、空间或功能的有序状态,强调非平衡态是有序之源。美国未来学者亨廷顿提出"文明冲突论",认为今后引发国与国、地区与地区之间冲突的是宗教、文化,而不是经济,更不是意识形态。

这些貌似不同的学说异曲同工,都有共同点,都在追求平衡,论述中都有合理的成分。如果站得高一点,可以看出他们是互补的,是思维共振的。可是,由于人无不有局限性,视野开阔的学者也有未开阔的地方,他们或多或少都犯有以偏概全的毛病。

比如轰动一时的、周游过70多个国家的亨廷顿,他认为宗教、文化会引发社会冲突的观点是对的,当今正在燃烧的战火与此起彼伏的恐怖事件也证明了他的先见,可是否认意识形态和经济的作用就是错误的了,况且文化本身就是意识形态的一部分。

再比如有些学说强调非平衡的作用,强调不平衡会自我走向平衡,是很有道理的,可是如果不分析不平衡的性质和类型,就有点片面了。没有人为的作用,单靠"自我"是很难走向平衡的。

因此,在中国新时代,重要的是建设新型的平衡观。由果追因,解决不平衡要找出不平衡的原因。

社会变迁与不平衡

自从人类与古猿分道扬镳以后,人类一直在变。晚期智人是从早期智人变化而来,早期智人又是从晚期猿人变化而来。形形色色的社会现象发生变化的动态过程及其结果,社会学称其为社会变迁。社会变迁与社会平衡是什么关系呢?怎么会有社会变迁呢?

地球是先有自然后有社会的。有了社会以后,自然环境无时无刻不在为社会的生存和发展提供物质条件。因此,不论是自然条件自身的变化,还是人类作用于自然界引起环境的变化,都会引发社会变迁。沧海变出了以桑田为劳动对象的畜牧业和农业。桑田被污染了,人类就会向没有污染的地方迁移。

水往低处流,人往高处走。经济落后地区里的人也会向经济发达的地方迁徙。人们常说的"逃荒"就是经济因素带来的社会变迁。人们为了满足生存、发展、享受的需要,而重新分化、组合,会因经济地位、职业、教育水平、权力、社会声望的不同而分出不同的阶级、阶层。阶级、阶层之间的矛盾、冲突、斗争也会带来统治地位的变更,即社会变迁。

什么山上唱什么歌。人们的社会价值观念是变化的,行为规范和思想体系是变化的。歌颂对象的变化往往是社会变迁的先声。远的不说,蒸汽机的发明带出了第一次工业革命,第一次工业革命"革"掉了封建社会,"革"出了资本主义社会;以电的发明为标志的第二次工业革命,让人"千里江陵一日还",加速了社会流动;以电脑、网络为标志的第三次工业革命,带来了信息社会,把人"一网打尽";第四次工业革命正处于进行时,不管讨论的结果如何,都有助于建立人类命运共同体。这也是一种社会变迁。

当然,上面提到的亨廷顿的观点,文化的积累、传递、传播、融合和冲突也会引起社会变迁。变化是绝对的。变是打破社会平衡,还是促成社会平衡?

这取决于社会变迁的类型。

社会变迁的类型

社会变迁的变是千变万化的,令人扑朔迷离。但是如果把类型划分清楚,就可以从容对付,不会手足无措。社会变迁大致可以分为以下几种类型。

最简单的分类是按社会变迁的规模,可分为整体变迁和局部变迁。这样划分实际上也不简单。君不见世界上有些变迁的带头人,喜欢把局部夸大为整体,借以吓人。相反,一些变迁中的受损者,又往往把整体描写为局部,企图转危为安。这都是规模面前的鼠目寸光。

按社会变迁的方向,可以划分为进步的社会变迁和倒退的社会变迁。其分水岭就是,是否符合社会发展的客观规律,是否有利于最大多数人的愿望和生活水平的提高。

按社会变迁的性质,可以划分为进化的社会变迁和革命的社会变迁。换句话说,是量变和质变,是渐进的中断和质的飞跃与突变。如果是革命的社会变迁,就会导致全部社会系统和社会结构的解体和重组。这就类似前些年对改革是不是革命的讨论。

按人们对社会变迁参与控制的程度,可以划分为自发的社会变迁和自觉的社会变迁。自发的是带有盲目性,大轰大嗡随大流,缺乏理性认识;自觉的是人们对社会变迁的过程、方向、速度、目标和后果有清醒的认识,有计划有步骤地推进。

分类是为了区别对待。区别对待是为了正确处理平衡与不平衡。

对平衡与不平衡的比较研究

平衡与不平衡是息息相关而又截然不同的两码事。要对这两码事进行比较,劈头碰到的第一个问题是:孰优孰劣,谁好谁坏。

答案是:可能一样好,也可能一样坏。因为真理是具体的,是适用于一定时间、空间的理论,多向前迈出一步,真理就可能变成谬误。在平衡变成一潭死水、故步自封时,这种所谓平衡就是坏事;在不平衡酿成东倒西歪、头重脚轻、四分五裂时,这种不平衡就是天大的坏事,会导致社会解组。

因此,社会的平衡有稳定的平衡与不稳定的平衡两大类。不稳定的平衡是指建立在沙滩上的平衡,是纸糊的平衡、表面的平衡。一有风吹草动,就会导致系统的破损,甚至毁灭。1989 年 11 月罗马尼亚歌舞升平,歌总统齐奥塞斯库有功,颂总统齐奥塞斯库有德。可是一个月以后,齐奥塞斯库顷刻垮台,政权易手,被判决为罪人。这就是不稳定平衡的典型例子。

稳定的平衡又可分为静态平衡和动态平衡两种。静态的平衡是指社会系统的结构是固定的、不变的。这种稳定多数是不好的。生命在于运动,政治生命、社会结构的生命也在于运动。再好的"陈规"也不能"墨守"。静态的平衡很容易变成抱残守缺,裹足不前。事实上,静态平衡是不存在的,"树欲静而风不止!"与其被动地动,不如主动地动。

动态的平衡是指在平衡中有变化,有微调,但这种变化并不意味着改变社会系统内部各部分之间的基本关系。今天我们中国所追求的平衡就是这种动态的平衡,简称"动平衡"。上头大、下头小的陀螺之所以能立起来,是因为在转动中,是因为转得美。任何完美的社会平衡都有美中不足,需要微调。即使你认为社会平衡已经至善至美了,那么也有个随着时间的推移而需要动一动、移一移的问题。

在对平衡与不平衡作比较研究的过程中,碰到的第二个问题是"相对与绝对"的问题。通常讲,不平衡是绝对的,平衡是相对的。这一点都不错。"五个指头不一般高",如果一般高了,手就笨了。不论从微观还是宏观分析,不平衡都是绝对的。

问题是,不要把不平衡的绝对性当作掩盖极端不平衡的护身符,不要把不平衡的绝对性变成拒绝人们批评存在不平衡的挡箭牌。我们这种亏吃得多了。明明是严重失衡了,还要唱高调:"这是难免的","这是付学费"。片面运用"不平衡是绝对的"理论,搞"一天'革'二十四个'命'"的"不断革命论",到头来是自毁长城。

在四平八稳、不敢越雷池一步的情况严重时,适当提倡"要用不平衡打破旧平衡",是必要的;在贫富差距、地区差距、城乡差距严重时,必须大声疾呼人民日益增长的美好生活需要和不平衡不充分的发展之间的矛盾是我国社会的主要矛盾。正确处理这个矛盾既是当务之急,也是长远之计。

前面批评有些学派"以偏概全",其实还应当加一条批评:"各执一端"。分量不太重的长棒,如果只执一端,力点、支点合一是很难举起来的。

认为平衡与不平衡一样好或一样坏,是不是平分秋色,各打五十大板呢?答案是否定的。从宇宙大环境看,不平衡是绝对的,但从局部看,还是平衡为上。对生活在局部中的人来说，平衡是配套，是错落有致，是和谐，是有机体。平衡是相对的，但正是这相对的平衡才是社会发展的条件、氛围、手段和目的。这一点几乎是各家学说都承认的。值得关注的是，如何实现平衡，如何解决不平衡。

如何实现社会平衡

理论不是空中楼阁。研究社会平衡是为了加速实现社会平衡。如何实现社会平衡？

为了实现社会平衡，首先要充分认识社会平衡的必要性。人类共同生活在一个地球上，有着共同的利益，是一个命运共同体。有人认为，由于信息化的到来，地球在变平、变小，成为"地球村"，那么，人类更应当是命运共同体。但是，正如地球分地核、地幔和地壳三层一样，社会也在分层。早几年在纠正"阶级斗争为纲"以后，有些人走上了另一极端，否认阶级、阶层的存在。殊不知，阶级斗争不是马克思的发明，在马克思之前资产阶级学者就提倡阶级斗争，在马克思之后德国社会学家韦伯也承认阶级存在。有阶级、阶层存在必然有阶级、阶层之间的摩擦，有摩擦就需要治理、整合。

十九大如此重视不平衡问题是有针对性的。自1992年起，我们一而再、再而三地把公平放在兼顾的地位，导致贫富差距日益扩大。尽管后来正面强调了"公平"，但是从未公开批评和纠正"兼顾公平"论，这样，"兼顾公平"在一些人那里仍然被作为原则来坚持，导致我国的收入基尼系数大大超过警戒线，财富基尼系数超过了危险点。因此，为了实现社会公平，必须在理念上抛弃并批判"兼顾公平"论，始终以社会公平论为指导，方能形成实实在在的命运共同体。抓住主要矛盾就是抓住了牛鼻子。

为了实现社会平衡，要加强社会治理。社会学认为社会治理是指政府、社会组织、企事业单位、社区以及个人等多种主体，通过平等的合作、对话、协商、沟通等方式，依法对社会公共事务、社会组织和社会生活进行引导和规范，以维护群众利益为核心，发挥多元治理主体的作用，最终实现公共利益最大化的过程。中国过去所说的社会管理，今天所说的社会治理，类似西方学者帕森斯的"社会整合"和罗斯的"社会控制"理论，可是又比他们完善。有人认为罗斯的"社会控制"理论有偏差，过于控制人的动物本性，忽略了人的社会性。中国的社会治理至少做到了"四个结合"：运用道德、习俗、信仰、礼仪、舆论手段的软引导与运用政权、法律、纪律手段的硬引导相结合,依靠外在力量的外在引导与入脑入心的内在引导相结合,奖励与惩罚相结合,多向交叉与多层联结相结合。中国的社会治理是上下互动、彼此合作、协商,大家结成平等的伙伴关系,符合本文开头所讲的"社会"二字的初衷。今后中国的社会治理应当继续在坚持公平原则、坚持维护社会公共利益原则、坚持保护社会弱势原则、坚持促进社会全面进步与发展原则四个方面狠下功夫。

为了实现社会平衡,需要进一步完善社会法体系。在阐述社会治理的硬引导时,必须讲到法律。社会平衡需要社会法。在推进社会平衡建设的同时,也必然会推出社会法。何谓社会法?从经济往来角度讲,侧重于劳资关系。社会法是大陆法系首先提出来的。社会法的通常定义是:国家为解决各种社会问题,加强社会干预而制定的法律。社会法是公法与私法的结合,又不同于公法和私法,属第三法域。中华人民共和国成立后,陆续制定了几十部有关民政法、劳动法、社会保险法等方面的社会法,在社会生活中起了很大作用。今后还可以细化再细化,可以制定更具体的社会法。

比如当今见死(将死)不救的情况屡有发生。对此,我们只有"德治",没有"法治"。可是国外有法治。德国某银行自动取款处地上躺着一位老人,两位取款人看见了未呼叫急救,后来老人病逝。于是法院依照有关社会法,对两位目击者处以罚款并拘留了好几天。再比如,我国常有因院子里的树木长到邻居家而发生的纠纷。而有的国家法律规定篱笆高度,具体规定种树应距离篱笆多少米;果树的树冠如果长到邻居院子上空,邻居则有权采摘果实。我国最好也有这样的邻里法,而且要比国外更完善、更亲和、更充满人情味,从而增强"社区是我家"的社区认同感和归属感,促进社会有序运行。

法为序之规也。我国的社会法还要注意向弱势倾斜,多从缩小贫富差距、构建"橄榄形"社会结构上考虑,提高社会保障的层次。少一点锦上添花,多一点雪中送炭。这既是新民主主义时期的"初心",亦是新时代社会主义特色的本质要求。

为了实现社会平衡,要努力调整社会结构。社会结构既是社会平衡的标志,也是社会平衡的产物。有了合理、匀称、有机体一般的社会结构,才可能有稳定的、持久的社会平衡。社会结构是社会学、政治学、经济学共同的研究对象,其内容异常宽泛,如同一个蜘蛛网,上下连起来是一种结构,左右连起来又是一种结构,经济、政治、文化的内部组成、外部联系都是一种又一种的社会结构。中国学者当前研究比较多而又有成效的是四种社会结构：城乡结构、地区结构、行业结构、阶层结构。把这四种结构归结为一，就是贫富结构，或曰阶级、阶层结构。

这里着重讲一下贫富差距过大的恶劣影响和可怕的情景。自20世纪90年代以后，南斯拉夫共和国已分成六七个国家。为什么分裂？打出的旗号是"净化民族"，骨子里是"嫌贫仇富"。第一个从南斯拉夫分裂出去的是前南斯拉夫共和国中的首富斯洛文尼亚；第二个从南斯拉夫分裂出去的是前南中的亚富克罗地亚。他们想甩开贫困地区，于是用牺牲几十万条生命的代价换来独立。后来的贫困地区也不示弱，"你要甩开我，我也不怕你"，贫困的马其顿独立了出来，贫困的科索沃也争着独立出来。这说明社会结构不合理会导致国家的分裂。发生在2017年秋末西班牙的未遂的加泰罗尼亚独立，原因何在？说穿了，还是出在贫富差距上。加泰罗尼亚人口占西班牙全国人口的10%，经济收入占西班牙全国的20%，付出了西班牙全国逾20%的总税收项目。道理与南斯拉夫的分裂如出一辙。加泰罗尼亚人心不平啊！这足以验证"差大分裂论""差大国破论"。不仅如此，大家都知道欧盟，欧盟抱团取暖有共赢，现在还有国家想入欧盟而不能。与此同时，英国正在"脱欧"。为什么？还不是因为英国富裕嘛！为什么有国家想入欧盟而不能？因为穷嘛！因为有人嫌贫啊！这能告诉我们什么？这足以验证"差大破盟论"。它告诉我们，必须遵照中共十九大精神抓紧解决发展中的不平衡问题，迅速建设一个公正、合理、开放、和谐的社会结构，实现社会平衡。

为了实现社会平衡，要努力做好社会工作。中国的社会工作遍地开花，社会工作研究、社会工作教育蓬勃发展。不过根据十九大精神，还需要强调一点：科学性。前些时候出现过一家村妇因贫困而杀子、自杀的案例。之所以走到这一地步，是因为他们当地的社会工作不科学。救助是有标准的。这家村妇的丈夫在城里打工，从人均收入看超过救助标准，不予救助，似乎有理。实际上村领导只知其一，不知其二，他就没想到在城里打工的开支高于农村，孤立地看收入是不科学的。还有，只看当年收入，不看家底也不科学。道理很简单，两个贫困户收入一样，一家要修房子，要添衣服、家具，日子就难过；另一家不修房子，不添衣服、家具，日子就过得去。这个案例提醒我们，要靠社会组织来科学地做好社会工作。

社会工作的科学性还包括社会工作者要懂心理学。有的国家心理咨询活动分好几类,其中一种叫电话咨询。电话咨询心理所公开宣布绝对不留咨询者的电话号码,如果留了,就是心理咨询师违法。为什么这样做?因为留了咨询者的电话号码,他们就不敢打电话了。他们不咨询,没人帮他们解思想疙瘩,他们就可能随心所欲地干出格的事。国外还有很多火车站救济站,任何人都可以进来吃早、中、晚餐。救济站工作人员不许问来者的姓名来路。救济站还公告:警察不许进门。警察明知通缉犯在救济站里面,也不许进来抓人,只能等在外边,待通缉犯吃饱出来了,方可逮捕。为什么这样做?道理跟上面一样,是心理学在指导社会工作。

　　社会工作需要科学,社会平衡需要科学。社会平衡是一门科学,要用创新的科学思想、科学方法来处理"中国特色社会主义进入新时代,我国社会主要矛盾已经转化为人民日益增长的美好生活需要和不平衡不充分的发展之间的矛盾",人民的生活定会更美好,幸福指数定会高又高。

参考文献:
　　[1] 习近平.决战全面建成小康社会,夺取新时代中国特色社会主义伟大胜利——在中国共产党第十九次全国大表大会上的报告.新华网,2017.10.27.
　　[2] 布哈林.过渡时期经济学.北京:东方出版社,1988:114.
　　[3] 马克思恩格斯全集:第23卷.北京:人民出版社,1972:354.

坚持人民至高无上[*]

"人民"二字在十九大报告中出现了两百余次,"坚持以人民为中心","坚持人民当家作主","把人民利益摆在至高无上的地位","永远与人民同呼吸、共命运、心连心"。人民在十九大报告中的分量重而又重,分外耀眼。人民主体论是完全合乎历史唯物主义原理的。

人民为中心的地位,既不是西方所说的"天赋",也不是西方所说的"是国家给人民的"。恰恰相反,我们的政权是人民给的,天下是人民打下来的。谁都知道淮海战役创造了军事史上以少胜多的奇迹。这奇迹固然离不开老将老帅的指挥,可陈毅元帅讲,"是山东老百姓用小车推出来的",连上海的解放他也说是山东老百姓用小车推出来的。陈赓大将解放洛阳是重要的一仗。战役刚刚打响,一位聋哑人便冒着风险自动跑来向解放军报告敌军设防的情况。人民是人民政权的顶梁柱。任何人手中的权力都是民赋的,手握民赋的权力只能为民所用。官员不分大小只能做人民的勤务员。明年是改革开放40周年。40年前带头改革的是安徽小岗村的包产到户和四川的解散人民公社。在四川解散人民公社的时候,许多名人还在高喊"不许不许又不许"哩!人民是改革的带头人,是人民揭开了改革的序幕。在今天中华民族伟大复兴的建设中,中国已成为世界第二大经济体,社会物质财富大幅度增加。这物质财富是谁创造的?依然是人民,是作为人民的脑力劳动者与体力劳动者共同创造的。人民,只有人民才是创造历史的伟大动力。人民不仅是物质财富的创造者,而且是精神财富的创造者。京剧是国剧,是高雅艺术,可是她本是民间艺术,是徽班进京使京剧获得成功。唱到天上去的《东方红》,曲子是陕北民歌;

---

[*] 原载《上海市社会主义学院学报》2018年第2期。

香飘海内外的《好一朵茉莉花》本是苏皖民歌。在国外也一样,被我们称为正装的西装,本是欧洲的渔民穿的,散领、少扣,捕起鱼来方便。领带,有一种说法,本是克罗地亚妇女为拴住男人用的。树高千尺,根在沃土。任何人都应以人民为师,都是人民群众的小学生。师生关系不能随便颠倒。学生在老师心中十分重,老师在学生心中就有十二分重。

  为人民是政党之魂,是政党之初衷。不论是执政党还是参政党都要时时处处唯民之命是听。为民不是民粹主义,在反对民粹主义时不要把非民粹的"为民"当作民粹来批判,在反对尾巴主义时不要把顺应人民当作尾巴主义来批判。在陕甘宁边区,八路军进村,见农民正跪着求雨,有点嫌农民落后。连长见状立即下令八路军统统跪下,因此深受农民欢迎,在求了龙王爷之后立即安置八路军住下。1949年4月解放军渡江,全靠不怕牺牲的农民划船,可是船民有个忌讳:不许讲"翻身"二字。这显然带有迷信色彩。当时老老小小都会唱"翻身求解放",怎么可以不讲"翻身"二字呢?不能讲就是不能讲,讲了就没人为你用门板造船了,就没人为你划船去解放南京了。提高人民群众觉悟,不是在空中建楼阁,而是要从实际出发。少埋怨部分群众目光短浅,多想想自己为什么不早一点把望远镜送到群众手里?多想一想自己那点"高屋建瓴""高瞻远瞩"是不是脱离了群众?

  言必行,行必果,果必甜。近年来,由于坚持了人民至高无上,党和政府为人民办了很多好事。56个民族不论大小一律平等,普惠到居住在山下、山腰、山顶的不同民族。整个民族大家庭都在富起来。东、中、西部手拉手走向共同富裕,在脱贫标准翻一番的情况下,做到了五年脱贫2 700万人。不论是遭受水灾还是遭受震灾的灾民都能得到妥善安置,没有一个灾民变成难民。住有所居,2016年全国城镇居民人均住房面积达36.6平方米。病有所医,13亿人享受医保,因病致贫的现象大为减少。全民健康正在促进全面小康。老有所养,中国是老龄化快速发展的国家,由于我们降低了养老门槛,采取多种方式养老,中国人的平均寿命因此在世界排名榜上大幅度前移。劳有所得,作为世界难题的就业,在中国实现了就业率与GDP增长率同步提升。创业带动就业,每年城镇新增就业人数都在一千几百万人以上。扶贫先扶智。中国实现了九年义务教育,实现了高等教育大众化。随着户籍制度的改进,城镇常住人口将近8亿。中国的城镇化率节节上升,已达57.35%。百姓有所呼,党和政府有所应。群众文化丰富多彩,广场舞天天跳,农民书屋处处有,从东北到西南,从沙漠到海边都有自己的"乌兰牧骑"。2016年出境的游客达1.22亿人次,大饱眼福之乐。有些国家和地区几乎是靠中国人的旅游开支为生的。中国人三个月不去他们那里旅游,宾馆就冷冷清清,老板就急得双脚跳。人民至上的中国,已与世界上一百几十个国家建立了两千五百多对友好省市和友好城市的关系。中国人的朋友遍天下,足迹遍全球。中国人的话语权响彻云霄。

"天下顺治在民富,天下和静在民乐。""生存→发展→享受"是人类生活的三部曲。中国人正走在发展与享受之间,生存有保障,发展有内涵,享受有高雅。完全可以相信,只要我们继续实打实地坚持人民至上,千家万户的生活一定会更加幸福美满,前程似锦!

变"敏感点"为学术"生长点"*

学术生态的改善少不了学者自身的精心维护和建设。学者要与地球变平的信息化时代同行,放眼世界,放言全球,变"敏感点"为学术"生长点",任尔东西南北风,坚持马列不放松。

学术从来都是推陈出新,都是革故鼎新

学术是国家强盛的尺度,是国家文明的标杆。学术研究是寻找规律的。学者寻找到规律就应当带头遵循规律,认真捍卫规律,敢于并善于对不合乎规律的言论切磋琢磨,有板有眼地与各种不准确的传统理论商榷。学者是真理的追求者、探索者,只对真理负责,不为迷雾遮望眼,不畏迷雾遮望眼。假如遮了,就拨开云雾见天日,拨开迷雾见规律,见真理。

规律是反复实验得出来的真知,经得起检验,经得起历史的反复检验。学术是沿着肯定否定律前进的,从来都是推陈出新,都是革故鼎新。"革"者、"推"者会因能"革"、能"推"而欣喜。真理是从颠覆旧说中脱颖而出的,规律在发现之初只会为少数人所掌握。学术见解是高见、远见,这就决定了学术观点难免不合某些鼠目寸光者的胃口,往往会被人称为"另类",容易被冷落。因此,真正的学者要能耐得住寂寞,不怕孤立,来一点"百年之后方能知我"的自信,这是骨气,不是傲气。不仅如此,真正的学者还要能够理直气壮,据理力争,择善固执,不屈不挠,坚持真理,以理服人,以情动人。这是一方面。

另一方面,被"革"、被"推"者,既然是学者,就要讲究学风,要大度,要豁达。学者最懂得学无止境,最理解追求真理是个过程,最相信理论研究只有起

---

* 原载《文汇报》2018年3月1日。

点,没有终点。因此,不要因被"革"、被"推"而发怒,不要为"革"者、"推"者设置障碍,更不要轻易打击新见解。有一点必须看到,今天是从昨天走过来的,不管后来怎样变化,足迹不会被掩埋。

一定要有尊重差异、包容多样的宏大胸怀

从学术生态看,当今学术界迫切需要进一步贯彻"百花齐放、百家争鸣"的"双百方针"。之所以特别强调"双百"二字,是因为优劣、高下从来都是比较出来的。没有"双百",就难以分出优劣、高下。比较是一门学问。学术权威是要的,但是没有任何一位学术权威是万能的。在本专业里有发言权的,换个专业未必有多大发言权;这个领域中的睿智,在那个领域里就可能是弱智。因此,一定要有尊重差异、包容多样的宏大胸怀。有包容,学者下笔如有神;没有包容,学者下笔如有"绳"。人们喜欢用"学贯中西"来形容学术水平高,这是有道理的。画家是"搜尽奇峰打草稿",做学问也一样。只有对上下左右、正面反面都吃透,写出的东西才不会像毛泽东在《反对党八股》一文中所批评的那样:无的放矢,言之无物。科学无禁区。攀登科学高峰的第一步,最起码的是读书无禁区。学者应当"采得百花酿得蜜",把东西南北中的书都读一读、品一品,把自己赞成的当"矢",把自己反对的作"的",文章才不会无病呻吟,才会让人手不释卷。

为繁荣学术,改善学术生态环境,笔者建议:

——提倡不"人云亦云",不"老生常谈"。学术课题报告如果缺乏新意,仅与已知高度一致、与定论高度一致,应该不予通过。是不是可以立个规矩:套话达到多少数量,当以抄袭、剽窃论处。

——推行同行评议。学术作品不必因有领导批示而加分加钱。这不是不尊敬领导,而是为了更好地推行同行评议。而更好地推行同行评议,恰恰是对领导本来意图的尊重。

——课题费只能用于课题。课题费不是生活补助费。对挪用课题费者,罚!有的国家规定扣掉其挪用量两倍的课题费。

——改良学术生态环境。学者要与地球变平的信息化时代同行,放眼世界,放言全球,变"敏感点"为学术"生长点",任尔东西南北风,坚持马列不放松。学术生态的改善少不了学者自身的精心维护和建设。因此,学术界任重道远,我们一定要以十九大精神为动力,同心协力,不遗余力地提高洞察力、创新力,大幅度地提高学术生产力。

怎样才是以人为本
——德国社会治理一瞥*

上海正倡导大调研，我乘讲学之机小调研，写了篇德国见闻，供有关部门参考：择善而从，不善则不从。在中国行得通就试行，行不通再议。不过，我认为文中提到的柏林市副市长的讲话，对于打掉官架子，对于克服"脸难看，事难办""脸不难看，事仍难办"，对于纠正某些地方存在的"新闻监督不足，监督新闻过度"等现象是有益的。如果有领导对文章提出批评，我愿承担全部责任。领导对我有批评就是有作为，比"不作为"要好。

大家都知道七八十年前，德国法西斯杀人如麻。他们把犹太人、残疾人等等杀了以后，还会把死者的金牙齿挖出来卖钱；他们会把死者的头发割下来织成地毯。2017年春有位西方大国的议员竟然讲"法西斯没用化学武器"，受到批评后立即表示道歉。因为被德国法西斯毒死，活人被用作药物试验而慢慢死去的人不计其数。

对德国法西斯的暴行，战后德国人做了深刻反省。1970年，联邦德国总理勃兰特在波兰的犹太人死难者纪念碑前下跪，表达德国对二战的忏悔，后来的德国总理施罗德也撰文表示道歉。对反人道行为的全面检讨，极大地提高了德国人对人道主义的认识。

德国人不愿为战死在外国的儿子修墓

德国参加北约组织，参加联合国维和部队。这些组织要德国出人，德国不好不出人，但出人就会有牺牲。为烈士修墓是许多国家的惯例，德国也不例

---

* 原载上海文史研究馆网站"建言献策"栏目，2018年4月25日。

外。就在德国国会大厦旁边有一处世所罕见的、占地 2 万平方米的犹太死难者的墓地群。可是如今,烈士的父母普遍不愿为烈士儿子立碑修墓。

这是出乎常人所料的,是难以理解的。人家争着立丰碑还来不及呐!这些普通的德国人怎么会有这样的逆向思考呢?原来,这些普通的德国人的理念是:儿子不在自己国家劳动,跑到外国战死不是一件光荣的事情,不值得炫耀,甚至是不人道的行为。

这一下难坏了德国国防部。立碑不人道,不立碑也不人道,怎么办?国防部反复讨论后,在国防部大院里修建了一处高而不大的平房,里面有屏幕。他们就把许多烈士的名字统统输入到电脑里,每隔几秒钟在屏幕上就会出现一位烈士的名字、生平,不停地放映,烈士形象轮流出现。这座名为纪念堂的大房间一般不对外开放,只对烈士家属和那些真心诚意怀念和瞻仰烈士的人开放。

警察不能进的救济站

德国有一家社会团体,在国内的 50 个火车站里办了 50 家救济站。最简单的救济站是管吃、管洗澡。什么人来吃饭、洗澡?这些都不许救济站的管理人员去问,更不搞来者登记。来吃的人是穷人还是富人,是德国人还是外国人都不管,哪怕是杀人犯、在逃犯,也不好打听。这是 50 家救济站公之于世的规矩。

为什么这样做?他们认为,来吃的人总归是没钱买饭吃的人。这些人没饭吃,饿了必然会不择手段弄吃的,必然会提高犯罪率。如果有饭吃了,至少会减少因饥饿而干坏事的可能。

单是规定到"来者不拒"这一步也就罢了,他们还规定警察不得入内,并把这一条公之于世。这一条也是警方所同意和支持的。万一来吃的人当中有通缉对象,而警察也知道通缉对象在里面,怎么办?警察可以等候在救济站外边。救济站规定吃饭不得超过半小时,洗澡也不得超过半小时,一小时后必须离开。出了救济站大门,警察该怎么处置就怎么处置。他们认为如果允许警察入内,有三长两短的人便不敢进来。不进来,便有在外胡作非为的高概率。

救济站的资金哪里来?全部靠社会募集而来。火车站不向救济站收房租。火车站认为救济站的存在有助于火车站的有序和安定。救济站的食品全部来源于附近几家食品店到下班时还没有卖掉的食品。因此，救济站供应的全是可食的隔夜食品。至于活动经费，均由教徒和公众自愿捐献，一般都绰绰有余。碰到节日什么的，比如圣诞节，"圣诞老人"会把未散发完的巧克力几十斤几十斤地送到救济站，那么，来救济站吃饭的人也可以大把大把地吃到巧克力。

戒毒所收藏珍品

德国很多中等城市都有戒毒所。戒毒是很难的。吸毒者的家属知道戒毒时人不舒服，往往会利用来戒毒所探亲的机会为戒毒者送来毒品，更增加了戒毒的难度。还有些吸毒者戒了6个月以后，又会再重新吸毒。

当然，大部分人是能够戒掉毒瘾的。戒掉后，接着而来的是就业。戒毒所会帮助他们找工作，可也不是很便当的。有过吸毒历史的人体质不是很强，商家对他们并不太欢迎。于是，有些戒毒所便自行组织搬家公司。搬家的人各有所好，各有所恶，他们都会扔掉一些自己不要的东西。你不要，他要。搬家的人不要的，换个角度看可能是珍贵的。戒毒所捡来那些东西以后可以依法变卖，或者留在戒毒所使用。因此，很多戒毒所里的家具、用品，价值连城。精美的家具进一步促使戒毒者愿以戒毒所为家，同时也有助于提高戒毒所全体人员的生活质量。

危机心理咨询不可问咨询者是何人

德国社会工作者成群结队，可谓天罗地网。监狱里每15名犯人配备1名社会工作者，兼心理医生；吃救济的穷人每60名配备一名社会工作者。此外，还有面对面的危机心理咨询站和不见面的电话危机心理咨询站两类。他们无法从物质上助人，大量的是从精神上助人，而且是24小时守在电话机旁边助人，助个人，助群体。

电话危机心理咨询站有个规定，心理医生绝对不许记录咨询者的电话号码，即使咨询者声称要杀人，心理医生也不能问对方的电话、姓名、住址。如果心理医生记下咨询者的电话，那就是犯法行为。怎么会这么规定？他们认为，假若记录咨询者的电话，咨询者可能就不来咨询。来咨询，有可能化险为夷，转危为安；不来咨询，危险说不定依然是危险，甚至酿成大祸。

当然，如果是见面咨询，咨询者表示要做违法的事，心理医生有权报警。咨询者犯罪决心未定，警察对他们也只能是疏通，包括对可能的"受害者"那一方也要同时进行开导。他们认为杀人行为不会是无缘无故的。系统性是政法工作和社会治理都要注意的问题。无论是疏通这一方，还是开导另一方，都要从助人角度出发。

残疾人工厂成了"点子公司"

残疾人所残的部位是不一样的，手残的脚不残，脚残的手不残。残疾人之间完全可以做到互补、互帮。况且，工业生产中不同的工种需要发挥不同身体器官的作用。运用之妙，存乎一心。德国和许多国家一样，兴办了一批适合于让残疾人各显其能的综合性工厂，效益很好。

残疾人有的从事印刷，有的从事雕刻，有的踩机器。在网络化的今天，一般不需要太大的劳动强度。因此，有些残疾人工厂出现了"电脑大王""三Ｄ打印机"能手。有的残疾人努力为有关方面出点子，被人称为"点子公司"，可谓身残心不残。残疾人"指点江山，激扬文字"，他们的工厂成了国家的智力库，从而促进全社会更加尊重残疾人，残疾人停车、看戏，处处优先。有些残疾人坐火车全免费，连陪同的人也免费。

没有囚服的大监狱

现在德国最大的监狱是柏林的泰戈尔监狱，里面关押着德国以及越南、土耳其等国的1 500名犯人。附带提一句，这里几十年来没有关押过一名中国人，倒是中国的司法界来参观的人络绎不绝。

奇怪的是，在1 500名犯人中没有一位穿囚服的。他们认为穿囚服会加大犯人的压力，不利于改造。

"众口难调"，犯人的食堂分为好几种：一是糖尿病患者的低糖、低盐食堂；二是大多数犯人用餐的食堂；此外，犯人还可以在申请同意后，自己烧菜，各得其所。

监狱月月有演出，有的节目还被电视台看中。能不能拿到电视上公映，听谁的？奇怪的是：听囚犯的。囚犯同意后，电视上才能播放，尊重囚犯的肖像权。有些囚犯考虑播出会让观众知道自己是囚犯，不同意播放，电视台便不能播放。监狱办了一份向世界各国发行的德文月刊，发行量达2 500份，我国香港还订了5份。编辑是谁呢？既不是监狱长，也不是狱警，而是两名有文化的犯人。犯人可以打电话，但是有限制。两名犯人编辑例外，他俩可以上网，可以打很多电话向外约稿、请教。白天狱中有间房子让他们两人在里面编刊，晚上编辑必须回囚室睡觉。

最奇怪的是犯人的刊物出版前毋需经狱警审稿就印刷了。犯人编辑的刊物不审先发，有没有出过不合规则的错误呢？他们说："没有。"两名犯人编辑也不敢、不愿出格。他们知道，刊物办得好会减刑。两名犯人编辑不必向监狱头头请示，他们却会主动跟社会工作者商量，因为社会工作者是犯人的恩人。从判刑入狱的第一天起，社会工作者就会对犯人进行开导，指导犯人学一门手艺，为犯人出狱后的就业奔走。这样犯人自然尊重社会工作者。

弱智儿童"爹娘多"

弱智儿童留在家里，父母难以承受，不如集中教育来得好。但是，在弱智儿童院工作的教师负担很重，教他们绘画，教他们手工，难度很大。教工与弱智儿童数量之比若为1∶5都负担不了。

为了解决这个问题，有些弱智儿童院发动社会人士来做儿童的"父母"。这些所谓"父母"也就是社工、义工。他们经常带着好吃的和好玩的去看望弱智儿童。对强者尊重，说不定有"私我、畏我、欲有求于我"的邪念，对弱者爱护，才是真正的纯洁、高尚，这是一方面。另一方面，弱智不等于无智，他们也重感情，有人性。弱智儿童把社工当爹娘，像自己的爹娘一样亲。"爹娘"来了会很高兴，"爹娘"走时会依依不舍。

社工的探望既有利于弱智儿童成长，也能减轻教师的工作量，更会增进全社会的人性化。是人都有人格，人格理应受到尊重。

难民营里故事多

德国是欧洲各国接受叙利亚等国难民最多的国家。很多国家限制难民入境，可是德国有时一年几十万、上百万地接收难民。有的州长觉得接收难民困难太多，咬牙切齿地反对接收，德国政府还是坚持接收。有人抓住接收后出现的问题，要求总理默克尔下台，默克尔稍作忏悔后又继续接收。多数德国人认为接收难民是善事，符合他们的信仰。

接收那么多难民怎么住？柏林让所有空关的房子都住进难民，还不够，他们索性把国际展览馆腾出一部分房间给难民住。

许多难民营是厨房合用,厨房里先烧饭的与后烧饭的之间有冲突;发食品总有先后,后收到的就有意见。矛盾最后都归到营长身上。我访问过一位营长,他当过两任营长,挨过骂。他说:"我是抱着善心去当营长的,想不到抱着一包气出来。"

市民对难民也有看法。能逃出来的难民一般不是穷人,穷人是无力支付"蛇头"那么多钱的。既然是只有比较富裕的人才有资金外逃,富裕的人逃出来时总是拣好的物品带出来。在柏林有句话,要识别难民并不难,穿名牌新衣、蹬名牌新鞋、背名牌新包的十有八九是难民。穿着不如难民的柏林市民看了难免有点心理不平衡。

德国还发坐公交车的月票给难民,难民进博物馆也免票,这就更让市民心理不平衡,进而反对政府的难民政策。

再加上难民的犯罪率很高,这就更加让市民有反难民的理由。可也有些德国人会主动给难民送衣服、送食品,甚至还有送性生活上门的。

对这些做法在德国都有争论,争论还在继续着,意见尚未完全统一。

义工是最受尊敬的人

德国很多社会活动离不开义工,即志愿者。义工是社会治理不可分割的组成部分。从总统、总统夫人、各部部长到各市市长都要当义工。每年圣诞聚餐,无名的无家可归者坐着吃,如雷贯耳的名人、明星、各政党领袖跑来跑去给他们端盘子、送饭、盛饭。

大城市每年有义工招募日、义工周,全城总动员,义务劳动一周或半个月。针对社工、义工的基金、基金会名目繁多,数不胜数。

义工艰辛、善良,受人爱戴。害怕艰辛的人看了义工的工作,当了义工以后,也会变得能够吃苦耐劳,与人为善。

义工的工作对象是弱者,不是强者;他们得到的回报不是物质,是精神,只不过是"感谢"二字。听到"感谢"二字就是义工最大的收获、最大的满足了。不过,获得受助者重谢的也有。柏林有百余家老年组织,其中有一家设在富人区,拥有几十亩地的大花园,别墅简直像艺术品,之大之美不是一般社团所能比拟的。怎么会如此豪华?原来是一位得到这家老年组织的义工关爱过的老人,临终前捐献给老年组织的。

人人爱义工，爱社工，爱社团，社会和政府也支持义工，喜欢社会工作者。在德国有好多城市规定义工可以免费进各类公园、博物馆、展览会，有的还让他们免费坐公共汽车、轻轨、电车，乃至于火车。对学生来讲，持有很多次做义工的记录，考大学可以优先录取，毕业后找工作可以优先录用。

社会发展的方向是"小政府，大社会"，社会文明要求"小政府，大社会"。而政府要瘦身，必然要求社会组织、社会工作、社会事业大发展、大繁荣，不然，就会脱节。社会是人的社会，社会性是人的特性。社会以人为本，人以社会为本。社会化是人与人互动的频率和范围的加大，互动的同时要求提升互敬、互爱、互助的新高度。互敬、互爱、互助的提升有渐变，也有突变。德国就是二战后作179度大转弯的范例（之所以不是180度，是因为德国还有一小股青年纳粹党团）。1972年中国驻联邦德国记者王殊之所以敢于斗胆向周恩来、毛泽东建议与联邦德国建交，受到毛泽东的接见与称赞，与他认为联邦德国不是军国主义、复仇主义有关，也与他当年了解德国的社会治理状况有关。

媒体为社会治理呐喊

柏林有一家市政府的报纸，姑且把它译为《柏林日报》吧。这家报纸同我们中国的有些媒体一样，开辟了一个《市民与社会》栏目，天天报道哪里的噪音超过多少分贝了，哪里的工程妨碍交通了，凡此种种，不一而足。有的婉转批评分管的副市长，有的直接点名批评分管副市长；有时就热点展开讨论，有时要求把冷点马上解决。总之，市民有所呼，报纸有所登，再是副市长有所应，接着行动上有所改进。

多年来，德国坚持一种"开放日"的活动。具体地说，就是各部委，包括司法部、安全部、国防部，乃至总理府、总统府、议会向社会公布哪一天是他们的开放日，欢迎任何人在那一天来参观。报社也一样，在《柏林日报》开放日那一天，在参观编辑流程前先开了一个短会。在轮到副市长讲话时，主持会议的总编辑宣布："下面请我们报纸批评最多的副市长讲话……"

副市长走向话筒，微笑着说："我是天天看你们报纸的读者，是没有一天不看你们报纸的热心读者。我看你们报纸总是先看你们的《市民与社会》栏目是怎样批评我的。现在你们的《市民与社会》栏目被评为优秀栏目，不是因为我看得多看出来的,是因为你们批评我批评出来的。我感谢你们对我工作的帮助。你们的栏目是我的顾问、参谋。"副市长一席话逗得台上台下来自界内界外和国内外的听众一阵阵笑声。

事实也确实是这样,媒体反映市民的心声,政府按照市民的心声去改进社会工作。这也是社会治理的一条信息链、工作链。

尾声

走马观花地说了十个案例。共性寓于个性之中,如何从中找到共性,如何从中提炼出几条社会治理的理念,要仰仗读者和同行。社会以人为本应当"本"到什么地步?人以社会为本又应当"本"到什么水平?中共中央文件讲"小政府,大社会","小政府"应当小到每千人拥有多少公务员?"大社会"应当大到人均参加多少社会组织为好?志愿者与列宁的"共产主义义务劳动星期六"之间有没有相关系数?志愿者的普及面应大到何种程度?透明度与自信度、民信度是什么关系?透明度有没有高低之分?透明、公开应透明到、公开到什么样子?诸如此类既要定性,更要定量,定量是定性的标尺。欢迎读者由此及彼、由彼及此、由表及里、由里到外地作一番研究。赞者欢迎,批评者更需要。真理是具体的、相对的。学术研究只有进行时,没有终结时。"天下事有难易乎?为之,则难者亦易矣;不为,则易者亦难矣。"

"上和下睦"

千百年来,中国人一直是把"和"与"睦"联在一起的。南朝梁的周兴嗣就在他的《千字文》里写道:"上和下睦。"这里的"上、下",可以狭义地理解,也可以广义地理解为对方方面面都要讲究"和"与"睦"。"和"与"睦"是相辅相成的。要"和"就要待人"睦",有"睦"才有"和"。不过,《千字文》紧跟在"上和下睦"后面所讲的"夫唱妇随"就有点欠妥了。怎么一定是"夫唱妇随"而不可以是"妇唱夫随"吗?但是,放在一千年前的历史背景里来看,"夫唱妇随"的本意还是好的,是强调夫妻和睦。

如果说家庭是社会的细胞,那么夫妻便是细胞的细胞核。"夫妇和而后家道成","家道成"则世道顺。因此,和睦又是与世道,与整个社会相联系的。

当然,细胞的健康单靠细胞核也不行,还必须有细胞质。细胞质包括父子、母子。中国有句话:"父不慈则子不孝。"(北齐·颜之推《颜氏家训》)细胞质还包括兄弟姐妹。平辈之间不睦不仅家庭难以和谐,还会影响下一代。《颜氏家训》告诉我们:"兄弟不睦,则子侄不爱。"

睦,还包括睦邻。说起睦邻,我想起中国前外交部长李肇星讲的一个故事。他说,外国一位年轻的外交部长在听他讲"睦邻"后,打电话对李肇星说:"你提倡睦邻很有道理。夫妻之间不和睦,还可以离婚;与邻居不和,决不能让邻居搬家……"外交家讲的是邻国,我们何尝不可以从邻国回到邻居呢?千家万户组成小区、社区,有了社区和睦,才有社会和谐。

和睦不只是外表上的和蔼,更是心灵深处与人为善的素质。《史记》里描写司马相如,说他是"旼旼睦睦,君子之能"。君子指的是文化人。知识是胸怀

---

* 原载《上海大学报》2018年5月28日。

的填充剂,知识越多,心胸越宽广。有知识,才容易理解人;理解人,才容易与人和谐相处。有人喜欢把"和谐"说成口有饭吃、都能讲话,此乃戏言也。殊不知,"和"通"龢"。"合"字下面有三个"口",任何人吃饭都是只用一个"口",可见三个"口"就不是吃饭用的。干什么用的？三个"口"象征着扁钟。那就是说,在古人眼里,听听音乐就能和睦。合字下面有个"册"。"册",很明显是指线装书。那就是说,在古人眼里,读读书就能和睦。一句话,文化是和睦的调节器。

从赛龙舟引发的思考*

今年的端午节特别热闹,除了吃粽子、挂艾草以外,赛龙舟的活动也遍地开花。更加让人喜出望外的是赛龙舟的活动已在全世界80多个国家开展。据报道,国外还有人正在准备把中国的赛龙舟上升为奥运会的一个比赛项目。赛龙舟本是中国端午节的习俗之一。传说是为了不让水中的鱼儿吃掉投江的忠臣屈原的身体,用龙舟去驱赶鱼儿的。如今龙舟文化怎么会迅速传遍全球的呢?这应当是发人深省的。

这说明科学无国界,文化是有翅膀的,是富有流动性的。人与人接触,哪怕是经济往来,从来都不是只带口袋,不带脑袋的,交谈就是文化传播、文化交流。传播的媒介是多种多样的。当前的网络化更是带来最迅速、最广泛的媒介。人,任何人都有选择文化的权利。面对不同的文化,包括文化上的新发明、新发现,以及社会结构的变化,人口和自然环境变化,经过一番思考,进行比较、鉴别,自然而然地会来一个文化采借。择善而从,采纳了,接受了,就进入了文化融合阶段。文化融合就是把异样的文化元素变成了自身的元素。量积累到一定程度就会发生完全质变或部分质变,从而使社会成员形成大体一致的价值观,使规范内化为社会成员的行为准则。这种把不同文化协调为整体的过程或整体化的状态,就是文化迁移,文化发展。我们常说的海派文化、江南文化之所以大气磅礴就是因为它们能够海纳百川,而又不拒绝涓涓细流。龙舟文化能够为80多个国家所吸收,是从艺术、体育和造船技术多方面研究之后决定的,是有益于全人类的。

不用说,文化交流不会是一帆风顺的,有时会发生文化排斥、对抗和冲突。

---

* 原载《浦江纵横》2018年第6期。

这是由人的局限性决定的。人是社会人。可是人接触社会的面有大有小,坐井观天的事也是有的。比如那个被称为"世界警察"的国家,就常常犯有其鼠目寸光的毛病。再一个诱发文化冲突的原因是观念的惰性和保守性。人类活动的方式和人类行为的性质,经过世代相传,固定下来而形成文化联结,既有社会成员所要求遵守的,也有共同采用习以为常的。有了这种定向和模式,就难以接受与自己不同的文化。

鉴于此,就要求我们在文化交流中要营造一个"尊重差异,包容多样"的文化生态环境,处理好传统文化与现代文化的关系,处理好外来文化与本土文化的关系,处理好高雅文化与大众文化的关系。京剧要唱,沪剧也要唱;广场舞要跳,芭蕾舞也不能不跳。文化要发展,要繁荣,就要有创新。而要创新就要解放思想,标新立异。解放思想就是要提出不同于原有思想的新思想。不同于原有的旧思想的思想也可能不是一个。要立异,就不要把异于己者之"异"轻率地视为通常所说的"异己"。君不见在一部文化史上,有多少曾被作为垃圾而抛弃的"异己"后来都成为宝贝。被当作正装的开口西装起于骑士上下马的方便而制作的服装,庄严的西装领带起于克罗地亚妻子拴住放荡丈夫的领带。一花独放不是春,万紫千红才是春。龙舟如果只有一艘就显得单调,百舸争流就会壮观得吸引千百万观众。要群言堂,不要一言堂,是繁荣文化之基。

一定要完整地理解马克思[*]

今年是马克思诞辰 200 周年,是《共产党宣言》问世 170 周年。马克思主义不仅深刻地影响了世界,也深刻地改变了中国。日前,中共一大会址纪念馆推出"点亮中国:马克思主义在中国早期传播文物史料展"。中国首部《资本论》三卷全译本、68 种《共产党宣言》中译本等 128 件馆藏珍贵文物资料齐亮相。

在马克思诞辰 200 周年的日子里,德国、英国都开展了纪念活动。尤其是德国,5 月上旬有报道称,在马克思的故乡特里尔市举行了 200 多场纪念活动,下旬又有新的报道称,已举行了 600 多场纪念活动,实在是与日俱增,热闹非凡。这也充分说明了马克思主义的影响之大,人们对他的仰慕之深。

马克思主义是关于宇宙观、历史观的科学,是关于社会历史发展规律的科学,是近代哲学社会科学的庞大理论体系。正因为是科学,所以看问题站得高,看得远。德国总统在这次的纪念活动中称马克思为预言家,是很恰当的。在中国遭受侵略、沦为半封建半殖民地的年代,马克思就大胆预言中国将成为"举足轻重的国家"。不是吗?一百多年以后,在构建人类命运共同体的伟大事业中,西方国家提出"向东看",就足以说明中国正在起着举足轻重的作用。

纪念马克思重要的是要认真学习马克思主义,完整地理解马克思主义。现在有些人不读马克思主义的原著,却根据自己的道听途说、一知半解,在那里大谈马克思主义。在 20 世纪初,有些无政府主义者断章取义,把马克思主义解释为无政府主义;有不少基督教传教士把马克思的平等观与基督教所说的平等相混同,把马克思主义作为传播基督教救世教义的一种辅助工具。马

---

[*] 原载《文汇报》2018 年 6 月 22 日。

克思曾经说,如果那些"各取所需"是马克思主义,"我马克思就不是马克思主义者了"。再比方说自由,各有各的说法。俄国的思想家巴枯宁把自由宣扬为"废除国家",英国社会学家斯宾塞把自由解释为自由放任主义。可是,马克思认为政治自由是通过法律来体现和保障的一种权利,与义务相连,与纪律、权威等社会约束辩证统一。他说:"自由就是从事一切对别人没有害处的活动的权利。"谁都没有损人利己、有害社会的自由。

要完整地理解马克思主义,还要把马克思的思想看作动态的。真理是过程,思想是可以变化的。早年的马克思主张暴力,晚年的马克思主张合法斗争,认为"暴力行为是没有意义的"。果实无不有个成熟的过程。事物是按肯定否定律螺旋式上升的。这就要求我们一定要完整理解,处理好坚持马克思主义与发展马克思主义的关系。科学在创新,社会在前进。在 200 年前没有网络化、智能化,如今网络化、智能化必然会带动包括理论在内的意识形态起变化。马克思主义在不断发展。对我们今天的人来讲,要认识到只有发展才是真正的坚持,而发展又必须以坚持基本原理为前提。万万不能像几十年前的若干"西方马克思主义"者那样从所谓发展中导致出不分青红皂白的"反传统"。抛弃基本原理不是发展。德国今年举办有史以来最大的马克思展:"马克思——生活、著作、时代",为了完整,他们从欧美 11 个国家的 110 个博物馆租借来 400 多件展品,展出了 59 种语言的 247 部《共产党宣言》,让人大饱眼福,也可以看出译者水平的参差不齐。展出是为学习提供良机。认真学习,完整理解,一往直前地践行马克思主义,是我们的誓言。

南 美 行 感 悟

人类趋同费砥磨,概应偏见乱行多。
殖民主义飞来祸,印第安人血泪河。
平等自由无价宝,共心共享免操戈。
喜看混血盈南美^(注),种族融怡醉悦歌。

注:500年前西班牙、葡萄牙为掠夺黄金,侵占南美,大搞种族歧视,杀死两千多万印第安人。现在南美印欧混血人在大幅度增加。印欧混血人在玻利维亚占31%,在秘鲁占39%,在巴西占40%,在厄瓜多尔占41%,在哥伦比亚占57%,在委内瑞拉占66%,在智利占75%,在巴拉圭印欧混血人也占绝大多数。实际上印欧混血人的比例都高于这些统计数字,因为从人体测量学的角度观察,我看到不少人一点也不像西班牙人,却声称自己是西班牙人。此外,黑白混血、黄白混血的比例也在不断上升。特写诗对当今的人种融合,为未来的人种消亡,为人类命运共同体的建构表示庆贺。

---

* 原载《新民晚报》2018年7月4日。

统战工作中的统一性和多样性*

统一性和多样性是"一"与"多"的关系。一中有多,多中出一。一包容多,才能从多中比较出、选择出先进的、高层次的一。一与多这两者之间是互相渗透的、辩证的。

今天之所以在统战工作中强调统一性和多样性,是因为统战对象明显增多。比如海外同胞其数量相当于好几个小国家的人口之和。民主党派成员在与日俱增,早已成为百万大军。统战对象越复杂越要强调统一性,国际环境越错综越要把统一性和多样性有机地结合起来。一句老话说得好,"步调一致才能得胜利"。心往一处想,劲往一处使,搬起泰山来犹如拍皮球。众人拾柴火焰高,一两个人上山拾不到几根火柴。"众"还有个量的多少问题。量的积累到一定高度才会引起质变或部分质变。所谓三人为众之"众"远远不够,要把亿万人的积极性、创造性充分发挥出来才能端起大海当水瓢,一往无前。

从哪几个方面来看统一性和多样性呢?在大方向、大原则上要强调统一性;在方法上、在中小原则上要强调多样性。党中央多次指出的"大权独揽,小权分散"就是对统一性和多样性的生动概括。中国特色的多党合作制度中的"多党"是多样性,"合作"是为了践行统一性。党派的特色越鲜明,多样性的"多"才丰满。我们要条条道路通北京。一两条道路太少,要水路、陆路、高铁、公路都要通往北京城,北京城才会繁华。

可是要处理好统一性和多样性的关系不是一蹴而就的。要共商,要真正共商。不要把共商异化为通报、吹风。要把几种观点一并和盘托出,听取意见,才叫共商。只讲一种观点,引发不出讨论。共商之后还要共决。中央讲人

---

* 原载《民进申城月报》2018 年 7 月。

民群众是"阅卷人",包含着共决之意。对统战来讲,共决才会荣辱与共。"从群众中来,到群众中去"讲的就是顶层设计的原材料从基层设计中来,经过顶层加工提炼后的顶层设计还要再回到基层中去接受检验、补充、完善。

多样之中有高低之分、对错之别。毛泽东说:"要团结反对自己反对错了的人",这是胸怀,是寻找正确的正道。可是后来康生把毛泽东已公开的这段原话改为"要团结反对自己反对错了'并且改正错误'的人"。这几个字一加就是在多样性上大打了折扣。人啊!在敌强我弱时往往能把那些反对错了却有1%正确的元素吸收进来,在敌弱我强时很容易忽略有1%甚至更多的有益成分。赶走一个人容易,引进一个人才很难。

加强统一性,丰富多样性,革命和建设无不胜。

论种族融合与种族消亡
——写在访问居住在海拔四五千米的印加人之后*

同别的事物一样,交通工具的发明和运用也有二重性。在没有交通工具的远古,人类只有部落间的争斗。随着交通工具的发达,出现了民族斗争和种族斗争。斗争的残酷程度和野蛮程度在种族斗争中表现得尤为突出,最为严重。殖民主义者往往是用斩尽杀绝的手段来消灭异族。在哥伦布发现新大陆之后,西班牙侵略者知道南美是黄金产地,便用战术和骗术到南美抢掠黄金,先关后杀了印加帝国的国王。侵略者在不懂"印加"(Inca)这个词的情况下,就闪电式地消灭了印加帝国。反抗侵略的土著人紧接着又建立了新印加帝国,也惨遭杀戮。新印加王国于1572年灭亡,南美从此彻底地沦为西班牙、葡萄牙等国的殖民地。西班牙人至少屠杀了1 200多万印加人(也有书上讲是1 300万人)。葡萄牙人至少屠杀了1 000万印加人。白人曾把南美土著人当牛马使用和买卖。印加人流离失所,被迫生活在海拔四五千米的雪线之上。

南美文明的主要缔造者印加人今天的状况如何?我一知半解。书上说法不一,甚至有些名著对南美自然条件的描述也有出入,这激发了我了解印加人第一手资料的兴趣。过去登高难,了解真实情况难,书本难免有误,现在交通方便了,应当有新认识。在迎接马克思诞辰200周年的日子里,我记起马克思的名言"为人类工作",想起马克思对他女儿说的那句话:"凡人类建树的一切我都要怀疑。"我在读中学时,曾把后一句话抄在我的小本子的扉页上。马克思是从调查葡萄园农民和玻璃厂工人受剥削的情况为研究起点的。今天如何

---

* 写于2018年8月9日。

以实际行动纪念马克思？我想走访印第安人。2017年秋我去了南非，2018年春我去了南美六国。在南美，真要访问居住在四五千米以上的印加人，有两条出名的道路：一是"危险之路"，一是"死亡之路"。走不走"危险之路"？有人劝我不要去走。他们说："西班牙殖民主义者都没上去。年轻的西班牙军人上去后变成了'木乃伊'，不但杀不动人，而且还想自杀。你身体还不如西班牙军人，怎么上去？"可是，我想我在四五十岁时去过甘肃、云南的海拔四千多米的高山上，没什么反应，坚持要上。哪知八十岁以后不一样了，在玻利维亚爬到4 300米，便萌生了面对死亡的念头，步履维艰。鼻子出血，用纸塞住。友人见状，叫我吸氧，吸了氧，能爬了，继续攀高峰，爬一步，歇半天。我想：死就死吧！为劳苦大众呐喊而死，值得！《国际歌》不只是唱的，更是要我们干的。我边走边喊着号子："死——活！死——活！"实际上累得连那个"死"字的音都发不出，同行的人说我的号子是"世——合"。以致后来的"死亡之路"我没有上到顶，连午饭都是朋友送下来玉米棒和驼羊排的。玉米棒的颗粒之大我从来没见过，驼羊排有滋有味，就是比普通羊肉好吃。在南美，我去了印加帝国被称为"四季中心"和"宇宙肚脐"的印加帝国首都库斯科，围绕南美古文化的发祥地——的的喀喀湖转了大半圈，去了印加人祭祀太阳神Inti的地方太阳岛，与太阳神及其一儿一女的塑像留了影。我在南美与生活在海拔4 000米上下的印加人打了很多交道，在玻利维亚去了5处海拔4 300米以上的村庄，我还多次向生活在海拔5 000米的印加人恭恭敬敬地请教。在攀高峰的过程中我强烈地感受到种族歧视和种族隔离的危害之大，决心写一篇有关"种族融合"的文章，向世人倾诉一下真实情况，哪怕是一孔之见也要如实道出来。

一、种族之间没有优劣之分

不同的种族具有人类共有的特征，应当是平等的。

第一，从生理特征分析。人是从动物变来的，告别动物的首要前提是要有一个能够高级思维的大脑。气候变冷迫使古猿直立，直立有助于在劳动中把脚变成手，劳动的双手创造了人类智慧的大脑。人体测量学告诉我们：不同种族之间大脑的脑量以及脑量与体重之比，除了病态人之外，大体上都是一样的，均在2%左右。不同人种的正常人的大脑中至死都有一片没有使用过的"静区"。这更加说明应当看大脑而不可以按头皮上的头发丝的颜色对人种分高低，不可以按皮肤的黑白分优劣。

第二，从千百年的历史演化的状况分析。不同的种族在社会发展的进程中从来都不是整齐划一的，有快有慢，有早有迟。前天先进的有的已在昨天变得落后，昨天落后的有的已在今天变得先进。被誉为世界四大文明古国的国家就不在同一种族。这足以说明先进与落后绝不是与生俱来的，不是哪个种族所固有的。被侵略、被压迫的种族可以在压迫下由先进变得落后，也完全可能在摆脱压迫后由落后变成先进。印加人早年也有自己的文明史。在世界上没有警察时，印加人便有了石制警察。他们把石制警察置于路口，让人看了提高警觉。政治家应当站在历史的高度看问题，不能只从一个历史的横断面来判定种族的优劣。

第三，从今天生活在海拔 4 000 米以上的印加人的智慧，看西班牙人、葡萄牙人过去称印加人为劣等种族的荒谬。五百年前南美是印加人的天下，印加人是南美的土著人。西班牙人、葡萄牙人利用他们军事上的优势来掠夺印加人的财富。他们把大批印加人当成任西班牙人、葡萄牙人宰割的奴隶。可是，威武的侵略者上不了海拔 4 000 米以上，因此在海拔四五千米以上保留了一批原汁原味原生态的印加人。就是这些印加人利用他们的聪明才智种出了五颜六色的、五味俱全的世人罕见的土豆，他们采到并且整理出能治百病的草药，他们利用当地耐腐蚀的有点像芦苇的野草（有些书上讲"芦苇"，不全对）编织出草船开到挪威、伊拉克、澳大利亚。1971 年美国《国家地理》杂志就印加人的草船作了专题介绍。俄国总统普京订购了印加人的草船。印加人早在 700 年前就掌握了脑外科手术，比 MacEwen1879 年在英国格拉斯哥的第一次开颅手术早五百年，比华佗晚一点。这方面印加人几乎可以跟中国的华佗相媲美。在马丘比丘古城废墟中，我们看到了一块被称为"哈图姆鲁米约克"的"十二角石"。考古学家认为它是印加历法的计算工具。印加历法与天文学密切相关，有春分、秋分、夏至、冬至之分。由于他们崇拜太阳神和月亮神，印加历分阴阳两历，与中国接近。印加人用陶瓷彩绘记录了他们的生活，至今许多国家的博物馆陈列着他们的陶瓷或者陶瓷复制品。人无不是学而知之，只要能够为印加人提供实践和学习的条件与环境，印加人无所不能。

第四，从理论上讲，是劳动创造了人，是劳动使人脱离了自然界，是劳动使人站到了自然界的对立面，因此，人在变革自然、保护自然的劳动中应当是平等的。只有分工不同，没有高低贵贱。能力有大小，这能力大小是后天形成的，不是先天决定的，跟民族、种族无关。只要人人有劳动岗位，就能体现种族平等。

二、种族融合是势不可挡的大趋势

种族隔离不管有多么严厉都是纸糊的墙,种族歧视不管有多少条理由都是站不住脚的理由。种族融合已经开始,种族消亡的苗头已经露出地平线。

第一,语言在融合。谁都知道印第安人有语言没有文字。作为印第安人的一支,南美印加人毫无疑问也没有文字,不仅没有文字,而且由于分散居住,语言也不统一。在世界海拔最高的首都拉帕斯周围有36个印加人原住民族,各有各的语言。其中最大的克丘亚族和艾马拉族,语言也有差别,可以想象南美那么多国家该有多少种印加人语言!可是,随着印加人的相对集中,小语种在减少。"在人屋檐下,不得不低头。"在西班牙统治者的统治下,印加人不得不学西班牙语。在西班牙侵略者后裔家当保姆,如果不会说西班牙语,保姆钱是赚不到的。现在除了生活在海拔四五千米以上的印加人不太会讲西语外,印加人都会讲流利的西语,并且用西语的拼音来书写各自的印加文。因祸得福,如今没有文字的印加人也有文字。在我与印加人的交往中,有好几位印加人用印加语为我书写了"交流"二字的译文。西语中的"圣母玛利亚",印加人用它来称呼自己的"母亲"。"圣母玛利亚"成了印加语中的外来语。殊不知,任何大语种中都有外来语。英、法、德、意、西文中,有很多意思相同、读音也相同的单词;也有读音略有区别、字母有个别调整,但意思完全一样的单词。不是吗?"茶"在所有的语种中,不外乎是类似汉语的两个读音"提"和"恰"。"咖啡"在各种不同的拼音文字中,都读"咖啡"的音,写成文字至多是多一个"F"少一个"F",多一个"E"少一个"E"的差别。世界语正在各国研究中,世界语终有一天会普及到地球的各个角落。

第二,宗教在融合。不同的宗教有不同的教义、教规。过去不仅一人不可信仰两种宗教,而且还有"一家无二教"的说法。现在不同了,在玻利维亚有座城市叫Copacaban,被称作"少女城"。城里有座又高又大的天主教堂,是西班牙人为了让印加人信天主而建的。可是,这个教堂很奇怪,有保护渔民捕鱼的巨大的少女雕像,教堂大院还允许印加人与魔鬼跳舞。为什么?因为印加人认为那少女是太阳的妹妹。印加人不怕魔鬼,信仰与魔鬼在一起跳舞,魔鬼就不会害他们。所以在这座天主教堂中饱和着印加人原始宗教的元素。更让人难以理解的是这座天主教堂里还有佛教开光的影子。有人发了一笔财,会把钱包好,请神职人员念念经。谁买了汽车,不是先买牌照,而是先送到教堂开光。没有牌照，警察见了问一声，车主只要讲"去开光"，警察便会放行。秘鲁首都利马有座两个大厅并联的特大教堂。罗马教皇保罗二世来过这里。他看了教堂里一幅十几平方米大的雕塑后，说："这是基督教化了的天主教。"此外，很多人见过《最后的晚餐》这幅画。餐桌上摆的什么？十个人会有十个回答是只小羊，这完全符合《圣经》的精神。可是玻利维亚有个大教堂里的壁画餐桌上摆的是天竺鼠。天竺鼠又称荷兰兔。名画之所以斗胆把小羊改为天竺鼠，是因为印加人喜欢天竺鼠，家家床底下喂二三十只用来提升室温的天竺鼠。宗教与本土结合，有本土特色，意味着宗教在融入本土，宗教在本土化。千百年来，宗教也在分化为好多教派。"分化"似乎不是融合，未必！与此"分"，往往是与彼在"合"，是在吸收社会、吸收别的宗教的某些成分。信仰是力量，正确的信仰是巨大的力量。宗教的融合是力量的合流。

第三，文化在融合。乌拉圭有个名镇Colonia，是世界文化遗产，姑且把小镇译为科洛尼亚。科洛尼亚是1720年西班牙登陆的码头，也是西班牙与葡萄牙争夺最激烈的地方。这里有个规模不大的天主教堂。值得注意的是，教堂的墙壁有两种风格：一边是砖墙，一边是石头墙。何以如此？是因为古代的葡萄牙人喜欢用石头，西班牙人喜欢用砖头，于是教堂便把两种建筑风格合二为一。至于其他方面的文化融合就不用说了。探戈舞曲艺术起源于阿根廷，是海员寻找、亲近舞女的产物。如今探戈已跳遍了全世界。南美音乐家喜欢吹一种叫埙的乐器，有人说埙起源于南美，其实是从中国传过去的。南美的排箫各国人都在演奏。智利大诗人聂鲁达多次赴欧亚美工作，来中国好多次，赞扬中国文化博大精深。当我在他故居中看到他收藏的四幅中国宫女画时，马上想到中国的一句话："有容乃大。"大诗人大就大在融合了多元文化。南美各国的国家博物馆中都有中国瓷器。近年中国在电力、矿业、交通等方面帮助南美诸国建设，南美诸国为了感谢中国，不断举办中国文化节，邀请中国传统戏曲去演出。文化无国界。文化在各国有各国的特色，各美其美，美美与共。

第四，人种在融合。人是有感情的动物。在种族隔离、阶级对立的情况下，偶然也会有个别主仆结合的。有个别就有一般，偶然中有必然。在反对种族隔离的呼声日益高涨的情况下，印欧混血人在大幅度增加。印欧混血人在玻利维亚占31%，在秘鲁占39%，在巴西占40%，在厄瓜多尔占41%，在哥伦比亚占57%，在委内瑞拉占66%，在智利占75%，在巴拉圭印欧混血人也占绝大多数。实际上印欧混血人的比例可能高于这些统计数字，因为从人体测量学的角度观察,还有不少人一点也不像西班牙人,却声称自己是西班牙人,以示高贵。此外还有黑白混血、黄白混血,其比例也在不断上升。网络通信的出现,正在把五洲四海"一网打尽"。随着交通工具的发达,多边贸易、自由贸易的推行,"海内存知己,天涯若比邻",正在变成光辉的现实。人种融合之日就是人种消失之时。人种的消失就在眼前。

三、种族融合的关键在于缩小贫富差距

在去南美前,我查阅了将去的几个国家的基尼系数,不论是联合国公布的基尼系数,还是 CIA 的基尼系数,它们都是很高的,都超过了 0.5,个别国家如玻利维亚为 0.6。我看后忧心忡忡。具体地说,阿根廷 0.51,秘鲁 0.52,智利 0.54,巴西 0.57,玻利维亚 0.60,乌拉圭最好,为 0.44。到了海拔 4 000 米以上时,我强烈地感觉到情况比数字更严重。因为统计的人没有爬上海拔四五千米。再说,像我这样爬一次还不行,要爬几次才能得到准确的数字。这次在四千米以上我同好多印加人来来往往,听了十来位印加学人的系统讲解,尤其是一位从小生活在五千米以上的、有 8 个孩子的印加史专家的介绍,真切生动,让我对印加人的生活有了初步的了解,所学的知识有不少跟过去书本上所讲的大不相同。

生活在海拔四五千米的印加人的住宿情况。一位同行的建筑学家在看了生活在三千米上下的印加人的房子时,说:"这房子五个小时就造好了。"生活在四五千米的印加人的住房在简陋方面与三千米的建筑差不多,可是住房面积要大得多,雪山上的地皮任他们去占领。他们一般有四间房子:第一间是住房。不管人口有多少,全家都睡在一张床上。儿子们一律睡在父亲外面,女儿们一律睡在母亲外面。没有暖气,这种睡眠方式可以抱团取暖,可是这种睡眠方式压死小孩的事屡见不鲜。7 月份南美最冷,有时男人要妻子趴在丈夫身上当被子盖。印加人没有枕头,用衣服当枕头。床下养一二十只天竺鼠(又称荷兰兔),用来增温。天竺鼠原产于南美,好养、好玩,又好吃,是印加人的美食。第二间是厨房,第三间是仓库,第四间是厕所。厕所有两个功能:一是把男人的小便全部留在尿盆里,晒干后,用白色的尿碱当食品调料再吃下去,或者是当化妆品擦身。尿碱宝贵,他们只舍得一年用尿碱擦洗一两次。第二个功能是把牛羊的大便晒干后当燃料,或者是晒干后与烂泥和在一起,当建筑用的黏合剂。不用说,印加人大便后不用手纸。那用什么?用光滑的石头。石

头擦后不可乱扔,集中放在室外,雨雪会把石头洗得干干净净,高海拔的紫外线会把石头上的细菌杀得精光。

生活在海拔四五千米的印加人的饮食情况。主要食品是土豆加羊肉。他们的土豆不一般,有甜如糖的,有辣如椒的,还有红得胜过红富士苹果的。因为紫外线比低海拔地区高 60% 以上,照射得厉害,还出产一种无皮的土豆。羊有驼羊和羊驼两种,肉的味道都很鲜美。印加人家家养好几条狗,为的是保护羊群。通常吃的羊肉味道也不怎么样,有客人来时他们才舍得加佐料,味道才真的好。节日或祭奠吃天竺鼠,他们认为那才是真正的大餐。印加人喝汤有声音,因为不用勺子。印加人会用玉米做啤酒。未成年人不许喝酒,成年人也不喝烈酒,只不过喝少许的玉米啤酒罢了。他们喜欢喝茶。茶叶是一种叫 COCA 的叶子。他们认为喝这种茶既可排忧,又可提神,干活有力气,还可以耐饥,治病,因此他们称其为"圣茶"。这种 COCA 只能生长在海拔 1 000 米到 2 000 米的地方。因此,儿子能给住在高海拔的爹娘送来 COCA 叶被视为最孝顺。COCA 叶就是制造毒品可卡因的原料。在联合国讨论禁种 COCA 时,玻利维亚驻联合国代表故意在会上咀嚼 COCA 叶,说明无毒。他们认为叶与毒品是两码事。又说,毒品不是我们印加人所能加工出来的。可是,主张禁种的国家认为如果没有 COCA 叶这种原料就不会有人加工成毒品。现在南美市场上有 COCA 糖、COCA 饮料出售。因叶废种是不是因噎废食?争论还在继续中。

生活在海拔四五千米的印加人的生死观。这里的印加人不怎么看重发财,看重的是生育。可是婴儿的成活率只有 50%,一般生 16 个孩子,成活 8 个。他们认为生下来就死掉不稀奇,也不心疼。倒是小孩在会说话时死去,母亲最难过,几年之后母亲都会觉得死去的孩子在跟自己对话。正因为印加人认为生育至上,他们在亲疏排序时,第一是母亲,第二是子女,第三才是配偶。由于生育至上,他们重女轻男,任何人不许虐待妇女。谁要打妇女,人们会群起而攻之,会骂他"同性恋",会让他长期抬不起头来。上面提到印加人的睡眠,他们认为床只是用来睡觉的。他们的房事从来不在房间里的床上,不论是阴晴还是冷暖,都是到山上做爱。大山在印加人眼里最神圣。印加人不接吻,做爱也不接吻。印加妇女的肉体不许丈夫以外的男人看见,接生婆全是女性。接生时,丈夫必须站在旁边。产妇痛得叫喊时,接生婆会痛打产妇的丈夫,叫他与产妇一样痛,一样喊。如果丈夫不让打,或者不痛得叫喊,岳母会认为女婿不爱女儿,便会抛弃这女婿。接生婆只为同一位产妇接生3次,第4次以后的生产,均由产妇的丈夫接生。印加人的婚礼不太隆重。玻利维亚有座科道纳大山,海拔5700米,顶上有幢很美的房屋,专供举办婚礼使用。印加人相信有来世。他们想象中的来世世界和欧美传说中的天国大致相同,是一个土地上开满花朵、山峰上盖满白雪的美丽世界。印加传统中不对死者进行火葬,他们认为这样会妨碍死者进入来世。他们把老人死亡看作到另一世界享乐,因此,他们祭祀时载歌载舞,大吃大喝,一定要吃他们喜欢的天竺鼠。印加人平时不送花,只许给逝者献花。男子葬礼5天,女性葬礼3天。

生活在海拔四五千米的印加人的医疗卫生。印加人本来一生不洗一次澡,现在一年洗1到3次澡。他们喜欢用白色的尿碱洗头。印加人从小就要学会识别草药,懂得什么草药治什么病。比方说便秘,他们说一吃甘薯即山芋,大便一定通畅。西班牙人后裔对印加人有句话:"印加人生前是不生病的。"意思是,只要活着有病当没病,一旦真有大病,那就只有等死。近年也有从山上下去到医院医病的,可是,妇女不许男医生看肉体。如果男医生让她们脱衣服,会被认为是污辱,这无疑也不利于医病。

生活在海拔四五千米的印加人的教育。印加人没有文字,祖祖辈辈不读书,不上学,但是他们十分重视德育。他们德育的内容可以称作"三不主义",方式有点近乎不少国家领导人上任前的宣誓,却比宣誓仪式更多彩。具体过程如下:一位长者一手持鲜花,一手端一碗水,名曰"圣水",用鲜花沾圣水往每个人头上滴一滴,一边滴一边讲"不偷懒",被滴的人要跟着说"不偷懒";滴第二滴,老人讲"不撒谎",被滴的人要跟着说"不撒谎";滴第三滴,老人讲"不偷窃",被滴的人要跟着说"不偷窃"。一个人一个人地轮下去,都要讲"三不"。连我们这些客人进去也要享受"圣水",并跟着老人用印加语讲"三不"。他们说,这种教育方式颇有作用。近几十年印加人开始知道上学。一位印加人学者对我们说,云之上雷电多,在他很小的时候,父亲被雷击死。母亲不可改嫁,领着他姊弟几个过着艰难的生活。在他十三四岁时,母亲送他到学校报名读书。老师问他叫什么名字,他母亲回答:"他是老小。"老师知道他没有名字,便给他起了一个好听的名字。老师问他几岁,他母亲说不知道。教师给他相面,估计十三四岁,便替他写上"13岁"。教师问他生日,他母亲说生他时下大雪。教师便从最冷的7月里选出个吉祥的日子作为他的生日。小学校离他家8公里。他走8公里的山路到了学校,常常不见老师到校,只得再走8公里回家。

第二天再来学校,才能见到老师。他长大后,给一个德国人当佣人。德国人见他诚实、勤快,便教他看书。他也决心要像德国人那样活着,于是慢慢成了印加学专家。

从居住在海拔四五千米的印加人的生活状况,可以看出南美的贫富差距之大。发达国家都是富人住山上,穷人住山下,因为那里空气新鲜,视野开阔,条件是有"三通":通水、通路、通电。南美大山无"三通",是印加穷人住高海拔的山上,空气稀薄;西班牙、葡萄牙、法国、德国的富人住山下。富人区富丽堂皇,穷人区一贫如洗。土著人与外国人都承认一句话:"我们的贫富差距就像我们的高山与峡谷那么大。"在巴西、阿根廷都有人睡在马路边,夫妻带着小孩睡马路。在有的国家乞讨是违法的,不仅要关押,还要罚款。在南美,乞丐随处可见。在海拔4 350米的一个名叫Rulup的村庄里,我见到一位年约八十的老年妇女。她乞讨时,见到男人不论老少一律喊"爸爸",见到女人不论老少一律喊"妈妈",听了实在心酸。

贫富差距大必然带来社会秩序混乱、动荡。社会失衡必然出现社会冲突。

在巴西,一位幽默的西班牙后裔的学人说:"在我们巴西不分富人区与穷人区。"我们一听很高兴,马上又变得将信将疑。他说:"穷人会住到富人区。"我们问:"那怎么可能呢?"他说:"一批穷人一夜之间就在富人区盖起房子住下了。法不责众,富人拿他们没办法。富人也知道自己'欠'穷人的,不敢响。"

在玻利维亚出了好多只干一天的总统,还有只当几小时的总统。走马灯式地换总统说明他们乱到了何等地步!

在秘鲁,我们经过一个名叫伊拉瓜的城市,没有下车参观。这城市本来不出名,后来一下子举国皆知,闻名南美。怎么回事呢?原来伊拉瓜的穷人一次又一次向市长反映分配不公、贫富差距拉大的问题,市长当耳旁风。穷人一气之下,就把市长拉到市中心广场上批斗之后,活活烧死。现在其他城市的人也常常以伊拉瓜烧死市长为例,吓唬自己的市长。据说,还是有效果的。

种族矛盾说穿了是贫富矛盾,是弱肉强食。表面上看起来是贫者闹事,实际上是"不平则鸣"。扩大贫富差距只能是图一时之痛快,扩大贫富差距是拉大一触即发的社会张力,是制造矛盾,是自找麻烦,是埋下自我毁灭的地雷。缩小人与人、国与国之间的贫富差距必将加速全球的种族融合。现在我们能"上天",还不能"入地"。地壳、地幔、地核里是什么情况还有很多未知数。火山、地震来了只能逃,什么时候能把火山、地震发出的能量为人类所用?对付雷电只有避雷针,什么时候能把那个"避"字换成"用"字? 再怎么发达的国家也还没有这个能力。说能"上天",其实上得还不够高。流星撞地球谁来接这个"火球"? 更严重的是,太阳系如果爆炸,人类能往哪个星球上迁徙? 哪个星球是咱人类的第二故乡? 诸如此类的问题不拿出个方案,是咱74亿人的软肋。有些国家的元首两眼只盯住别国的一亩三分地,目光岂不是太短浅了! 如果还想以别人的落后换来自己的"优先",那岂不是跟五百年前的西班牙、葡萄牙掠夺南美的黄金是一路货色!

经济是基础,但是种族融合也离不了在经济基础上形成正确的理念。理念先行,如果不能先行,后行也比不行要好。

值得讨论的有两个问题。

第一,城镇化与融合。城镇化十分重要。城镇化与社会发展水平成正相关。有人统计,在城镇化水平超过60%的77个国家中,有75个国家的人类发展水平高于0.7,相当好! 城镇化还与社会文明普及率成正相关。有人统计,城镇化水平低于30%,社会文明普及率低于30%;城镇化率达到70%,社会文明普及率则大大高于90%,甚至接近100%。这是有深刻道理的。然而,这"正相关"在南美诸国显示不出来。南美的城镇化水平早在2013年就达到80%,巴西86%,阿根廷92%,大大高于发达国家。可是看不见社会文明有多大改善。究其原因是两极分化严重,有关"生长老病死"的社会保障事业没有跟上。他们那里是货真价实的"富者田连阡陌,贫者无立锥之地"。玻利维亚90%的土地为少数白人占有,贫困人口占总人口的66.4%,极端贫困人口占总人口的45%。不能"正相关"的另一个原因是,人口盲目流动。印加人要下山,下到哪里去? 水往低处流,人往高处走。印加人选择大城市。这样,大城市的人口成倍增长。进了大城市算不算城镇化? 毫无疑问要算。印加人进城后多在经商,不再务农,当然是城镇化。如果再问一句:印加人在"经"什么"商"? 谜底就出来了。我们目睹很多印加人的摊位:在马路边,在白人大商店的屋檐下,铺上1平方米的毯子,印加人坐在毯子上,这样毯子还剩半平方米。在这半平方米里,摆上他们用驼羊毛编织的、颜色耀眼夺目的毛衣、围巾、钱包、裙子等,待价而沽。不远处,另一位印加人再摆一摊,卖五颜六色、形状美丽的小石头。一天能赚多少钱? 寥寥无几。尽管小摊上摆有背着房屋、床铺、食品、衣服、乐器的小"财神爷"(印加语称财神爷"AKEKY"),财也进不了多少。有次见印加人在大商店里忙碌,我便问:"这大店是印加人开的吗?"同行的人说:"是白人雇他们值班的,按小时付报酬,很低!"就这么点生意,政府还要征税。这让我想起十多年前在人民大会堂参加全国"两会",当国务院总理宣布"免征农业税"时,那雷鸣般的、经久不息的掌声。在玻利维亚跟一些国家一样,"上有不合理的政策,下有不正当的对策"。少了社会保障,社会秩序也就没有保障。玻利维亚首都拉帕斯60%的人没户口,目的是为了偷税漏税。因为没有户口,听说很多驾驶执照是偷来的或者是买来的。印加人开车技术相当娴熟,在悬崖陡壁上转来转去,平安无事。城市里红绿灯少,开车的能抢道则抢道,抢不到则急刹车。他们抢停自如,不出事故。万一出了事故,假执照就会暴露。算人数城镇化率很高,千真万确;算户口,城镇化率又很低,这也是事实。说得好听,这叫超前城镇化;说得难听点,这叫断崖式城镇化。城镇化是种族融合的条件之一,不是全部。为了加速种族融合,还要提升城镇的现代化水平和科学的社会治理水平。可喜的是,如今南美各国已开始注意到了这个问题,站在新的历史起点上向前迅跑。

第二,同化与融合。有些非印加人口口声声要同化印加人。同化的意思与融合差不多。但是他们的同化是要印加人信他们的宗教,是要印加人跟在他们后边跑。这是把同化的内涵异化了。真正的同化是要平等待人,互帮互学,取长补短,怎么可以只许人家跟你同,不许你跟人家同呢?融合,是要大同不要小同。还有些人发现人家不愿跟他同,就来个"压同",强迫,甚至动用武力来迫使人家跟自己同,这是非人道的行为。同化要靠引导,靠教育,靠潜移默化,欲速则不达。同化更重要的是靠先进性,靠带给人们福祉的先进性来感动人,用符合人类社会发展规律的先进性来吸引人。要相信先进的威力,先进是一定可以带动落后的。不过,先进不可以是自封的。在人家一时不接受你的所谓先进时,不妨反躬自问:我那先进是不是真正先进?在反复论证是真先进以后,也不要急忙责怪别人,仍应当反躬自问:在引导的方法上是不是有可以改进之处?融合即同化是科学,也是一门艺术。

一中有多,多中有一,同中有异,异中有同,要两点论。就人类来讲,应当看到"同"是主要的侧面。有句名言:世界上没有完全相同的两片树叶。名言有正确的一面,不过同时也要看到,同一种树的树叶有大体相同的一面。不相同,哪里有植物分类学!不仅同一种,即使是不同种的树叶,针叶、阔叶都有相同之处。安第斯山不同于喜马拉雅山,可是安第斯山和喜马拉雅山的雪线之上都有皑皑白雪;亚马逊河不同于长江,可是亚马逊河的水和长江的水都是

"氢2氧1"。"趋异——趋同——再趋异——再趋同……",永无止境,螺旋式上升。地球是人类共同的家园。进一步确立正确的世界大同观,坚持不懈地促进人种融合,一个坚固的人类命运共同体一定会在我们手中建成!

这是理论自信,不是撒谎,也不是吹牛!

"改革学"刍议

改革要深化迫切需要用改革的理论来指导。新时代需要新作为,新作为需要新学科。中国40年改革开放的丰富实践,完全有条件、有可能从实践中提升出改革的理论。习近平说:"中国将在更大范围、更宽领域、更深层次上提高开放型经济水平。"[1]这就意味着中国更加需要学科化的改革理论。一门新兴的"改革学"正在"应"改革开放再出发之"运"而生。

何谓改革?中国的改革是以自上而下与自下而上相结合的、不变更执政者的、平和有序的变革束缚生产力发展的经济体制,与此相应的,还要变革阻碍社会前进的各项制度。改革既不同于改良,也不同于革命。革命常常是为了推翻政权。我们不是,我们是巩固政权,改善政权。当下在中国已不存在势不两立的、你死我活的两大对抗的阶级和阶级冲突。我国也曾有过"改革是革命"一说,这是比喻,是从强调改革的艰巨性和深刻性这一角度说的。我们也不是改良主义。改良主义是在尖锐的阶级矛盾面前,不去触动统治阶级一根毫毛,麻痹被压迫、被统治阶级。如产生于19世纪中叶的讲坛社会主义者和费边社会主义者,以及蒲鲁东、拉萨尔、伯恩斯坦等人都是维护资本主义的改良派。中国改革的力度是很大的,改革给不同群体、不同阶层带来的利益是有区别的。正因为中国的改革既不同于改良,也不同于革命,才有必要建设一门全新的改革学。改革学是以改革为研究对象、探讨改革规律的科学。具体地说,是研究改革的目的意义、战略战术、经验教训、演化历程、评估标准以及中国特点的学科。改革涉及的面很广,至少涉及经济、政治、文化、社会、生态文明等方面,以及这几个方面的结构、机制、规范、法律、道德、理念、政策、管理方

---

* 原载《探索与争鸣》2018年第9期。

式等内容。改革学理论的学科化是改革和继续改革成功的先声。不消说,改革学理论的滞后和缺失,也会使得改革事业的某些方面出现短板。

改革学应当研究中国改革的起点

1978年12月18日至22日在北京举行的党的十一届三中全会吹响了改革号角,揭开了社会主义改革开放的序幕。会议提出把工作重点转移到社会主义现代化建设上来,实行改革开放的决策。会议要求改变同生产力发展不相适应的生产关系和上层建筑,改变一切不适应的管理方式、活动方式和思想方式。会议接连用了两个"改变",足见改革态度的坚定。

十一届三中全会之所以能够如此旗帜鲜明地号召改革开放,成为历史的转折,是因为在这之前,11月10日至12月13日成功地召开了长达一个多月的中央工作会议。工作会议开得生动活泼,民主气氛十分浓厚。与会者敢于批评会议主持人,很多发言有重大突破,富有拨乱反正的性质。会议的结论超出了会议的预定计划。会议提出:"适应工作重点转移的需要,实行改革开放的方针。"把改革开放提到"方针"的高度,这也是第一次。在中央工作会议的闭幕会上邓小平发表了题为《解放思想,实事求是,团结一致向前看》的讲话。邓小平说:"一个党,一个国家,一个民族,如果一切从本本出发,思想僵化,迷信盛行,那它就不能前进,它的生机就停止了,就要亡党亡国。"文字尖锐泼辣,一针见血,是在为改革开放扫除障碍。十一届三中全会之所以结出改革的累累硕果,正是因为中央工作会议开得"繁花似锦"。

那么,在鲜花盛开的中央工作会议之前有没有"花蕾"呢?有!那就是关于真理标准问题的讨论。1978年5月10日,中央党校内部刊物《理论动态》发表了经胡耀邦审阅定稿的《实践是检验真理的唯一标准》一文。5月11日,这篇文章以特约评论员名义在《光明日报》发表,当天新华社转发。5月12日,《人民日报》和《解放军报》同时转载,全国绝大多数省、自治区、直辖市的报纸也陆续转载。说"绝大多数省、自治区、直辖市的报纸",换言之就是还有些省市区没有很快转载,这说明看法不完全一致。上层也有个别人认为《理论动态》文章是"砍旗"。马克思说,"真理是燧石",越打越发光。半年以后,思想大体统一,真理标准讨论成了中央工作会议和十一届三中全会的指导思想。理论先行,改革开放的硕果是在12月结出的,"花蕾"则是在5月萌发的。

就在中央工作会议和十一届三中全会紧锣密鼓开会的时候,寒冷、饥饿、困苦的安徽省凤阳县凤梨人民公社小岗村十八户农民冒着生命的危险按下手印,将土地分田到户,实行单干。此举是秘密进行的。小岗人写下了一份不到百字的包干保证书。其中最主要的内容有三条:一是分田到户;二是不再伸手向国家要钱要粮;三是如果干部坐牢,社员保证把他们的小孩养活到18岁。在会上,队长严俊昌特别强调,"我们分田到户,瞒上不瞒下,不准向任何人透露"。可是不久,公社知道了吓得要死,允许他试验一年。县委知道了吓了一跳,但见他们生活有改善,同意他们试验三年。省委见小岗村第一年粮食产量是前五年的总和,同意他们试验五年。有文章省去了这段历史,笼统地说,"受到中央的重视与支持"。事实没有那么简单,历史不会像北京的长安街那样笔直,中央的支持是后来的事,把历史简单化是对历史的轻率。要知道,思想大解放的十一届三中全会也有不解放的地方,三中全会的态度是"不许包产到户,不许分田单干",会议接连用了两个"不许"。安徽省委书记万里在十一届三中全会后,向"两个不许"乃至"三个不许"的人表示:"你们走阳关道,让我走走独木桥试试。"当"独木桥"带来产量增加、收入提高以后,才有中央的"贫困地区可以包产到户,发达地区不可以"。再过些日子才有了像有些文章所说的那样,"受到中央的重视与支持",中央表示"可以……,可以……,也可以……"。再过些日子,也就是在十一届三中全会召开五年后,才有家庭联产承包责任制是"伟大创举"一说。

家庭联产承包责任制确是中国农民的伟大创造,是农村经济体制改革的产物,完整的描述应当是:农户以家庭为单位向集体组织承包土地等生产资料和生产任务的农业生产责任制。其基本特点是在保留集体经济必要的统一经营的同时,集体将土地和其他生产资料承包给农户,承包户根据承包合同规定的权限,独立作出经营决策,并在完成国家和集体任务的前提下分享经营成果。一般做法是将土地等按人口或劳动力比例,根据责、权、利相结合的原则分给农户经营,承包户和集体经济组织签订承包合同。具体形式有:① 包干到户。各承包户向国家交纳农业税,交售合同定购产品以及向集体上交公积金、公益金等公共提留。其余产品全部归农民自己所有。② 包产到户。实行定产量、定投资、定工分,超产归自己,减产赔偿。目前,绝大部分地区采用的是包干到户的形式。家庭联产承包责任制是我国农村集体经济的主要实现形式,主要生产资料仍归集体所有;在分配方面仍实行按劳分配原则;在生产经营活动中,集体和家庭有分有合。家庭联产承包责任制没有走土地私有化的道路,统分结合,双层经营,既发挥了集体统一经营的优越性,又调动了农民的生产积极性,是适应我国农业特点和当时农村生产力发展水平以及管理水平的一种较好的经济形式。到1983年初,全国农村已有93%的生产队实行了这种责任制。这段历史是典型的实践出真知。这有力地说明认识是个过程,说明存在决定意识,说明先有存在,后有认识,说明群众是真正的英雄。

上述安徽小岗村的改革,使得农村博得了"改革首先从农村开始"的评价。中国的改革是"农村包围城市"的说法也是以此为依据的。

改革学应当研究改革的历程

"穷则变,变则通,通则久。"中国40年的改革是一以贯之的,也可以从进程的特点和侧重划分若干阶段。现在有两种划分法,一是分三个阶段,二是分五个阶段,都有道理,前后相继,你中有我,我中有你,是很难斩钉截铁、截然分开的。不过五分法似乎更容易接受,具体如下:

第一阶段是改革的酝酿起步和局部试验(1978年12月—1984年9月)。这一阶段就是前面讲到的"农村包围城市"的阶段和特区确立阶段。1978年底香港南洋商业银行庄世平、罗新汉等一行数人来广东汕头,时任广东省委常委吴南生与他们谈起如何改变贫困面貌,罗新汉反问吴南生:"你们敢不敢搞自由港?"接着罗新汉讲起亚洲的"四小龙"如何如何。"四小龙"是指经济上发展得比较快的新加坡、韩国和中国的台湾和香港地区,他们搞"出口加工区",出口加工区在香港称"自由港"。"罗新汉之问"引发了吴南生的思考。吴南生立即到广州向习仲勋汇报,习仲勋赞成。在全国经济工作会议上习仲勋又向华国锋汇报,华国锋也赞成。习仲勋为广东向华国锋要权,华国锋给权。习仲勋向邓小平请示名称叫什么好,邓小平说"叫特区",从此"特区"便在中国大地上如日中天。1979年4月,中央决定办五个特区,这就是广东的深圳、珠海、汕头,福建的厦门,还有上海的崇明岛。香港总商会的人提出:"你无论如何也得立法,你不立法谁敢来?没有立法的国家外国人最怕。"于是,广东省花一年时间,几易其稿,草拟了一个《特区工作条例》。1980年全国人大通过了广东省的《特区工作条例》,从此特区工作顺利展开。不过顺利中也有不顺利,有人批评特区是"殖民地",是"出卖主权"。反对办特区的,有人很快就转变态度,支持特区;也有人变本加厉,给办特区的带头人栽赃。五个特区办了四个,崇明岛没有办。不用说,是因为有人反对,但是特区的工作还是蓬勃开展。

第二阶段是全面展开经济体制改革和探索政治体制改革（1984年10月—1989年5月）。其有三大特点：

一是突破了把计划经济和商品经济对立起来的传统观点。这一突破是很艰难的，也是十分可贵的。在第一阶段之所以阻力重重，上海崇明岛之所以没有办特区，完全是因为那个"对立"的观念没转过弯来。中共十二届三中全会上胡耀邦明确指出："社会主义计划经济必须自觉依据和运用价值规律，是在公有制基础上的有计划的商品经济。商品经济的充分发展，是社会经济发展的不可逾越的阶段，是实现我国经济现代化的必要条件。"[2]

二是启动了城市改革。1984年10月胡耀邦等主持的中共十二届三中全会上通过了《中共中央关于经济体制改革的决定》，强调"加快以城市为重点的整个经济体制改革的步伐"。这不只是区域的转移，还是改革战略的转移，是转向全面改革。邓小平对杨振宁等60多位外籍华人科学家说："如果说开拓新局面是从农业开始，这次则是全面改革，包括工业、商业、科技、教育等，范围很广。"[3]为了这个转移，邓小平1986年5月10日在会见加拿大总理布赖恩·马尔罗尼时说："'七五'计划不追求过高的发展速度，主要目标是实现城市改革。"

三是开始了政治体制改革。1987年10月中共十三大召开，把政治体制改革提到了议事日程。大会的基调是政治体制改革。《沿着有中国特色的社会主义道路前进》的报告中指出："经济体制改革的开展和深入，对政治体制改革提出了愈益紧迫的要求。不进行政治体制改革，经济体制改革不可能最终取得成功。党中央认为，把政治体制改革提上全党日程的时机已经成熟。"[4]大会为政治体制改革制定了具体目标，要求分步骤、有领导、有秩序地进行。

第三阶段是改革进入治理整顿期（1989年6月—1992年9月）。在这一阶段出现了两件事：一是"苏东剧变"。1989年前后东欧一些社会主义国家的共产党和工人党在短时间内纷纷丧失政权，发生了社会主义制度演变为资本主义制度的剧烈动荡。与此同时，西方霸权主义想乘机搞垮中国，美国把中国当作威胁他们的对手。二是在国内的"六四风波"后，西方的美英法等国对中国实行经济制裁。中国不怕制裁，不怕封锁，不怕孤立，但制裁毕竟给我们的对外开放增添了麻烦和困难。世界上没有万无一失的政策，在十年的改革开放中有些地方步子太快，后劲不足，出了些毛病，因此改革有必要进入治理整顿期。

在治理整顿期稳一点是必要的,可是不应该忘记,稳是为了更好的前进,过度的稳就变成原地踏步,就可能丧失良机。正如《光明日报》原副总编辑徐光春在纪念改革开放 40 周年时,对这一阶段所描述的:"一时间改革的声音弱了,开放的步伐小了。"[5]有一阵子喜欢讲空话、套话的人很吃香,却拿不出改革开放的新举措。他们对苏联解体缺乏正确的认识,没有意识到苏联解体是政治体制腐败、经济体制僵化、不真正改革的必然恶果。他们被苏联解体吓破了胆,只会动不动就问姓"资"姓"社",用大帽子压人。邓小平看出了这个问题,1991 年他曾在上海一家工厂里,拿着一件新产品问:"你们说它姓'资'还是姓'社'?"1992 年 1 月 18 日至 2 月 20 日,邓小平到武昌、深圳、珠海、上海等地视察。当邓小平到深圳的消息传出后,香港股市立即升破 4 500 点。2 月 20 日《深圳特区报》发表了《扭住中心不放——猴年新春评论之一》,在社会上引起强烈反响。接着《深圳特区报》发表了评论的之二、之三,到 3 月 6 日连续发了八篇。

2 月 28 日中共中央将邓小平到武昌、深圳、珠海、上海谈话(后来被称为"南方谈话")的要点作为中央 1992 年第 2 号文件下发,指出:邓小平以改革开放总设计师的远见卓识,深刻总结了 10 多年改革开放的经验教训,在一系列涉及改革发展的重大理论和实践问题上提出了重要论断,深化改革,扩大开放,从而推动改革开放和社会主义现代化建设进入新阶段。

"南方谈话"的第二部分讲改革,邓小平指出:"改革开放胆子要大一些,敢于试验。看准了的,就大胆地试,大胆地闯。没有一点闯的精神,没有一点'冒'的精神,就干不出新的事业。"[6]这话不是无的放矢,是有所指向的。由于有关方面的承受力不同,26 年来各省市的党报对邓小平南方谈话宣传的版面既有量的不同,又有质的差别。1992 年 6 月 9 日,江泽民在中共中央党校省部级干部进修班上做了题为《深刻领会和全面落实邓小平同志的重要讲话精神,把经济建设和改革开放搞得更快更好》的讲话,提出"社会主义市场经济体制"这一概念,得到邓小平的支持。

第四阶段是建立和完善社会主义市场经济体制(1992 年 10 月—2012 年 11 月)。1992 年 10 月召开的党的十四大,确立了中国经济体制改革的目标是建立社会主义市场经济体制;1993 年党的十四届三中全会通过了《中共中央关于建立社会主义市场经济体制的决定》;2001 年 12 月中国正式成为世贸组织的成员国;2003 年党的十六届三中全会通过了《中共中央关于完善社会主义市场经济体制若干问题的决定》,强调要以完善社会主义市场经济体制为核心进行全面的制度创新。

党的十六大以来,以胡锦涛为总书记的党中央,高举中国特色社会主义伟大旗帜,以邓小平理论和"三个代表"重要思想为指导,立足社会主义初级阶段基本国情,总结中国发展实践,借鉴国外发展经验,适应中国发展要求,提出了科学发展观这一重大战略思想。他接着又在 2003 年 7 月 28 日的讲话中提出,"坚持以人为本,树立全面、协调、可持续的发展观,促进经济社会和人的全面发展",按照"统筹城乡发展、统筹区域发展、统筹经济社会发展、统筹人与自然和谐发展、统筹国内发展和对外开放"的要求推进各项事业的改革和发展。在党的十七大上,胡锦涛在《高举中国特色社会主义伟大旗帜,为夺取全面建设小康社会新胜利而奋斗》的报告中提出,科学发展观第一要义是发展,核心是以人为本,基本要求是全面协调可持续性,根本方法是统筹兼顾。中国共产党第十七次全国代表大会把科学发展观写入党章,标志着中国共产党对于社会主义建设规律、社会发展规律、共产党执政规律的认识达到了新的高度,标志着马克思主义的中国化,标志着马克思主义和新的中国国情相结合达到了新的高度和阶段。中国共产党第十八次全国代表大会把科学发展观列入党的指导思想。

第五阶段是改革进入新时代和推进全面深化改革(2012 年 11 月以来)。2013 年 11 月,党的十八届三中全会通过了《中共中央关于全面深化改革若干重大问题的决定》,提出全面深化改革的总目标是完善和发展中国特色社会主义制度,积极推进国家治理体系和治理能力现代化。其有三大特点:

第一个特点是对外开放的广度、深度大为增强。习近平说:"中国的大门将继续对各国投资者开放,希望外国的大门也对中国投资者进一步敞开。"[7] 5 年多来,中国一方面在利用国内资源和国际资源发展国内市场和国际市场,另一方面在引进外资的同时对外投资的力度大大加强,这是过去难以办到的。正如十九大报告所指出的,"中国开放的大门不会关闭,只会越开越大"。中国提出构建人类命运共同体,受各国欢迎,被多次写进了联合国的有关文件。"一带一路"的建设方便了各国的"走出去,请进来",成为人类命运共同体的纽带。

第二个特点是改革开放的目标更加明确。党的十九大报告提出,"把人民对美好生活的向往作为奋斗目标",又进一步提出"把人民利益摆在至高无上的地位"。"人民至高无上论"是40年改革的结晶和升华。"至高无上",说透了,就是在中国这片热土上,没有任何地方、任何组织、任何部门的利益能够高于人民的利益。党的十九大把当今中国社会的主要矛盾论证为"我国社会主要矛盾已经转化为人民日益增长的美好生活需要和不平衡不充分的发展之间的矛盾"。"不平衡"三个字切中时弊,是对20世纪90年代流行的"兼顾公平论"的否定。主要矛盾是"纲",纲举目张。抓住主要矛盾,贫富差距、地区差距、城乡差距、行业差距等就会迎刃而解。

第三个特点是抓住了民主的真谛。习近平说:"众人的事情由众人商量,是人民民主的真谛。"众人商量在决策之前,众人商量在决策的全过程。十全十美的决策是没有的,众人商量还要贯穿在推行中,商量如何修改,商量如何调整、完善。提高众人商量的比重,就会相应缩短顶层设计的流程,优化顶层商量的质量,从而实现我们一直大声疾呼的精简机构。为了实现众人商量,必须扩大众人的知情权、发言权、决策权、监督权。众人商量是民主化的发动机和推进器。

阶段的划分是相对的。究竟应当如何划分为好,是改革学题中应有之义。说不定后人会把五个阶段合而为一,甚至会把这40年当作百年、千年大阶段中的一瞬而一笔带过。但是,生活在改革时期的人不可以昏昏然,应当理得一清二楚。

改革的八大规律及合力

中国的40年改革,从某种角度上讲是从自发到自觉,从"摸着石头过河"到运用规律高瞻远瞩、高屋建瓴。改革有哪些规律呢?本文提出八条,供各方讨论。

第一条规律是"目标守恒律"。我们之所以进行改革是要改掉不适合生产力发展的生产关系。改革的目的是为了发展生产力,再具体地说,是为了发展社会主义生产力。社会主义是历史的选择,是中国人民的选择。社会主义的方向不应当变,即使有风吹雨打,社会主义制度也不会动摇。社会主义的大方向是正确的方向,我们要沿着社会主义的康庄大道勇往直前。我们坚信社会主义公有制会解放生产力,会推动生产力大发展。问题是:什么是社会主义?基本点很明确:一是公有制,二是不搞两极分化。具体做法还在探索中,还在完善中。我们发展国企,要把国企做强做优做大,但是我们要严防国企异化。

经过这一段时间的摸索,我们认定中国正处于社会主义的初级阶段。生产关系既不可超越初级阶段,也不可不走社会主义道路。初级阶段、中级阶段、高级阶段的标志是什么,还在探讨中。生产力低下时,应当搞包产到户。生产力大发展了之后呢?生产关系还要再改革。现在小岗村的工商业正在繁荣,不再是单一的务农。西方发达国家像奥地利等国,农村水利、灭虫、消防等都归集体。不管以后怎么继续改下去,中国仍然是坚持在国体、政体、社会制度不变前提下的改革,这是中国改革的第一要义,因此称为"目标守恒律"。

第二条规律是"一改百改律"。中国的经济改革已实现了从高度集中的计划经济到充满活力的社会主义市场体制,从封闭、半封闭到全方位开放的伟大历史转折。回想当年,国家提出经济改革时,有人说经济改革只引进资金不引进管理。后来认可引进管理了,又有人说不可引进文化。实际上开放以后,对外来的经济、文化都要一分为二,择善而从,不善则不从。改革是"牵一发而动全身"的事业。改革富有全面性,必然发展为全覆盖。从农村到城市,从沿海到沿江沿边,从东部到中西部,对外开放的大门始终是大开的。改革的领域也涉及方方面面,从经济领域到政治领域、文化领域、社会领域,以及人与自然的关系都要进行改革。从改革的进展看,一直有个政治体制的改革略显滞后的问题。邓小平说:"政治体制不改革就会阻碍经济体制改革的发展,并且会影响到很多事情。"[8]如果能从政治文化、文明规范、政治价值、政治道德、政治心理、政治认同、政治机制、政治角色以及选举制度等方面加快改革的步伐,经济、文化、社会、生态文明的建设一定会更快更好。一时的集权应当是为了更好地放权,"小政府,大社会"是写进党中央决议的。

第三条规律是"贫富平衡律"。中国现在有13亿人口,就是在人口不足10亿时,富裕的程度也不会一刀切,不会一个样,总是会有一部分人先富起来。对先富起来的人只要不是走歪门邪道富起来的,我们都应当为他们鼓掌。与此同时,先富起来的人也应当主动从技术、管理、友爱、慈善等角度帮后富,从而实现共同富裕。共同富裕是和谐、是平等、是安定,是社会主义制度的基本点。从当前改革进展的情况看,不论是用五分法还是十分法来分析,不论是从收入基尼系数看,还是从财富基尼系数看,我们国家的贫富差距都嫌大了点。这与1992年以后有人主张把公平置于"兼顾"的地位有关。贫富差距大必然带来社会矛盾、社会冲突。每年居高不下的群体性事件,大部分是由不公平引发的。要从根本上减少这些事件,就得从更加公平上下手,从共同富裕上落实,从贯彻党的十九大提出的主要矛盾上抓起。共同富裕是实现人类命运共同体不可分割的组成部分。

第四条规律是"快慢有节律"。人们总是希望改革开放的步伐能够快一点为好。可是,由于改革给不同的群体所带来的利益不同,得益少的人难免劲头不足,因此有时步子快不了。再加上国际上的变数是难以预料的,风云有突变的时候。你要进口,他要无端地提高关税;你要出口,他百般刁难,这也会妨碍速度的提升。因此,有时候不得不放慢速度。几十年来,国内就"稳"与"进"的关系讨论过多次。如何把握好两者的关系,这里面大有学问。有一阵子过于强调"稳字当头",尤其是1989年以后改革的步伐慢了点。为此,邓小平1991年、1992年多次尖锐地指出:"强调稳是对的,但强调得过分就可能丧失良机。"[9]进中求稳是动平衡,陀螺转得越快立得越稳。

第五条规律是"进出守则律"。商品进口出口,都要遵守世贸组织的规矩。通常说,"世界上没有永久的敌人",其实还有句难听的话没有人讲出口,那就是"世界上可能也很难有永久的朋友"。因此,和任何国家往来都不能只听悦耳的好话,一律要按规则办事。这样在有人耍赖时,在有人搞"双重标准"翻脸不认人时,我们可以拿出规则与之争辩,方能立于不败之地。即使对方曲解规则,钻规则的空子,世人自有公论。中国人最讲包容,"有容乃大""不同而和"是中国的"世界文化遗产"。

第六条规律是"内外有别律"。在提倡对外开放时,总有些人批评过去的闭关锁国,甚至捎带着批评"自力更生"。这种批评只有一部分道理,基本上不符合实际,没有追根溯源。过去的锁国,有一小部分是我们在国门里面锁的,绝大部分时间是人家在我们国门外把我们反锁在里面的,他们迫使我们想出去不能出去。想想看,如果人家不承认我们中华人民共和国,不与我们建立外交关系,你怎么出去?再说,我们是人口大国,吃的、穿的、用的都靠外国能行吗?如果他们哪一天变了脸,不给你进口了,你吃什么?穿什么?用什么?在今天这风云多变的国际环境中,人口大国仍然只能是以自力更生为主。在外贸依存度上要把握好分寸,进出口贸易总额与国内生产总值之比,在今天应当大大高于过去霸权主义者把我们反锁在里面的年代,但也不能太高。我们不能不警惕正在多边贸易的国家突然搞起单边贸易。在高科技方面,提倡学术交流,可是别忘了1959年和1960年正在帮我国研制"两弹"的专家突然全部撤走的那段历史,最终还不是靠我们自力更生吗?在全球化时代还有"逆全球化"的杂音。即便没有杂音,自力更生的成功也是为全球化做贡献。何乐而不为?

第七条规律是"差异包容律"。改革就是改旧、除旧。要改、要除,可以想象得出,在"旧"里生活习惯了的人、在"旧"里得益多的人,会有不同意见。同样,在理论界一些为过去的那个"旧"做过论证,并且受到赞扬的人,也会对改革改出来的"新"有这样那样的想法,这都是自然的,可以理解的。一切真心实意搞改革的人,都要有"改革家肚子里能开军舰"的宏大胸襟,尊重差异,包容多样,不打棍子,不扣帽子。认识是个过程,理解有先后,要给不同观念的人转变观念的时间。实践是最有说服力的教材,改革开放的成果是治疗思想僵化的良药。要相信他们迟早会推陈出新,除旧布新。如果恋旧的人对改革吹毛求疵,那我们也应当感谢他们花工夫帮我们找到了"疵"。如果他们把好头皮当成"疵",我们应当本着"有则改之,无则加勉,言者无罪,闻者足戒"的态度来对待。从40年的改革史来看,有好多当初不理解的人后来成为改革的积极推动者。头脑里要多一点辩证法,多懂一点肯定否定律,不要门缝里看人。说得重一点:改革家自己其实也有个与时俱进的问题。昨天有效的改革举措,今天说不定失效。不是吗?使秦国强大的商鞅变法,今天还能用吗?对改革进行改革,是永葆青春的改革家脑子里必须绷紧的一根弦。由此可见,对差异能够尊重,对多样能够包容,应当成为改革学教材中不可缺少的篇章。

第八条规律是"上下同心律"。中国的这场改革是自上而下与自下而上相结合起来开展的。邓小平是改革的总设计师。他为改革出谋划策,在改革遇阻时为改革撑腰打气。可是,他在改革10年后的1988年9月5日依然对捷克斯洛伐克总统这样说:"如果一个党、一个国家把希望寄托在一两个人的威望上,并不很健康。那样,只要这个人一有变动,就会出现不稳定。中国的未来要靠新的领导集体。近十年来的成功也是集体搞成的。我个人做了一点事,但不能说都是我发明的。其实很多事是别人发明的,群众发明的,我只不过把他们概括起来,提出了方针政策。"[10] 1992年7月邓小平在审阅中共十四大报告稿时,又严肃地指出:"改革开放中许许多多的东西,都是群众在实践中提出来的……乡镇企业是谁发明的,谁都没有提出过,我也没有提出过,突然一下子冒出来了,发展得很快,见效也快。家庭联产承包责任制也是由农民首先提出来的。这是群众的智慧,集体的智慧。我的功劳是把这些新事物概括起来,加以提倡。"[11]这两段话是伟人的谦虚,更是遵照历史唯物主义原理对个人与群众关系所做的精辟论述,也要求我们今天在"改革开放再出发"时,必须虔诚地真心实意地尊重人民群众的首创精神。

改革开放是合力。上述八大规律是从改革开放的不同侧面、不同角度提出的。

"目标守恒律"是从中国国情、从社会制度出发提出的。这是根本,是大方向。"一改百改律"是从"社会有机论"角度提出的,社会有机论要求改革富有全面性,单打一不行。"贫富平衡律"是从社会结构理论角度提出的。结构决定功能,结构不合理功能容易东倒西歪。社会要分层,层与层之间要相融。"快慢有节律"是从改革工作的步伐、节奏上提出的。快慢只能是顺势而为,不可拍脑袋,拍桌子,瞎指挥。"进出有则律"是从开放的角度讲走进走出的有序性。走,不是人才和公有资源的随意外流;进,不可以把物质垃圾和精神垃圾引进来。"内外有别律"是从国际环境的复杂性的角度讲的。开放要自信而不自卑,自信而不自满,不要认为"月亮总是外国的圆"。"差异包容律"是从对改革的认识论上提出的。改革需要理论,理论需要讨论,讨论的前提是多元。"一槌子定音"等于取消讨论。"上下同心律"是从"社会系统论"角度讲的。"上下一条心,黄土变成金。"

"八方甘雨布,四方报年丰。"中国的改革开放由于遵循了客观规律,实现了从半工业化向工业化的转变,中国已建立起了独立、完整的工业体系,中国的工业化综合指数达到了 80% 以上。中国的改革开放由于遵循了客观规律,实现了从"以阶级斗争为纲"到以经济建设为中心的转变。在社会主义初级阶段,只要不发生战争,都要紧紧地围绕以经济建设为中心,一心一意搞建设。中国的改革开放由于遵循了客观规律,实现了从计划经济到市场经济的转变,商品生产和流通市场化程度已达 80% 以上。中国的改革开放由于遵循了客观规律,实现了从闭关锁国到全面开放的转变。中国正在为构建人类命运共同体不懈奋斗。一句话:中国社会步入了向现代化发展的快车道。

习近平在庆祝建党 95 周年大会上的讲话中指出:"改革开放是当代中国最鲜明的特色,是我们党在新的历史时期最鲜明的旗帜。改革开放是决定当代中国命运的关键抉择,是党和人民事业大踏步赶上时代的重要法宝。"我们完全可以相信:作为"特色""旗帜""抉择""法宝"的改革,随着国家治理体系的完善和治理能力的加强,随着改革学的学科化水平的提高,中国改革开放再出发的前景定将无限美好。

参考文献：

［1］习近平 2013 年 4 月 8 日在博鳌亚洲论坛讲话.人民日报,2013-04-09.

［2］［3］［4］［6］［8］［9］［10］［11］邓小平年谱(1904—1974).北京：中央文献出版社,2009：1006、997、1213、1342、1201、1331、1245、1350.

［5］徐光春.改革开放的三个历史节点.北京日报,2018-03-05.

［7］习近平在同出席博鳌亚洲论坛 2013 年年会的中外企业家代表座谈时的讲话.人民日报,2013-04-09.

《世界社会主义研究年鉴(2018)》序*

大家手中的这本《世界社会主义研究年鉴(2018)》是在纪念马克思诞辰200周年时编纂的。在许多国家频繁的纪念活动中,学者对科学社会主义的讨论尤为热烈,论文掷地有声,铿锵有力,因此今年这本年鉴的内容也格外丰富多彩。书中既有联系当前实际的,又有研究社会主义演化史的,也有研究社会主义史学的,还有研究社会主义史学史的,不用说,更有大量提出新论的。在新论中,有偏左的,有偏右的,更有深刻剖析左翼与右翼的。集全年为一瞬,汇万卷为一册,琳琅满目。

社会主义是制度、是学说。社会主义是从学说,经过工人运动,而成为一种社会主义制度的。在中国共产党成立之前十年,中国就有人发起成立了"社会主义研究会"。正是因为社会主义学说的传播,才有一批有识之士接受马恩的科学社会主义思想,才有陈独秀、李大钊等人发起成立中国共产党。纵观社会主义全部历史,就可以知道:先是18世纪中叶宗教界人士从推行慈善事业角度考虑、从尊重自然出发,提出"社会主义"概念的。再到19世纪20至30年代由欧文和圣西门通过他们所办的刊物传播开来的。欧文、圣西门是运用"社会主义"这个词来表达他们对资本主义社会中那种损人利己的极端个人主义不满,方才大力倡导集体主义和社会主义的。至于社会主义的本质特征是什么,他们说不出,对于如何实现他们理想中的美好的社会主义,更是不甚了了。因此,他们被称为"空想社会主义者"。十几年后,马克思根据他对葡萄园工人和玻璃厂工人的调查了解,恩格斯根据他白天当纺织厂老板、晚上到工人

---

* 写于2018年10月3日。《世界社会主义研究年鉴(2018)》,潘世伟、徐觉哉主编,上海人民出版社2019年版。

中访贫问苦的切身感受，再参考前人的论述，两位一起把社会主义学说系统化，学理化。他们懂得人类社会从奴隶社会起就存在阶级和阶级斗争，认识到不推翻资本主义制度是不可能建设社会主义的。

要推翻就涉及"阶级斗争"。阶级斗争一度曾被人当作讥讽科学社会主义的笑料，成为"残酷"的代名词。说"残酷"并非毫无依据，只是"讥讽"就大错特错了。列宁早就讲过"阶级斗争不是马克思的发明"，马克思自己也曾亮出这个底牌。1852年3月5日，他在致约·魏德迈的信中这样写道："至于讲到我，无论是发现现代社会中有阶级存在或发现各阶级间的斗争，都不是我的功劳。在我以前很久，资产阶级的历史学家就叙述过阶级斗争的历史发展，资产阶级的经济学家也已对各个阶级作过经济上的分析。我的新贡献就是证明了下列几点：（1）阶级的存在仅仅同生产发展的一定历史阶段相联系；（2）阶级斗争必然导致无产阶级专政；（3）这个专政不过是达到消灭一切阶级和进入无阶级社会的过渡。"是的，早在马克思诞生前，英国古典经济学家大卫·李嘉图已经在他的多本著作中，谈到资本主义社会中有工人、资本家和土地所有者三个阶级的存在，并在一定程度上指出这三个阶级的经济利益是对立的。再说得早一点，在古希腊的柏拉图和亚里士多德的书里已经开始谈阶级、阶级斗争了。2 300多年前他们就把人分为农民阶级、工匠阶级、商人阶级和农奴阶级。现在欧洲和非洲北部还有许多古罗马遗址，那里保留有铡人头的铡刀，墙上还保留着当年锁农奴和穷人脖子的铁环。这难道不是残酷的阶级斗争吗？如果是把阶级斗争泛化，自己人斗自己人那是值得讥讽的；如果是为全世界受苦的人而奋斗则是正义的阶级斗争。利益对统治者来讲是迷魂汤，他们为了维护既得利益往往会神魂颠倒，胡言乱语；利益是把刀，一切剥削压迫人的阶级为了维护那不应得而既得的利益会杀人放火，无恶不作。在这种情况下，受剥削、受压迫的阶级要不再受剥削、受压迫，不斗行吗？因此，对正义的反剥削、反压迫的阶级斗争不仅不应当讥讽，而且还应当不怕牺牲，积极参与到火热的斗争中去，建党建军，夺取政权。即使是生活在剥削阶级营垒中的人，也应当挺身而出，背叛自己所出身的阶级，勇敢投身于正义的阶级斗争。历史上这样的有识之士不乏其人，值得效法。因此我们对于用阶级斗争的方式来实现社会主义代替资本主义的学说，不可一概否定。

问题是阶级斗争的方式不是只有暴力一种。马克思、恩格斯在青年时代提出过暴力，在晚年提出过非暴力，认为也可以用和平的方式实现从资本主义向社会主义的过渡。武斗是阶级斗争的一种方式,文斗也是阶级斗争不可缺少的一种重要方式。打个不知是否恰当的比方,在2018年9月26日由美国总统特朗普主持的联合国安理会会议上,世界上最穷的国家的总统当着世界上最富的国家总统的面,严厉批评世界上最富的国家总统:"你们根本就没有维护民主的兴趣。"指责世界上最富的国家在伊朗问题这样搞、那样搞,搞来搞去无非是为了揩油(揩伊朗的石油)。穷国总统如此直言不讳就是在开展阶级斗争,开展国际范围的阶级斗争。许多媒体报道这条新闻时,用"骂"这个字眼,我不赞成。这不是"骂",是"斗",是"文斗"。可见,如果认为只有武斗才是阶级斗争,那是误读、误解,走进了误区。

不用说,把社会主义同暴力混淆在一起的人是少数。现在社会主义仍富有强大吸引力。现在世界上有的国家在国号中就包含有"社会主义";有些资本主义国家自称有社会主义元素,甚至标榜自己国家"比社会主义还社会主义"。这里有夸张,也有事实根据。2018年5月26日至28日,由中共中央对外联络部主办的中国共产党与世界政党高层对话会专题会议在深圳举行,100多个国家、200多个政党的数百位嘉宾出席会议。对话是沟通,是相向而行。许多国家并不因为二十多年前的苏联、东欧社会主义国家的剧变而全盘否定社会主义。苏联的解体是他们长期不顺乎民意、不积极改革的恶果,剧变是对他们僵化经济体制的惩罚,剧变是因为他们把非社会主义元素塞进社会主义,败坏了社会主义。

社会主义与资本主义是对立的,也是统一的,"你中有我,我中有你"。有些左翼人士认为社会主义与资本主义势不两立,凡是你赞成的,我都反对;凡是你反对的,我都赞成。哪怕是一件产品也要问一声姓"资"还是姓"社"。这是简单化,是无知识的表现,是庸人的做派,是典型的形而上学。说得重一点,是19世纪德国的拉萨尔主义。拉萨尔声称,除了无产阶级,一切阶级都是"反动的一帮"。可是,世界上第一个社会主义国家的奠基人列宁并不这么看。他认为,在社会主义社会有资本主义的"母斑"。这"母斑"可能是与社会主义本质不相容的,比如剥削就不相容。共产党是靠反剥削起家的,毫无疑问,永远不能放弃这个初衷。可是,在社会主义初级阶段,在社会主义初级阶段的初级阶段,难免保留一点剥削。在社会主义国家里笼统讲"剥削有功"欠妥,讲"剥削有'用'"是可以的,至少是暂时用得着。何况有些"母斑"未必与社会主义不相容。我们强调继承中华文化优秀传统,是正确的。什么传统?说穿了,是继承封建社会中对社会主义文明有用的优良传统。试问：封建社会有优良传统，那么，在比封建社会先进的资本主义社会中难道就没有优良传统吗？历史是无法割断的。因此，列宁多次讲要利用和学习资本主义。他说："我们不能设想，除了建立在庞大的资本主义文化所获得的一切经验教训基础上的社会主义，还有别的什么社会主义。"（《列宁全集》第 34 卷，第 252 页）"我们只能用资本主义创造的材料来建立共产主义。只能用资产阶级环境中培植起来、因而必然渗透着资产阶级心理的文明机构（因为这里说到的人才是文明机构的一部分）来建立共产主义。这就是建立共产主义社会的困难所在。但共产主义社会能够建立和顺利建立的保证也在这里。"（《列宁全集》第 35 卷，第 403 页）列宁点到了穴位，如何分析资本主义确实是"建立共产主义社会的困难所在"。曾记否？我们在改革之初无数次地碰到过这个困难。有人把市场经济说成资本主义所独有的"专利"，把特区说成什么"殖民地""丧失主权"，把真理标准讨论说成"砍旗"，把"破除迷信，解放思想"说成"资产阶级自由化"，大帽子一个接一个地压下来。究其原因是没有搞清楚社会主义与资本主义的关系。

恩格斯在致康·斯米特的信中指出：社会主义不是一成不变的。我们今天正处于社会主义初级阶段，中级阶段的特征是什么，高级阶段的标志有哪些，都在探讨中。与此同时，资本主义在消失前也在变，在调整中。对调整中的资本主义一定要辩证分析，我们要自信，不可自卑，也不能自满，应当以"去粗取精，去伪存真，取其精华，弃其糟粕"的态度，冷静待之，切忌一棍子打死。

比如说，我们社会主义国家正在为全民的社会保障而不懈奋斗，因为社会保障是社会主义题中应有之义。殊不知，第一个提出并实行社会保障的是德国的独裁者、"铁血宰相"俾斯麦。他为了保障资本家获取最大利润，需要工人卖命，便通过立法，建立了世界上最早的工人养老金、健康医疗保险制度、社会保险。他是歪打正着。一百多年来，人们不仅没有因为他是"歪打"，连"正着"也不吸取，相反的，都在提高工人养老金，扩大健康医疗保险范围。

再比方说，对残疾人的社会保障，如今有些国家不仅做到残疾人看戏坐第一排，坐车免费，而且还做到了连陪同残疾人坐火车的人员也免费，这一点很值得研究。

再比方说廉政。当今最廉政的国家是芬兰。他们用周密的法规，把腐败关在笼子里。如今有些国家只要有人指控某官员贪污，不论真假，大家都相信那官员会贪污。可是在芬兰则不一样：谁举报某位官员贪污，举报者十有八九会被认为是"精神病"。因为官员不愿贪，不敢贪，不能贪，想贪也无法贪。芬兰是如何做到这一步的就值得思考。

再比方说慈善，我多次把慈善视为经济学上的"第三次分配"，视为"第二次分配"之后必不可少的补充和继续。中国当今的慈善事业蓬勃发展，"第三次分配"为社会增添了稳定、和谐与文明。与此同时，我们也应该了解，欧洲的慈善机构多如牛毛。柏林有家慈善机构在 50 个火车站，办了 50 个救济站。不论穷人富人，不论好人坏人，都可以随便进去免费吃 30 分钟的饭（食品店捐出的隔夜食品），免费洗 30 分钟的澡。救济站不得问来者姓名。来人中如有通缉犯，警察也不得入内，只能在门外等候，待通缉犯走出救济站时，实施抓捕。他们认为只有这样，来者才不会因为没饭吃而去偷抢，通缉犯才不会因为有警察出入而不敢进救济站。这般做法当不当？也值得讨论。

诸如此类，不胜枚举。读了这本《世界社会主义研究年鉴（2018）》，让我们充分了解到社会主义学说有多种多样的流派，各有各的特色。"一花独放不是春，万紫千红才是春。"学说、学派众多是大好事。有比较才有鉴别，有"多"方能从"多中选优"。百舸争流才能决出冠亚军。社会主义者不要轻易地把异于己者视为"异己分子"。大家知道，我国正处于社会主义初级阶段。在"大跃进"年代曾有过"三两年即可进入共产主义"的说法。在 40 年前改革之初，对我们中国正处于什么阶段，理论界展开过讨论。一位一辈子研究马克思主义的理论家提出中国正处于"农业社会主义阶段"。不久，大家公认我国正处于"社会主义初级阶段"。于是，一位管理论的领导马上批评那位理论家的"农业社会主义阶段"观点。后来受批评的那位理论家致信给批评他的领导，有板有眼地写道："你×月×日叫我替你起草讲话稿，我写进了'农业社会主义阶段'。你讲话时，我在台下听了。你讲了'农业社会主义阶段'……。"岁月是总裁判。40 年后的今天我们不妨回想一下，"农业阶段说"虽然没有"初级阶段说"概括得那么全面，但是农业阶段不恰好是初级阶段的一个特征吗？作为社会主义者不仅不应当制止"农业阶段"一说，而且应当以宏大的胸襟努力把"农业阶段说"吸收在"初级阶段说"里面。认识是过程，真理是具体的，越出时空和具体条件一步，就会变成谬误。随意以一孔之见否定别人，定会给自己带来被动。还有，孙中山先生说："民生主义就是社会主义。"这也不无道理。民生是民心。社会主义国家就是要按民心办事。孙中山是从一个侧面论证社会主义。重温孙中山的这一论断,对于今天落实习近平"从保障和改善民生做起"的号召是大有益的。在马克思健在的时候已经有形形色色的社会主义学说,在今天对社会主义更有各种各样的诠释。我们要尊重差异,包容多样。尊重差异是团结,包容多样是力量,这力量是铁,这力量如钢。年鉴是学海,海有浅海、深海,有蓝色的海,有绿色的海,有多鲨鱼的海,有无鲨鱼的海,择优录取,择善而从,不优不善则不取不从。

中国的改革在深化。中国的改革开放正在上升为高深而又系统的改革理论。一门全新的"中国改革学"即将以参天大树的姿态进入世界学术之林。改革学必将推动对社会主义的研究,必将载入新版的《世界社会主义研究年鉴》,必将极大地丰富社会主义学说的宝库。

2018年10月3日夜脱稿

我的学生是酋长[*]

我作为一名教师,最大的乐趣莫过于学生超过老师。最近一位学生从国外回来,我知道他大大超过了我,我有着异乎寻常的高兴。为什么呢?因为他在一个国家从事的工作名称不仅在当今中国找不到,而且就算你跑遍欧美也找不到。他在赤道以南一个国家当酋长。我今年八十岁,阅历不能说不丰富,可是我从来没见过酋长。没见过酋长不等于一点也不了解什么是酋长。

我知道,酋长是世袭的。我的学生是被国人盛赞为"中国之鹰"的名人的外孙,他的父亲是川军名将之后。他从父姓,以母姓为名。厉害了,我的学生!你这位中国人是如何当上酋长的?

我知道,酋长是多妻制,少则十几个,多则有几百个妻子。厉害了,我的学生!你那"王宫"里藏有多少王妃?

我还知道,酋长出行是要坐八抬、四抬大轿的。厉害了,我的学生!坐轿颠簸的滋味你受得了吗?

正当我为学生多虑时,接我见酋长的车子已经开到了酋长门前。我与酋长互相问候几句之后,便直截了当地问他是如何当上酋长的。他说:"是公推的。"顿了顿又说:"在老师面前我就如实汇报吧!我是靠为百姓做好事当上的,我为他们修桥铺路搞建设,我不用一枪一弹帮他们解除了叛军武装,搞掉了黑社会。他们看我有用就把我推上酋长这位置。"

"那你坐上这个位置以后会世袭吗?"我继续追问。

"不会。"他话音未落,他的同学又跟他开起玩笑来,揭他在大学里如何背着我们老师淘气的故事。这时我才看出他这位在他国庄严的酋长,一见老同

---

[*] 原载《新民晚报》2018年10月16日。

学便回到了学生时代的活泼可爱。

"你有多少妻子?"

"一个。"他见我摇头,说:"不信我把我三个孩子领出来拜见邓爷爷。"

这时他的老同学出来帮腔:"邓老师你不能冤枉这位改革型的酋长。我证明他坚持一夫一妻制。"

"你会像其他酋长那样一言九鼎吗?"我再问。

"我不认为我的话一句顶万句,可他们要唯命是从,我没办法,习惯势力厉害得很呐!"

"你出行坐轿吗?"

"酋长可以坐轿,可以骑马。我从不坐轿,偶尔骑马参加重大活动,平常坐汽车。那里的人也意识到交通工具的发展会改变生活方式。日常生活虽然有变化,但是重大节庆,我还要穿酋服。"酋长说到这里笑了起来,"不是囚服,是酋长服。我的酋长服是当地几个心灵手巧的妇女花了几个月的时间,一针一线绣出来的。他们以为我绣衣而感到无上光荣。百姓平常不可以瞪着眼看我,只能偷偷瞥几眼。有一次,我签证延期,去领事馆办手续。总领事见了我,马上头着地下跪,因为他是我那个部落的人。"

厉害了!我的学生。我暗自思考外交官会朝你下跪;我当老师的,如果叫你们学生下跪,不说别的,至少是作威作福,非被开除不可。现在居然会有人朝我学生下跪,还是自觉自愿的,合法有德的,真是匪夷所思。社会的发展分阶段,进化有先后,要融入社会,更要改革社会。融入是为了改革,不融入很难有改革。酋长制在变革,别的制度也要变革、再变革。变革必须是朝以人为本、人人平等、共同富裕的目标前进。

忽然,有人打断我的思路,低声向我述说了我这位酋长学生如何跟美洲一个同台湾"建交"的国家的总统、前总统以及曾留学台湾的总统夫人做工作,促成这个国家与台湾断交,顺利地同中华人民共和国建交的过程。我听后深深感到这才是酋长学生的真正厉害之处。他真不愧为"中国之鹰"的后人,不管飞到哪里,不管飞得多高,他仍是我们"中国的鹰"。

让爱洋溢在家庭的每个角落*

治家与治国在待人接物上是有联系的,是一致的,可是有相当多的人能带领千军万马,可家中四分五裂,还有些大学校长治校有方,治家无术。这就说明要建设幸福家庭是一门值得单独研究的学问,是深奥的学问,要弘扬家庭文化。

治家靠命令行不通,靠数学方程式算不出来。家里的人彼此有姻缘、血缘关系,是骨肉亲。骨肉亲不同于非亲非故,要时时处处讲亲情。不能搞大呼小叫那一套,不能干巴巴地讲教条,要寓理于情。

家家都有难言的经,都有矛盾。化解家庭矛盾,要从爱出发,经过宽厚、宽容而又富有艺术色彩的启发、劝说,达到更加厚爱的目的。

所谓艺术,那是一种无声的语言、引而不发的语言、幽默风趣的语言。幽默可以使人立即破涕为笑,化怒为喜。幽默要以知识来铺垫。幽默的话语是重复不得的。那就更要学习知识,要有文化。文化是显微镜,是望远镜。显微镜帮我们把问题看透,望远镜帮我们看天下。"会当凌绝顶,一览众山小。"见识广了,就不会为鼻子底下那点小事而烦恼、吵闹。

劝说家人要看家人的情绪,他怒的时候你该怎么说,他乐的时候你该怎么说,他哀的时候你该怎么说,都要恰到好处。其实简单化讲喜怒哀乐并不够,还要再细分,分大怒小怒、大乐小乐。还要防止家人怒不可遏,防止乐极生悲。不要埋怨对方不听劝说,要反躬自问自己为什么没有说服对方的本领和方法。对家人的失误不仅不要发火,而且要安慰,更不要喋喋不休。要懂点社会心理学、家庭社会学。有学则大,有学则乐,有学才有安宁,才有爱。

---

* 写于2018年10月16日。

人无完人，家人有做错事的时候，家人还有对不起自己的时候，也可能有"吃吃你"的时候，面对这类情况要让步，要妥协。对家人让步、妥协、认输，不是无能，不是低他一头，不是不讲原则，而是胸怀，是风格，是温暖，是把爱献给家人。《共产党宣言》讲："全世界无产者联合起来。"你连三口之家都联合不起来，还谈什么联合全世界？任何世界风云人物都是从家庭走出去的。

近几十年来，金钱成为许多家庭的粉碎机。没钱不好办事，贪钱、当钱迷也不是好事。贪钱是不相信自己有本事赚钱的表现。大家都有一双手，为什么不能甩开膀子干活挣钱？很多人被钱咬伤了灵魂。如今上下都有人信奉"闷声大发财"的错误信条，因此出现那么多贪污犯。为什么不提倡"闷声大创造"？只强调发财这是指导思想上的偏差。发财也有个取之有道的问题。贪者，其中不少是夫妻合谋的。这就要求家庭成员，尤其是子女要有点自力更生精神，不做啃老族。西方国家孩子满18岁，父母就不管了，上大学靠贷款。这种家庭关系"浓妆淡抹总相宜"，不是不分是非的抱团。家庭关系有浓有淡社会才不会"一人犯法，株连九族"。

一句话：家和万事兴。三个臭皮匠顶个诸葛亮。现代人超过古人，只要夫妇俩合作就可以胜过诸葛亮。家和，出门才有干劲。"和"生快乐，"仁"能长寿，"爱"出绩效。家庭充满爱，细胞核里有爱，作为由细胞组成机体的大社会的文明度才能更上一层、百层楼。

从"象牙变小了"说起[*]

谁都知道大象的牙是很大的,长的达 3.3 米。现在我告诉大家情况变了:肯尼亚群象的象牙在变小。莫桑比克 1992 年后出生的雌象三分之一没有了象牙。本来上下颌每侧均有 6 门颊齿的南非雌象几乎都没牙了。这表明大象在开始变异。这种变异是进化还是退化,还需要讨论。大象是动物中的老大,狮子、老虎见了它都要退避三舍,不仅如此,狮子、老虎见到有大象新鲜的大便它们也要躲一躲。不过,大有大的难处,大象一天要吃 200 多公斤植物。大象是绿化的破坏者。蚍蜉撼树办不到,大象撼树是常有的事。恐龙因其太大而饿死。人类祖先的叔父——巨猿也因其体型巨大在向人类演化的过程中半路饿死。倒是体形小、胃口小的古猿在 200 万年前后变出了人类。

现代人就是从猿人那里脱胎出来的。可笑的是,现代人中的最发达国家的头人依然胃口大得不得了,开口闭口以"老大"自居,只许本国优先,不顾别国死活,翻脸不认人,一夜之间就从多边蜕化为单边,一眨眼的工夫就要把关税提高到 25%、40%。前人形容说话不算数叫"朝令夕改",可是胃口大的这位头人是"朝令'午'改""'午'令夕改",见钱眼开,见利忘义。

这么大的胃口后果会怎样?人们在拭目以待。欧洲反对他的单边贸易,中美和南美国家反对他的反复无常。胃口过大会不会落得大象、恐龙、巨猿的那般下场呢?难说。不过,按社会发展的规律推算,可能性极大。最近美国一位 90 多岁的经济学家留下了六大遗言,被人称为"六大预言"。其中之一是说,美国贫富差距过大:5% 的富人占有 70% 的美国资产;5% 的富人所占有的财富为美国中产家庭的 91 倍。贫富差距大,社会张力大,就像橡皮筋,拉到极

---

[*] 原载《民进申城月报》2018 年 11 月。

限就是断裂的前夜。

太阳系只不过是银河系边上的一叶小舟。作为太阳行星的小地球更是银河系里的"一粟"。北欧之北的冰岛火山喷发,火山灰会刮得西欧的飞机不能起飞。此国的雾霾会影响他国。单边贸易冒出来以后,全球的经济下滑已露端倪。正常人的胃口大体是一样的,绝不会相差91倍。命运不论是好还是坏,从理论上讲都应当是共同的,尤其是在被网络化"一网打尽"的今天,更是同舟共济的。说来说去,还是构建人类命运共同体为好。命运共同就会心往一处想,劲往一处使,共商、共决、共建,到头来才有共享。

人皆可以为尧舜*

去年是戊戌年,60年前的那个戊戌年,毛泽东在一首诗里写道:"春风杨柳万千条,六亿神州尽舜尧。"唐尧、虞舜是明君,是善的化身,是仁的象征。"仁者人也。"60年前中国的人口是六亿多,毛泽东认为这六亿多全是尧舜般的人物。这是诗句,也是论断,更是应当永远坚持的原则。理解了这一诗句,就应当像尊重尧舜那样尊重人民群众,服务于人民群众。

依照历史唯物主义原理,尧舜的高贵品格绝对不是与生俱来的,无不是学而知之。要成为尧舜,主要不是靠机遇,是要靠教育。家庭教育、学校教育和社会教育水平的高低决定尧舜比例的大小。教育能把非尧舜培育成真尧舜。不要总是埋怨人家成不了尧舜,要多想想教育如何把非尧舜变成尧舜。把非尧舜一脚踢开是很容易的,殊不知一脚踢开只能表明教育的失败。历朝历代都有非尧舜,如果哪个朝代非尧舜的比例高了,就必须从宏观上反躬自问。无人不知从两万五千里长征过来的人个个都是钢铁战士。可是你知道吗?在长征出发时,队伍里有刚刚俘虏的白军,有剃着阴阳头的"恶霸"。他们跟随红军走了不到一万里便转化成红军。长征是大熔炉,是去杂提纯的大熔炉。先进分子的使命是带动落后,教育的水平在于化非尧舜为尧舜。任何岗位都会有接班人。认为"当今之世,舍我其谁",是患了"色盲症",是忘了"六亿神州尽舜尧"。

"尽舜尧"的思想也并非毛泽东的独创。据国学大师们考证,它出自《孟子》。这是对的。曹交问孟子:"人人都可以做尧舜那样的贤人,有这说法吗?"孟子曰:"然。"孟子肯定了这个说法。不过,如果再往深处想一想,这岂不是说明在孟子之前也已经有了"尽舜尧"这种说法吗?

古人今人所见略同。相信后人也会坚信"人皆可以为尧舜"。

---

* 原载《新民晚报》2019年3月12日。

不可多生,不可不生*

"人猿相揖别"是在什么时候？早先说是几万年前,后来说是几十万、上百万年前。自从在中国云南元谋县小山村里发现了一颗古人牙齿以后,举世认为人类拥有170万年的历史。后来肯尼亚也发现一颗牙齿,证明人类大约有200万年的历史。人类历史会不会比200万年前还要早,那就不知道了。人类的历史为什么这么长？不管有多少种解释,生育总是其中不可缺少的第一条。

有生育就有个生育率问题。对生育率的认识都不陌生,可是深究起来难度也不小。近年,在西方冒出一个"生育革命"的宏论。他们运用微观经济学供给和需求分析理论来研究生育率的变化。他们认为"发展中国家生育率高,发达国家生育率低",这是客观事实。他们认为发达国家生育率之所以很低,是因为发达国家儿童营养丰富,医疗卫生条件优越,儿童死亡率低,减少了养育子女的风险,因而他们不再追求子女的数量。这样论证也没有什么大错。可是,他们口口声声讲子女是"商品",斤斤计较养育子女的"直接成本高""抚养成本更高",那就大错特错了。再怎么市场化也不能把人"化"进去。曾记否？西方曾有贩卖黑人的罪恶历史。买卖时要掰开黑人的嘴,看看有几颗牙齿,那跟买卖黄牛看牙齿数有什么区别？世间最宝贵的是人。人是从动物进化来的,但人不同于动物,高于动物。把人当商品是不符合人性的。人与人、人与社会不可以事事、处处见钱眼开。为子女、为社会做出必要的牺牲,是做人的起码准则。如果为了自己的享乐而不生孩子,那是给后人设陷阱。君不见,有些发达国家因为生育率低,大批引进异国的人口当劳动力,结果因文化、

---

* 写于2019年3月27日。

信仰的差异,导致社会秩序混乱,执政党因此下野。

人类社会还会延续下去。我们国家正在脱贫,还没完全脱贫,我们正在奔小康,还没达到小康,离大康则更远。生活在这样国度里的人不可多生,万不可不生。只顾自己,不顾社会,不生孩子是自私的表现。地球还能养活数以亿计、兆计的人口。别怕!有朝一日地球真的挤不下了,可以相信,人类会把火星改造成最佳宜居处。到那时,两大行星都是人类命运的共同体;到那时,生育接班人仍是人生的底线。

《前沿》走在前*

做学问应当学贯中西,可是"学贯中西"不等于跑遍中西。即使全球 200 多个国家和地区都跑过,也只是走一条线,不等于"全面"。我到国外的任何大学讲学都一定要去他们的图书馆。现在借书、还书自动化了,几十年前我在维也纳图书馆,是背着他们特制的书背篓走东走西地找书的。去图书馆总比不去好,但说实在的,有时去了也等于白去。进了西语、法语图书馆,大字不识几个,只能是"望'书'兴叹"。叹息之余会想起我们的《国外社会科学文摘》和《国外社会科学前沿》。

对学者来讲,直接知识固然很重要,大量的还是吸取间接知识,像海绵吸水一样吸收外来的间接知识。《国外社会科学文摘》刊物我读了半个多世纪,记得在国家困难时期,刊物的纸张很差,是浅咖啡色的,每一页上都有三两颗小粒子,有好多次小粒子被我不小心抚摸掉了。掉一粒就是掉了一个字、半个字,我会立即小心翼翼地在脱粒处把那个字补上去,免得以后引用时出错。《国外社会科学前沿》我也是年年读。我把这两本刊物视为不开口的老师,不出门的开放,不开花的知识之花,视为知识的"输液针筒"。如今两个"针筒"合流,变为《国外社会科学前沿》月刊,可以相信定会加大、加速知识的流量。

在月刊创办之际,希望新型的《国外社会科学前沿》不论是东方的还是西方的观点,只要是新的都选进去。地球是球形,一直向东走一定走到西方,一直向西走一定走到东方。不论是左翼的还是右翼的思想,只要是新的都选进去。站在左翼的左边看,左翼在右边;站在右翼的右边看,右翼就在左边。不论是获奖的还是没有获奖的见解,只要是新的都可以选进去,因为站得更高一

---

* 原载《国外社会科学前沿》2019 年第 3 期。

点,对颁奖人也有个给不给他颁奖的问题,这同时摆在读者面前。对旧书如果有新的书评也不妨选进去,因为那很可能是推陈出新。读者普遍有求新向前的心理,拾人牙慧是没味道的。打仗要上前线,站岗要站前哨,做学问要立于时代的最前沿。立于前沿的刊物读者喜欢看。刊物的质量在读者心中,读者是刊物最富有权威性的裁判。说到这里,再对新型的《国外社会科学前沿》提个不切实际的建议,那就是千万别去计较什么"前十""前百",不必去争什么一级期刊、二级期刊,甚至也不必追求那个被引率、被摘率,因为这里都有很多花头。约定彼此互引就可以提高被引率,约定彼此互摘就可以提高被摘率,篇幅长、篇目少也可以相对提高转载率。君不见,为了刊物升等溜须者有之,行贿者有之,毋庸讳言,索贿者亦有之。不计较期刊等级将优化学术生态,净化社会空气。

继往开来,我们有足够理由相信:全新的《国外社会科学前沿》,会为国内的社会科学研究做出新的巨大的贡献!

全球化时代：我们如何认识多样性和统一性[*]

现在人们都晓得多样化是大趋势，可是有些人在认识上表面而不深入，笼统而不具体，片面而不全面，知其然而不知其所以然，更没有应对多样化的充分思想准备，因此应把多样化列入研究课题，开展跨学科、跨领域、跨国家、多层面、多方法的研究。

本文将从多样化的现状、形成原因以及如何强化统一性这三个方面来阐述。

一、多样化的现状

（一）多民族

全世界约有两千多个民族。之所以用"大约"二字，是因为有些国家的民族不完全为他们的所在国承认，可他们自称为民族。当今民族细化的趋势并未减弱。世界上民族最多的国家是尼日利亚。人口仅有 1.7 亿的尼日利亚共有大小民族 250 个，占世界民族总数的 1/8。人口 2.5 亿的印度尼西亚有 150 个民族。在世界各国的民族里几乎都有若干支系，不称"支系"的，也会因地区不同而多样。现在讲，中国有 56 个民族。可是在 1979 年之前只有 55 个民族，第 56 个民族是基诺族。本来把基诺族归在傣族里，1979 年认为基诺人有其独有的特性，承认其为独立民族。我们之所以讲是 56 个民族，还有一条，是认为台湾的少数民族只有一个高山族。其实就是在过去，台湾也不只有住在高山上的高山族，还有住在平地上的、住在小岛上的平埔族。可如今台湾把高

---

[*] 原载《青年发展论坛》2019 年第 4 期。

山族、平埔族分为好几个甚至十几个民族。这样中国至少有六七十个民族。是不是这样，值得讨论。

（二）多语言

语言是人类思维和交际的重要工具。众所周知，语言也是区别民族的重要指标。可是全世界共使用5651种语言，为民族数的两倍以上。这就是说，有的民族使用两种以上的语言。在五千多种语言中使用人数超过5000万人的语言有13种：汉语、英语、印度语、俄语、西班牙语、德语、日语、法语、印度尼西亚语、葡萄牙语、孟加拉语、意大利语和阿拉伯语。使用人数少的，如玻利维亚的印加人因为过去居住分散，语言"大同"中有并不很小的"小异"。现在印加人开始下山进城，住在同一城区里的印加人表达同一个词意，有的竟有十多种读音，足以说明语言之多样。

（三）多宗教

世界上公认有三大宗教，中国有五大宗教，实际上世界上还有很多宗教。比如日本有神道教，越南有高台教，朝鲜有天道教，俄国等国有东正教，以色列以及犹太人聚居区有犹太教。还有些比较复杂的，比如印度有印度教，那么印度的耆那教是独立的宗教还是属于印度教，在印度尚无定论。就是公认的独立宗教也会因对宗教的治理主体不同而不同。有些宗教团体、宗教院校、宗教活动场所也会受宗教教职人员的意志和爱好的影响而多样。每一种宗教下又有不同教派，各唱各的调。他们对外一致，对内不完全一致。从历史长河看，各大宗教都有一个演化和变革的过程，甚至也有你中有我、我中有你的成分存在。承认多宗教并不等于承认不管什么人贸然叫一声便成了什么教。稍有知识的人都不会轻信那些自称为"神"的人。

（四）多阶层

按生产资料占有多寡可以把人群分为好多阶层、阶级。可是在都没有生产资料、都是"无产者"的人群中，因界别不同，贫富差距可能比生产资料占有不同而造成的差距更大。第一、二、三产业的收入不一样。再比如被人称为"权贵资本主义"的人群比富翁还富翁。把权力转化为财富的这一类人群算不算"阶层"？值得研究。如果界别也成了划分阶层的标准，势必大大增加阶层的数量。在同一界别中,还有蓝领、白领之说。由于有些地方不是把公平放在首位,而是把公平放在"兼顾"的地位,分配不合理也同样拉大了贫富差距,造成了富者"嫌贫",贫者"仇富",阶层对立。在中国低收入人群中,近年又增加了一个"农民工"阶层。过去,世上没有"农民工"阶层,工是工,农是农,要么是工人阶级,要么是农民阶级,哪里有戴几十年"农民工"帽子的?可是在中国出现并存在几十年了。很早之前,说知识分子不是独立阶级,看它依附在什么阶级身上就是什么阶级。后来,毛泽东说新中国的知识分子是工人阶级。知识分子经过"文革"的一番折腾之后,1978年邓小平说"知识分子是工人阶级的一部分",给知识分子带来极大鼓舞。几十年过去了,中国的教育事业发达了,如今从事教育、科研工作的是知识分子,从事工商业的新阶层中的老板有很多也是货真价实的知识分子,甚至连那些黑社会的老大,也有不少拥有高学历者。这又向理论界提出一个问题:知识分子同属一个阶层吗?不管将来怎么定论,阶层增多是不可抹杀的客观存在。不同领域存在不同群体,同一领域里的不同层次,同一层次里处于不同阶段的人们的经济地位也有很大不同。怎么解释?

(五)多政党

在当今世界的200多个国家和地区,除了有二十来个实行政教合一的国家和地区没有政党以外,大概有5 000多个政党。也有书上讲有上万个政党的,那就是包括了未被所在国承认的政党。世界上数量较多的是坚持马克思主义的共产党,在102个国家中有149个共产党。由于对马克思主义的理解和认识上存在差异,由于对马克思主义的应用上存在各取所需的现象,这100多个共产党的政治主张也不尽相同,以致在同一个国家中有两个共产党。政党比较复杂,有党同名,政见不相同的;也有党不同名,政见相似的。

(六)多文化

科学无国界,文化很难有防火墙。文化有突变,更有渐变,耳濡目染,潜移默化。文化之所以被人称为"大文化"是因为内容庞杂。不说别的,单是民俗文化,就有千差万别。俗话说:"五里不同风,十里不同俗。"世界各国,乃至于今日的网上,都以伸大拇指表示点赞,可是也有个别国家,你伸大拇指对他点赞,他认为你伸大拇指是向他挑衅。世界各国都以点头表示同意,摇头表示不同意,可是也有个别国家,以摇头表示同意,点头表示不同意。有的国家以大拇指与食指两指比成圆圈状表示"OK",可是也有个别国家认为这种姿势是下流。伦理学界把这般接受者的剖析称为"差异伦理"。民俗如此,社会制度、行为准则、学说学派的多种多样,那就多如牛毛,不计其数了。

上述"六多"诚然居多,不过情况正在发生微妙的变化。许多国家的少数民族,出于就业需要,走进城镇,民族正在成为符号。只有那些受歧视的少数民族,有着强烈的民族自尊。语言也因为走出去,不常用本民族语言,有人已忘记本民族语言。宗教更复杂,欧美挂名的教徒很多,包括诺贝尔科学奖获得者有的也是教徒,却不做礼拜。有的教堂与图书馆、市民学堂共享,还有的教堂前半部仍供教堂使用,后半部办起了各种展览。相反的,东方一些教徒本来不多的国家,近年来教徒激增,《圣经》印数激增。阶层大增是各国的方向。政党由于各有各的规定和限制,增速极缓。"六多"在呈多样。

二、多样化形成的原因

(一) 全球化

几百年前的殖民扩张,宗主国强迫殖民地按宗主国的旨意行事,但殖民地又不可能干净、彻底、全部听从宗主国的,仍会或多或少地保留自己的东西,这样就来了个"1＋1＞2",出现了多样。南美洲有很多"亦此亦彼"的四不像的教堂,就是例证。工业革命、知识经济的相继出现,提出一个充分利用全球资源的问题,使得很多名牌产品不能不由多国生产的部件拼凑而成。奔驰汽车毫无疑问是德国制造的,可是埃及人说"是在埃及生产的",也不是毫无根据。母公司把子公司分布在世界各地,并且把产品销售到世界各地,从而带来各国商场的琳琅满目。经济全球化是社会多样化的主渠道。

(二) 网络化

从"人猿相揖别"那天起,人类就不是单一的。认识这个"多样性"是有个漫长过程的。宋代以前,中国就有"小千世界、中千世界、大千世界"之说。可见多样性是人类历史的写照。社会在前进,宋代人所谓的"大千世界"在今人眼里并不大,还是"小千"。那时哥白尼等人还没有发现新大陆,那时交通、通信工具还不够发达,那时世上尚有"一河之隔老死不相往来"的事情,连早就存在身边的"多样"也不见得了解多少,那时是没有"民族隔阂"的"民族隔阂",那时是有文化的"文化分割"。在资本主义社会出现之初,没有人坐过飞机。如今不同了,不只是飞机满天飞,卫星的数量也快赶上我们晚上用肉眼所能看到的满天星斗了。几十年前,东西半球通一封信没一个月是不行的。如今眼睛一眨住在东半球的人就能看到西半球最西的人发来的微信了。过去从来没听说过的"网红"在今天已经红得发紫了。无奇不有的"大千世界"在今天变成万紫千红的现实,多样化在今天真的"化"起来了。

(三) 科学技术的发达

上述的全球化、网络化,无不是仰仗科学技术的发达,归根结底是因为科学技术的发达带来了全球化、网络化。本来认为难以引用为工业原材料的,由于科学技术的发达成为能够使用的工业原材料了;本来认为无用的材料,由于科学技术的发达已成为宝贵的原材料了;本来没有的生产技术和工艺,由于科学技术的发达已成为可以熟练运用的新技术、新工艺了。本来没有的新产品,由于科学技术的发达这些新产品已成为消费品了。科技是第一生产力。社会生产力的进步又带来了生产关系的多样化。不要听信有些国家的政客骂集体经济的言论,任何国家都有集体经济。农业都由卫星指挥了,卫星难道都是私有的吗?水、风、虫进来是不按一家一户区分的。因此,治水灾、风灾、虫灾必须共治、共担。跟所有制息息相关的分配制度如今也呈现出多样。在中国,当然在别国也差不多,除了按劳分配以外,还有按经营收入、按劳动力价值分配获得收入,按资产收益、社会成员提供技术、信息等生产要素获得收入,按资本分配、国企等承包收入、社会福利收入、风险收入,此外,还有外国管理人员的另类收入,等等。所有制、分配制的多样带来生产关系多样。马克思说:"人是生产关系的总和。"与此相应的,人与人的关系必然五花八门,无奇不有。

多样性是事物的一个方面。万物,万物,不管有多少"万",概括起来就是一个字:"物"。因此,多样性是事物的一个方面,不用说,还有另一方面,那就是:统一性。

三、如何寻找、放大统一性?

为了寻找、放大统一性,要充分认识统一性的意义。多样性不是碎片化。统一性是多样性的必然要求。笛子独奏、钢琴独奏不需要现场指挥,交响乐不能没有指挥。交响乐的指挥其名气要比第一提琴手大得多。我多次进过音乐学院调研，最怕他们在课余时间各弹各的调，各唱各的曲，那噪声简直让人受不了。统一性就是有序性。几百人的仪仗队叫人越看越想看，那是因为有人指挥，"步调一致才能得胜利"。九龙治水也好，八龙治水也罢，群龙不能无首。治理国家、治理社会比乐队、仪仗队、龙治水更复杂。东西南北中，工农商学兵，科教文卫体，血缘、姻缘、地缘，如今还要加个网缘，都需要统起来。三军不可无帅也，无序则乱，不统一就是一盘散沙。对国家来讲，无序是内乱、内战。不是吗？现在我们还能不时地听到某些国家内战的枪炮声。英国的"脱欧"之所以变成"拖欧"，原因之一是各行其是，指挥不统一。多样性是统一性形成的物质基础和前提条件；统一性是多样性的融合体、黏合剂、压舱石，统一性是多样性的轴心与灵魂。统一性是社会安定、团结、和谐、创新、发展的必须。多样性与统一性有机结合，朋友遍天下，无往而不胜。

为了寻找、放大统一性，要充分认识统一性的目的。统一不是为了减少多样，更不是泯灭多样，恰恰相反，是尊重多样，包容多样，保护多样，促进更加多样。多样是差异，差异是矛盾，矛盾是取之不竭的动力。多样本身就是平衡，是互相补充、互相制约的平衡。在多样基础上的统一，统一才高贵，才有价值。统一是统一于规则，用规则统一，用体现最大多数人利益的规则来统一。共性寓于个性之中。统一是群言堂，不是"一言堂"。统一是广开言论，不是堵塞言路。统一，大统一，说穿了是统一于大海，统一到不拒涓涓细流，能纳百川的"大海"。统一是为多样提供更加出彩的大舞台。"多样→统一→更多样→再统一→再更加多样"，以至无穷，螺旋式上升，波浪式前进。这才是具有普遍意义的"多样统一律"。

为了寻找、放大统一性，要充分认识多样性的二重性。现在有些人在谈论多样性时，多少有点"走直线"的毛病，只说"利"不谈"弊"。尽管利大于弊，也不能不言弊。多样化是美丽，是财富，但要看到美中有不足，富中有贫困。全球化是大趋势，但是在全球化中有"逆全球化"。在逆者中，有不少是优胜劣败中的败者。败者也是人。看透了这类逆者，就要重视对败者、弱者的培植、安置，使其少逆、不逆。网络化是大趋势，但是在网络化中有黑客，在"全民大播送"中难免有侵权者，难免有网络犯罪，难免有"网络病"。这就要求重视立法，立网络法。人工智能在经济中的比重是衡量社会进步的标志之一，但是要注意消除发生在一些人身上的人工智能恐惧症。面对恐惧症，要讲清楚"无人工，不智能"的道理，讲清楚"智能"不留人，自有留人处。手机是好东西，但是司机抱着手机开车有多危险！学生成天抱着手机不听老师上课怎么办？没有规矩无以成方圆，要处理好多样性之间纵横交织的关系，需要立规限制手机滥用。新阶层对国家富强做出很大贡献，但内部差异很大，利益需求和诉求内容也参差不齐。这都需要协调，求出最大公约数。为了增进统一性的科学性，要坚持"两点"论，不能只看正面，不看负面。包括最动听的交流、对话，在交流中别忘了会有交锋，在对话中会有对抗。高超的"统一论者"要闻"负"则喜，敢于正视、乐于善于应对负面的挑战。为了求同而允许有人发出不同声音，允许有人从另一角度看问题，从而让对策、预案更严密，形成正向良性循环。"水至清则无鱼。"物极必反，不研究负面，说得轻一点是不全面，说得重一点是不爱护多样性的美丽，不保护统一性的可贵。多样性就是差异性。有差异方有比较与鉴别，方有择优与互补，坚持求同存异，聚同化异，增进一致而不强求一律，包容多样而不丧失主导。

为了寻找、放大统一性，要高度强调尊重别人的宗教信仰和民族自尊。中国56个民族我访问过40多个。他们叫我敬天我敬天，叫我敬地我敬地。我像服从命令一样听话，甚至比服从命令更顺从。这不是低三下四，这叫"人民至上"，这叫"以人民为中心"，这叫"甘当群众的小学生"。我不是顶天立地的巨人，我是生活在天地间的普通人。我在云南金平县的1953年以前没有穿过一件衣、没有吃过一粒米的黑苦聪、黄苦聪人家里住过好几天，拉过他们的弩，了解他们的摩擦取火、无声贸易，研究他们的原始宗教，学习他们氏族长的身先士卒精神。我以自己是汉族而自豪，但我绝不因此而认为自己高他们一头。生活在大山里的台湾布农族兄弟说他们的酋长过去是穿珍珠衣待客的，遗憾的是现在没有了珍珠衣。我告诉他们："我的人类学老师1946年、1947年在台湾调查高山族，写了本高山族的书，买了件珍珠衣，现在这件珍珠衣存放在复旦大学博物馆。"他们听了喜出望外，高兴得立即拉着我跳舞唱歌。我这唱不来、跳不动的人也跟他一起唱、一起跳。现在世界上190多个国家，我与160个国家的人聊过天，合过影。我不信教，但我与好几位高僧、道士、神甫、牧师交朋友。我在国内戴过道教的太极帽，在国外戴过犹太教的六角帽。我收藏有英文、阿拉伯文多种版本的古兰经。阿拉伯的伊斯兰教徒用他们的"喀莱姆"竹笔为我写贺词。我们无神论者可以对各大宗教的某些有神论者的说法不认同，但要与他们处得来。君不见世上有多少一家有两教，有多少母信教，子不信教，照样一家亲嘛！融入即融合、融洽。有了融洽的气氛，更容易讲清楚各国的宗教有各国的特色,遵守各国的法制,更容易讲清楚深化政治认同、社会适应、文化融合,更容易宣传宗教改革,更容易讲清楚在我国960万平方公里中的各个民族同属伟大的中华民族。我们的民族区域自治是好制度。我访问过好多自治县、自治乡。我们支持他们自治,帮他们科学地自治。有了精诚所至,不怕金石不开!

为了寻找、放大统一性,要坚持党际协商。习近平讲:"要用好政党协商这个民主形式和制度渠道,有事多商量,有事好商量,有事会商量,通过协商凝聚共识,凝聚智慧,凝聚力量。"习近平一口气讲了五个"商"、三个"商量"。"商"字在甲骨文里有欣赏之意。中国的多党合作制度是历史的欣赏、历史的选择。几十年来,甚至近百年来,中国大陆的八个民主党派与中国共产党风雨同舟。在国民党反动派要杀害民主党派领导人的严峻形势下,是共产党人冒着生命的危险去营救了他们。在1948年中国共产党发布"五一口号"时,是民主党派不畏特务监视,勇敢地响应"五一口号"。毛泽东、周恩来多次讲过,中国共产党与各民主党派长期共存,互相合作,并且表示"不是同日生,但愿同日死"。在改革开放以后,中国共产党又把多党合作提升到"肝胆相照,荣辱与共"的高度。中国共产党是执政党,民主党派是参政党。执政一元性和参政多元性统一,集中领导与广泛参与统一,国家稳定与社会进步统一。参政党参言资政,参之有方,言之有理,资之有效,极大地促进了国家的政通人和。在多样化的今天,多党合作的政治协商制度不变,商以求同,协以成事,共同努力画出最大的同心圆。对于别国的两党制、多党制、一个半党制等政党制度,可以研究,不必照搬照套。

为了寻找、放大统一性,在处理国际问题上,要坚持人类命运共同体意识。人类共同生活在地表上的水圈、气圈、生物圈中,怎么看命运都应当是共同的。可是事实上并非完全如此。国与国之间有友好的,也有敌对的。许多国家的领导人是为国为民的,也有国家的领导人是坑害百姓的。世界上200多个国家和地区的领导人也具有差异性、多样性,要区别对待。对他们的人格和他们在他们国家的领导地位要尊重,但是也要看到他们中有口是心非、出尔反尔的,有对别国台上握手、台下踢脚的,还有公然干涉他国内政的。对一个国家有不同的评价是正常的,但不是没有是非可分的。有的国际问题评论家在评论时攻其一点不及其余,有的"赞"其一点不及其余,有的评论家是"拿人家的手短,吃人家的嘴软",不得不帮人家隐恶扬善。评论国际问题也少不了"两点论",要区别官与民,要坚信任何国家的人民是好的,包括社会团体是好的。大官可能是小人,而小百姓则可能是大人。因此我们千方百计坚持以文明交流代替文明隔阂,以文明互鉴代替文明冲突,以文明共存代替文明优越,坚持不懈地构建人类命运共同体,推进世界大同。

《善治龙津》序言*

捧起《善治龙津》的书稿，我想起了很多事情。

三年前，听说广东佛山市的龙津村里发现了当地古人的家训，出于社会学职业的本能和习惯，跑去看了看。一看不得了，看了吓一跳。这龙津村哪里是什么村，简直比城市还城市。家家的住房比我的住房宽敞，成年人个个的收入比我这教授高一大截。再一问，龙津村原住村民是3 800人，可是外来人口却有4 000多人。"水往低处流，人往高处走。"如果龙津村不高怎么会有那么多天南海北的人涌来呢？龙津村具有那么大的吸引力、凝聚力是他们的自然条件优越吗？否！20年前他们龙津村的气候、土壤跟今天一样，可是20年前龙津村是亏损村、负债村、贫困村。黄土在20年后怎么会变成金的？这里一定有文章。龙津村的村民岂止会按古训治家，想必更会遵循现代管理制度治村。这次读了《善治龙津》的书稿，答案有了，答案明确了。

按本书第一篇开宗明义的说法，龙津村有"三治"。第一，讲法治。法是大法，任何人都得依法办事，都得无情地按法来对号入座。这是文明，是有序。"无法"则"无天"。龙津村的社会秩序之所以井然，是因为他们不仅把法制、法治放在首位，而且还制订了一些守法的细则，提醒、促进村民守法。第二，龙津村还讲"德治"。法是底线，是红线，但仅仅是守法户未必是先进户，人还要讲道德。道德高尚才是先进。1994年6月1日，我在《团结报》上发表过《提倡"德治"》。后来我又提出法治第一、德治第二。龙津村把两者的先后次序安排得当，又把二者结合得很紧密，这恰是龙津村的成功之道，让人读来津津有味。能做好上述"两治"不易，龙津村还有他们的第三"治"，那就是"自治"，能把"自

---

* 写于2019年5月15日。《善治龙津》，中央党校出版社2019年版。

治"做好更难。前"两治"的道理媒体上天天讲,不少人都知道,为什么不同村庄之间仍有先进、落后之分? 其理在于:事在人为! 假如知而不为,"自治"这一条就做不好,前"两治"则会落空。村委会,本身就包含有"自治"的内核。而自治的质量,首先取决于村党委这个领导班子。

我很佩服这本书中的这句话:"没围墙的村委会"。什么叫"没围墙"? "透明"之意也。现在社会上有些人口头上讲"尊重群众、依靠群众",可是心里总觉得"群众落后"。叫群众参与"共商"吧,总感觉群众"商"不出什么。于是他们就怀疑:何必谈什么"依靠群众"?

"谈不出什么"的事是存在的。但是,作为基层领导者需要从辩证的角度去考虑:你不透明,不给群众知情权,群众拿什么与你领导"共商"! 你不给群众监督权。群众监督了你不听。群众还有"共商"的积极性吗? 村委会没有围墙,透明度很高,群众既有知情权,又有监督权,这样群众才会有十足的发言权、充分的参与权。龙津村的党委会、村委会大门敞开,用龙津村领导班子的话说,他们是"用心、交心、聚力凝心"。凝心就是"上下一条心",才有紧接着的"黄土变成金"。

从书中书记与村民的对话记录中可以看出,随着"共商"而来的是"共决",有了村民的"七嘴八舌、掏心掏肺"的智慧贡献,有了民主集中后万众一心的高效执行。顶层设计是加工厂,原材料来自基层。中国特色社会主义的顶层战略设计与先进的基层执行设计交相辉映带来的善治成果,在龙津村得到了真实展现!

要做好"自治","班长"尤其重要。"龙头摆一摆,龙尾跟上来。"书中详述了龙津村党委书记冯耀泉的事迹。

冯耀泉有奉献精神。他说他这位村支书,"有绿豆那么小的权力,有冬瓜那么大的责任。没有点奉献精神是做不好的"。"绿豆"与"冬瓜"之比生动地说明了"权"与"责"在共产党人心中的辩证关系。责、权明确了,那么还有个"利"呢? 请听具有极强的廉政意识的龙津村的带头人冯耀泉是怎么说他个人之"利"的。他说:"通常有油水的地方是最滑的,跌倒了,想站稳就很难了!"他把他这话刻在石头上作为座右铭,作为"醒世恒言"。读者诸君:请看看中国、看看世界上那些在"有油水"的地方滑倒的高官,那些比冯书记级别高十个、几十个台阶的高官是怎样跌倒的,就可以明白"冯言"之深刻了。谁说"常在河边站,哪能不湿鞋"? 赤脚就能不湿鞋,赤胆忠心就能不湿鞋!

自治还要有自治的能力。冯耀泉具备这个能力。正如本书的作者王静女士所描写的,冯耀泉"烦事不糊涂,难事不回避,急事不慌张","用智慧去分析情势,用行动去发挥影响,用冷静去掌握抉择"。智勇双全是领导必具的素质和才能。冯耀泉还说:"书记=师傅,同事=同学","不怕有群众骂你,就怕群众忘记你"。书记是做人的工作的。冯耀泉这几句话是他处理人与人、领导与群众关系的准则。

　　社会治理一直是世界难题。早在20世纪末西方就有人认为在社会治理中存在"三失灵"——市场失灵、政府失灵、社会组织失灵。1989年当时的世界银行也大喊"治理危机"。可我们广东省的龙津村"化危为机",变"失灵"为很灵,走出了一条中国特色社会主义基层治理实践的路径,体现了合法性、透明性、责任性、群众性、公正性和有效性。龙津村的社会治理变过去的全控型为自主型,变过去的管制型为服务型,变过去的分散型为组织型。龙津村通过极具中国特色的基层治理实践将政治文明有效融入基层,大大推动了乡村的振兴。龙津村是"基层善治"的典型。龙津村20年的基层治理探索为乡村振兴做出了榜样。

　　祝贺《善治龙津》一书在新中国成立70周年时与读者见面!

　　祝愿龙津村更上一层楼、数层楼,为国家做出更大贡献!

2019年5月15日写于上海天纵书洞

新时代"双百"方针的现实意义[*]

七十年来,中国的科学发展、文化繁荣靠的是什么方针? 是百花齐放、百家争鸣的"双百"方针。真理是具体的,再好的方针都是有时效性的。在中国共产党对各项工作提出的众多方针中,堪称历久弥新之最的方针是什么? 是"双百"方针。在政通人和的日子里,"双百"方针带来了万象更新;在风吹雨打的时候,人们思念、呼唤"双百"方针。"双百"方针提出那年是知识分子的春天。"双百"方针有力量,有集群效应。"双百"方针是对那些喜欢抹黑中国的有力回敬。"双百"方针为国家增光。每个中国人都应当以中国的"双百"方针为自豪。

"双百"方针的提出

"百花齐放、百家争鸣"是先有事实后有概念。从共和国成立那天起,"百花齐放、百家争鸣"就像春风般地吹拂着祖国大地。新中国的名称在建国前已形成共识,毛泽东已经提出"中华人民民主共和国",但第一届政协会议修改了原有的共识,达成新的共识,定下了现在的国名"中华人民共和国"。庄严的国歌选哪一首? 也有人有不同意见,有大人物提出:中华民族已经不再是处于"最危险的时候"。经过反复讨论,多数人认为还是要以史为鉴,仍然选择《义勇军进行曲》为国歌。国旗的遴选过程,那更是充满着"百花齐放、百家争鸣"的热烈气氛。1949 年 4 月登报公开征求图案,1949 年 9 月中国人民政治协商会议第一届全体会议期间,初选委员会从收到的 3 012 幅图案中选了 38 幅印发全体代表讨论。最初位居第一的是长江黄河图案,但有少数人不赞成。依

---

[*] 原载《国外社会科学前沿》2019 年第 6 期。

次审下去，最后把位居第 32 位的、已淘汰的曾联松的图案拿出来讨论，很快少数人的意见得到多数人的赞成，这就是如今高高飘扬在世界各地的五星红旗。在确定图案后，在对五星的解释上，又有不同看法，于是再展开讨论，最后决定不再把四星解释为四个阶级，而解释为全国人民团结在中国共产党周围。建国时还没有提出"双百"方针，那是没有"双百"的"双百"。

"双百"方针是中国共产党从中国几千年文明史中提炼出来的精华。春秋战国时期出现了诸子百家彼此诘难、相互争鸣、盛况空前的学术局面。据《汉书·艺文志》的记载，数得上名字的一共有 189 家，4 324 篇著作。其后的《隋书·经籍志》《四库全书总目》等书记载，"诸子百家"实有上千家。千家争鸣带来了群星闪烁、辉煌灿烂。

"双百"方针在 1951 年至 1956 年的五年中，经历从"题词"到"口号"，从办刊方针到作为全党的"方针"的确认过程。1951 年，毛泽东应梅兰芳之请，为中国戏曲研究院成立题词："百花齐放、推陈出新。"毛泽东后来在政治局扩大会议上讲："'百花齐放'是从群众中间提出来的，不晓得是谁提出来的。人们要我题词，我就写了'百花齐放、推陈出新'。"当时座中有人说，是周扬提出来的。可是周扬对人说，"百花齐放"是戏曲会议上提出来的。周扬认为很好，于是向毛泽东报告了。这是"双百"方针的孕育期。"百花齐放、推陈出新"此时只是面向戏剧界，还没有明确地推向整个文艺界。

1953 年，关于中国奴隶社会何时向封建社会转变的历史分期问题，两位著名历史学家郭沫若和范文澜发生争论。当时的中国历史问题研究委员会主任陈伯达向毛泽东请示意见，毛泽东说，"要百家争鸣"。陈伯达立即向史学界作了传达。在 1954 年创办《历史研究》杂志时，主办单位响亮地提出以"百家争鸣"为办刊方针。

1956 年 1 月，一位在中国讲学的苏联学者参观中山县孙中山故居时，向陪同人员谈到，他对毛泽东《新民主主义论》中关于孙中山世界观的论述有不同看法。有关方面向中央反映了这个情况。1956 年 2 月 19 日，毛泽东在致陆定一等人的信中说："我认为这种自由谈论，不应当去禁止。这是对学术思想的不同意见，什么人都可以谈论，无所谓损害威信。……如果国内对此类学术问题和任何领导人有不同意见，也不应加以禁止。如果企图禁止，那是完全错误的。"这是把学界的自由争论进一步推广到学术问题上，学者和党的领导人之间有不同意见也可以自由争论。

接着有人建议应把"百花齐放、百家争鸣"作为我们行动的口号。1956年4月28日,毛泽东在中共中央政治局扩大会议上说:"'百花齐放、百家争鸣',我看这应该成为我们的方针。艺术问题上百花齐放,学术问题上百家争鸣。"5月2日,毛泽东又在最高国务会议第七次会议上作了《论十大关系》的报告,讨论发言结束,毛泽东作总结,又讲到"百花齐放、百家争鸣"。

在20世纪50年代初,学术界特别是遗传学界受苏联影响,出现了乱扣政治帽子的现象,说摩尔根学派是资产阶级的、反动的,米丘林学派是无产阶级的、进步的;在医学上也说中医是封建的,西医是资产阶级的。1956年,苏联鼓吹米丘林学派的李森科倒台,"一边倒"发生变化,中国生物学界的学者们无所适从。8月,中宣部科学处在青岛召开遗传学会议,以"双百"方针为主旨,会议气氛顿时活跃起来。学者在大会小会上议"双百"方针,在餐桌上议"双百"方针,在咖啡屋里议"双百"方针,甚至下海游泳时也会欢欣鼓舞地在海里谈论"双百"方针的重大意义。发言争先恐后,有的学者会上发言达11次。青岛会议是贯彻"双百"方针的模范试验田。我认识复旦大学生物系两位教授:一位是谈家桢,他是留美的,力主摩尔根学派;另一位是包正,她是出席中共一大的包惠僧先生的长女,她是留苏的,倾向米丘林学派。在"双百"方针感召下,青岛会议后,他们在复旦各抒己见,平等相处。他们都认为摩尔根学派是从微观角度研究的,米丘林学派是从宏观角度研究的,各有各的道理,微观、宏观相结合,知识互补,就是"全息摄影"了。

青岛遗传学会议的盛况传开之后,其他学科学派之间也相继开展讨论。在地质学上本来有水成派与火成派之争,在大地构造理论上也有多派存在,在"双百"方针的感召下,讨论迅速进入了切磋琢磨的新阶段。

1956年党的八大确认了"双百"方针,写进了政治报告和关于政治报告的决议,从而使这个方针成为党的全国代表大会这个最高领导机关的决策。"双百"方针成为中国人的擎天玉柱。

"双百"方针符合宪法,合乎规律

"双百"方针的提出是符合宪法的,是在宪法范围内提出的。1954年9月第一届全国人民代表大会通过的《中华人民共和国宪法》第87条规定:"中华人民共和国公民有言论、出版、集会、结社、游行、示威的自由。国家供给必需的物质上的便利,以保证公民享受这些自由。""双百"方针是把宪法规定的这些自由具体化,是实施宪法,兑现宪法,是从大政方针上为"公民享受这些自由"提供保障。陆定一在阐释"双百"方针时说:"'百花齐放、百家争鸣'是提倡在文学艺术工作和科学研究工作中,有独立思考的自由,有辩论的自由,有创作与批评的自由,有发表自己的意见、坚持自己的意见和保留自己的意见的自由。"这一个接一个的"自由"是把八路军唱遍黄河两岸的"自由之神纵情歌唱"(《在太行山上》,冼星海作曲)用在文化科学上,不忘初衷,遵守宪法。

"双百"方针的提出是合乎文化科学发展规律,符合马克思主义的。如今在西方有多处石碑和大墙上刻有马克思的名言:"哲学家们只是用不同的方式解释世界,而问题在于改变世界。"请大家想一想,世界万物那么多,大千世界那么大,谁能样样精通?中国幅员辽阔,民族众多,戏曲在腔调上,有不同的"声",不同的"腔",是很自然的;在艺术特色上,有多种多样的"戏",多种多样的"剧",是合乎情理的。就拿人们熟悉的相声来说,有单口、对口、群口等不同流派,在每一大派下又有多种类型,各有各的历史渊源,各有各的听众为他们叫好。70年前解放军进城,市民多以秧歌来欢迎。要知道,在我国仅仅是山西省这一省以地区命名的秧歌就有15种,各有特色,都是迎接新中国的优秀节目。这就要求我们在艺术上不能一花独放,要万紫千红;不能搞"一言堂",要群言堂。应运而生的"双百"方针的实质是要推动不同形式和风格的艺术自由发展,促进不同学派的学术观点自由争论,而不是用禁止的方法来对付不同学派、流派。在"解释世界"这一"世"字第一号的大学科中,必有多种学说。按20世纪末的说法,自然科学有两千多个学科,社会科学有千余个学科。如今新学科层出不穷,边缘学科、交叉学科日新月异,在收进金哲主编的《新学科辞海》里的新学科有上千个。如果说当今有五千个学科的话,那么"解释世界"该有多少学说、学派!至于"改变世界",在改什么、怎么改的问题上又会有多少见解?新学科、新学说、新见解,凡是能真正称得上"新"的,那一定是不同于"旧",一定是推陈出新、除旧布新、革故鼎新的产物。"推陈"会有人不理解,"除旧"会遭恋旧的人的反对,"革故"会有人扣帽子、打棍子。真正的新学科、新学说、新见解提出之初,一定是"出众"的。出众的难免会一时"失众",支持者在起初很可能是少数。我们高度赞扬的"实践检验"是千真万确的,但这检验不是一次性的,是要历史检验。因此,对有板有眼、有实验数据、有逻辑推理的新学说的是非问题,来不得少数服从多数,来不得下级服从上级。一部文化科学史告诉我们:文化科学上的"出众"之见被确认为"杰出"不是一朝一夕就可以定下来的，是需要一个过程的。这就要求人们做到：我可以不赞成你的观点，但是我允许你的观点存在，赞成你的观点发表。这才是百花齐放、百家争鸣。很多人都知道数学家陈景润在数论研究的第三阶梯方面世界领先，实际上他在第二阶梯已经领先。他把自己在数论研究的第二阶梯的成果，写成论文寄到一家刊物，只因刊物不识货，没给他刊出。不久，外国人刊出了他们对第二阶梯的研究成果。这时，如果说再发表陈景润第二阶梯的成果，那就是"剽窃"了，假使打官司也是有理说不清了。富有学者气质的陈景润继续埋头研究，很快在第三阶梯上遥遥领先、举世闻名。爱因斯坦提出广义相对论时，没人相信，没人理睬，他只能在一间十来平方米的小房子里讲给三五位知音听听而已。

毛泽东说："马克思列宁主义并没有结束真理，而是在实践中不断地开辟认识真理的道路。"这"认识真理的道路"有多少条，有多少长，都需要讨论、争鸣。实践是理论之源，讨论是理论之流，是去污净化之流。"双百"方针充分体现了马克思、毛泽东的思想，合乎文化、科学演进的客观规律。

"双百"方针在新时代的现实意义

"双百"方针适用于过去，也适用于今天的新时代。这可以从以下四方面来理解。

第一，新时代的特点是改革开放。改革开放离不开"双百"方针。改革开放的方向、策略、重点、步骤、预案等方面的确定都要贯彻"双百"方针。我在《改革学刍议》一文中，把改革开放40年划分为五个阶段，深感每向前推进一个阶段都是"双百"方针的产物。当年对特区引进资金是不是殖民化、是不是丧失主权有争论。后来可以引进资金、引进技术了，但是对能不能引进经济管理有争论。再过些日子，认为能引进经济管理了，但对能不能引进文化又有争论。曾记否？一位著名演说家到哪里演讲都广受欢迎，可是到蛇口讲"不可以自找职业"，受听众质疑、诘难、起哄。于是开明的《人民日报》就此展开讨论，最后达成共识：可以自寻岗位，允许职业流动。众所周知，中国的改革是以1978年的十一届三中全会为起点的。殊不知三中全会之所以成功，是因为会前的中央工作会议洋溢着民主气氛的争鸣。而中央工作会议的成功又何尝不是取决于会前那场对"真理标准"的讨论！此外，与中央工作会议的成功有关的两场讨论，人们很少提及，那就是比"真理标准"讨论还要早一年的关于按劳分配的讨论和关于生产力的讨论。由于1977年的这两场讨论是对生产力的否定之否定,引发有关大人物的不满和限制。讨论会订好了的饭店,只因有人去打招呼,饭店以"要马上装修"为借口,不让学者进去讨论。结果参会人员"自带干粮"、自找住处,依然讨论,在"双百"方针旗帜下,讨论一场又一场,闻讯赶来的学者人数增加再增加。这两个理论问题的讨论为发展生产力开道,为关心群众生活造舆论,促进了理论界的思想大解放。再说得具体点,十一届三中全会美中不足之处是有两个"不许":不许分田单干,不许包产到户。可是十一届三中全会"不足"中之"美",美在不压制主张包产到户的观点,包容了"包产"。万里说:"你们走阳关道,让我走独木桥试试。"由于容许"独木桥"的存在,给"独木桥"留一席之地,后来发展为"要吃米,找万里"。四年后演变为改革是"农村包围城市"的赞词。如果没有百家争鸣,"独木桥"怎能成为阳关大道?

第二,新时代的战略任务是经济建设、政治建设、文化建设、社会建设四项,后来又有两次不同的"4+1"。这"4+1"的任务如何推进?统统离不开理论指导。经济建设离不开经济学,政治建设离不开政治学,文化建设离不开文化学,社会建设离不开社会学,可是这四大学科里都有不同流派,都一直在开展争鸣。不说别的,当前中国的供给侧改革,说穿了是博采供给学派、货币学派、凯恩斯主义、新凯恩斯主义和自由主义经济理论等多家学派之所长,去各家学派之所短而提出的。我国的供给侧结构性改革旨在调整经济结构,使要素实现最优配置,从而提升经济增长的质量和数量。在政治建设方面,20世纪80年代曾一度批评过"政治问题可以讨论"的说法。后来中央领导同志又赞成"政治问题可以讨论"。想想看,如果不可以讨论,还要政治学干什么!仅仅是从宏观上,多年来我们的学界在政治结构、政治体制、政治发展、政治稳定、政治变迁、政治环境等方面,遵照"双百"方针已展开过很多场讨论。多年来,外国政治学的研究成果早已介绍到了中国。国外的政治学流派,如行为主义、系统分析理论、结构—功能主义、博弈论、中层理论、政治文化、政治社会学、政治心理学、生物政治学、政治人类学、政治地理学等,在中国都有人研究,著作出了一本又一本。政治问题的讨论在中国早已从封闭式研究进入开放式研究,从单一方法研究走向多种方法的研究。"双百"方针能够在政治领域得到贯彻、落实,其他领域还用说吗?

第三,新时代的新趋势是文化的多样性。这就是世界多极化、经济全球化、社会信息化、文化多样化。多样是多彩,是美丽。多样也有另一面,正如《孟子·滕文公上》所言:"物之不齐,物之情也。""不齐"是矛盾,是敏感点。有为者完全可以从学理上变敏感点为学术生长点。因此,如何全面理解和正确把握文化多样化的新特点就成了值得思考的突出问题。为了推动中国特色社会主义文化繁荣发展,进而为中华民族伟大复兴奠定文化基石,习近平总书记在《求是》2019年第9期发表的文章中指出:"当今世界,人类生活在不同文化、种族、肤色、宗教和不同社会制度所组成的世界里,各国人民形成了你中有我、我中有你的命运共同体。……对待不同文明,我们需要比天空更宽阔的胸怀。"什么是"比天空更宽阔的胸怀"? 这就是习近平总书记所倡导的包容精神。他认为不同文化之间应当相互尊重、和谐共处、交流互鉴。共处、互鉴实际上就是百花齐放、百家争鸣的合理内核,是题中应有之义。我们完全可以相信:随着不同文明交流互鉴广度、深度的拓展和文化自信的提升,文化多样化的特点会更为明显。人民日益增长的文化生活需要,又会进一步强化新时代的文化多样化。从异到同,再由同出异。多中有一,多归于一,但"一"是相对的,共性寓于个性之中。随着"一"而来的是更多,更美,是百花园,是花博会。

第四,新时代的生命是创新。习近平总书记每年都要倡导几次创新。2013年10月21日,习近平总书记在欧美同学会成立100周年庆祝大会上的讲话中指出:"创新是一个民族进步的灵魂,是一个国家兴旺发达的不竭动力,也是中华民族最深沉的民族禀赋。在激烈的国际竞争中,惟创新者进,惟创新者强,惟创新者胜。"创新的紧迫性是由生产力的突飞猛进所决定的。回顾历史,我们知道铁器的运用把奴隶社会变为封建社会,蒸汽机的发明变封建社会为资本主义社会。那么今天5G的推广将会怎样呢? 毫无疑问,5G正在改变社会,正在改变人们的时空观。古人受交通和通信工具的局限,很像是不知世界万物的"桃花源中人"。如今5G实现了万物互联,人人都是"公民记者",这就为"秀才不出门,能知天下事"提供了前提条件。5G实现了极低时延,延迟将低于1毫秒,也就是0.001秒,这就为互操作提供了前提条件。医生可以远程工作,通过云端为千里之外的病人动手术。生产力会改变生产关系。现在各种不同的文化生产主体风起云涌,在满足人们多样化、多层次文化生活需求的同时,也在促进着文化多样化的发展。凭借文化传播手段的多样性,尤其是类似上述5G技术的出现,数字传播技术表现出强大的文化传播能力。文字数码化、书籍图像化、阅读网络化的发展推动着文化多样化的发展。人工智能方兴未艾,智能家居、智能设备层出不穷,智慧城市建设胜利在望。但是,人工智能再"能"也离不开人工。无人工则不智能。不过,人也不能麻痹。人工智能会倒逼着人类要有新的发明、新的创造。创造是"多中择优",越多择出的"优"越有可能是"超优"。县级运动会的冠军是了不起的,但是县级冠军十有八九拿不到全运会冠军,原因是县级冠军还谈不上是从很多中择优。而要在更多中择超优,择真创新,就要马不停蹄地、脚踏实地地坚持百花齐放、百家争鸣。

结束语

在 20 世纪 50 年代,"双百"方针应用的范围是从戏曲这一个行业逐步拓展开来的。在 21 世纪,在新时代,"双百"方针应用的范围还将继续拓展。这样说是不是言过其实呢?否!容我再抛一个离奇之见。"双百"方针的拓展会有助于精兵简政。为什么?有道是:在"双百"方针提出之初,有个规模蛮大的单位向中宣部建议,要中宣部告诉一个结论再去进行学术讨论、学术批评。中宣部部长向毛泽东汇报。毛泽东开门见山地说:"让马克思来当你中宣部的部长,让恩格斯当你中宣部的副部长,再加一个列宁当副部长,也解决不了那么多的学术问题。学术问题要百家争鸣。"显而易见,"双百"方针有助于放权,放权有助于简政。中国人爱赞"贞观之治"。"贞观之治"好在哪里?好在"政简刑清",囹圄里长满野草。学术问题交给学者平等讨论,挨批的人必然减少。不用说,文人相惜、相重的一面是主流,但是也有文人相轻的。不过,即使有"相轻"的学者批别人批得重了,挨批的人也不会觉得怎么痛,比来自上面的棍棒要轻得多,彼此彼此嘛!在新时代,"双百"方针正在受各方欢迎,正在用于各个领域的共商、共决、共建和共享,终有一天,会适用于构建人类命运共同体。百花齐放,百家争鸣,尊重文化多样性,以文明交流超越文明隔阂,以文明互鉴超越文明冲突,以文明共存超越文明优越论。中华民族一定会实现"创新者强""创新者胜",中国人在全球构建人类命运共同体的美好理想一定会成为绚丽多姿的现实。

改革"再出发"要求完善社会治理*

中共中央提出：改革再出发。"再出发"是新时代出的考卷，理论界有义务参与写答卷，呈送给人民阅卷、批卷。

改革再出发不是走老路，是要在社会主义大道上走向新征程。社会主义大阶段之中有小阶段。阶段与阶段之间大原则不变，具体内容必须日日新，小原则也必须又日新，才堪称新征程。新征程要求作为国家治理体系重要组成部分的社会治理写出新篇章，要有新作为。

一、明确社会治理的指导思想

广义的"社会"包含经济，狭义的"社会"与经济平行。社会的和谐与否，会制约经济的发展。经济与社会两手都要抓，两手都要硬，不可以一手软、一手硬。现在有人反映"经济上去了，社会风气下来了"，社会的失衡唤起我们务必把社会治理当作大事来抓。抓社会治理不是眉毛胡子一把抓，要有清晰的理论指导。

第一，要确立社会治理是永恒主题的思想。"社会治理"这一术语前两年称"社会管理"，再早在中国称"社会建设"，三者的意思是一脉相承的。在社会学上有"社会控制"（1901年美国社会学家E. A. 罗斯提出）、"社会整合"（1977年美国社会学家T. 帕森斯提出）等概念，均与社会治理大体一致，差别甚微，只不过在动机和手段上会因社会制度不同而有差异。

社会是由相互联系、相互作用的众多要素和众多子系统构成的统一体。可是构成社会的各基本要素、各子系统之间的关系会因社会制度的更迭，或因

---

* 原载《民主》2019年第5期。

社会的垂直流动和水平流动,或因社会的自由流动和结构性流动而失去平衡,打乱社会系统,致使社会功能无法正常发挥。社会学把这种社会状态称作"社会失调",或曰"社会失衡"。诸如:① 社会与自然不协调,有人提出大迁徙、抗拒污染;② 各种社会角色的比例失衡,工、农、知识分子比例不当,分配不当;③ 社会成员之间因信息闭塞而失去联系,出现社会分割;④ 社会成员的信仰发生分歧;⑤ 没有对社会新成员实现社会化,比如对农民进城安置不当;⑥ 没有有效地控制分裂性社会行为;⑦ 由于教育不当导致社会失范;⑧ 少数人持有的亚文化与多数人体现的主文化发生重大冲突,等等。这些都需要开展社会治理,防止社会灾变,使社会达到自适应的变化,进而促进社会发展。治理不及时会演化为社会病情加重,甚至社会解组。哪里有人群,哪里就少不了社会治理。

第二,要坚持以人为本、人民至上的根本原则。中共十九大报告提出的"幼有所育、学有所教、劳有所得、病有所医、老有所养、住有所居、弱有所扶",完全是出于对人民的热爱,是在为人民谋幸福。"争天下者,必先争人。"老幼病弱都是人,都是民族之根,国家之基。"固本强基"中的"固"与"强"常被当作形容词,在社会治理中应当作动词用。我们要加固人民这个"根",要增强人民这个"基"。孟子说"民为贵,社稷次之,君为轻"。

孟子的排序很有道理。毛泽东同志说"六亿神州尽舜尧",这话比孟子更深刻,深在一个"尽"字。他是讲,人都是学而知之,好好学习人人都可以成为圣贤,不存在唯我独尊,不存在"普天之下,舍我其谁"。对各类人都应当讲人道,都应当尊敬。不过,这里有个难题:对坏人、罪人应持什么态度?对坏人、罪人应依法治罪,却不可污辱其人格。历史上有许多本来可以避免的暴力事件,往往是由污辱人格而闹大的。有的国家对罪犯直呼其名,有的国家对已判罪犯在直呼其名的同时,隔几天狱吏会称在押犯一次"先生""女士"。你尊我敬,尊敬也是教育。有的国家狱中的囚犯不穿囚服,目的是减少罪犯的精神压力。从判刑之日起就有心理医生跟他们经常谈心,为他们考虑出狱后如何就业。只有这样方能大大减少"二进宫、三进宫"现象。犯人在狱中演戏,电视台看中犯人的节目,能不能播放不是电视台说了算,要征得犯人同意才行。对侵犯人权者讲人权。

"幼有所育""学有所教""劳有所得""病有所医"都有个量的差异,都有个充分不充分的问题,这都要求我们要不断、不懈地为实现"充分"而努力奋斗。在有些国家乞丐讨饭是违法行为,因为在他们那里人人生活有保障,不存在靠讨饭过日子的人。有的国家讨饭不违法,允许"无家可归者"用雕虫小技讨钱。有的国家每年有个"扶贫日",政府请拿救济的人吃饭,各部部长和各路明星、名人为穷人端菜送饭,让穷人吃个够、过把瘾。有人说这是"作秀"。也许有人是作秀,也许有人不是作秀。不管是不是,有权有钱的人作出不嫌贫的姿态,让穷人心理上得到安慰,消除或者缓解穷人的仇富情绪,效果还是很好的。讲人家作秀的人,不妨秀一秀试试,体会体会。

第三,要把公平放在首位。在社会治理中时时处处都要讲公平。不公平的社会其治理结果会事与愿违,越治理越混乱。江苏省高邮有个段子:"领导把我当人看,我把自己当牛干,累死也心甘。领导把我当牛看,我把自己当人看,说什么也不给你好好干。"不论是"三大纪律,八项注意",还是它的前身井冈山的"三大纪律,六项注意",都把公平放在突出地位。

从收入分配角度讲,贫富差距大,社会张力就大,从理论上讲社会矛盾必然会一触即发,分配政策上讲公平很重要。中共十三大报告中提出"在继续促进效率提高的前提下体现社会公平"的分配政策,注重社会公平防止两极分化;中共十四大报告提出"兼顾效率与公平";中共十五大报告提出"坚持效率优先,兼顾公平";中共十六大报告则进一步发展为"初次分配注重效率,再分配注重公平";中共十七大报告讲"初次分配和再分配都要处理好效率和公平的关系,再分配更加注重公平";中共十八大报告发展到"努力实现居民收入增长和经济发展同步、劳动报酬增长和劳动生产率提高同步,提高居民收入在国民收入分配中的比重,提高劳动报酬在初次分配中的比重。初次分配和再分配都要兼顾效率和公平,再分配更加注重公平";中共十九大报告多次强调"公平正义",并提出"努力实现更高质量、更有效率、更加公平、更可持续的发展","让改革发展成果更多更公平惠及全体人民,朝着实现全体人民共同富裕不断迈进"。

不仅在收入分配领域,中共十九大报告中还多次强调教育公平,提出"努力让每个孩子都能享有公平而有质量的教育"。

随着人民美好生活需要日益广泛,随着人民对物质文化生活提出更高要求,在民主、法治、公平、正义、安全、环境等方面的要求日益增长,建议将"兼顾"两字彻底去掉,将公平放在首位。

二、改进社会治理的方法

为了社会的安定、有序、文明、和谐,中国一直倡导综合治理,既强调社会规范的内化,又发挥外在力量的控制作用。软性的、硬性的,"十八般武艺"一起上。硬性的方法是指政权、法律、纪律;软性的方法有社会舆论、社会心理、风俗、道德、信仰、信念等。多向交叉,多层联结,但是必须明确在社会治理中应以软性为主,硬性为辅。联系当前的实际,本文主要讲三点:

第一,认真学会做群众工作。办事要与群众共商、共建、共享。首先是共商。《管子·君臣上》说,"合而听之则圣",就是讲的共商。商要真商,不要把共商走过场,不要把共商异化为通知、通报。群众是老师,领导干部是小学生,这个关系要摆正。共商要与群众打成一片,与群众同呼吸、共命运,方能听到群众呼声,方能以百姓之心为心。民粹主义要不得。把反映群众意愿的、不是民粹主义的做法当民粹主义来批判也是要不得的。民粹主义不应成为倾听群众呼声的挡箭牌。

在社会治理中还要加一个"共决"。"天下兴亡,匹夫有责"。百姓有责任参与共决。说"人民群众是阅卷人",就是讲人民群众是有权参与决策的人。有了共决,共建起来才来劲。社会治理中的"共决"就是古人所说的"以天下治天下"。中共中央三令五申"从群众中来,到群众中去",这就是告诉我们,顶层设计离不开基层设计。从基层设计中来,经过顶层加工设计,再回到基层中去检验、落实、完善。上下一条心,黄土变成金。

第二,充分发挥社会组织的作用。社会组织是党和政府的助手,是党联系人民群众的纽带。"春江水暖鸭先知",社会上有风吹草动,社区、社会组织最先知道。之所以把基层组织更名为"社区",其本意是加速社会治理的社会化。要把社会矛盾化解在萌芽状态,不要等到问题成堆时才去处理,不能不依靠社会组织。社会上有什么创举,也是社区、社会组织最先知道。小岗村按18个手印时,上级领导并不知道,是过了一段时间之后,社会组织反映到党组织,方才得到安徽省委的支持,包产到户才从小岗村普及到全省、全国。这些年中国的社会组织的数量在直线上升,是天大的好事。从社会主义学说提出者的本意上说,社会主义就是充分发挥社会组织作用的主义,至少在社会主义的高级阶段是如此。无政府主义是荒唐的,"大政府、小社会"的大政府主义也只会增加吃皇粮的人数,加重人民的负担。

建议大力发展社会组织,做到成年人人人参加五六个、六七个社会组织。这样,个体社会人有活力,整个社会也才有无穷无尽的力量,才会安定、有序、文明、和谐。

目前，我们距离这个指标还有一定距离。我们需要更上一层、数层楼。社会组织不怕重复，重复是为竞赛提供条件，没有什么可怕的。在参加社会组织方面也存在一个不平衡的问题，精英参与的数量过剩，普通百姓参与的数量匮乏。

在强调壮大社会组织的同时，也不能不强调一下社会组织的自身建设。社会组织要写争气篇，克服行政化、营利化、空壳化的毛病。社会组织健康了，方能健康发展。包括志愿者，志愿者组织是"德育大学"，是道德楷模。志愿者不计报酬，作为社会应给志愿者以精神鼓励。大家相向而行，社会风清气朗。

第三，改进对社会治理的评估。不同地区社会治理的水平不会一样高，开展评估会奖励先进、激励后进。这些年来，社会治理的评估理论、评估工作都有长足的进步。评估指标不断完善，正在形成体系。可是也应当看到任何指标都有局限性。人们常讲"人均"，可是在贫富差距大的情况下，"人均"没什么意义。如一家县报写道："张家有财一千万，九个邻居穷光蛋。平均起来算一算，家家都是张百万。"请问：邻居的百万在哪里？世界上最受欢迎的通用指标要数幸福指数。想不到有一年，用幸福指标把一个有幸福感而少现代化的国家评为幸福之国，引发一场议论。这件事告诉我们，不搞单打一，学会运用多种指标评价社会治理就成为值得研究的课题。

这里顺便提两个常被人忽视的指标，希望能引起有关方面注意。一是自杀率。社会治理工作九九归一是要归到人的生命上。人们往往都想长寿，因此，人的平均寿命就成了衡量社会治理的指标。既然期望长寿，为什么还会有人不要长寿，要自杀？大谈社会治理工作如何如何好，但自杀率升高就说明社会治理一定有很多不到位的地方；自杀率降低，就说明从总体看，社会治理工作有成效。二是精神病发病率。精神病患者大多不承认自己有精神病。这种不期而然的现象加剧，说明社会治理工作一定没有做到家，肯定有漏洞。有人强调精神病有遗传因素在作祟，这个解释不能成立。遗传因素各民族都有，即使把这个因素加进去，精神病发病率也有资格对社会治理打分。上述两个指标就像萤火虫。萤火虫是环保的"1号评审员"，萤火虫来了，你不用侃侃而谈，就可以说明你那里环保做得不错。

对社会治理的评估很重要，但是做过了头，评估工作也会因泛滥而成灾。现在某些社会治理的评估工作同其他行业的评估工作一样，正在成为上级向下级寻租、索贿的合法通道，正在为腐败披上华丽的外衣，正在成为强化、固化官本位的发电机。当务之急,是要净化评估,开展对评估的评估,把评估权尽可能多地还给公众。

三、解析社会治理创新中遇到的几对矛盾

为了改革再出发,社会治理不能故步自封,哪怕是过去行之有效的做法,在今天是否能够继续沿用,也要加以分析,而要创新又会碰到一系列阻力和难题。

第一,如何做到借鉴而不照搬?科学社会主义的广泛传播和应用无不有一个社会主义本土化的问题。本土化往往被称为本国特色。在马克思时代已经出现过形形色色的社会主义学说。今天,声称社会主义的国家,声称比社会主义还社会主义的国家,仍是各有各的特色。特色有红色也有灰色,有先进元素也有不先进元素,还有在其本国是先进元素,在别国未必是先进元素。人类有人类共同的价值观,各国有各国自己的价值观。我们应当冷静地、认真地向各国学习,取各国之长而用之。社会主义不同于资本主义。真理是具体的,是受时间、地点、条件限制的。借鉴而不照搬是对的。在此国有用的未必适用于彼国。各国有各国的自主权、选择权,谁都不能强迫人家照搬。不过,与此同时也要看到,对自己不喜欢搬的东西,不喜欢搬的那些政策、制度、做法,不一定要劈头盖脸地批来批去。马克思主义认识论认为"认识是个过程"。前些年批"民主社会主义",有的地方批得对,有些批判文章似乎也有值得商榷的瑕疵,或多或少犯有倒洗澡盆连孩子也一起倒掉的毛病。民主社会主义国家根据"近墨者黑"的逻辑,社区有权建议将犯有"黄毒赌"等行为的家长的孩子送交国家抚养、培养到上大学。他们社会治理的这一条怎么样?倒掉了是不是有点可惜?民主社会主义国家的弱智儿童至少有三个"妈妈":生母、老师妈妈、志愿者妈妈。志愿者妈妈常常带点巧克力什么的去看他们,"一枝一叶总关情",这个似乎也不能倒掉吧!

第二,如何处理"稳"与"进"的关系?在社会治理中强调"稳中求进"是合乎规律的。没有站稳如何前进?

社会治理应当是"稳中求进"与"进中求稳"相结合。在社会治理滞后时应突出"进中求稳"。"进中求稳"是动平衡,陀螺转得越快则越稳。当然,办事要量力而行。但是,在"量力"时还有个按比例的问题,有个加权多还是少的问题。如今维稳的费用很高,能不能降低一点呢?粗看是不可能的,如能细致分

析一番，找一找不稳的原因，就会认为是可能的。有些地区不稳的一个重要原因是社会保障不公平、不充分。无情的规律告诉我们：民足则怀安。把社会保障提高一分，不稳的因素就会减少一分，维稳的费用也就可以相应地减少一分。这就看是选择良性循环还是选择恶性循环了。我们正在开展的精兵简政，便是选择了良性循环。把资金用于扶贫、用于民生，尽快跨过民生这个坎儿，政权必然稳如泰山。"简政"换来了"拥政"，"进"转化为"稳"。

第三，如何处理"透明"与"保密"的关系？在社会治理中要保护公民的隐私。对群体之间的矛盾也不宜和盘托出，否则变成了挑拨离间，该保密的还要保密。社会治理还应当坚持多做少说，但是少说不等于不说，该说的还是要说，我们要大声疾呼：增加透明度。透明是为"共商"提供议题，透明是调整共建速度和提升共建质量的前提。透明是对公众知情权的尊重，是对公众的监督权、发言权、参与权的真诚。透明对参与者来说也是一种精神享受。透明还要求讲究透明度，要透到清澈见底。透明要及时，第一时间透明才是中共中央讲的人民至上。

透明是领导者应尽的职责。透明是自信，既是对社会治理理论的自信，也是对社会治理方法的自信，一句话，是对社会主义制度的自信。同时也是对自己能够做到"胜不骄、败不馁"的自信。透明度与胸襟的开阔度成正相关。透明是光明磊落、敢于担当、豁达大度；反过来说，不透明是堵塞言路。不一五一十地透明等于把批评权拱手交给不三不四的外人来歪曲事实。表面上看，是不让不怀好意的人抓住把柄，殊不知在信息化时代，不透明实际上是向不怀好意的人"暗送秋波"。"大道不通小道走"是信息传播的规律。大道不通在小道上走时一定会走样，这是用心理学验证过的又一规律。我们怎能甘心让人家歪曲呢？

近年来，我们不断发布白皮书是透明度不断加强的表现，是中国共产党人的优良传统。建议今后继续加大透明度，让社会治理更加阳光普照。

社会治理历来是摆在世界各国面前的大课题，不是一朝一夕就可以结题的。研究只有起点，没有终点。学界要本着"知无不言、言无不尽、言者无罪、闻者足戒"的精神，畅所欲言。社会主义核心价值观中的"自由"二字是社会治理创新的沃土。《共产党宣言》发表170多年了，要弘扬《宣言》中的精髓"每个人的自由发展是一切人的自由发展的条件"这一论述。把马恩的思想运用到"改革再出发"的实践和讨论中去，从而提炼出先进的社会治理理论，推动社会治理成为"强起来"的中国的强中强。

智慧社区与社会和谐*

中国的智能化正在向社区延伸。智能家居、智能楼宇、智能安防、智能医院、社区金融、家庭护理……智慧社区几乎囊括了社区生活的方方面面,从而为居民提供了一个更加安全、舒适、方便、快捷和开放的生活空间。国家去年又颁布了《新型智慧城市评价指标(2018)》,把各项指标的权重作了调整,更加向市民舒适方面倾斜,受到广泛欢迎。8月9日在厦门举行的首届中国人工智能峰会,不仅为智慧社区的发展吹响了号角,而且为保护智慧社区提出了对策。

中国的智慧社区发展不平衡,这里讲一些走在前面的情况:

关怀老人。有的社区与七十岁以上的"空巢"老人商定,如果白天哪家没有开过门,允许机器人自动拨打电话问候,确保老人安全。

合理停车。中国汽车激增,城市停车困难,过去不许停车的地方,如今也不得不允许停车。停车过去是由物业"人治",常有争执。如今有的社区由人工智能引导停车,司机不得不服,矛盾减少。

指引盲人。有的社区在盲人行走时,人工智能会随时告诉他路况,指引向前。

家庭保姆。有些家庭中的人工智能会像保姆一样在衣食住行方面给人以提示,还会帮助人处理厨余垃圾。

消防灭火。机器人的"皮肤"比人坚硬,可以说"刀枪不入"。机器人能够参与消防灭火,抵抗风灾水灾等自然灾害,"上刀山,下火海",干一些人类很难做的事。

---

* 原载《解放日报》2019年9月1日。

改善环境。有的社区在垃圾箱上铺设气味传感器,提醒人及时处理垃圾箱。有的在草地上铺上传感器,提示人给草地浇水,促进人与环境协调。智慧社区注重可再生能源、废弃物循环、绿色节能设施,优化环境,打造生态,推动可持续发展。

机器人是没有感情的"人",是不会撒谎的"人"。可以说,由金属制造的机器人,是"铁面无私之人"。机器人不讲情面,一视同仁,不会收"红包",不会干那种"有钱能使鬼推磨"的勾当。这对于净化社会环境、促进社会和谐大为有益。中国推行市场经济后,社会活力增强了,很快富裕起来。但是,也逐渐暴露出一个问题,"经济上去了,社会风气下来了"。这就要求经济与社会之间要加强协调。因此,我们要倡导人与人之间不能见钱眼开,要提高道德水准。恰好这时不懂人情世故,只会按部就班、有板有眼干事的机器人进入了社区,它们办事公道,减少了冲突,推动了人间和谐。

人工智能胜过人的地方是它不会忘记,而人常会忘记。机器人在任何时候都会把人给它输入的数据资料拿出来运算,从海量数据库里归纳物体特征:感知、识别、认知,从模拟到延伸,再进一步扩展人的智能。人工智能是云计算,每秒10亿次,人脑做不到这一点。但是,人工智能肯定是"无人工则无智能"。因此,要求人们在给人工智能输入数据时坚持"以人为本"的原则,有选择,讲文明,千万不要把歪门邪道的东西传给机器人。

有人担心人工智能导致失业怎么办?这不是空穴来风。汽车发明之初,也有人担心赶马车者会失业,怒气冲冲地砸汽车。智能驾驶,司机会失业;用机器人管物业,物业人员也会被裁员。许多国家也都担心这个问题。英国算了一笔账,随着人工智能的发展,英国将有四百多万人失业。不过,我认为有胆有识的国家应当不怕失业。因为随着这边失业而来的,是在那边的新就业,在最富有生命力的行业就业。这就要求我们不断开辟新产业。中国人常讲"三百六十行",这是历史,是过去,如今的行当数以万计,新产业风起云涌,新的就业岗位在恭候能人上岗。现在是5G即将遍布天下,可以想象,不用多久6G也会上马。说得再远一点,地球将要超载。那就会提出一个问题:"智能地球"上的人类往何处去?我认为现代智人,会大造机器人的现代智人完全可以把缺氧缺水的火星,改造、建设成为人类的"第二故乡"、第二最佳宜居地。不是有很多人追求"升天"吗?"火星建设兵团"有天梯,到天梯业从业,在天梯业乐业。何愁失业之有?

万物互联，万物皆媒，人机共生，被一网打尽的人类，命运共同，应当抱团取暖，携手前进，关注地球的老邻居火星，放眼让太阳系靠边的银河系，少搞点节外生枝，少闹点内部摩擦。对不对？

探访德国政府开放日*

看了新华社记者单宇琦报道德国政府举办开放日活动的盛况，也想写一些那两天参加开放日的见闻，虽为管窥，总也算窥。

2019年的这次开放日是德国政府第21次开放日活动。每年一次，时间多在8月政府休假期的随后一个周末。今年是在8月17日和18日两天。不分国籍，不分男女老少，不论是弱智还是坐轮椅的残疾人，只要不带凶器，都可以进去。获知这些以后，我便摆脱身边的杂事，前去探访。

不到八小时去了四个部

17、18日那两天有总理府，以及除了安全部的14个部，还有新闻署、新闻中心、电视一台和欧洲议会、欧盟委员会驻德国办事处等一律开放，去哪里自选。政府有免费专用公交车接送，10分钟一班，只在各部附近停车，别处不停。

我第一站去国防部。进到部里又有两种选择：一是自由活动，在大院子里看大炮、坦克、飞机随便你，逛部里各部门设的二十来个咨询站也可以；二是报名参加有讲解员的团队，这只能按指定路线参观，时间约一小时。我选择了后者。

讲解员自我介绍：国防部有160人的专家队伍，他是其中之一。接下去，边看边听他讲。他说：国防部有2 700名工作人员，重心在波恩，有1 700人，在柏林这里的是领导机关。讲解的专家先带我们看各国赠送的礼品。我关注的是中国礼品。当我们看到画有长城，印有"不到长城非好汉"，左下署有"毛

---

* 写于2019年9月2日。

泽东"三个字的礼品,我特别高兴。接下去又见到国防大学校长张仕波赠送的刻有山水画的瓷盘。讲解的专家又带我们进了大大小小许多会议室,他在一间会议室里说:"这大楼是法西斯的国防部。部长格林常在这会议室里开会,说希特勒要发动战争。当时就在这间会议室里,隆美尔元帅和克鲁格元帅不表态,并产生谋杀希特勒的念头。结果希特勒把他们全处死了。现在墙上挂的照片就是三人中的一位。"——听了让人叹息。最后到四楼部长办公室,房间面积约有 30 平方米。室内有一张"L 形"的桌子,"L"下的一横折上放电脑,"L"的一竖这边对着门,放着一摞书,书桌里面是条长椅,书桌外放两把椅子,是供来客坐的。近门处放一张可坐六人的长桌,是开小会用的。六人桌旁有扇门,直通秘书办公室。参观结束,专家与我们分手后,我从二十来个咨询门口边走边看,没有提问,只是有一个咨询的人主动出来同我打招呼,我只好停下来与他交谈。他指给我们看士兵通常吃的四种饭菜,热量各不相同,高的 1 000 卡,低的 700 卡,标出来由士兵自选。他说他从小就想扛枪当兵,30 年前进过民主德国(东德)的军校,因此现在只能在部队管后勤,不能扛枪。我笑而不答,暗暗地想:民主德国不民主,联邦德国好像也有"难成分论"的因素。最后我看有人爬坦克。我忽然想起《探索与争鸣》的老主编曾著文把我的自行车形容为"老坦克",又想起童年时期在淮海战役留下的破坦克里捉迷藏的一段经历,便兴致勃勃地爬到坦克上与德国士兵合影。

接着去了环境、自然保护与核能安全部。女部长在草坪上讲话刚结束,正在回答听众提问。听众横七竖八地坐在凳子上。我见离部长不远处有把凳子空着,便坐了上去。坐了一会儿,陪部长的工作人员向我打招呼,原来这凳子是留给部长回答完提问后,下来与小朋友一起"搭昆虫'宾馆'"(即给昆虫盖小居)时坐的。女部长可能是觉得把我赶走不好意思,便彬彬有礼地对我道歉,并主动提出"与中国老先生合个影留念"。

离开环保部又去了劳动与社会部。这是我很想去的一个部,因为我国曾经有过劳动部,现在没有了,因此想了解一下德国劳动部的情况。再说,我是社会学教师,对"社会"有特殊感情。哪知到劳动与社会部时,部长刚讲完话,在台下正被好几位劳动者模样的人围着问长问短。我在部长对面一站,不知部长是为了"解围"还是真的看得起中国老人,便弯腰出来,说了句跟环保部长一样的话:"与中国的老先生合个影。"在合影时我想:这真是"国富民强",国强则民脸上有光啊!拍好照仍有一群劳动者等着与部长谈话。人家尊重中国人,咱中国人也得识相,不能抢在德国人前面与部长对话,便向部长和劳动者告辞。

17时前赶到了财政部,同服务人员讲我们想参加有讲解的路线。服务人员很客气:"你正好赶上末班车,马上跟上去吧!优待你们,不用登记了。不过末班车不是按规定的20人,而是30多人,没意见吧?"说实在的,我是求之不得啊!现在不求就得了,欢喜还来不及,哪还有什么意见,连忙跟在30多人后面上楼去了。财政部大楼原是希特勒的空军司令部。被称作帕特诺斯特的老电梯无门,有点吓人。服务人员见我拄着拐杖,每听完一次讲解就叫我不要跟着讲解员走,带我从新式电梯上去,然后再与大队会合,一起听讲解。部长办公室与国防部长办公室一样,工作人员办公室全都是只有10平方米大小,说是为了少侵犯大自然。在财政部大楼最让我难忘的是在一间可坐50多人的大会议室。就是在这间老会议室里希特勒第一次提出要杀犹太人,讨论如何杀犹太人。讲解的人给我们念了当时的会议记录。他说:"二战后在纽伦堡审判战犯,判刑的重要根据之一是战犯在这次会上各人的表态。"犹太人如果包金牙,被杀以后,法西斯会把牙挖出来,取走金子。法西斯还用犹太人的头发织地毯,惨无人道至极。

8月17日有19个部、署开放,我只去了4个,已累得挪不动腿了。后来知道这一天参加开放日的有67 000人,我是67 000人之一。

总理府里花样最多

有所舍方能有所得。头一天累了,第二天就只想去总理府一处,还要拉着妻子陪伴。

总理府在柏林市中心的施普雷河边。对其建筑有人认为不太美,因为主楼的外墙上端有高18米的半圆形,被戏称为"联邦洗衣机"。可我的兴趣在它有12米高的通透玻璃幕墙,预示着政情要透明。还有,它有几根石柱不封顶,可以理解是无止境。诚如德国总理默克尔所言,她"从总理办公室一抬头就能看到比它高得多的国会大厦,像一把榔头悬在自己的上方,提醒自己不要忘记为国会打工"。不管政府实际上做得怎样,能有"透明""无止境"和"打工"这三个理念的建筑就是了不起的了。

在大厅里,贴有德国总理与各国总理往来的照片。我早就知道默克尔到我们中国来过11次,6日又将第12次访华,自然要找她与中国领导人的合影。

当我找到她与胡锦涛、温家宝、习近平、李克强等人在一起的照片时,我的中国心让我久久不肯离去。这些照片是友谊的标志,这是合作的象征。二楼是一个接一个的礼品柜。在礼品柜中看到李克强赠给德国的铜塑,可以译为"双鸟",也可以译为"鸟的婚礼",形神兼备,精妙绝伦。我情不自禁地拍下一张照,明知隔着玻璃效果不好也要拍。

这时服务员向东边指了指,我们顺着她指的方向一看,那里展示的是国宴桌。旁边还有三位女士,他们是专为国宴写席卡的德国书法家。他们认为印的席卡没有亲切感,就请三位书法家轮流书写。我老伴便请一位女士为我们刚满周岁的侄孙写了一张。墨迹未干,不宜马上收藏,大家都拿在手里摇晃。我无意中发现我们手中的席卡的书法比他们的好。后来知道,三人写得都好,为我们写的那位可谓"之最",真是巧遇,喜出望外。

楼梯旁悬挂着德国历任总理的巨幅画像。我提出在施密特画像前留影。为什么?因为是他在1971年任国防部长时敦促总理勃兰特与中国建交,1975年,他以总理身份首次访问中国,并会见毛泽东。他曾十余次访问中国,是中国人民的好朋友,被人称为"德国的基辛格"。

忽接口头通知:默克尔14时进场。13时45分两米多高的机器人进来向大家问好。这时熟悉情况的人自发地站到默克尔出场经过的红地毯两旁排队,我与老伴没跟上。14时正,默克尔出场,在无"领掌"的情况,大家自发地鼓掌了好几秒钟。还是我老伴机灵,她提前站在默克尔回来的路旁。果然,默克尔讲完话回来,看我老伴这个中国人模样,便主动把手伸出来与我老伴握手。老伴立即拿出默克尔的照片和笔,请她签名。默克尔接过照片,很快用她的右手拿出她左手里的笔,挥笔签名。这时我俩才明白,默克尔有经验,她早预料会有人请她签名,准备好一支很短也很普通的笔。看着妻子手中的默克尔的签名,我在想一个问题:她在夏天举行的马其诺胜利纪念活动中不肯与那位搞单边主义的大国总理握手,却主动与我妻子这位普通的中国人握手又签名,这意味着什么?

默克尔穿过大厅进入草坪,人群紧紧跟上。这时我看见一架深蓝色的直升机,猜得出那一定是默克尔的专机。又见机舱、驾驶舱都可以让访客进去,不过当我见排队的人争争抢抢时,马上忆起毛泽东在《湖南农民运动考察报告》中所述的农民在富人牙床上打滚的镜头,反而觉得索然无味,打消了进机舱的兴致。很多人兴高采烈地与默克尔在专机前留影,我却在下面与飞行员和机修师合影。没有他们两位,默克尔总理是不能高入云霄的。

不一会默克尔离开专机沿着沙土泥路朝大桥方向走去。这时我们这些离专机远的人却占了上风,抢先在路两旁站立。当她走到我附近时,我身边的一位大约八九岁的儿童,拦住了默克尔,自拍与默克尔在一起。默克尔很有人情味,马上笑嘻嘻地把儿童拉在跟前,扶着这儿童的双肩,活像祖母与孙子。我想这张自拍像一定照得很好,说不定比新华社发的那张默克尔与别的儿童在一起的照片还要好,充分体现了百姓爱总理,总理爱百姓。

当德国总理过桥到施普雷河对岸时,人群蜂拥而上,把我与老伴挤散了。这是我俩结婚50多年来,第一次在异国他乡失联。我没带手机,增加了寻人的难度。不过,我不太焦急,总理府再大也就是这几片地方,大不了在出口坐等,果然半个小时后夫妻团聚了。遗憾的是默克尔在广场上与两位运动员的对话听不到了。虽然还正在对话,但立在最外圈听不清楚。于是我转向那十多个不在部里办公的各部的分支机构的帐篷。想不到最头上的第一摊是安全部,方知他们部的大院不开放,却在总理府里设个摊。无人不知世界各国的安全部都是神秘部。我走进安全部小摊后什么也不想问,"不就是那么回事嘛"。这时服务人员引导我做游戏,我一摇中了大奖,送给我一个有雕刻的瓷杯。我表示感谢后走出第一摊。——唉!读者诸君:你们猜我这时想起了什么?想起了"文革"。"一日被蛇咬,十年怕井绳"啊!"文革"中,对藏有德国安全部杯子的人会怎么样呢?那不是会斗你间谍罪吗?我想我应该把杯子丢在前面的垃圾箱里。再转念一想,我怎么30年后还怕井绳呀!中国不会再有第二次"文革"了,也没有人会允许再搞"二次文革"了。于是又满怀信心地把杯子放进包里,带回我伟大的祖国了。

说好的,默克尔在开放日待两小时,可我疲倦了,先默克尔离开了会场。

出门碰见抗议的

看了德国人热爱默克尔的场面,我思绪万千。默克尔能够在政党竞争十分激烈的情势下执政14年,这说明她享有崇高的威望。她坚持"左右共治",包容多样。德国政坛多是联合执政,因为他们单独组阁的门槛是48.5%的票数。如果两党相加不到50%,则需要其他党联合执政。默克尔能在联合执政中运筹帷幄。她每次决策前总要听一听反面意见,没有反面意见也要从反面想一想。在欧盟,她有很大的发言权。最近这半年她身体不好,手发抖,在欢迎外国元首时，她就改为与外国元首坐着不动看仪仗队表演。不容易啊！难民往欧洲逃，许多国家不太愿意接收，德国却接收难民200万人，是接收难民最多的国家，并且安置得极好，不用说这会给德国带来很多麻烦，不用说这也会引发某些德国人的反感和别国的议论。可是，她仍发善心，坚持解人所难。我点赞默克尔。

不料，当我们快走出总理府大门时，发现右边有几个人举着三个略有贬义的头像表示抗议：一个头像是默克尔，再一个是现任基民盟主席卡伦鲍尔（女），还有一个是现任副总理、社民党主席肖尔茨。抗议在一些国家是家常便饭，在总理府门前示威更是司空见惯。这天，在总理府门口抗议的有二十来人，仅占开放日两天的访客137 400人的万分一点五。当然，对少数也要尊重。——这是在总理府大门右边所看到的。

大门左边是个雕塑，有圆圈，也有分叉，总理府和艺术家的寓意是有分有合。这很像《三国演义》中所说的"分久必合，合久必分"。依我之见还可以再补两句：分中有合，合中有分。想到这里，我冒出来一首诗：

> 合中有分防过限，
> 分时奔合大地安。
> 上下对称赛量子，
> 开放不分北与南。
> 微笑待人自心善，
> 左右共治世人看。
> 中德携手驱商战，
> 和合之光穿云端。

要处理好非遗的几个关系*

我国的非物质文化遗产蔚为壮观,美不胜收。为了把我们的非物质文化遗产更好地贡献给世界,贡献给人类,我以为必须处理好以下几个辩证关系:

处理好发掘与保护的关系。非物质文化遗产是历史的产物。有悠久历史的国家一定有丰富的非物质文化遗产。过去讲中华上下五千年,根据近年来好几处的考古发现:中华文化是六千年的历史。因此,只要我们有非遗的意识,就不难发现周围的非物质文化遗产。在非遗问题上,要不得熟视无睹,更不能"有眼不识泰山"。安徽的宣纸、南京的云锦,还有我们沿用了两千年的二十四个节气,都已列为世界非物质文化遗产。非遗是我们祖先留给我们中华民族的,有我们优秀传统文化的基因。我们每一个中国人都有责任、有义务保护祖先的遗产。

处理好保护与利用的关系。保护是手段,利用才是目的。保护是要让人知道非遗的"原汁原味"是怎样的;利用是要发扬光大,要把非遗变成鲜活的教科书,而不是用来赚钱,不是随意搬弄与折腾。清代史学家魏源写道:"执古以绳今,是为诬今;执今以律古,是为诬古。"我们既不要今是昨非,也不要昨是今非,而是要有扬有弃。历史是过去传给未来的回声。知道我们是怎样从昨天走过来的,就能从中找出历史演进的科学规律,找出我们走向未来的康庄大道。我们不能篡改历史,每个人、每个民族都在用自己的行动书写着历史。

处理好保护与捍卫的关系。保护是对内讲的,捍卫是对外讲的。文化是会传播的,由于我们有些人非遗意识薄弱,以致一些从中国传出去的、本应属于中国的非物质文化遗产,被别国抢先申报,进入世界非物质文化遗产名录。

---

* 原载《非遗传承研究》2020年第1期。

作为国人,我们应当像捍卫领土一样捍卫我国的非物质文化遗产。这个捍卫不是动刀动枪,而是要突出一个"早"字,早发掘,早申报。毛泽东早在中华人民共和国成立前夕,就充满激情地预言:"随着经济建设的高潮的到来,不可避免地将要出现一个文化建设的高潮。"过去流行的"文化搭台,经济唱戏"的说法是不全面的。经济与文化应当是互相搭台,互相唱戏,说到底,应当是"经济搭台,文化唱戏"。不是吗?历史唯物主义清楚地告诉我们,经济是基础,文化是上层建筑!

立于今天的新时代,我们完全可以相信,随着文化建设高潮的到来,随着我们对无形文化遗产的重视和不断发掘,我国的非物质文化遗产保护和传承事业将不断取得新成果!

用六种力组成全力以赴*

"师傅领进门,修行在个人。"六十年来,我遵照在大学毕业后进上海社会科学院学习室时李培南、杨永直、庞季云以及陶家祥、冉兆晴、强远淦、刘惠民等恩师"笔不离手""手不释卷"的教导,决心做事要做理论的事,做人要做理论的人,干一辈子理论活,吃一辈子理论饭,不追求当官,不追求发财,只追求钻研理论。我认识到,笔杆子如果是黄金做的,就重得写不动字了,腰缠万贯不仅走不了羊肠小道,怕是连图书馆也去不得。

六十年来,我从想写,写不好,经历了不让写也要写,再到想写就能写,写了有人夸,再到写了就挨批,下笔如有"绳",最后到越写越开心,下笔有点儿如有神,可是老了,想写写不动了。

六十年来,我从紧跟慢跟跟不上,经历了跟上反而是跟错了,再到跟不紧就倒楣,最后到独立思考,敢打墨笔官司了。遗憾的是现在已开始迈向老痴呆了。

"小车不倒只管推"。为了读书、写书,我不知熬过多少不眠之夜,放弃了多少娱乐活动,甚至还忍痛减少了与亲朋的联系。为了买书,我宁可少吃一口,从筷子底下省钱。怕老婆知道筷子底下省钱心疼,我在家不省,在外边啃冷馒头,不买菜。为了借阅不外借的孤本书、珍本书,我在上海图书馆狭而长的房子里住了几个月,夜以继日地看书抄书。我曾在日记中写道:"梦里依稀乱编文章,醒来在床上构思文章,爬起来提笔写文章,写到深夜再从头改文章。"

学理论是夙愿,是使命。学理论我是竭尽全力的,主要竭尽六种力促合成全力。

---

* 原载《上海民进》2020 年第 1 期。

一、足力

　　钻研理论的目的不是别的,只有一个:为人民。为人民首要的是了解人民。理论的生命力在于紧扣时代的脉搏。生活在社会底层的人民群众对时代脉搏比任何人都敏感。准确地讲,时代的脉搏就是人民跳动着的脉搏。而了解民情、民意,了解百姓所思所急所盼所愿,有个深浅之分、表里之别。想当然,大而化之、粗枝大叶是不行的。世界上有很多口头上大喊"为人民"的国家,以主观臆测代替民情、民意,吃过无穷无尽的亏,做过大量不该做的事。而要深入了解民间疾苦,百姓百态,阅读第二手的文字资料固然是要的,但最可靠的是拔开双腿,发挥股肱之力,一步一个脚印地走进民间社会。"生活之树是长青的。"民间社会是多种多样的,有富人区,有穷人区,有先进地区,有落后地区,富得让你走红地毯的地方也不是没有,但作为理论工作者更多的是应当沿着田间小道到落后地区走走,尽量多地了解民间的痛痒和疾苦,从而促进社会结构的合理与平衡。至于富人区,自然也应当研究,但是关怀他们的人不用动员就争先恐后,成群结队。

　　走,我坚持向西部走;走,我不辞劳苦,坚持不懈地向边疆走,向贫穷落后的地方走。1976年,我越激流,穿密林,披荆斩棘,爬猴子路,过只有四条铁链、链间没有横木板的铁索桥,到1953年之前男女老少无人穿衣的金平县苦聪人的那里调查,到他们刚搬进的65新寨、66新寨走访黑苦聪、黄苦聪。80年代初,我到十年不下一滴雨、自宋代起就被称为"苦甲天下"的甘肃省定西县,在沙漠上的农民家中,扶着他们以绳子代衣柜的绳子流泪,跑到他们厕所里痛哭。中国56个民族,六十年来,我访问过40多个。基诺族刚成为第56个民族时,我就进了基诺族三代四代同住的长而细的竹屋里与他们拉家常。我乘索道越过深谷到独龙族聚居区,只见来迎接我的男子汉用木板代替短裤遮羞,我的心马上颤抖,几乎碎掉。我在国内两次爬到四千米以上,第一次爬上去时发了高烧。我上过很少有人提到的红军长征经过的石头烫屁股的火焰山,在那里向帮助过红军的老大爷请教。我不会游泳,但在金沙江里与农民一起洗澡。我参加过傣族的泼水节,看见过傣族的抛绣球,找对象。在下雪天,我在长白山上与看守山的朝鲜族兄弟一起同吃同住,没挨饿,但受冻。我坐过回族兄弟的皮筏穿过黄河的支流,听他们讲回族的故事。

　　天下穷人是一家。在玻利维亚,我沿着"危险之路"爬到四千米以上,去看他们是如何在床下用荷兰兔来提高室温的。在南非,我走进用高墙圈起来的贫民窟,把我本来留作每天吃苦药后含的糖果,送给患艾滋病的一群儿童。

文章在脚下。有一阵子我研究人类起源,进过北京猿人洞、禄丰恐龙洞、柳江人洞、黔西南猿人洞,去过元谋猿人发现地,用爬加吊并用的办法进过柳州巨猿洞,在西畴与考古队一起挖动物化石,脚踏过露出地面的恐龙脊背……

走有走的学问,走能走出学问。

二、听力

我走哪里都要拜访那里的百姓,听百姓的教导。我听一位打虎英雄指着自己身上的伤疤同我讲,他童年时被老虎咬到嘴里。他父亲是比武松更有智慧的打虎老英雄,仅仅往老虎眼里撒几把辣椒粉、石灰粉,老虎就把他放掉了。他说:"纸老虎不可怕,真老虎也不可怕。"在中越边界,我听苦聪人讲他们是如何开展"无声贸易"的。他们把虎皮等兽皮放在十字路口,别的民族会放一把盐或者一块铁片什么的,便可拿走他们的兽皮,但不可以什么东西都不放就拿走兽皮。如果不留下任何东西就拿走兽皮,躲在阔叶林里的苦聪人会一弩就把拿兽皮的人射死。在苦聪人眼里可以不等价交换,但不可以无偿占有。国外有些伊斯兰教的女信徒包头包身,只露两只眼睛,不可与男性多交谈。可是有一位在公共场所这样打扮的女信徒,离开公开场所把当地民情、民俗,以及他们如何移风易俗的故事讲给我听。还有一位有博士学位的男信徒,同我讲他们世世代代所穿的长得着地的"袈拉巴",就是长大褂,实在不方便,他带头提倡把袈拉巴改短的过程。

听,我在国内外听过佛教、道教、伊斯兰教、天主教、基督教、东正教、犹太教,以及柏柏尔人的原始宗教"讲经"。国富则民强,在西方有几次,他们看在我是中国人的面上,让我走进一般不许进的屋子,细细讲给我听,把他们的服装借给我穿上拍照,还主动为我挥笔题词。我不赞成他们的信仰,可我不干预他们的信仰,尊重他们的信仰。要听取,但有时不妨来点"听而不取",听而后思。

听,要洗耳恭听,哪怕是"道听",也要恭听,哪怕你认为人家是"胡说八道",也要屏息谛听。不是吗?世上有多少一时被认为的胡说八道,过不了多久便来个180度大转弯,被确认为言之有理了。

听,还要有听出弦外之音的本领。弦外之音说不定更真实,言外之意更有值得咀嚼的味道。听就是学习,我喜欢边听边记。在雪山上听到有价值的说法我马上记下来,不宜当面记的,事后记下来。

听,要耳听八方,不要听风是雨,不要一味地"耳食"。贾谊说:"周听则不蔽,稽验则不惶。"要兼听,不要偏听。多中择优,量中出质。不是吗?问卷的数量决定调查结论的信度。

有一年,一位大社会学家听了小民族的意见后,向领导建议:"让小民族先富起来。"立即有领导同志在大会上称赞。可我这没学问的人,根据过去在调查时的所见所闻,马上写内参,表示不赞同。我讲:许多地方是小民族在山顶,中民族在山腰,大民族在有水有田的山下,如何越过山下、山腰让小民族先富?"让小民族先富"说起来好听,但不现实。如果改为先富帮后富,富了的大民族多多帮助中、小民族共同富起来,则比较准确。后来有关方面采纳了我的上述意见。这说明"智者少听,必有多失;愚者多听,必有一得"。学识再高的人,也得多听下面的意见。《史记》上所讲的"居高听卑"还是有道理的。

三、眼力

世上很多事都可以被当作过眼烟云,可是从事理论工作的人不可放过"过眼烟云",尤其是社会学者更不能"不识人间烟火"。小中见大,见微知著,滴水见太阳,学者应为小小村落里的袅袅炊烟歌唱。如果农家"三天不冒烟"就意味着遇到什么困难了。阿尔巴尼亚人过去是以烟囱数量论财富的,有一定道理。会透视的学者完全可以透过烟云的现象抓到事物的本质。世上的事眼花缭乱,学者应当从"缭乱"中理出个头绪来,提炼出规律来。世上到处都有司空见惯、见怪不怪的事,学者则不同,学者的天职是要从"见惯"中分辨出"惯"中有变,如果发现"惯"中有落伍的成分,会毫不犹豫地站出来变革落后,呼吁与时代同行。人世间不缺少理论界研究的课题,缺少发现课题的眼光。更可贵的是,在人们头脑发热膨胀、大轰大嗡时,"不在其位"的纯学者可以通过静观和动观,沉着而又稳重地"冷眼向洋看世界",特立独行,不随波逐流。

我们常说"世界眼光""全球视野"。眼力还包括以报国的情怀,放眼世界。六十年来,我去过 60 多个国家。我去过外国的贫民窟,无数次地进过用集装箱搭建的所谓房屋。我进过弱智院、精神病院、救济站,进过戒毒所、同性恋者家园,还在妓院听过警察和医生给妓女上课,进过面对面的心理咨询所和不见面的日夜电话心理咨询所。我去过各种不同类型的监狱。我去过等级不同、设施不同的敬老院。我见过睡在垃圾桶盖上的无家可归者,见过好多全家老小三四口人盖着被子睡在马路边。我见过被认为父母带不好孩子而被国家领出去,免费上学的学校里的师生。五花八门,应有尽有,不应有的也尽有,大开眼界。所有这些不值一提的社会现象,都被我视为严肃的大有文章可做的重大课题,都写出过不长不短的供人思考的作品,以外促内,也许可以勉强算得上国别比较研究。

眼力还包括博览群书。两千年前对提出二十四个节气有贡献的淮南王刘向说:"书犹药也,善读之可以医愚。"要为国家建设出力,总得拿出些高见来。不高于人家的见解算不上"高见";不知道人家有什么意见,更谈不上自己能有高见。因此必须以牛角挂书、囊萤映雪、负笈担簦的精神博览群书,学到高人的高见,再把读到的理论与实践相结合,更上一层、数层楼,建树自己的高见,献给人民。我有三套不同国家、不同版本的大百科全书。我有四个版本的《辞海》。我有一版、二版两套《列宁全集》。我们不能只知其一,不知其二。一般说,新版本优于老版本,但是也有个别条目过于"现代化",改得不如老版本的。我有上百位名人的全集、选集。至于社会学方面的书,那就不是几套而是几橱了。好笑的是,我还有同一个人、同一时间、同一出版社出版的、内容大大同仅有小小异的十多卷的文集。怎么会这样?因为从那"小小异"中可以引出一篇、多篇大文章。假如是只有一套,文章就没有说服力了。有了说服力,就可以推动一项、多项制度改革。奥妙在"知其二""知其三",读得多了方能交叉对比,辨邪留正,去伪存真,去芜存精,既证其实,又证其伪。有人讲"尽信书不如无书"就是从批评"只知其一,不知其二"的角度讲的。抓住鸡毛当令箭是很可怕的,鸡毛射不出去是要误大事的。歌德说:"经验丰富的人用两只眼睛看书时,往往是一只眼睛看到纸面上的话,另一只眼睛看到纸的背面。"学无止境,要求书声琅琅,读纸质书,读电子书,读正面的书,读反面的书,读各种学术流派的书。

四、脑力

走了,听了,看了,就要怀着丹心,用心思考。思考可以跟在别人后头,继续往下延伸思考,也可以在问一个"为什么"之后,另辟蹊径,破茧而飞地逆向思考。中国北方有句话:"吃人家嚼过的馍没味道。"逆向思考比顺着别人思路走要困难得多,遇到的阻力会更大。马克思说:"凡人类建树的一切我都要怀疑。"于不疑处生疑,生疑之后存疑,存疑之后质疑,反复质疑之后才能产生解疑的方法和力量。做学问要敢于挑战常识、挑战权威、挑战"不可能",敢入无人之境、敢闯未知领域、敢破"未解之谜",做学问就是要善于对新问题、新发现进行研究。"文章千古事,得失寸心知。""质疑"是开花,"新论"是质疑之花结出的硕果。从事理论研究的人,要咬住"理论"这座青山不放松,以昂扬向上、励精图治、剑胆琴心的锐气,一步一个脚印,一步一个台阶,日积月累,久久为功,一定能够豁然开朗地提出新解释、构建脱颖而出的新理论。"哲学家们只是用不同方式解释世界,而问题在于改造世界。"马克思这句话早已成为世界名言。西方不信仰马克思主义的国家都把这句话刻在大学的大墙上。我信仰马克思主义,把这句话刻在心上。几十年来,我埋头于社会学,把脑子用在为社会治理献策、为贫困阶层呐喊上,被人称为"贫困社会学家"。为贫困呐喊不是报喜,文章难上头条,得不到高分,我心甘情愿。

五、笔力

笔是我的第二生命。铅笔、毛笔、圆珠笔、汉王笔,我都有,并且一直在用。至于笔力如何,难说!我的内心世界是衷心拥护中央领导同志所提倡的"带刺"说。我尝过写带刺文章的甜头,我写的带刺文章受到胡耀邦总书记的书面赞扬。我不喜欢曾被毛泽东批评过的那种"党八股"。带刺是有的放矢,不是无病呻吟,是问题导向,不是为了上大刊物而写那种生造概念来貌似创新,实则套话连篇的无聊文字。因为喜欢写带刺的,我曾在仙人掌树旁留过影,并写下"带刺的树上开的花最美,结的果最甜"。在热带城市里,仙人掌果价格昂贵,且不新鲜;到小镇上就很便宜,味道还可以;到田野里,各取所需,不管你吃多少,不管你吃多么鲜美的,都不用付一分钱,吃后口爽,精神更爽。同样的道理,笔力来自带刺,带刺来自心中有数,心中有数来自田野调查。

笔力与胆量成正比。20 世纪 80 年代初,换句话说,在十一届三中全会以后几年,人们的思想比较活跃。你有气量,我有胆量。我写的《家庭的淡化问题》《淡化当官心理》《中国的学派为什么这么少》,三篇都在《文汇报》上引发讨论,被海内外称作"邓氏三论",赞成者有之,反对者亦有之。赞成者让我坚定,反对者让我思路开阔。后来我又在《社会科学》上发了《马克思主义的多样化问题》,引发讨论达一年之久。忽然有人说,讲马克思主义的多元化是"资产阶级自由化"。我作好了挨批的思想准备。想不到有关部门里的"中人"敢讲话,说"多样化不同于多元化",保了我平安。1986年我在上海人民广播电台办了《邓伟志信箱》。听众给电台写信提出问题,我选择或综合一下,写出书面回答稿,送审后由著名播音员凌云代真名实姓的听众提问,由我念审定后打印出的稿子。每周一题,一题播三次。没有共性的提问,就由我分别给他们写信答复,不上广播。由于我是苏鲁豫皖四省交界处的"四不像"口音,有点特别,听众容易记住。几年前我坐出租车,与司机没聊几句,他就叫出我的名字,说起30年前听信箱的故事,我下车付费他还不肯收。因为是国内第一个以真名实姓命名的节目(之前只有一个以播音名命名的节目),上海在全国的广播电视工作会议上作为经验介绍了信箱。可是好景不长,在信箱被评为优秀后,有人向上反映信箱有自由化倾向。怎么办?奖也不是,不奖也不是,不奖还得再开一次评委会。电视台出高招,不让我参加发奖大会,会后把奖状、奖品送到我家中,做到了两全其美。

铅笔、毛笔、圆珠笔、汉王笔,笔笔都是直的,理应秉笔直书,可是写出的往往是曲笔,转弯抹角,旁敲侧击。2003年我针对党史研究中的亲人溢美、屈人无错、发泄私愤、以论阉史等做法,花九牛二虎之力撰写了《党史研究中的十种现象》。有人说是力排众议,但是我语焉不详,笼而统之。有朋友劝我举些实例。我开玩笑说:"你想封我的笔。"现在只让亲者乐,却让众人耻笑的史料太多。虽是用抽象代替具体,我想写失真历史的红人也许能听到警钟声。读者稍微开动一下脑力,也能够从红人所杜撰的字里行间分辨出真伪,看出哪些可信,哪些不可信,然后来个"信度选择"。当然喽!各唱各的调的东西也得允许他(它)见天日,只是编造故事,歪曲历史,给读者找的麻烦太多,让后人花大量时间捉迷藏。何必呢?脑力是应该用的,但也不能让人太伤脑筋。

党中央十分强调"针砭时弊""逆势飞扬",为理论界大开创新之门。逆势飞扬就是坚持大无畏精神,就是弘扬毛泽东的"两点论"。前不久量子纠缠对立守恒定律的提出更加证实了两点论的正确性,有正粒子就有反粒子,有强力就有弱力,有玻色子就有费米子,有核聚变就有核裂变,有叠加态就有确定态,有波动性就有粒子性,有高能粒子就有低能粒子,有强子就有轻子……六十年来,我学着逆势飞扬,不断运用两点论,挑战流行语。

在大讲"文化搭台,经济唱戏"的日子里,我提笔写文章批评:这个观点不及格。从哲学原理上说,应当是"经济搭台,文化唱戏"。

在大讲"无农不稳,无工不富,无商不活"时,我提出必须加一个"无文不高"。

在有人鼓吹"闷声发大财"时,我写文章讲社会平衡论,讲贫富差距大,社会张力大,社会冲突加剧。更严重的是"闷声"助长贪腐。在有人批"仇富"时,我写文章讲:先有嫌贫,后有仇富。嫌贫是矛盾的主要侧面。

在农民工拿不到工资时,我替农民工打抱不平,提出"重温'劳资两利'",并且提出在农村恢复农会。

在"弱势群体"的概念不宜出现时,我把我为弱势群体呐喊的文章送给消息不灵通的基层小报,以下促上。

在有文件讲"效率优先,兼顾公平"时,我马上提出:公平优先,公平出效率,不公平没效率,有时候还会带来负效率。

在有人不太讲"人本"时,我说:人生产社会,社会生产人。提出"社会以人为本,人以社会为本"的"互本论"。

在媒体遇到困难时,我动脑筋说:传媒是一级检察官,是高效率的检察官,是火眼金睛。

在图书馆借阅量下降时,我提笔著文建议把人均阅读量作为考核指标。讲:在恶人当政时不宜提倡"教育救国论",在善人当政时必须弘扬教育兴国、教育强国,强调向科学进军。

在政治社会学方面,我提出:市场为富人而设,政府应当是为穷人而设。按马列理论:政党万岁,社会组织万万岁。"政协姓'政'",要讲政改之政。

在"公民社会"不出现时,我在报上公开谈论公民社会。是迄今为止国内唯一公开讲公民社会的人。

在腐败现象接二连三、"前赴后继"情况下,我提出:官员财产公开是官员价廉物美的保健器材。

在各类各级代表会中女性比例增速缓慢的情况下,我提出:从母权到父权是进步,从父权到平权是更大进步。只把"半边天"挂在嘴上不好,如果连嘴上也不挂更不好。盼望在代表、委员、官员中,男女各占一半的日子早日到来。

在出现学术腐败时,我提出:学校不是"学店",课题不是订单。建议取消刊物定级。

在有人一味地谈"顶层设计"时,我提出顶层设计与基层设计相结合。基层设计是原材料,顶层设计是加工厂。富矿出好钢。

在"敏感问题"不好碰时,我接连写了好几篇文章,讲"敏感点是理论生长点"。

在强调"四项建设""五项建设"时,我从邓小平的论述说起,写了好几篇突出政治建设,强调政治改革。

在有些地方片面讲"稳"时,我提出要把"稳中求进"与"进中求稳"相结合,加快改革步伐,实现"动平衡"。

逆向思考是开顶风船,不遇风浪是不可能的,好在都不是惊涛骇浪,能承受。

上面这些逆向思考是零碎的。碎片是从系统中崩出的小火星。拿出系统并不难,难在叶剑英说的让他为难的那四个字:投鼠忌器。

投鼠忌器之笔是无力的。如何加大力度?这里又必须引出一个耐力。

六、耐力

为理论献身,犹如"纵浪大化中",应当"不喜亦不惧"。理论的提炼有个过程,不能急于求成;理论的传播也有个过程,不能一蹴而就。我的座右铭是:"即使苗儿长不成大树,我也不后悔千百次的浇灌;即使足迹被风雪掩埋,我也珍惜走过的路程。"要相信亲见、亲闻、亲历是生长高见、高论、高人的沃土,要坚信党中央制定的"双百"方针是长期适用的繁荣理论的指针。一花独放不是春,万紫千红才是春。"双百"是繁荣,是攀登科学高峰的天梯。2019年我从1956年"双百"方针正式提出和所结出的硕果说起,写了篇长文,弘扬百花齐放、百家争鸣。毛泽东在写给郭沫若的信中,提到"笔墨官司有比无好"。我把这一句挖出来,作为题目写出文章,加以发挥,在《南京日报》发表。不要以为说了也白说,重要的是我们理论工作者自己要坚持:白说也要说,说到不白说。

耐力大小取决于理论的魅力和理论家海洋般的胸襟。在追求理论的道路上会遇到各种麻烦事,要想得开。"淡然超群芳,不与春争妍。"麻烦再大也没有理论事业大。抓大放小,要把别人对你理论的冷漠视为让你冷静,要把别人的排斥视为拱手送给你钻研理论的时间,要把被挤出去视为给你开拓新领域的良机,跨界送给你"他山之石"和他山之"玉"。舞台上的"反串"更让人欢喜。要把别人的诬陷、打击视为淬炼,要把拿不到大奖视为丢失了一页稿纸,要把一切障碍物的纠缠都视为"旁骛"。心无旁骛做学问,学问一定能做好。向前看大于回头看。如果拿到大奖也不必乐极,乐极生悲又招人生"嫉",别忘了

"木秀于林,风必摧之"。拿得起,放得下,兴奋三分钟之后赶快去静下心来做学问,学问就会扑面而来。不拒细流便能汇为江河。有为国争光之志,同时还要有为国捐躯的思想准备。有了为国捐躯的思想准备就不会计较披荆斩棘时划破点皮肤,流点血。

我爱我的理论,认定了理论这条路就不怕山高路远坑深。

疫情中的德国人*

默克尔破例发表电视讲话

德国疫情严重程度排在世界前几名，他们对付疫情也有个从估计不足到充分重视的过程。重视起于默克尔总理发表电视讲话。德国总理通常只在新年时发表电视贺词，平常从不发表讲话。3月初她第一次破例在电视上讲话，讲时态度严肃而又亲切。讲到医疗，她感谢医生；讲到食品店开放，她对食品店营业人员表示慰问。听众听得进，记得住。她说她这次讲话大量吸收了医学专家的分析意见。她讲完话以后不久，有人告诉她：几天前为她打预防针的医生是新冠肺炎患者。她立即接受检查，结果为阴性，马上主动表示在家隔离14天。3月28日她又在家中发表视频讲话，奉劝大家注意防控。但是大家对她在隔离前还同平常一样自己去超市买菜，有不同看法：有人点赞，有人反而说她作为领导，在这种疫情下不该自己去买菜。不过事过境迁，争议很快变成叹息。

飞机督促市民"敬而远之"

德国人自由惯了，最怕隔离，最怕戴口罩，视戴口罩为蒙面人。疫情下，柏林市仍允许外出散步，规定不可三人以上聚在一起。有人守规矩，有人不听这一套，喜欢扎堆。于是他们就出动飞机在天上鸟瞰、巡逻，看到扎堆的就告诉地面警察。警察会立即到现场劝大家"保持一米五的距离，敬而远之"，防止病毒人传人。

对于不听劝说坚持聚会的要不要罚款？由各州自己决定。有的州每人罚

---

* 原载《民进申城月报》2020年3月。

200 欧元,有的州每人罚 300 欧元,柏林不罚款。

阳台鼓掌、敲锅感谢医生

在德国,不管是患者还是健康的人,不管是从哪个国家来这里的人,都对医生很尊重,既尊重西医医生,也尊重中医医生。在疫情暴发后,对医护人员的尊重程度加了个"更"字。怎么表示尊重?居民手机上有各种"群",既有小群,又有大群。德国的社团多如牛毛,社团也都有群。社交媒体在群里发起:晚上 7 时,在大家都没休息的时候,在阳台上为医护人员鼓掌。教会建议教堂也在这个时候敲钟表示致谢。果然,7 时钟声一响,许多家庭集合在阳台上鼓掌。有的以敲锅代替敲锣表示谢意。居民与医护人员共同欢笑,医护人员战疫的信心更足,劲头更大。德国现在是全球病死率最低的国家,除了医疗设施比较好以外,那就是依靠值得尊敬的医生的医术和医德了。

心理医生忙得不可开交

居家隔离一开始都被认为有助于家庭和睦,但是久了矛盾出来了,打老婆的事激增。柏林妇女会有幢房子,是专门收留挨打妇女吃住的。平常去的人很少,近几天挤满。在那里有心理医生帮她们调适。德国还有心理医生与咨询人互不见面的电话心理咨询所,最近日夜有电话,数量增加 50% 以上。但是心理医生仍然耐心地为他们解释。有的人打来好几次,他们不厌其烦,乐于回答,对心理健康、社会稳定大为有益。

知识的处境知多少?
——罗马尼亚见闻*

敬重

　　罗马尼亚的锡比乌市是 800 年前由日耳曼人建的城堡。因为每年都会在广场上举办国际性的爵士音乐节,被人称为"爵士之都"。这座广场又称"席勒广场"。席勒是德国 18 世纪的诗人,锡比乌怎么会以他的名字命名呢?是席勒来过这里吗?不是。是席勒有发了大财的后人在这里吗?也不是。那是为什么呢?是因为锡比乌有位与席勒既无血缘关系也无地缘关系的杀猪宰羊的屠夫,十分崇敬席勒的作品。为了报答席勒作品对他的感染、启发和教育,屠夫主动用他自己的血汗钱在广场上为席勒塑像,盖了座以席勒名字命名的公寓,还办了家席勒外文书店。

　　——知识无国界,知识威力大。

误解

　　距离席勒广场不远处有座旱桥,名曰"谎言桥"。传说如果是撒谎的人站在桥上会出事故,因此,情侣在婚前都要到桥上许愿,过桥后立即分手的不是没有。更好玩的是,百姓要求议员当选后也要到桥上逛逛,试验一下他们选前的表态是否是真心话。议员也只好兑现。

　　"谎言桥"这名字是怎么得来的呢?说来话长也不太长。建桥之初,人们喜欢在桥上、桥旁唱歌。有人问萨克森人"去哪里",唱歌的萨克森人用他们特有的口音回答:"Lieder(歌曲)。"可是,当地人以及来这里的德国人误听为

---

*　原载《上海滩》2020 年第 3 期。

"Lügen"。"Lügen"即"谎言"。谚云：好话不出门，坏话传千里。于是，谎言桥就这么叫开了。

——误解出戏剧。没有对知识的误解，可能会减少知识的趣味性。

忽悠

在罗马尼亚有一座以圣经中的西奈山命名的高山。山中有个西奈亚小镇（又译作"锡纳亚"）。19世纪晚期，罗马尼亚国王卡洛尔在小镇附近建造了他避暑用的"佩莱城堡"。与其说是"建造"，不如说是雕刻出的城堡，每一件摆设都是一件艺术品。这里冬暖夏凉，尤其是"夏凉"，因此又称其为"夏宫"。

在罗马尼亚执政24年的齐奥塞斯库早在20世纪70年代就看中了这座夏宫。时代变了，他希望改用一些现代设备，齐氏提出把夏宫的这儿换一换，那儿动一动。这一动文物就不是原汁原味了。懂得文物保护的学者不想让齐氏来住，可是又不敢对"绝对权威"的齐氏明讲。怎么办？几个学者一商量，想了个好主意。他们对齐身边的人说："这儿很多墙体发霉了，轻则会引起过敏性疾病，如支气管哮喘、霉菌性肺炎、皮炎，重则能产生致癌物质，毒害人体。为了总统的健康，建议总统不要来这里度夏。"这一常识真的糊弄住了齐氏，他不敢来了。

——你没肚量，他便没胆量，只得忽悠忽悠。

长长短短

罗马尼亚同许多欧洲国家一样，住着数以万计的吉卜赛人。大家可能早就从小说、戏剧中看到吉卜赛人过着怎样贫穷、流浪的生活，是如何的受歧视。"吉卜赛"可译为"不可接近"，是贬义。因此，被人称作"吉普赛人"的人铿锵有力地自称自己为"罗姆"（Rom），意思是"我是人"。罗姆人是开明与保守并存。他们不论走到什么地方都能很快学会那里的常用语言，信仰那里的宗教，从不掺和宗教矛盾。但他们读书不肯深造，只肯读10年书。他们不肯把他们罗姆人的语言外泄，像密码一样包得紧紧的。他们在数理化方面没出过杰出人才，可是很多歌舞剧团、交响乐团到他们那里抢人，因为罗姆人多音乐天才。这本来是好事，可是又有人找个借口，称他们是"靠歌舞为生的下等人"。

——人无不是学而知之。任何民族都是有长有短，扬其长则美，扬其短似乎只有丑。

不管知识处境怎么样,知识永远是推动社会进步的无穷无尽的力量。夺取政权靠军事,军事有军事知识;以法治国要有法学知识;建设智慧世界要靠人工智能知识。5G来了,离6G、7G知识还会远吗?

用两点论看常识*

自从"人猿相揖别"后的两百万年间,人类一直是在此起彼伏的灾难中度过的。今人发现的古人类化石,有的是洪水先把人群吞噬,在洪水慢慢退出后留下来的;有的是野兽把人吃掉后吐出来的骨头。再说得远一点,古猿之所以能变成人,这本身就是一场特大灾害的产物。近年举行的世界气候大会,大多讨论如何应对气候变暖,有些岛民为自己居住的宝岛即将被淹没而流泪。殊不知,三千万年前,地球出现过第四纪冰川,冻死了一大批动植物。体大威武的恐龙就是在第四纪冰川到来后,找不到食物而饿死的。还有堪称"人类伯父"的巨猿,也是在向人类进化的过程中,因饭量特大而食品特少而被饿死的。只有体形小、饭量小的古猿,因为在树上吃不饱,时而下地,时而上树,促其直立,从而让大脑置于双肩中的上方,有利于大脑发育,才成为人类直系祖先的。在灾难中诞生的人类,两百万年来积累了丰富的应对灾害的经验,并进而转化为今人对付风险的常识。

普及常识,运用常识

在今天新冠病毒肺炎蔓延全球 212 个国家和地区、确诊病例逼近 300 万人、病死人数逼近 20 万人(2020 年 4 月 27 日讯)的严峻形势下,为了战疫的胜利,我们要记住前人留给我们的常识,努力普及常识,积极运用常识。常识是人们司空见惯、习以为常的游戏规则。既然是司空见惯,有的书上就讲"常识是与生俱来的"。事实不是这样,与生俱来的只有肉体,没有常识。常识是在日常生活中,观察、摹仿得来的。观察得细致认真,了解得早,掌握得就快。许

---

* 原载《探索与争鸣》2020 年第 3 期。

多地方孩子在幼儿园时,老师就向他们讲解可能遇到的风险及其应对的办法;在小学里,老师会向小学生讲解在少年时代可能遇到的风险及其应对的办法。风险意识要从娃娃培养起。对人类来讲,可能遇到的风险就更多了。社会学里有个分支学科叫"灾害社会学",罗列出了14种致命的灾害:地震、饥荒、撞击事件、湖底喷发、山火(包括森林大火)、山体滑坡(包括泥石流、雪崩、雪暴)、洪水、热浪、流行病、龙卷风、热带气旋、海啸、火山喷发,等等。对付种类繁多的灾害,建议用几个含有"危"字的成语来表述应有的常识。成语也是古人相承沿用下来的、众人皆说的定型的词,因此成语是表达常识的最佳用语。

(一)居安思危。中国人熟知的《周易》上讲:"安而不忘危,存而不忘亡,治而不忘乱。""居安思危""安危相易""防患于未然"是上上下下都懂的普通常识,"居安思危,思则有备,有备无患"。但是对一些乐不思蜀的人来讲,他们很容易安而忘忧,即使他们偶尔也可能念一下"居安思危",可是对危的可能性、严重性很难有充足的估计,应对"危"的措施很难做到周全、细致、得力。麻痹大意会把小灾变成大灾,使局部之灾酿成全面之灾。更有甚者,有人把居安思危指责为"杞人忧天",这是不对的。杞人担心天塌下来会把自己压死,那是庸人自扰。可是,我们每天发几次天气预报,那是不可缺少的提醒。尤其是有大汛到来,更需要反复提醒,否则,会遭到洪涝灾害。再思考得深刻一点,为了人类的利益,我们不仅要强调居安思危,而且要重视在此危中思彼危。不是吗?在新冠病毒泛滥中,我们还必须考虑随之而来的经济衰退,考虑失业率上升,考虑到隔离、封城给企业和人口带来哪些困难。事物之间是有联系的,只顾一点,不及其余,说明"思危"思得不到位,说明还缺一个心眼。我们在战疫接近胜利时,便有序地抓复工复产,抓春耕生产,这是高屋建瓴,是运用当轻则轻、当重则重、当快则快、当慢则慢的"弹钢琴"的工作方法。

(二)临危不惧。中国人很喜欢讲"临危不惧"。很多人认为"临危不惧"起于晋时谢安在山东海边乘船,遇到风大浪急,同一船上的王羲之等人吓得面色苍白,而谢安面不改色,人们赞其为"临危不惧"。实际上,中国人早就能做到"临危不惧""临危不挠""临危不乱"。"临危不惧"早就成为中国人抗灾的常识。在灾害面前惧怕是没有用的,灾害不会因你惧怕而收敛,惧怕反而会乱了自己抗灾的阵脚。不能不承认,在新冠肺炎暴发后,一些人是很害怕的,有的吓出精神病,有的吓得自杀。可是,广大中国人民从一开始就有信心战胜新冠肺炎,做到在战术上重视,在战略上藐视。盲目地叫喊"人定胜天"不好,不敢相信"人定胜天"更不好。翻开一部人类抗灾史就能全然明白中国人常说的一个成语:"危如朝露"。出现在 14 世纪欧洲的黑死病,飞沫传染、皮肤传染、老鼠、跳蚤都能传染让人的皮肤变黑的黑死病。现在还有吗?没有了。出现在 15 世纪末的美洲大瘟疫,也就是天花,死了很多人。现在还有吗?没有了。天花可防了。还有起于美国、蔓延全球、感染 10 亿人、病死 4 000 万人的大流感,现在虽说在冬天还会在有些国家暴发,但是人们有办法对付了。世卫组织经过反复研究断言:新冠病毒不是人为制造,而是来自自然界的蝙蝠。试问:谁敢说人类对这个小小的"自然物"无能为力呢?改造自然是要把自然界改造得宜人,而不是改造得害人。中国人常用"乌烟瘴气"来形容秩序混乱、风气不正,可是很少有人遇到过瘴气。瘴气是在南方湿热气候中,由许多毒虫聚在一起而形成的恶气。七八十年前有好几位植物学家因为偶然遇到自然界的瘴气而患病、逝世。试问:对这样的自然不改造行吗?现在人们遇不到瘴气就是人类以大无畏的气概与自然界斗争的胜利成果。

(三)济困扶危。"济困扶危"也是我们中国人一贯倡导的常识。元人郑廷玉在《楚昭公》里讲过"济困扶危",《西游记》里用过"济困扶危",《红楼梦》里也用过"济困扶危"。进入社会主义新时代,这句话发展为"一方有难,八方支援",既通俗,又有感召力。1976 年中国发生唐山大地震。唐山大地震震源浅,余震长,损失大,死亡 24 万人。我们就是靠全国人民济困扶危的崇高精神,挺了过来。2020 年,我们之所以把春天的这次抗疫称作"联防联治",贵在一个"联"字。联,是指全国各省市派到湖北战疫的有 346 个医疗队,共 4.26 万人;是指全国各地、世界各国为湖北捐款、捐医疗用品。医疗队里的 4 万多名医务人员最了解新冠病毒人传人的严重性、危险性,他们是毅然离开家中的亲人,冒着生命危险去湖北的,是以"不怕危"精神奔赴湖北"扶危""解危"的。他们是"明知山有虎,偏向虎山行"。他们驰赴湖北的目的没有别的,就是治病救人,就是为了"山河无恙,家和人安"。国人一致称赞他们是"时代最美的逆行者"。灾难深重的湖北人也是最懂得报恩的。在医疗队完成任务撤出时,武汉人、湖北人舍不得医疗队离去。他们对医疗队员说:"你们是最可爱的人。怎么爱你们都不过分!"临危不惧出于爱,得到的也是爱。

(四)变危为安。"变危为安"出自宋代司马光的《论周琰事乞不坐冯浩状》。"变危为安""化险为夷"是我们抗灾的目的,也是我们日常生活中必备的常识。近年来这个常识被有识之士提升为"化危为机"。"机"的内涵就不止一个"安"字了,还包括把坏事变好事。从人类有文字记载的历史看,人类一直在同各种传染病作斗争,鼠疫、疟疾、伤寒、天花、麻疹、流感、黄热病,形形色色的病魔不断来袭,害得成千上万人死亡。日本曾把传染病称作"亡国病",古罗马曾被称为"死城"。如今在欧美的许多旅游景点的脚下,都有数以万计的传染病患者的尸骨。不过,疫情的每次到来,人类总是从"知其然,不知其所以然"到不仅能够"知其所以然",而且是"魔高一尺,道高一丈",找到对付传染病的良药。在认识到黑死病是由老鼠传染的"鼠疫"以后,学界于19世纪末建立了细菌学;在懂得霍乱的传染与环境卫生有关以后,学界建立了公共卫生学、免疫学。有了新学科,就能够运用科学的方法,一步步找到病原体;找到了病原体,再一步步制造出战胜病原体的药物。什么抗生素、链霉素、四环素、氯霉素都不是"天上掉下来的馅饼",都是科学工作者夜以继日研究出来的良药。"疫情暴发→建立新学科→找到病原体→造出疫苗",这就是变危为安、化危为机的四部曲。新疫情为科学工作者开辟了科学研究的新领域,也为科学工作者带来了新荣誉。发明治疗白喉有效药的学者1890年获诺贝尔医学和生理学奖;发现结核菌的德国乡村医生1905年获诺贝尔医学和生理学奖;发现治疗疟疾特效药的中国学者2015年获诺贝尔医学和生理学奖。几十年前,人们又发现一种能够透过过滤膜的、比细菌更小的微粒子的有害物,叫"病毒"。通过继续研究发现这病毒是会七十二变的,滑头又滑脑,变来变去变出了今天正在改变世界格局的、危害之大被人称作"三次世界大战"的新冠病毒肺炎。可以相信,不用多久,首先研制出治疗新冠病毒肺炎疫苗的学者将会走进瑞典发诺奖的那座小礼堂。除了疫灾以外,别的灾害也一样。风灾如今有一部分已被人类转化为风能。地震是地球释放能量,今天看起来可怕,说不定哪一天会被人类用来发电。还有火山,在"上天容易入地难"的今天,火山是地壳、地幔、地核送给人类的信物,人类有朝一日可以利用这信物变成"入地不难"。灾害是负能,灾害一旦成为科学界"天字第一号"的重大课题后,便能够变负能为正能。科学是转危为机的高能加速器。

挑战常识,变革常识

常识是人类长期生活经验的结晶,应该坚持不懈,与此同时我们也要看到常识是受时间、空间限制的,是可变的,是会随着科学技术的发展、生产工具的进步、生产和生活方式的变革而变革的。在2020年的全球抗疫中,世界各国被迫禁了不少常识。西欧人有个常识:戴口罩是病态。当初意大利第一位戴口罩的议员进议会时,立即遭到别的议员的讽刺挖苦,气得他火冒三丈。可如今意大利不仅议员,上上下下很多人都戴上了口罩。

抗疫是非常时期。非常时期对正常时期常识的冲击能否为今后的正常时期吸收或部分吸收呢?这是个值得从长计议的复杂问题,下面简要提几点。

(一)"朋友聚会",是天经地义的常识。"竹林七贤"饮酒的故事流传千古。可是在新冠病毒肺炎蔓延时,"聚"意味着"传染"。因此,许多国家相继发布"限聚令"。有的人接受不了,认为是"限制自由",上街游行,表示反对。这就是不识时务了。可以相信,疫情过去后会恢复"朋友聚会"的,但是在量上能不能比过去少一点?在质上能不能比过去高一点?因为过去有些聚会早已异化为"拉关系""徇私情"。为了拉得紧,"革命小酒天天醉,醉坏了脑子醉坏了胃。醉得两婆两头睡,醉得老婆直掉泪";为了徇得深,拼命提高聚会的档次,"无野味不成席"。经过这次一禁,能不能下决心改革今后的聚会呢?做到聚会去野味,聚会多一点文明气息。

(二)"精简会议"。世界上没有开过会的人是不多的,不开会是不可能的,"会多"比"税多"得人心,这是常识。但是,人们一直对"会多成灾"处于无奈之中。成天泡在会海里便没有了深入群众的时间。想不到小小的病毒比精简会议的"三令五申"还管用。看!现在该开的会议不敢开了,非开不可的国际会议也改为视频会议了。在视频如此发达的今天,何必都挤在一起开那种前呼后拥、掌声如雷的大会呢?调子会前定好了,何必再开什么会呢?那不是形式主义吗?别忘了"少拍掌"是中国共产党七届二中全会决定的"六不"之一,是不可忘却的初衷。可以相信,在战疫中尝到视频会议甜头的过来人,在疫情过后将会从被迫不开走过场的会议转向自觉减少些会议,提高会议的水平。

(三)"让孩子自然成长",这是西方国家的父母常挂在嘴边的一句常识性的话。毫无疑问,孩子应当是自然成长的,不可能"拔苗助长"。可是在西方有些国家的所谓"自然成长"就是家长不让孩子打预防针。孩子打预防针不是卫生部门说了算,而是家长说了算。家长们的文化知识水平参差不齐,不懂注射预防针必要性的家长就不让孩子注射了。在这次新冠病毒肺炎蔓延过程中问题暴露出来了:打过预防针的发病率低,没打过预防针的发病率高;一律打预防针的国家和地区发病率低,想打就打、不想打就不打的国家发病率高。常识有深浅,习惯有善恶。看来,在什么问题上要"一律",在什么问题上不要"一律",是小小病毒在向不懂事的家长出的一道考题。"一律"未必是专制,"不一律"未必是民主。

(四)"清明祭祀"是融合了寒食节、上巳节的延续了几千年的重要节日,在这一天祭扫、缅怀、追思前人。有人说是春秋时代为纪念晋国忠义之臣介之推而设的节日,也有人说是沿袭上古的改火旧习。再加上民间有一种说法,"清明不祭拜,死了变成老鳖盖",这就更加促使人们非在清明亲自去祭祀不可。可是今年变了,变成了"代祭扫,云祭祀"。委托者可以在视频上看到代祭扫的情况,心满意足。接下来可不可以考虑把"代祭扫,云祭祀"市场化?让千里万里外的华人,花钱委托代祭,寄托哀思。

(五)此外,在疫情中还有个"力戒乘人之危"的常识问题。"乘人之危"是上一节我倡导的四大常识的反义词。因此"力戒乘人之危"是世世代代在抗灾时务必倡导的常识。《后汉书·盖勋传》:"谋事杀良,非忠也;乘人之危,非仁也。"在雅典出现鼠疫时,有些雅典人一口咬定是正在与雅典人一样蒙受鼠疫苦难的斯巴达人在蓄水池中投毒所致。偏见使得雅典人没有把主要精力用在防控疾病蔓延上,反而将大量人力物力浪费在军事讨伐上,待雅典人懂得病源是老鼠时已回天乏力,最终酿成了载入史册的瘟疫惨剧。1918年的流感大流行,造成当时约占世界人口四分之一的5亿人感染,几千万甚至上亿人感染死亡。因为西班牙疫情严重,有的人就称其为"西班牙大流感",实际上病源在美国。在美军开进西班牙时,军队中已有多人患流感。后来,世卫组织决定不再按地理位置命名疫名,改称"1918年流感大流行",比较公平。在2020年的战疫中,有个国家的总统因忙于在竞选中保住位子,把卫生部门的10次汇报当耳旁风,连下面送来的疫情报告都不看,导致防疫无能,治疗无方,致使98万人患病(2020年4月27日讯)。这位总统在受到国内批评后,为了转移视线,诿过于人,在世界卫生组织最紧张、最困难的时候,大骂世卫组织,拒交世卫经费。这位总统在接到中国口罩,还没分配下去时,就翻脸不认人,声称要起诉中国是传染源,把新冠病毒称为"武汉病毒""中国病毒",不理睬世卫组织对新冠病肺炎的正式命名"COVID-19"。在科学家通过科学实验证明病毒来自蝙蝠后,他还诬蔑是"中国制造,中国泄漏"。这帮人的这般行径是典型的"临危下石"。还有发生在多国的"幸灾乐祸"也是乘人之危的表现。看得出,国与国之间的幸灾乐祸是极端民族主义的表现,损人不利己。病毒无国界,悲天悯人之心也应当无国界。当前,一些人改变犯罪手段,在医疗用品上坑蒙拐骗是乘人之危的又一表现。对这些"社会病毒"人们不会在变更常识中吸收,但要在变更常识中警惕,"水来土掩,兵来将挡"。

"路遥知马力,患难见人心。"在战疫中我们要坚持用"两点论"看常识:一方面要看到常识是行为底线,普及常识,运用常识;另一方面要看到常识是受时空限制的,要勇于挑战常识,变革常识,从而夺取战疫全胜。

战疫提醒我们从哪几方面改进社会管理？*

在战疫中出现了许多古之所无的事情，战疫中的经验教训向过去的社会治理提出了一些值得思考的问题。这里讲几点。

（一）权力下放。武汉发现病毒人传人后，如果武汉有权发布居家令、社交令，便不会如此蔓延。国家防疫部门，说什么也没有身临其境的基层能够感同身受。这就提出一个放权问题。毛泽东曾考虑并倾向于"虚君共和"。他认为大国尤其需要权力下放，但后来没变成现实。这次战疫再一次提醒我们权力要层层下放，中央放权到省市，省市放权给下级。这样，才能真正发挥各级的主动性、积极性。诸葛亮曰："将在军，君命有所不受，苟能制吾，岂千里而请战邪！"（《晋书·宣帝纪第一》）放权不等于乱放，要研究清楚并明确规定放什么、不放什么。世界战疫中，有的国家对聚会超三人者，有的州罚款，有的州不罚款，有的州重罚，有的州轻罚。为什么不一刀切？这里妙不可言：对爱钱者，以罚款戒之，对爱面子者不罚款，以上黑名单戒之，因地因人制宜，决定权在州而不在总理府。

（二）公开透明。我们国家的透明度确实是一年比一年透明，但速度跟不上好多国家。不透明就是不把知情权、监督权、发言权交还给人民。大事不说，说一件小事：政治局常委为战疫捐款，是大好事。可是为什么不把捐多少透明一下。元首捐款的事许多国家也有，人家大多公之于众，而我们滴水不漏，这就必然引发猜测。猜测十有八九不准确，把不准确的猜测传出去就成了谣言，谣言有损于领导威望。不透明是滋生谣言的温床。还有网络，能不封的

---

* 原载上海文史研究馆《建言》2020 年 4 月。

尽量不封。大树不会因啄木鸟叨叨而枯萎。

（三）宽以待人。不要说李文亮所讲的是事实，退一万步讲，即使不是事实也不必大动干戈，不必搞什么训诫、用什么"关"来吓唬他。只要对他说一声："老弟：你再核对一下……"就行了。不找他交谈也可以，自己如实地发布一个新数据，就等于更正了嘛！这就免去了监察部门后来的复查。做思想工作要以理服人，以情动人。讲话要入耳入脑，以心换心。只有讲不出理的无情人，才动不动就训，就关。几十年来一个"训"字，一个"关"字，伤了多少人的心，赶走了多少自己人！"训"和"关"引发了多少"翻烧饼"。扯得远一点，为了"翻烧饼"花了多少人力物力，增加了多少吃皇粮的人数，以致把中国的"官民比"提高到了惊人程度。

（四）豁达大度。在战疫中我们的媒体报道过境外某些领导人支持率升降的数字。这说明我们认为支持率、信任度是有参考价值的。那么我们自己也搞点支持率、信任度的调查不好吗？支持率高了是对我们的鼓励，低了是对我们的鞭策，何惧之有？身正不怕影子斜。90年代有家小报发布过一次，讲朱某某第一，闯下大祸。其实大可不必。支持率是变量，是波浪式的。有出息的官员敢于踏浪前行。支持率调查可以官方出一个，学界出一个，也可以两者合办，不管怎样都要以学界为主。

（五）社会参与。在这次战疫中，许多社团尤其是基金会蜂拥而上，发挥了很好的作用，是个好兆头。"社会治理"就是要让社团参与。近年我们的社团虽然与日俱增，但也有"内防扩散"的一面，从14亿人来看，社团数量仍然太少。要把社会矛盾化解在萌芽状态，必须把社会治理还给社会。最好能做到人均参加五六个社会组织。也有人怕社团重复，这是多余的。社会组织大发展之初，免不了挂牌时多是"大而化之"。如果注意细化，社团就会密如蛛网而不重复了。另外，社团也要防止行政化、营利化。

（六）深入基层。领导要了解民意才能按民意实现民安民享。而要了解民意，不能只听"纸上谈'民'"，一定要深入基层。武汉在"战犹酣"的时候，有人忽然提出搞感恩活动，就是不了解当时当地群众疾苦的表现。在这次世界战疫中，很多国家的部长、上将、元首染上新冠，而我们国家此类事罕见。为什么？发人深思。他们染病说明他们不懂科学；我们不染病是因为我们懂科学。我们的干部不染病也正是我们全国人民的共同愿望。但是也不能不承认这一点：外国的大人物走进群众方便，我们的领导走进群众有困难。看来应当提出一个为领导同志深入群众"松绑"的问题。

（七）心理调适。隔离是对正常心理的干扰。对一些性格孤僻的人来讲，生活单调会导致郁闷，郁闷会导致忧郁症。闷不住会使人暴躁。隔离之初都说居家隔离会增进夫妻团圆，殊不知久了出现家庭暴力。有的国家这两个多月家庭暴力事件增加50%。如果能及早开展心理咨询、心理治疗，便会减少心理疾病。心理咨询应分两种：一是面对面，二是电话咨询。有些人不愿、不敢见面，那就要办电话心理咨询所，声明不记录咨询者电话号码。这样，咨询者才敢于咨询。心理咨询要普及，心理咨询师要真懂心理学，通过考核后发证。

（八）移风易俗。文明的风俗习惯是社会治理不可缺少的标杆，能够弥补法律与规则覆盖不到之处。西方把戴口罩视为蒙面人，把限制聚会看作剥夺自由。意大利第一个戴口罩的议员遭讽刺挖苦，气得他暴跳如雷。可如今讽刺他的人全都戴口罩了。"三人行，必有距离焉。"三天不吃野味就没味的阔人也不乱吃野味了。清明扫墓可以改为代祭扫、云祭祀了。新冠肺炎出现以后，远程办公、视频会议成了时髦，是好事，至少可减少些"领掌人"的负担了。积习难改也能改。移风易俗有渐变也有突变。当下，要研究一下如何把突变延续下去。比如代祭，可考虑商业化，多样化。在国外的华人有几千万人，由他们付钱，代他们祭扫，说不定比他们赶来祭扫更丰富多彩。

（九）宗教改革。基督教、天主教的信众到教堂做礼拜千年不变，今年春天变了。在禁止聚会后，韩国天地教派还自说自话搞活动，市长在旁边一遍又一遍地喊话"不要进去"，教徒仍然进去，结果染病。有人要控告教头害人。教头后悔莫及，下跪求饶。这说明教规是可以改变的。如何把宗教的博爱引导为爱人民、爱国家，如何把佛教的"普度众生"演化成为人民服务，诸如此类的问题到了应该再深入研究的时候了。

（十）关注失业。中国开始复工复产，皆大欢喜。全球现有失业人口2亿。外国对失业的补助各不一样，有多有少，国家与企业各出多少也不一样。我们国家在尽力而为。中国至少有农民工2.8亿人。"工"字前仍保留"农民"二字，当中有不当。说"当"，是因为他们事实上不享有产业工人待遇；说"不当"，是指他们早就应该享受过去产业工人那样的福利待遇。我们在1950年就讲过"三年改变成分"。好多国家也是雇工三年转正。差劲的老板在快到三年时借故解雇，免得给正式工人以优厚待遇，从而增加企业利润。我们直到去年还由国务院出面为农民工讨工资,这说明我们过去几十年有对不起农民工的地方。农民工问题、失业问题直接关系到社会安全,需要提高到工农联盟这一国体的高度重新研究。

社会治理关系社会和谐有序,关系人民的幸福安康。建议加强对社会治理的研究,从而把中国的幸福指数提升到世界的前列!

说 "贤"

贤，是古代对文化人的尊称。最早的贤人孔子这样下定义："所谓贤人者，好恶与民同情，取舍与民同统；行中矩绳，而不伤于本；言足法于天下，而不害于其身；躬为匹夫而愿富贵，为诸侯而无财。如此，则可谓贤人矣。"(《大戴礼记·哀公问五义》)中国有着敬贤、礼贤的优良传统，先贤寺、礼贤亭、弘贤阁不可胜数。至今仍有很多县名、镇名含有"贤"字。

敬贤是中华文明的标志，也是造就中华文明的推力。

大家都知道，唐代有社会安定、秩序井然的"贞观之治"，也都知道，那是唐太宗李世民"治"的。鲜有人知李世民靠的是"以贤治天下"，有一批贤人为他出谋划策。李世民称帝后设弘文馆，储备天下文才。他鼓励群臣批评他的决策和风格，嘱咐臣下莫恐上不悦而停止进谏，励精图治。在政治上，他既往不咎，知人善任，从谏如流，整饬吏治；经济上，薄赋尚俭，为政谨慎；亦致力复兴文教，遂使动荡之局得以稳定下来。魏徵批评过他 200 多次，在廷上直陈太宗的过失，多次弄得李世民很尴尬、下不了台，可李世民尚能接受、承受。

对中国的敬贤，许多国家评价很高。德国有位叫理查德·威廉的传教士，1899 年来华传教。不久，他把主要精力转到汉学上，用在敬贤上。他办礼贤书院，清政府赏他四品顶戴。他把自己的名字改为"卫希圣"，字"礼贤"。辛亥革命后，他把《论语》《道德经》《列子》《庄子》《孟子》《易经》《吕氏春秋》等译成德文，在西方出版。1925 年卫礼贤回德国后，办了中国研究所，继续推广中国的礼贤之风。

贤，用今天的话说就是有文化、有道德的知识分子。毛泽东、周恩来早在

---

* 原载《民进申城月报》2020 年 4 月。

1956年就指出知识分子是工人阶级的一部分。换句话说,知识分子是领导阶级的组成部分。1956年中国还是以农业经济为主。那时中国的知识分子还很少,仅有380万人,其中高级知识分子只有10万人。现在,仅2020年这一年中国的大学毕业生就多达874万人,中国现有知识分子超过1.3亿人。况且中国早已从农业经济,经过工业经济,进入知识经济时代。农业经济农民是主力军,工业经济工人是主力军,知识经济时代谁是主力军?不言而喻。各行各业更应当敬重知识分子,发挥知识分子的积极性和创造力,既乐于听知识分子的顺耳之言,也注意倾听知识分子的逆耳忠言,兼听则明。

对健康体系的十点建议*

"健康第一"是 1950 年 6 月马叙伦向毛泽东反映学生健康状况后,由毛泽东提出来的。接着,他们两人又就健康问题进行多次磋商,毛泽东遂于 1951 年进一步把"健康第一"确定为方针。从那时起,中国人的健康状况大有改善,人均寿命大幅度延长,许多省市从 1949 年时的人均寿命 40 多岁增长为今天的 80 多岁,翻了一番。

最近全国人民代表大会把过去的卫生部、卫计委改称"卫健委"。改得好!"卫"不是为卫生而卫生,目的是为了"健"。健,就应当有个健康体系。体系说起来容易做起来难。体系是动态的,是要不断完善的。在没有网络化之前,谁能想到把远程医疗纳入体系。武汉出现人传人的新冠肺炎也是事前没预料到的。既然发生了,就要把坏事变好事,那就应当把对付肺炎的一套成功做法纳入健康体系。

这里对如何完善健康体系提十点建议。① 普及卫生常识。要从娃娃抓起,中小学课堂上要多讲实用的卫生知识,同时也要向中老年宣传保健知识。记得上海解放初,在主要马路上有小学生手拿一包草纸,见到随地吐痰的,先向他敬个礼,再递上一两张草纸,说一声:"叔叔以后把痰吐到草纸上。""人要面子树要皮",不用罚款,为了尊严,人们便改掉了随地吐痰的毛病。据我了解,在这些随地吐痰者当中,有的是南下干部,后来好多人成为区县局领导。50 年代劳模出国,每人发一打小手帕,告诉劳模到国外吐痰吐在手帕上,促使劳模养成不随地吐痰的习惯。② 改进饮食结构。不要乱吃野味,尤其是有钱有权的人要当心这一点。穷人没钱吃野味,但也要注意不吃馊的、霉的食品。

---

* 原载《民进申城月报》2020 年 4 月。

③ 提高社保水准，做好体检，扩大免费项目范围。疫情发作之初，武汉一个农民工花完了九万元的积蓄还没把病治好。医院要他继续治疗，他没钱了，死了。倘若晚死几天就可享受免费了；反过来说，如果早几天免费，他也许还会活着。④ 提高医卫投资在GDP中的比重。把每万人拥有的病床数、医生数、聚居区每千平方米医生数，以及体育设施，列为硬指标。现在中国每万人医生数低于北部的邻国蒙古、低于西部的邻国哈萨克斯坦和吉尔吉斯斯坦，还低于东部的邻国朝鲜。这是令人心痛的。医院要做到宁可"床等人"，也不能万人生病，一床难求。为防突发疫情，能否储备可以迅速装配成病房的建筑材料？能否采用"3D"技术？⑤ 降低药品价格。这几年医药工业为GDP做出很大贡献，可喜可贺！但也要问一下：有没有售价高出成本多少倍的情况？有没有把便宜的老药，改头换面换个洋药名来提价的现象？早些年被判死刑的原国家药监局局长郑筱萸是谈家祯教授的门生。我当着谈教授的面问过那局长，有没有这类事，他没否认。后来怎样？我就不了解了。⑥ 调整公立与私立医疗机构的比例。对私立也要严格要求。⑦ 增强专科与综合的互补，中医与西医的互补，远程医疗与当面的望闻问切互补。⑧ 对传染病要及时公开，不能以任何借口隐瞒。早透明，早防控，少死人；迟透明，迟防控，多死人。⑨ 处理好人与自然的关系，注意提高水和空气的质量。世界上几十个绿党的主张有可取之处，但他们有走极端的毛病。只提改造自然、战胜自然固然片面，只提保护自然，不提改造自然、战胜自然也片面。⑩ 医生提高医德，患者提高患德、公德，与医卫事业有关的官员更要提高官德。在这次战疫中有湖北人隐瞒来路，到处乱跑，害了一个集镇，被指责为"毒王"，一点也不冤枉。有的官员对疫情一问三不知，被称为"懒政"，并不过分。官员要勇于检讨。延安《解放日报》常常发表公开检讨的文章，毛泽东在陕北两次向大家脱帽鞠躬道歉，中共八大上中委也有公开检讨的发言。批评与自我批评是七届二中全会强调的"三大作风"之一。这个初心不可忘。

健康体系包括的内容远不止这些方面。我这里即使不是挂一漏万，也是挂了"十点"漏上千。欢迎大家补充、指正。

写于庚子年二月二龙抬头的日子

用世界眼光看公务员财产公开*

中纪委主张尽快推进公务员财产公开制度。我完全拥护。据悉，已在部分县里执行，我双手赞成。

公务员财产公开制度的确立涉及公开主体、内容、种类以及受理机构、公开方式等等一系列问题，容后再议，本文着重讲一讲必要性和迫切性。现在全世界近200个国家和地区中，已有一百几十个国家在实行，做法不一样，效果也不完全一样，笔者想用比较法讲几个故事。

由于有公开与不公开的区别，人们对腐败的定量、定性的认识不一样。20年前，有个已实行公开240年的国家的外交部长很能干，上任后扩大了国家的朋友圈，可是有次她招待外宾吃了鹅肝，超标。这在不公开国家眼里不算什么。然而在公开国家是件大事，促使外长辞职。有个国家的蛮好的总统，在未当总统前，当部长时向他当年的同学、今天的老板买房子，同学为他打了折扣，这在不公开国家眼里可能也不算什么，然而因为他未公开，总统下台。

他们这样轻易地让官员下台，会不会下去人才，上来庸才？一般不会，中国有句名言："人皆可以成尧舜。"人才无不是后天炼出来的，不存在普天之下，非君莫属。

在不公开国家，只要一个人讲某官员贪污多少万元、多少亿元，不论真假，就会有人立即相信，马上奔走相告，传播开来。可是在公开国家不会有人相信，不仅不信而且会认为那举报者是精神病，因为制度决定任何官员想贪也无法贪，"伸手必被捉"。

有一个从苏联分出的国家，首都举行马拉松比赛。市长参跑，中途发病，

---

* 原载《民进申城月报》2020年6月。

需送德国动手术，市民知道市长没这笔钱付医药费，立即捐款资助。请问：市民怎么会知道市长没那个钱的？

再看看那些不公开的国家，原本决心不贪的人曾几何时变成了大贪，贪的纸币之多数不胜数，要用立方米计算；大贪的一本正经处理小贪，大贪坐在公堂之上堂而皇之地审判大贪和反贪；贪污犯前"腐"后继，惩一个，后面还有存量在排队。有一个罗姆人（又叫吉卜赛人）比较多的国家，领导人伙同罗姆人头领贪污联合国救济罗姆人的费用。他们怎么会贪到这个地步？因为有贪污的土壤、环境和条件，是因为不公开容易捂盖子。想想看，如果按照上面提到的鹅肝标准，世上违规的面会有多么大？有个顺口溜说道："革命小酒天天醉，醉坏了脑子醉坏了胃。气得老婆两头睡，急得丈母娘直掉泪。村民告到纪委会，纪委批评道：'谁叫你们天天醉，我也只不过三天两头醉。'"不用说，醉的贪的面越大，要那些醉而贪的人举手表决推行公务员财产公开制，简直是难于上青天。

官员财产公开是把知情权还给人民，用比较法看世界，便不难看出公开是惩贪的撒手锏，公开是官员的防腐剂、清洁剂，同时也是官员永葆青春的保护神。

家乡的火石

我的家乡萧县从地势上说,为大平原中的丘陵地带,有很多有名的山:龙山、虎山、凤凰山,还有汉高祖称帝前的藏身处——皇藏峪。不知有多少人为它写过诗。华东师大刘民壮教授就一个皇藏峪写了万字论文。还有法籍华人大画家朱德群的家乡白土山,唐代大诗人白居易为白土写了340字的五言诗,称赞"山深人俗淳"。有山就有矿。萧县的山里盛产罕有的黄色玉。不过,黄玉主要是有观赏价值,倒是我们的山上产的火石很有使用价值。我们近来几乎天天歌颂的"小小村落,袅袅炊烟",那炊烟在我们家乡从前都是用火石点燃起来的。

火石是我们通俗的说法,学名叫"燧石",结构紧密,含有磷的成分。1948年以前,我们称火柴为洋火,穷人一般用不起。唯有火石,吸烟、烧饭、天冷烤火都离不开它。家中只要有鸡蛋大的一块火石,就可以用上几十年。用厚约一两毫米的铁片,往火石上敲几下,发出的火星就能把芦苇羽毛、干树叶、高粱秆芯引出火来。火柴潮湿了擦不出火来,可是火石哪怕刚淋过雨也能一打就冒火星。现在我们家乡不大用火石了,可是西方探险家去探险,旅行家外出野营,仍然随身带着燧石。在他们眼里燧石的安全系数为打火机的千百倍。

燧石在东西方都有出产,历史上不少民族用过它。马克思主义创始人马克思就很欣赏燧石。他还把燧石引申开来,说:"真理是燧石,越打越发光。"发人深省。

---

* 原载《解放日报》2020年7月5日。

从"只纳一川"到海纳百川
——访德国弗莱堡大学*

在一票（飞机票）难求、有家难归的日子里，我选择了离开德国的大城市，去德国西南边陲巴登符腾堡州的弗莱堡。之所以选择弗莱堡有一个情节，是因为10年前在上海世博会上我知道弗莱堡是可持续发展的最佳实践区。干我们社会学这一行的对"持续"二字有特殊的兴趣，竭泽而渔只能图一时的痛快，后患无穷。世博会上我还听到弗莱堡之所以可持续，同他们的弗莱堡大学有直接关系。大学生占全市总人口的13%，这也是我选择弗莱堡的一个缘由。

弗莱堡大学创办于1457年，是德国最古老的大学之一，被称为"精英大学""顶尖大学""研究型大学"，出过21位诺贝尔奖得主，出过哲学家海德格尔、社会学家马克斯·韦伯、中国生物学家贝时璋，在经济学上出过弗莱堡学派，还出过一位德国总理，在教学上位列世界第32位。

2020年7月我们一行四人来到了人称"阳光之城"的弗莱堡。还没进城就看见天上一朵朵闲云，地上一群群白色的野鹤，闲云野鹤之感油然而生。公路两旁大地郁郁葱葱，房屋不同一般，居民的屋顶一片深蓝，是因为用太阳能板覆盖着。"阳光之城"不仅指这里日照长，还指太阳能普及。走进老城的人行道上，每迈前一步便能欣赏到路面上的一个图案。路面是用不同颜色的马赛克镶成。更吸引我的是每条街上都有宽不到半米的泉水千回百转，潺潺流淌。泉水清澈见底，只有四五厘米深，统统裸露，没有覆盖，让人享受"上善若水"。

---

* 写于2020年7月20日。

沿着泉水走到了弗莱堡大学门口。先听介绍,后参观大学博物馆。经过多次咨询和反复思考之后,我对弗莱堡大学五百多年的奋斗史,概括为这样一句话:从只纳一流到海纳百川。

弗莱堡大学原本是奉罗马天主教会教宗的诏书而建的,由巴塞尔的主教兼任教务长,康斯坦茨的主教作为守护者。设四大科系:神学、哲学、医学和法学。首届学生人数为140人。建校伊始,就出现了马丁·路德的宗教改革。学校有一部分人支持宗教改革,只因弗莱堡是一个传统的天主教城市,市议会发起了查抄,并将两千余本新教书籍在大教堂广场当众焚毁,并驱逐新教学生。但是随着新教的盛行,学校认识到只收天主教徒入校,学校只会冷冷清清。再加上这时弗莱堡由奥地利重新占领,"改朝换代"也促进了教育改革。于是1784年大学进来了第一位新教教徒教授,这标志着大学从"只纳一川"向"纳两川"的转变。1832年出版自由新闻法在巴登生效,巴登出现了一张报纸《自由报》。有人认为这可能意味着"海纳百川"的到来。哪知好景不长,两个月后报纸就被取缔。学生出来抗议,但势单力薄,斗不过官方。

两百年前,男尊女卑,任何大学里都见不到女生。19世纪末,弗莱堡大学与海德堡大学同时招收女生,同为历史上第一所招收女生的大学。弗莱堡大学还培养了第一位女性医学博士。这也可以说是大学从另一角度由"只纳一川"开始向"纳两川"的转变。大学蓬勃发展,校舍面积扩大,建筑现代化。有一句话:城市有多大,大学就有多大。至一战前,弗莱堡大学里已有三千名大学生,这是了不起的一大飞跃。富有勇气的弗莱堡大学敢于在大堂上镌刻自己的校训:"真理必叫你们得以自由。"很幸运,不仅没有人反对,反而有位经济学的教授在校训指引下大胆地提出了"秩序自由主义"的经济理念。接着,大学发挥集群效应,形成了"弗莱堡学派"。

意想不到的是,在纳粹时期弗莱堡大学同其他学校一样,不得不推行纳粹的所谓"政治一致",残酷迫害、驱赶犹太师生。在种族上,学校从"纳两派"倒退到"只纳一派"。

弗莱堡在经历了近五百年的曲曲折折、近五百年的反反复复,二战后,经验和教训促使他们逐步向真理迈近。他们修建纪念馆,纪念受过迫害的师生。他们从只纳一川、两川,进展到海纳百川。专业丰富,师生增多,在现有的21 600名学生中,有来自120多个国家的留学生,外国学生占学生总数的16%。在430位教授中,有很多外籍教授。他们还同中国著名的南京大学共建了孔子学院。弗莱堡不因地理位置上的边缘而影响其成为国家的教科中心之一。2007年弗莱堡市因把弗莱堡大学作为城市智库,而被评为"德国科学城市"。

城市为学校创造优美而又文明的宜教宜学环境,学校为城市增添文化光彩,两者交相辉映。

知识经济时代的知识分子问题[*]

不论是在"知识分子"这一概念出现之前还是出现之后,人们对文人、对知识分子都是十分关注的。知识社会学诞生 96 年来,知识分子一直是"学"中应有之题,题中应有之义。可是,如今社会进入了知识经济时代,在知识经济时代知识分子的地位和作用,跟农业经济时代和工业经济时代有共同点,更有很大的差异,尤其是在知识分子的历史地位和作用的问题上,值得重新作出评价。因此,本文的侧重点放在政府如何为知识经济时代的知识分子服务上,简称"服务论"。

一、"知识经济"和"知识分子"的定义

"知识经济"和"知识分子"是截然不同的两个概念,但是把"知识经济"和"知识分子"两个定义的内涵和外延研究清楚了,就不难发现两者之间有着不可分割的必然联系。

科学无国界,技术无止境,科学技术在一日千里地向前发展。科学技术是历史最有力的杠杆。自 20 世纪 80 年代以来,科学技术与经济之间相互渗透的共振作用越来越显著,使得全球经济发生了根本性的变化。知识和创新成为企业生存的必要条件,成为经济发展的主导和引擎。"知识经济"是以知识为基础的经济。知识经济的兴起正在对投资模式、产业结构、增长方式、生活方式和教育事业等方面产生深刻的影响。今天地球上的大部分国家和地区进入了知识经济时代,从而使经济增长方式逐步走出依赖资源的模式。这就既使得经济增长离不开继续学习,也使得终身学习从不自觉到自觉地融于经济

---

[*] 原载《上海大学学报》(社会科学版)2020 年第 4 期。

活动之中。国家的富强、民族的兴旺、企业的发达和个人的发展，无不依赖于对知识的掌握和创造性的开拓与应用，知识的生产、学习、创新，正在成为人类最重要的活动，知识已成了时代发展的主流。"秀才不出门，便知天下事"，隔山隔水的交流如同面对面。所有这些都要求提高文化程度，而远程教育、空中授课、跨国视频会议恰是提高全民文化程度的方式。不断提升文化程度日益成为人生最重要的目标、最普遍的活动。经济基础决定上层建筑。由此可以明显看出：知识经济是以人才和知识等智力资源为资源配置第一要素的经济。知识经济是人类知识，特别是科学技术方面的知识积累到一定程度，参与到一定深度和广度，增加到一定阶段的历史产物。在历史上，种植和养殖技术的提升推动人类进入农业经济时代，蒸汽机和电气技术革命推动人类进入工业经济时代，如今是信息技术革命推动人类进入知识经济时代。1996年联合国经合组织发表了《以知识为基础的经济》的报告。1997年在加拿大多伦多举行了"97全球知识经济大会"。2019年11月，厦门举办了"知识经济博览会暨国际创新教育论坛"，设置了知识经济五大创新展区，倡导创新是知识经济发展的动力，推动教育、文化和科学研究的蓬勃发展并成为知识经济的先导。知识经济正在给中国的经济发展与社会发展注入更大的活力和带来更好的机遇。大力发展知识经济有利于优化经济结构、合理利用资源、保护生态环境、促进协调发展、提高人口素质、进一步消除贫困，有利于在新世纪建设国家创新体系，营造良好环境，推进知识创新、技术创新和体制创新，提高全社会的创新意识和国家创新能力，从而实现中国跨世纪发展之路。

知识和高素质的人力资源是当今最为重要的经济、社会、政治资源。历史告诉我们：在农业经济中农民是主力军，在工业经济中工人是主力军。那么，在知识经济中谁是主力军呢？不言自明，是知识分子。

何谓知识分子？

先有事实，后有概念。关于"知识分子"这个概念的出处，说法不一。一种说法是 intelligentsia 这个词，最早是于 1844 年由波兰学者李贝尔特（Karol Libelt）率先使用的。还有一种说法，intelligentsia 来自 19 世纪 30 年代到 40 年代的沙皇俄国对反对他们的文人的称呼。第三种说法，Intellectual 来自法国。左拉（爱弥尔·左拉，法语：Émile Zola，1840—1902）在 1898 年 1 月 13 日以《我控诉》为题给总统写了一封公开信，呼吁重审德雷福斯被诬案。第二天，这封公开信在《曙光》报上刊出，主编克雷孟梭用"知识分子宣言"

(Manifeste des intellectuels)几个字来形容它,于是"知识分子"一说由此传播开来。除上述三种说法以外,还有一种分析,说:英文里的 intelligentsia 和 intellectual,这两个词的含义有不同之处。intellectual 泛指"知识分子",而 intelligentsia 则专指"知识阶层",此乃东欧和西欧的区别。

至于"知识分子"的内涵,不同的论者说法更加不一,不同的辞书对"知识分子"这一词条的释义大同中有小异,小同中有大异。

先从文化程度说起。一般认为,知识分子是有文化的人,问题是人无不有文化,于是有的辞书讲知识分子是有"较多文化水平"的人,有的辞书讲是有"较高文化水平"的人,还有的讲是有"一定文化水平"的人。何谓"较多""较高"?什么是"一定"?悬乎!小学六年制分初小、高小,高小就比初小的文化程度"较多、较高"。高小毕业能算知识分子吗?有人做了定量分析。文化不发达的国家确认"有高中毕业文凭"的为知识分子,文化发达的国家则确认"有大学毕业文凭"及其同等学力者为知识分子,这就比较精确了。随着教育事业的发达,如今多数倾向于具有大学毕业文凭的脑力劳动者始为知识分子。

接着第二个问题又来了。大学毕业后不再从事文化工作,比如当老板去了,成天和成本、价格、储运、工资打交道,距离所学专业知识十万八千里,这样的人还算不算是知识分子? 如果不算的话,那又有人提出:"我这个老板经营的是高新技术,有的技术是大学里学不到的,我怎么就不是知识分子了?"因此,有人认为把这类老板视为"知识分子出身的"企业家,比较合适。还有高文凭的官员,有人认为他们在为官期间也不宜称其为知识分子。因为官员是管理者,而知识分子是"指掌握并运用人类已有的知识文化成果,以知识文化的积累、传播、诠释、应用和创新为其生存方式的人"。这里的"生存方式"四字值得注意。换句话说,只能是以授课、实验、著书、知识产权为其主要收入,不能靠别的什么来谋生。如果还兼着做买卖赚大钱,那就有点变味、异化了。有人认为真正的知识分子应当像孟子所说的那样"无恒产而有恒心者,唯士为能"。

不过,对"积累、传播、诠释、应用、创造"十个大字中的"创造"也曾有争论。目录学者、版本学者、文献学者"积累、传播"有功,"创造"不足,怎么看? 有人认为他们是"知'道'分子",不是知识分子。但也有人认为他们博览群书,积累的知识有时远大于创造者,很了不起,应为地地道道的知识分子。接着又有人围绕"创造"提出,要有创造,必有逆向思维,必有价值批判,而要有逆向思维、价值批判,必须有独立人格、思想自由、言论自由。要做到这一点,自然科学工作者容易，人文学者很难。尽管不同国家的民主指数、自由指数有差别，言论自由的难度不一样，可是无不有难度。变革自然，来自人间的阻力相对小一些，而要指点社会，来自上下左右、方方面面的压力有时就特别大。如今不再有烧死布鲁诺、烤死维萨留斯那样的政教合一了，但是迫害人文学者的事在五大洲里仍然层出不穷。这就引出又一种如何对知识分子下定义的一号课题。

有人认为，知识分子是指那些以独立的身份，借助知识和精神的力量，对社会表现出强烈的公共关怀，体现出一种公共良知、有社会参与意识的一群文化人。并且认为他们除了献身于专业工作以外，同时还能深深地关怀着国家、社会和民众公共利益，能够把这种关怀，做到抛开个人利益，超越小集体之上。如鲁迅所称的"能替平民抱不平，把平民的苦痛告诉大众"[1]的人群，也如毛泽东所说的敢于并善于"指点江山，激扬文字"的人群，才能被称为"知识分子"，才是一个精神性的群体。而要做到知行合一，对主观和客观都有高标准要求。

不过通常的说法，知识分子主要是指具有大专以上文化程度、主要在科学研究、教育、文化艺术、卫生、体育、新闻出版、广播影视等事业单位从事精神文化生产的专业技术人员。

还有人认为，知识分子是具有以下四个特征的群体：第一，当然必须接受过完整的高等教育，或者实际上已经达到这样的水平；第二，必须拥有某一方面的理论或比较系统的知识，即成为某一方面的专家或学者；第三，不能局限于自己的专业或职位，而应该关注整个社会，至少应关注本专业以外的领域；第四，必须具有批判精神。

在现代西方语境中，知识分子有三个基本特征：第一，受过专门训练，掌握专门知识，懂得使用象征符号来解释宇宙人生；第二，以知识为谋生手段，以脑力劳动为职业，形成一个与社会中其他阶级不充分整合的、不依附于现存体制的、"自由飘游"的、相对独立的社会阶层；第三，具有强烈的社会责任意识，对时政采取批判态度，对现状往往不满。对于第三个特征，以色列的康菲诺（Michael Confino）综合各家的意见，归结为以下的五点：① 对于公共利益的一切问题——包括社会、经济、文化、政治各方面的问题——都抱有深切的关怀；② 这个阶层常自觉有一种罪恶感，因此认为国家之事以及上述各种问题的解决，都是他们的个人责任；③ 倾向于把一切政治、社会问题看作道德问题；④ 无论在思想上或生活上，这个阶层的人都觉得他们有义务对一切问题找出最后的逻辑的解答；⑤ 他们深信他们的社会现状不合理，应当加以改变。[2]

西欧启蒙运动中的"思想家"大概可代表西方知识分子的原型；他们深信他们的社会现状不合理，应当加以改变。

不同处境的学者对知识分子所下的定义，所述的特征、实质，见仁见智，五花八门，可是都能发人深思：知识经济与知识分子之间是什么关系？借用我国流行的"转型升级"一说来概括：经济的转型正在带来知识分子的升级。知识经济为知识分子提供了广阔天地，知识分子正在知识经济中大显身手，成为知识经济的取之不尽的智库，呈几何级数增长的巨大力量。

二、变动中的知识分子的社会地位

人类在从自然界中分化出来以后，就站在了自然界的对立面，但同时仍生活在自然界的怀抱之中。人要保护自然、变革自然，需要知识，知识不足就要遭受自然界的惩罚和报复。人生活在人类社会中，怎样处理人与人、人与社会的关系？不消说，需要习俗的约束、道德的约束，还有更重要的法律规范，这都要有知识。知识人人有，深浅不一样，于是随着生产方式的变更，一个内涵丰富的知识分子群体应运而生。知识分子群体属于社会历史范畴，在不同的历史阶段，不同的国家，知识分子所处的社会地位不一样。

从几千年的历史长河看，中国知识分子历经的道路是曲折的。西周王朝宗法奴隶制统治，用所谓"礼"的条条框框来钳制言论自由，搞政治统治，"非礼勿视，非礼勿听，非礼勿言，非礼勿动"。西周末年以后，进入春秋战国时期，中国崛起了一个特殊的阶层——士，"学而优则仕"。这批优秀之士不仅有知识、有技能，而且关心民瘼，热爱国家，有仁者之心。他们冲破思想的牢笼，开始了百家争鸣。有句话叫"布衣立谈成卿相"，意思是穿上普通的布衣服，站着跟君主聊一会儿，君主就会拜他为卿相。在后来的封建社会，知识分子一直被称为"士""大学士""士大夫"。不过，在等级森严的封建社会，知识分子大多逃不出君主的手心。秦朝搞焚书坑儒，知识分子地位一落千丈。到了隋唐，开始科举，知识分子又活跃起来，出了有名的唐宋八大家。但也不尽然，苏轼在湖州当知守，写了首诗，被新党诬为"愚弄朝廷"，立即被捕，皆曰可杀。可是王安石上书："安有圣世而杀才士乎？"到了元代，等级森严，搞起了"一官、二吏、三僧、四道、五医、六工、七匠、八娼、九儒、十丐"，把知识分子摆在妓女之后、乞丐之前。明清虽有科举，有了党争，知识分子仍然被人瞧不起。清代康、雍、乾搞文字狱,被认为清代"大智"的纪晓岚有时也不得不颂圣,违心地为皇上唱赞歌。

1919年的"五四"新文化运动反封建、反独裁、反传统,知识界大声疾呼要请来"德、赛二先生",在意识形态上起了振聋发聩的作用。可是"德、赛二先生"只是探了探头,没能进到中国来。一年多以后,中国共产党诞生。"共产党从诞生之日起,就是同青年学生、知识分子结合在一起的。"[3]出席中共"一大"的13位代表全是知识分子,他们所代表的50多名党员也都是知识分子。能"先知"的知识分子往往会"先觉"。在抗日战争时期,中国共产党很重视团结、吸收知识分子。毛泽东说:"应容许资产阶级自由主义的教育家、文化人、记者、学者、技术专家来根据地和我们合作,办报做事"。[4]仅仅是在1938年5月到8月,据八路军西安办事处统计,经办事处介绍去延安的就有2 288人,全年愈万。因此,办事处被赞为"红色桥梁七贤庄"。1943年12月,任弼时在中央书记处工作会议上说:"抗战后到延安的知识分子有4万多人。"他们为抗战做出很大贡献。单是范文澜、潘梓年、冼星海、丁玲、成仿吾、萧军等人到延安,就带动了一大批有知之士奔赴陕北。中共中央不仅团结、吸收中国的知识分子,而且还注重吸收从外国来的知识分子,如加拿大的白求恩、印度的巴苏华(又译为巴苏)等人。1942年5月,毛泽东在延安文艺座谈会一开始就自豪地说:我们有两支军队,一支是朱总司令的,一支是鲁总司令的。朱总司令的指的是"手里拿枪的军队",鲁总司令的则是指"文化的军队"。他接着说文化的军队是"团结自己、战胜敌人必不可少的一支军队"。

20世纪50年代,有人认为知识分子不过是根"毛",是依附在别的阶级皮上的几根毛。如今情况变了,社会进入了信息时代,也进入了知识社会。知识分子与日俱增。西汉、东汉时期知识分子与人口的比例,有一种说法是1∶7 000多。1956年,周恩来在《关于知识分子问题的报告》中讲,中国知识分子有380万人,其中高级知识分子10万人。[5]现在,仅2020年这一年中国的大学毕业生就多达874万人,中国现有知识分子超过1.3亿人。知识分子与总人口比例是1∶13,不再是几根"毛"了。如果按中国有9亿劳动人口计算,那么当今中国的"知劳比"就是1∶9。知识分子已形成庞大的利益群体,在中国举足轻重。

请看层出不穷的知识分子社团,就能明白知识分子在中国的社会地位和作用了。从大处说,自然科学界有全国性的科技协会,文化艺术界有全国性的文学艺术界联合会,社会科学界在各地有社会科学联合会。中国有8个民主党派，成员大多是知识分子。各地还有基本上由知识分子组成的知识分子联谊会。在全国政协的34个界别中，一半以上为名正言顺的知识分子界别，在其余的界别中，如名列前茅的中共界别，如对外友好界、社会福利界、少数民族界、宗教界、特邀香港人士、特邀澳门人士等界别里，都有相当多的知识分子。他们参政议政，用提案来表达知识分子的利益需求和先进思想。知识分子在中国早已形成为一个实实在在的呼风唤雨的阶层。像2020年初的防治新冠肺炎的战役，几位"吹哨人"就是知识分子，力主纠正不确切疫情信息的也是知识分子，把重病患者医好出院的还是知识分子。

当今世界，科技革命迅猛发展，经济全球化趋势日益增强。科学技术作为第一生产力的地位越来越突出，科技创新对人类社会生产方式的作用力，对经济、社会发展所起的影响，无论是广度还是深度，都是过去任何时代难以比拟的。在知识经济时代，我国将继续实施科教兴国战略。我们说"科教兴国"，毫无疑问，人是第一要素。科教兴国就是靠科学和教育工作者兴国。在新时代，我们必须使科技进步真正成为加速我国发展的重要动力，这动力中的出大力者是知识分子，因此，国家将进一步发挥知识分子的积极作用。在知识经济的新时代，我国将在更大范围内和更深程度上参与国际经济合作和竞争。参与竞争的主力是谁？依然是知识分子。当今的知识分子作为先进生产力的开拓者，在社会主义建设中承担着重大社会责任，作为人类科学文化知识的重要继承者和传播者，作为美好精神产品的重要创作者，在社会主义精神文明建设中是一支骨干力量。社会科学界的知识分子有理论素养，有先见之明，有开明的理念，有能力参与决策的研究、论证、制定和执行，在实现决策科学化方面做出贡献。总之，能否充分认识和重视广大知识分子的聪明才智和社会地位，关系到社会主义现代化建设的进程，关系到改革开放宏伟事业的成败，关系到中华民族的盛衰。

为了适应社会结构的重组、社会阶层的变化，坚持代表最大多数人利益的政府就一定会牢记使命，代表占人口比例很大的知识分子的利益。1956年毛泽东、周恩来都讲过知识分子是工人阶级的一部分，1978年邓小平又强调知识分子是工人阶级的一部分。工人阶级是领导阶级，不言而喻，知识分子是领导阶级的组成部分。为最大多数人谋利益的初心要求我们要为占人口比例很大的知识分子谋利益，并且要从路线上、制度上为知识分子服务。实现初心与当今之心是一致的，甚至要加一个"更"字。知识分子队伍将永远是民族的脊梁,社会的精英,人类的先锋队,直到体力劳动和脑力劳动的差别全部消失,直到成年人全都是有知识的人才,都是脊梁,都是精英,都是先锋时,才不是先锋。

三、知识分子的分类

对待知识分子要尊重,要一视同仁,但是也必须强调针对性,因类制宜、因人成事,才能收到实效。而要因类制宜,因人成事,就必须了解不同层次的知识分子群体的特殊性,把同一知识分子阶层细化为若干类别。

关于知识分子的分类说难也很难,说不难也不难。按知识水平高低划分,有高知和低知两类;按学科门类划分,至少有自然科学界、社会科学界以及文学艺术界三大类;过去,有人按知识分子与官方关系分为官员型、师爷型、帮闲型三类;也有人按脾气、性格,将其分为迂腐型、批评型、流亡型、保守型四类;还有人从知识分子的所谓阶级属性上,一度把知识分子划分为小资产阶级的知识分子、劳动人民的知识分子、工人阶级知识分子三类;当代中国按党派划分,有党内知识分子、党外知识分子两大类,加入中共为党内,加入民主党派以及不加入任何党派的为党外。但是真正按知识分子与政治的关系来划分,那就复杂了,争论也就更大了。

北京大学教授郑也夫在《知识分子研究》一书中提出,从文化层次上可以把知识分子自下而上地分为四类:① 非文化型知识分子:他们具有大学学历,但不从事文化(包括科技)工作,而在机关部门从事管理和事务性工作。他们遵循的是组织机器的逻辑:目标是上面定的,无权力怀疑,只需寻找手段,需要的是一种实用态度。② 传授与应用型知识分子:教师、工程师、临床医生等。③ 创造型知识分子:思想家、科学家、学者、艺术家、作家等对新知识、新思想做出一定贡献的人。④ 批判型知识分子:基本特征是:一是不把眼光局限在某一专业学科上,对现实社会的重大问题、价值观念以及关于自然、人生的一些终极问题,深切关注。二是对现状持批判态度。三是这种关注的热忱和批判态度是建立在强烈的道德责任感之上的。[6]

台湾学者许倬云(江苏无锡人)按照北宋张载说过的四句话"为天地立心,为生民立命,为往圣继绝学,为万世开太平",把中国知识分子分为四种类型。第一类是"为天地立心"者,也就是解释自然现象和宇宙意义,包括生命的意义、古往今来的意义等。张载说,天地本来无"心",要人给它立个"心"。广大空间为"宇",无时无往为"宙",需要人去解释宇宙,这属于理念的维度。所以,这一类型的知识分子是理念上的哲学家。第二类是"为生民立命"者,属于实践的维度,可以解释成为一般人寻求他们生命的存在。这一类型的知识分子,是把理念付诸实践的执行者,也许是官员,也许是社会领袖。第三类是"为往圣继绝学"者,也属于实践的维度。他们想办法扩大并传承所学,总盼望后来的人能学得比自己更好。每一个教书的人,都希望自己的学生学得比自己更好,就属于这一类型。第四类是"为万世开太平"者,属于理念的维度。这种类型的知识分子能提出一个理想境界——理想的社会、理想的生活或理想的人生态度,并用这些理想来针砭、批判、矫正眼前所见不合理的地方。这一类型的知识分子,可以是革命者,想把现有的秩序推翻,朝理想方向走去;也可以是改革者,认为现状不符合他们的理想,要定个方向一步步改得更好。他认为中国的知识分子大致离不开这四种类型,而且这四种类型之间可以互通,有的人兼顾两个类型,甚至更多,有的人只在一种类型中做得很好,却顾不到其他方面。

还有一位学人把知识分子分为 16 类。由于他的分类好像缺乏尺度,请允许为学者讳,在这里只把他的 16 类罗列于后:盲从型、敷衍型、被动型、自卑型、小丑型、表白型、无赖型、恶棍型、变色型、乖角型、班头型、总管型、至高型、马后炮型、共患难型、英雄型。

意大利理论家、意大利共产党的创始人和领导人之一安东尼奥·葛兰西(Antonio Gramsci,1891—1937)依据生产方式的历史性特点把知识分子区分为"传统的知识分子"和"有机的知识分子"两种类型。所谓"传统的知识分子",是指他们的一切思想或言论多少是为某一个相对固定的阶级的经济利益服务的,自觉或不自觉地保留有保守的思想方法。而所谓"有机的知识分子",他们是"到什么山上唱什么歌"。他们同赋予他们利益的阶层息息相关,与他们见解相近的阶级保持密切联系。他们是整个社会结构和上层建筑的中介,拥有一定特殊世界观和有意识的道德观。葛兰西还主张让有机的知识分子去改造和取代传统的知识分子。但也有学者认为这样诠释葛兰西的划分,并不完全合乎葛兰西的本意。

英国哲学家艾柯(Umberto Eco,又译为翁贝托·埃可,1932—2016)按照知识分子生产产品的属性把知识分子分为两类:灾告型知识分子与整合型知识分子。艾柯认为:灾告型知识分子最有可能是悲观主义者,相反,整合型知识分子则既不是悲观主义者,也不是乐观主义者(也许两者都可能),但最为重要的是,他们不是异议分子。[7]似乎可以把艾柯的"灾告型"译为或理解为是"预言型""谣言型",是"见一叶落而知天下秋",未必是什么悲观,很可能是居安思危,是"把坏话说在前头",是敲警钟的人。

生于耶路撒冷的巴勒斯坦理论家萨伊德(Edward Wadie Said,1935—2003,又译为萨义德、赛义德),把知识分子分为享有特权的和不享有特权的两派。有人把这两派译为"圈内的"和"圈外的"两派。从政治态度上讲,还有人把前者译成"诺诺派",把后者译为"谔谔派"。诺诺派是权力结构中的一员,是技术型知识分子,是被国家机器所吸收的技术官僚,身不由己,飞黄腾达,对上永无不同意见。萨伊德认为,谔谔派主要是流亡在其祖国之外的知识分子,他们无特权,无荣耀,能够从传统、世俗与权威的束缚中解放出来,发表与社会主流不合的言论,卓然特立。萨伊德本人认为对人应尊敬而不敬畏。

跟萨伊德观点相差无几的分类,还有一种叫"公知",全称"公共知识分子"。精确定义是指具有学术背景和专业素质的知识者,进言社会并参与公共事务的行动者,具有批判精神和道义担当的理想者。最早提出"公共知识分子"的是美国加州大学洛杉矶分校历史系教授拉塞尔·雅各比(Russell Jacoby)。他在1987年出版的《最后的知识分子》一书中,认为以前的知识分子通常具有公共性,他们是为富裕而又有教养的读者而写作的。[8]在中国正式使用"公共知识分子"这一概念,始于2004年9月《南方人物周刊》。《南方人物周刊》不仅使用,而且还在该刊2004年第7期上特别策划公布了"影响中国公共知识分子50人",包括的界别有文学、史学、哲学、经济学、法学、社会学、政治学、科学家、传媒人、时评家、公众人物,其中有7位已故人士。发表后有人赞成,认为:公知呼吁改革政治体制、落实宪法规定的公民权利;撰写了许多回忆录、访谈录和专著,介绍亲力亲为的历史过程,或经过大量的调查研究,揭示历史真相,帮助人们通过历史事实,重新认识社会。他们针对施政得失、体制痼疾、社会积弊和民生疾苦,提出许多尖锐而深刻的批判和建言,为维护失地、拆迁的农民和市民的权利依法抗争,为深受权力的刁难和垄断的排挤而挣扎的企业家仗义执言,为备受歧视的农民工讨还公道,为弱势群体提供救助。他们是改革开放的拥护者、履践者,维权运动的参与者、指导者,启蒙运动的推动者、实行者。他们放眼天下,胸怀全局,忧国忧民,志在未来,在现阶段争取宪政民主的改革大潮里,他们扮演着引领者和宣导者的角色,成为在专制主义、拜金主义和奴隶主义混成的政治雾霾笼罩下的清醒而理智的思想者和呐喊者。这一切使他们不同于明哲保身的普通知识分子,因而被称为公共知识分子。

与此同时,"公知"说立即遭到许多人的反对。有人提出,"公共知识分子"的概念,其实质是离间知识分子与党的关系、和人民大众的关系。也有人说,一些貌似独立的"公共知识分子",其实只要认真剖析一下,他们的身后无不隐藏着某些利益集团的背景。不赞成"公知"说的人认为,提出"公共知识分子"概念的人是"寄生在民主身上的寄生虫,喝着民主的血,把民主当商品论斤贱卖"。还有一些文章指出:要"警惕公共知识分子思潮"。

上述不同学者的分类是有分歧的,但也有相通的地方。只要我们择善而从,不善则不从,对知识分子坚持区别对待,因境而异,就可以收到异曲同工之妙,唱出嘹亮的异口同音的大合唱。

四、如何为知识分子服务?

做好知识分子工作具有基础性、战略性的意义。国家机关与人民群众之间的关系是主仆关系,这一认识是马克思主义的精髓,是马克思主义者的初衷。只要国家存在,主仆关系就不应当改变。马克思在《法兰西内战》、恩格斯在纪念《法兰西内战》发表 20 周年时所写的导言中都强调过这一点。恩格斯说:"防止国家和国家机关由社会公仆变成社会主宰。"[9] 今天我们在处理政府与知识分子关系时,必须坚持公仆的服务意识不动摇。

具体说可从以下四方面入手。

(一) 礼贤下士

尊重知识就要尊重知识的载体。见贤思齐,现在许多国家都有先贤寺,这是尊重知识分子的优良传统。在我们中国,先贤寺、先贤县尤其多。上海有奉贤县(现已改称奉贤区),是敬奉来过这里的孔子弟子言偃的;江西有进贤县,县里有栖贤山,是敬奉居住于此的唐代先贤戴叔伦的。在贤人离世后敬奉贤人,在贤人在世时更应当对贤人以礼相待,更应当广开进贤之路,充分发挥贤人的作用。曹雪芹在《红楼梦》第三回讲:"礼贤下士,拯溺救危,大有祖风。"其实,贤人岂止是能够"拯溺救危",贤人也能够推动欣欣向荣的社会更上一层、百层楼。

不用遮掩，我们曾有对知识分子无礼的短暂历史。沿用"九儒十丐"之说，骂知识分子是"臭老九"，大讲"知识无用论"，胡说什么"知识越多越反动"，导致一大批文化名人自杀。历史学家吴晗的作品 20 世纪 30 年代受胡适赏识，40 年代受毛泽东好评，1965 年冬开始挨斗，1969 年惨死。老报人邓拓才华横溢，1944 年仅用半年时间便在晋察冀编出五卷本《毛泽东选集》，为国内最早版本。可是 1966 年被打成反党、反毛泽东的"三家村"第一成员。"五一六通知"下达后两天，邓拓自杀。接着，仅半年时间，以跳楼、投河、卧轨、吃药等方式自杀的大知识分子接二连三。1968 年，仅仅是中科院的一级研究员就有 20 人自杀。自杀者占知识分子的比例毕竟是少数，大部分遭受肉体的折磨，过着生不如死的日子。中国好多部门的文化科学事业"关门'大吉'"，无知无畏的人到处横行霸道。1948 年，中共中央把从平山县西柏坡迁到北京定都比做"进京赶考"。进京后，很多方面考高分，可在知识分子问题上没考及格。革命党时从谏如流，有爱才的诚意、用才的胆识，可是成为执政党后，听不得知识分子的不同意见，铸成大错。

1978 年全国科学大会再一次提倡"知识分子是工人阶级的一部分"。[10] 在"工人阶级领导一切"的声音响彻云霄的年代，这句话极大地调动了知识分子的积极性和创造性。在科学的春天里百花齐放，万紫千红；在科学的论坛上百家争鸣，各抒己见，畅所欲言。可是，90 年代以后，随着官僚主义的蔓延，形式主义的膨胀，知识分子的地位出现了相对下降的现象。透过几十年来人们见面的称呼，便可以看出事物的本质。20 世纪 70 年代见了不认识的人称"师傅"，1978 年后见面称"老师"，90 年代见面称"老板"，现在见面称"领导"。什么人吃香，就用什么称呼，以示尊重。很明显，今天能够像齐桓公那样求贤若渴的人少了。齐桓公在得知小臣稷是个贤士以后，一天接连三次前去求见小臣稷，小臣稷均托故不见。有人劝他"算了吧！不用见了"，可是齐桓公坚持不走，又继续求见了两次，直到第五次才得以拜见到小臣稷（《吕氏春秋·下贤》）。"士有一言中于道，不远千里而求之"，这是我们应当永远继承的中华民族的优秀传统。

《国语·晋语八》上这样写："文子曰：'医及国家乎？'对曰：'上医医国，其次疾人。'"古人认为最上等的医生是为国除患祛弊的，其次才是疗疾、医人。知识是力量，是文明，对待"医国型"知识分子热情的高度是国家兴旺的标志。"尚贤者，政之本也。"前人对一字之师都一拜再拜，今天我们为了国家的兴旺发达对有一技之长的知识分子更应该尊重,再尊重。

(二) 循循善诱

人无完人,知识分子不是十全十美的圣人阶层。任何职业都有职业病,阶层也无不有与阶层特性相关的"阶层病"。从前面介绍的几种分类中便能看出知识分子的"阶层病"。很多知识分子身上有短板。但是人们不可用知识分子的短处来否定知识分子的长处,也不可用知识分子的长处来否定知识分子的短处,不可捧上天,也不可打翻在地。谁都知道,有独到见解才能成为知识分子,可是一不留意,独到见解会转化为独断、专断;知识分子对自己的研究成果应有自信,不过略微延长一点,超过了临界点,自信会演化成自负、自大。作为政府的公务员应对知识分子的独断和自负的"阶层病"予以理解,并帮助他们纠正。

对此,齐桓公看得很透彻。在有人劝齐桓公不要再等候小臣稷时,齐桓公说,贤士傲视爵禄富贵,才变得轻视君主,如果其君主傲视霸主也就会轻视贤士。纵有贤士傲视爵禄,我哪里又敢傲视霸主呢?是的,对有傲视弊病的知识分子要有"容才的雅量"[11],应以谦虚待之,感之,不宜以傲视、训斥、体罚对之。

孔子曾说过"智者不惑"。知识分子最大的优点是不随波逐流,但这也是有限度的。知识分子都生活在"波涛"边上。在波浪滔天时,知识分子也很难都做到逆流而上,难免会有人"随波逐流"而去。前面点赞过吴晗,毋庸讳言,在社会"左"得出奇时,吴晗也"左"得够呛。1957年他无端地批斗过爱国人士罗隆基等人。还有被认为右的胡风,在"左"风刮到十级以上时,胡风也"左"得要命。手无寸铁的知识分子在不怕牺牲方面远不如工农兵。90年代,写牛棚生活名作的大教授,其实他也在牛棚里揭批过别人,只是不太厉害罢了。被称为"党内一支笔"的人也有软弱性,在1976年批邓时他舞文弄墨写书面材料上纲上线,揭发邓小平。像"党内一支笔"这么软弱的笔杆子虽是个别,是极端,但是有极端必有"近极端"。有位专家,"文革"中把他的搭档对他的热情照顾,揭发成"腐蚀""拉拢"。他的搭档听了特别寒心,说:"别人或因受过我的批评,来斗我,还说得过去。他把我对他的关心说成'腐蚀',我接受不了。"上海有位被迫揭批冶金专家周仁的专家,后来觉得良心实在说不过去,夫妻双双服毒自杀。中科院上海分院在"文革"中揭批所谓"梅花党",搞什么"两线一会",在造反派搞"逼供信"时，很多专家是一"逼"就"供"，你供我，我供你，结果专家全部被打倒，英模彭加木也被诬为梅花党。都是梅花党了，没得供了，就供出工宣队也是梅花党。否极泰来，物极必反，这才使后来的工宣队清醒：梅花党本是无中生有。逼者有大罪，供者难道没有小错吗？犯大罪的逼者未必都是知识分子，犯小错的供者中不能说没有知识分子。供者先供合不来的，后供亲朋好友，再供"八竿子打不着的"。专业水平高不等于道德水平高。专家能像党内知识分子方志敏那样坚决不供，逼者也不至于把"扩大化"扩大到无边无际。知识分子也有个加强团结的问题，团结是阶层巩固发展的要素。很多批文人的斗争，看似上面下来的，实际是文人先打小报告，再引来上面大动干戈。如批周谷城的"无差别境界"，中南海在接到批周谷城的举报信时还没看到周谷城的文章。事情是复杂的、曲折的，不是"小葱拌豆腐——一青二白"，其中有"木秀于林，风必摧之"的元素在发酵。所以需要强调"教育者先受教育"。前面提到"学而优则仕"，这里还要加一个"仕而优则更加要学"。毛泽东说："凡有人群的地方，都有左、中、右。"[12]这也符合知识分子群的情况，但是也要看到左中右是动态的，关键在于会不会教育。高明的教育者能把鬼变成人，不高明的教育者能把人变成鬼。犯罪率、自杀率、抑郁症发病率过高时，别忘了从上层、体制、教育者身上找原因。

教育，对饱学之士的教育，一定要坚持和风细雨，由浅入深，循循善诱，分寸适当，千万不要居高临下，盛气凌人，出言不逊，万万不可开口就骂，动手就打。有时也不妨设身处地地用政治教官自己改正错误的经验来说服知识分子，以心换心、将心比心，从而温暖人心。领导人要创新教育的方式、方法，既润物无声，又触及灵魂。一次说服不了，下次再来。"话到嘴边留半句"也可以，下次再讲下半句，慢慢引导，久久为功。水滴石穿固然很慢，但要比晴天霹雳、不讲人道，动刀动枪要好。请看那些从爱国变成叛国的知识分子，其中固然是内因起作用，难道与外界的高压没有关系吗？发火是制造敌人的加速器，过火是教育工作的粉碎机。德国有位华人学者关愚谦，因为1957年划他为"中右"，"文革"开始又斗他，他见大祸临头，于是便拿着日本友人的护照，骗过中国海关逃出国门。后来，他在德国翻译了六卷鲁迅作品。中国改革开放以后，他又从叛国转化为爱国，成了中国多所大学的教授。回过头来再想一想，当初不斗他，他会叛国吗？再看看1957年划的那些右派分子，平反后有很多成为至诚报国的党和国家领导人。这就不难懂得在做知识分子工作中的经验教训了,不难懂得彬彬有礼的必要了。1945 年,毛泽东在《论联合政府》中写道:"要求取消一切镇压人民的反动的特务机关和特务活动,取消集中营;取消一切镇压人民的言论、出版、集会、结社、思想、信仰和身体等项目自由的反动法令,使人民获得充分的自由权利。"[13]令行禁止是好的,但是如果在思想没真正想通的情况下"令行禁止",貌似立竿见影,实则是大轰大嗡,往往留下后遗症。我说你服、我打你通的单向教育,不是高招。政界与学界互动,方能掩映生姿。

(三) 多元包容

术业有专攻。知识再渊博的人也只能观察到自然和社会的一个、至多几个侧面。在观察研究同一个侧面时,又由于使用的工具和方法的不同,也会形成"横看成岭侧成峰"的不同认识。"骏马能历险,犁田不如牛;坚车能载重,渡河不如舟","党外无党,帝王思想。'学界'无派,千奇百怪"。中国的地学有五派,天文学界对火星、对冥王星、对黑洞都有不同看法,人文学科更不用说了,一百个学派也不止。科学越发达,越要求细化,细化难免分出很多的学说、学派。学科林立、学派相争,这就是千百年来一部学术史的真实写照。

学说、学派不是一般高的。高超的学说是比较出来的,先进的思想是思维共振振出来的,是观点互补补出来的,是相互辩论辩出来的,有时也是"文斗"斗出来的。"真理是燧石,越打越发光。"比较、共振、互补、辩论、文斗的前提是包容多元,尊重差异,让各种意见充分发表出来。对于跟自己原来的想法不太一致的思想观点,要宽容一点;对待有不同意见的同志,要宽厚一点;把学界的氛围营造得宽松一点。不让人发表意见的人是缺乏自信,要坚信"让人家讲话,天塌不下来",要坚信"大树不会因为啄木鸟的叨叨而枯萎"。不让"啄木鸟型"的智者发表不同意见是软弱,是无能,是苟且,还可能是企图"饰"点什么"非","讳"点什么"疾"。封李文亮的"人传人"之说,就是典型的讳疾忌医。是人,讲话就不可能句句是真理。如果人家所讲的不符合事实,如果人家所讲的有错误,你可以答辩! 答辩权是对批评权的平衡机制。有批评就允许反批评,有反批评就允许反反批评。"批评→反批评→反反批评→反反反批评……"这是科学文化发展的逻辑。"交流→交锋→交融""殊途→同归→再殊途→再同归"是文艺与科学的常态。毛泽东在给郭沫若的信中说:"笔墨官司有比无好。""商榷、对商榷的商榷、对商榷的商榷再商榷",应成为学者的家常便饭。

商榷不是攻击，批判不是辱骂。我们要以"商榷→对商榷的商榷→对商榷的商榷再商榷→……"来代替"整人→整整人→整整整人→……"。主流派听不同声音会促使主流严密、完整。个人所持的观点在听不同声音以后也会有助于提高那自以为是的、在自己认识中占主流地位的观点的准确性。在人际、国际上要求同存异，在学术上要求异存同。求异方能出新，无异只会是抱残守缺，原地踏步。有时坚守曾经的"过去式"的先进，也会变成保守。先进无止境。真理的形成是个过程，共识有时是要经历几十年、几百年的筛选、争论方能确定下来的，不可能一蹴而就，不可能一槌定音。

因此，20世纪50年代初，"百花齐放"从用于京剧一个剧种，"百家争鸣"从用在《历史研究》一家学术刊物上，逐步为广大知识分子认可、欢迎。中共中央遂于1956年把"双百"方针确定为科学文化艺术事业发展的方针。方针政策是党与政府协调、团结知识分子的交响乐指挥。第一个传达、贯彻"双百方针"的会议是1956年在青岛举行的全国遗传学会议。在那次会议上，不管是米丘林学派的还是摩尔根学派的，学者们听了中宣部的传达以后，人人心花怒放，个个雀跃三尺，发言争先恐后。有学者在会上发言达9次之多，有学者在下海游泳时，还在海里聚在一起颂扬"双百"方针。渤海变成了学海。"双百"方针是传播时间最长、传播空间最广的方针。一花独放不是春，万紫千红才是春。一言堂是殿堂，是皇宫，是封建。我们要的是真理面前人人平等，要的是独立思考，言论自由，要的是中华民族共享共用的格言："知无不言，言无不尽。言者无罪，闻者足戒。""双百"方针是不拘一格团结广大知识分子的吸铁石，是发挥知识分子才智的高铁车头，是吹拂学术园地繁花似锦的浩荡东风。今天我们要做好知识分子工作仍要以"双百"方针为指导。畅所欲言，言后更畅，越畅越有研究的主动性，越有一往无前的积极性。前些时候，有些谈论知识分子的文章、文件、书籍只字不提"双百"方针是否妥当，值得讨论。要知道，世代相传的"百家争鸣"为什么会起于两千多年前的春秋战国时期？是因为战国七雄为了争雄，不得不变革：魏国有李悝变法，楚国有吴起变法，秦国有商鞅变法，齐国有邹忌变法，韩国有申不害变法，赵国有胡服骑射。"政者，正也。"是政治改革带出了学界的百家争鸣，是国君能用这批贤能之士。今天，中国共产党来了个飞跃，把"双百"提升为方针，是继承，更是发展。党的"双百"方针能为知识界营造"海阔凭鱼跃，天高任鸟飞"的学习、工作和生活环境，鼓动知识界敢于挑战常识、挑战权威、挑战"不可能"，敢入无人之境、敢闯未知领域、敢破未解之谜,并以严肃的态度、严格的要求、严密的方法、严谨的学风,专心致志地从事创造性的劳动。

(四) 后勤服务

邓小平在1978年3月18日的全国科学大会开幕式上说:"我愿意当你们的后勤部长。"[14]台下立即响起暴风雨般的掌声。科学研究是劳动,劳动者需要生产工具,同时也少不了生活资料。真要团结知识分子,拜学者为师,与学者交朋友,就一定要做好后勤服务工作。后勤是前线的后盾,是优化环境的支柱。习近平曾经指出:"环境好,则人才聚、事业兴;环境不好,则人才散、事业衰。要健全工作机制,增强服务意识,加强教育引导,搭建创新平台。"[15]有些人喜欢讲"聚天下英才而用之",这没错,用比不用好。殊不知更重要的是聚天下英才而服务之。古人讲:"将欲取之,必先予之。"不能把"用"与"取"搞成拿来主义,必须知道前提条件是"予"。要不辞辛劳地"予",然后就可以顺利地"取"来。反之,一味地追求"取",而不敬、不予,要"取"什么是难上难的,有时还会适得其反。重要的是为知识界在工作上创造条件,在生活上关心照顾。

从哪些方面为知识分子做后勤工作?这要从实际出发,要根据知识分子的需要。1975年是"文革"后期,胡耀邦任中科院书记。你晓得他抓什么吗?他首先抓的是房子、票子、妻子、孩子和炉子。为什么?因为"文化大革命"是"革"文化人的"命"。文化人受到摧残,从老房子里搬出去了,工资扣发了,夫妻分居两地了,孩子进不了幼儿园了,烧饭没有煤气灶了。在这种情况下,胡耀邦在李昌协助下,不辞劳苦地抓"五子登科",大得人心。可惜好景不长,"四人帮"大批"右倾翻案风",把胡耀邦作为重点批斗。胡耀邦只领导了科学院120天,却被学界颂为有恩于知识分子的"百日维新"。

在1978年3月18日的全国科学大会开幕式上有个主席台罕见的场面,电视里没有播放出来。坐在主席台正中间的华国锋主席忽然站起来,弯腰走到与他隔好几个座位的主席台边上,与郭沫若老人讲悄悄话,不免引人猜测:"有什么话要在这个场合讲呢?"会后,郭沫若怀着感激的心情告诉友人:华国锋是关心他的身体,问他:"吃得消不?要不要先回家休息?"华国锋把服务工作做到了体贴入微。

今天,随着知识经济的繁荣,中老年知识分子的后勤早已不成问题了。在中国基尼系数偏高的严峻形势下,甚至还可以认为高级知识分子的待遇有一个过于优越的问题。知识产权的出现至少有五百年的历史,历史证明其有利于推动创新。但是,一项发明,改头换面拿几项知识产权,奇货可居,善贾而沽,就不好了。应该看到,知识产权有不利于科学普及的另一面。如何改进?可以列为后勤工作的一项课题来研究。比如在 2020 年新冠病毒肺炎大暴发的日子里,中美等很多国家医治新冠肺炎的医术,可以说是解决这场战疫的"哥德巴赫猜想"。但是我们在有所发现后,迅速公之于世,无偿奉献给世界各地,大大减少在这场世界战疫中的病死率。假如申报知识产权,那要等到何年何月?会增加多少患者?现在的艺术家,腰缠万贯的人不是个别的。对此,要用"两点论"来分析。作为艺术家,腰缠万贯在舞台上是难以舞动的。雇用的后勤人员太多,也是麻烦事。不过,有些艺术家热心于慈善事业,是善举,深受欢迎。中青年知识分子待遇不高,迫使他们多做课题,值得称颂。问题是要防止出现办"论文工厂"的现象。人才交流是改革改出的一大成果。曾记否? 80 年代,北京的著名演说家走到哪里人们就欢迎到哪里。可是,他在深圳演讲,不赞成人才流动,被轰下了台。后来《人民日报》公开讨论,舆论支持了深圳的人才流动观。但在今天要注意另一倾向,不要把人才引进异化为"人才买卖"。古人讲"人为财死,鸟为食亡",有点艺术夸张。世界百强的寿命并不短,但是认为"学为财死"一点也不过分,世界百强几乎没有著作等身的,尽管他们可以花钱买著作权。一句话,服务要周到,财富讲来路。在"金钱拜物教"蔓延的大环境中,知识分子也要警惕物欲滋长,还是以心无旁骛的精神来治学为好。

"得人者兴,失人者崩。"知识分子占人口的比例,是衡量国家兴衰的权重最大的指标。为了建立一支规模宏大、结构合理、素质优良的知识分子队伍,我们要千方百计营建一个良好的体制机制、政策环境、社会氛围,从而推动知识分子笑逐"言"开,把才华和能量,尽情地、充分地释放出来,为中华民族伟大复兴的事业贡献智慧和力量。

参考文献:

[1] 鲁迅. 关于知识阶级[M]//鲁迅全集:第 8 卷. 北京:人民文学出版社,2014:223—227.

[2] 余英时. 士与中国文化[M]. 上海:上海人民出版社,1987:3.

[3] 毛泽东. 一二·九运动的伟大意义(1939 年 12 月 9 日)[M]//毛泽东文集:第 2 卷,北京:人民出版社,1993:256.

[4] 毛泽东. 毛泽东选集:第 2 卷[M]. 北京:人民出版社,1991:768.

[5] 周恩来. 关于知识分子问题的报告[M]//中共中央党史研究室. 中国共产党历史大事记. 北京：中共党史出版社，2015.

[6] 郑也夫. 知识分子研究[M]. 北京：中国青年出版社，2004.

[7] [英]齐格蒙特·鲍曼. 寻找政治[M]. 洪涛，周顺，郭台辉，译. 上海：上海人民出版社，2006：91.

[8] R. 雅各比. 最后的知识分子[M]. 洪洁，译. 南京：江苏人民出版社，2006.

[9] [德]马克思，[德]恩格斯. 马克思恩格斯全集：第22卷[M]. 北京：人民出版社，1965：228.

[10] 解放军报. 检索1978：邓小平首倡知识分子是工人阶级一部分的新观念[N]. 解放军报，2008-10-08(6).

[11] 习近平：在庆祝中国共产党成立95周年大会上的讲话[EB/OL].（2016-07-01）[2020-04-10]. http：//www.xinhuanet.com/politics/2016-07/01/c_1119150660.htm.

[12] 毛泽东. 毛泽东选集：第5卷[M]. 北京：人民出版社，1977：423—429.

[13] 毛泽东. 论联合政府[M]//毛泽东选集：第3卷. 北京：人民出版社，1991：1063.

[14] 邓小平. 1978年3月18日邓小平在全国科学大会开幕式上的讲话[EB/OL].（1978-03-18）[2020-04-22]. http：//scitech.people.com.cn/GB/25509/56813/57267/57268/4001431.html.

[15] 习近平在欧美同学会成立100周年庆祝大会上的讲话[EB/OL].（2013-10-21）[2020-04-23]. http：//cpc.people.com.cn/n/2013/1022/c64094-23281641.html.

对"北欧模式"的云端调查和解析*

北欧是指位于斯堪的纳维亚半岛上的五个国家,它们是安徒生笔下小美人鱼的故乡丹麦、北海小英雄的发源地挪威、圣诞老人的家乡芬兰、拥有200多座火山的冰岛,还有科学家诺贝尔的出生地瑞典。这五个国家地处北纬六七十度,在北极圈附近。从人口数量上看,这五个国家堪称小国。挪威、芬兰、丹麦三国的人口都是500多万,瑞典约1 000万,冰岛则只有35.5万。就是这样的人口小国,曾被评为全球最适合居住的地区。谁都知道,瑞典被称为"北欧雪国";挪威冰川占全境面积的1/3以上。奇怪了!天寒地冻何以最适合居住?

谁都知道,"万物生长靠太阳",但北欧的日照时间很短,冬天只有四五小时。可是他们只用占全国总劳动力3%—4%的人来从事农业,种出的农产品就能够自给或基本自给。就连外贸依存率为80%的瑞典,农产品自给率也达80%。这是为什么?

谁都知道,"地无三里平"是贫困的象征,也是造成贫困的原因。北欧五国不仅多大山,而且是高海拔,按通常的道理推测,北欧应当是"贫中之最贫"。可是北欧五国按国际汇率计算的人均国内生产总值,以及按购买力平价计算的人均国内生产总值都是全球最高的。丹麦按国际汇率计算的人均国内生产总值为53 744美元,芬兰为43 169美元,冰岛为69 629美元,挪威为70 392美元,瑞典为51 165美元;按购买力平价计算的人均国内生产总值,丹麦是47 985美元,芬兰是42 165美元,冰岛是59 629美元,挪威是70 392美元,瑞典是51 165美元。以上是2016年的数据,近年又有大幅度提高。北欧为何会

---

* 原载《世界社会主义研究动态》2020年第10期。

这么富裕？

社会发展史告诉我们：君主制比共和制落后，按照传统理念，在君主制前加上"封建"二字也不为过分。但请看：北欧五国中有三个国家的政体的前两个字是"君主"。试问：落后的社会制度怎么会如此有力地推动社会生产力向前发展？人类社会发展指数分极高、高、中、低四个等级，0.8—1.0 之间为极高。从联合国发布的 2019 年各国人类社会发展指数看，北欧五国都在"极高"之列：

挪威世界第一，0.954；冰岛第六，0.938；瑞典第八，0.937；丹麦第十一，0.93；芬兰第十二，0.26。

这又是为什么？

诸如此类，人们将其"成功"的原因归结为"北欧模式"。北欧究竟是如何登上高峰的呢？这些奇特的现象值得社会学界调查、研究、解析。几年前，笔者利用到瑞典讲学的机会，在北欧五国转了一圈，类乎"田野调查"。虽为走马观花，但却留下了深刻印象和不少疑问。2020 年这大半年，笔者困在德国，一票（飞机票）难求，有家难归，不便戴着口罩与人接触，于是便利用网络，关起门来搜集北欧资料，自称其为"云端调查"。遗憾的是"云端"上的资料不仅是"碎片化"的，而且有的准确，有的不准确。本想查历年的，可惜在网上，有的数据只有近期的，没有远期的，有的数据有远期的，而无近期的，不系统。后来想想，碎片化、不系统，恰是提炼理论的源泉，恰是社会学者从中提炼理论的富矿。夏秋之交的德国气候炎热，在云端调查中只得"撕片白云揩把汗"，贸然就"北欧模式"的优越之处提出以下几点看法。

第一，因地制宜，以弱胜强。

植物学的常识告诉我们：植物的叶面大小从热带到温带、再到寒带是逐步缩小的。北欧气候寒冷，瑞典很多地方常年积雪，被称为"北欧雪国"。在北欧，很多阔叶植物无法生存，少数生存下来的叶子也在变小，变成针状。北欧森林覆盖率很高，瑞典的森林覆盖率为 54%，挪威森林覆盖率为 37%，并以针叶林居多。针叶木有针叶木的特色，用针叶木做出的纸张就比用麦秆做出的要好。因此，北欧人就地取材，每年都出口大量纸浆、纸板和纸张。北欧发展针叶木加工工业，出口针叶木家具，以及林业机械设备。芬兰是世界第二大纸张和纸板出口国；瑞典针叶树木产品的出口额居世界第二，纸浆出口居世界第三,纸业出口居世界第四。针叶胜阔叶。

　　动物也一样,寒带的鱼不同于热带的鱼。比如三文鱼在温带、热带国家十分稀少,即使在渔业发达的国家,三文鱼也都很贵重。鳕鱼在北欧很丰富,很多国家赶来捕捞,为此冰岛还曾与英国打过一场声势浩大的"鳕鱼之战"。芬兰被称为"千湖之国"。这"千"只能作为"多"的形容词来看,实际远不止一千。芬兰有18.8万个湖泊,鱼类品种繁多,渔业发达,渔民用现代技术捕捞鳕鱼、鲱鱼、鲐鱼、毛鳞鱼等。北欧大力发展寒带渔业,出口水产品,运往世界各地,受到欢迎。丹麦是欧盟最大的渔业国,年产132.8万吨水产。诗人曾为北欧的鱼写过优美的诗篇。

　　100亿年前,地球在形成的过程中是不看国家来头的,地球在形成以后的板块运动也是不讲情面的。地球赐给人类的自然条件无所谓好坏。为之,则坏者亦好也;不为,则好者亦坏也。冰岛常有火山爆发,危害极大。几十年前,冰岛的火山灰飘到西欧,使得西欧的飞机无法起飞。可是,在"上天容易入地难"的今天,火山是地心向地表上的人类输送重要情报的"快递"。冰岛人便利用这个条件悉心研究火山,水平遥遥领先。冰岛还有一个奇特的坏现象:由于处在两个地下板块之间,板块的碰撞运动能把铁桥扭曲、变形,100多年的时间就会把铁桥变成中国的麻花状。还有地热,不少国家也有,不过在其他国家能见到地热冒蒸汽就够吓人的了,可是冰岛的地热更不同一般,它发出的是能遮住村庄的浓浓大雾。这还不算,冰岛有几处从地下冒出20多米高的温度高达80摄氏度的喷泉,以致热水所流之处,寸草不生。可是,冰岛把所有这些都变成为吸引世界各国游客来观看的景点,从而用旅游收入大大提升国内生产总值。当然,北欧地下也有好东西,挪威是全球第八大石油出口国、第三大天然气出口国。瑞典更妙,现查明储量为25万到30万吨的铀矿是价值连城的放射性物质,但在百年前,人们认为铀矿并没有多大价值。

　　农业在北欧经济中占的比重不大,农业劳动力的占比更小,但农产品却能基本自给。这里面机械化起了很大作用,甚至还出现了智能农业。值得一提的是,农产品自给是北欧的大智慧。自给了,农产品对外国的依存度小,就不会受制于他国,不会被他国卡住食道,有助于自立、中立。

第二,文化为魂,社会文明。

　　北欧重视文化,普遍实行九年、十年制免费义务教育。这"义务"二字的内涵是丰富的。"九年、十年"是法定的,不得变动,变动了,政府就要挨批。实际上,那里的人们在大学、在读研时还有许多免费的项目,不过这也会根据国家经济情况的变化而略有伸缩。北欧国家投入教育事业的费用占 GDP 的比重普遍很高。在这方面,没有从"云端"抓取到完整的最新资料,一份 2007 年的老资料告诉我们:

丹麦教育经费占国内 GDP 的 7.8%;冰岛教育经费占国内 GDP 的 7.4%;挪威教育经费占国内 GDP 的 6.8%;瑞典教育经费占国内 GDP 的 6.6%;芬兰教育经费占国内 GDP 的 5.9%。

应当讲,近年比 2007 年略有变化,比如丹麦已从 7.8% 增加到了 8.5%。这在世界上是罕有的。正因为实行了九年、十年义务教育制,正因为国家在教育事业上投入巨大,北欧学生占人口的比例也相应很高。仍然根据 2007 年资料:

人口 573 万人的丹麦,在校学生 111.8 万人,约占全国人口的 1/5;人口 551 万人的芬兰,在校学生 189 万人,占全国人口的 1/3 以上;人口 1 011 万人的瑞典,在校学生 98.2 万人,占全国人口的 1/10;人口 34 万人的冰岛,在校学生 10 万人,占全国人口的将近 1/3;人口 529 万人的挪威,在校学生 116 万人,占全国人口的 1/5 以上。

再从联合国开发计划署发布的数据看,北欧的教育指数如下:

挪威 0.91 分,全球居第 3 位;丹麦 0.873 分,全球居第 9 位;冰岛 0.847 分,全球居第 17 位;瑞典 0.83 分,全球居第 19 位;芬兰 0.815 分,全球居第 23 位。

北欧五国不仅学生数量多,教育质量也很好。丹麦自 1973 年起,实行九年制免费义务教育。2002 年,丹麦全国共有学校 3 520 所,学生 111.8 万人,其中小学 2 791 所,学生 67.9 万人;高中 307 所,学生 6.9 万人;职业学校 164 所,学生 17.2 万人;综合性大学 5 所,学生 7.4 万人;师范、技术、农业、商业、艺术、音乐等院校 153 所,学生 10.4 万人。最著名的高等学府有建于 1479 年的哥本哈根大学,其 2003 年约有学生 3.5 万人,在世界 500 所最好大学的排名中曾获第 51 位,甚至是第 29 位的好成绩。从哥本哈根大学走出了一大批诺奖获得者,其中先后来过中国的物理学家父子尼尔斯·玻尔和奥格·玻尔,分别于 1922 年和 1975 年获诺奖。在政界,从哥本哈根大学共走出了 6 位丹麦首相、1 位国王,此外还有 2 位冰岛总理、1 位冰岛总统。

为了形成独特的教育体系，扩大教育资源共享和交流，北欧4个国家的5所顶尖级理工院校从2006年起结成"五校联盟"。这不同于流行的"两校友好"，而是在教育、科研、工业科技发展等各个领域形成了长期的实质性合作关系，它们开设多个联合硕士培养项目，为新时期高科技人才培养注入了新鲜的活力，极大推动了教育事业更上一层楼。

北欧十分重视发展先进的科研项目，如光子、微电子、远程通信等。由于政府、企业、个人普遍重视教育科研工作，北欧人才辈出。根据2017年的资料，北欧五国获诺贝尔奖的比例很高：

瑞典诺贝尔奖得主30人，按人均排名全球第4；冰岛诺贝尔奖得主1人，按人均排名全球第5；挪威诺贝尔奖得主13人，按人均排名全球第6；丹麦诺贝尔奖得主14人（另有资料说是29人），按人均排名全球第7；芬兰诺贝尔奖得主5人，按人均排名全球第19。

由于教育的普及、科研的推动，北欧人还养成爱读书的良好风气。图书馆多，去图书馆的读者多。芬兰拥有各类图书馆3 000家，平均1 700多人就拥有一家图书馆，人均图书占有率在全球领先。知书既达礼貌之"礼"、又明理论之"理"，社会文明指数甚高。犯罪率极低，原来的牢房被改为旅社或工厂。自从虚拟世界发达以后，北欧人普遍喜欢上网。比如瑞典平均每人每昼夜上网浏览的时间达23分钟，用于阅读日报的时间是21分钟，用于阅读晚报的时间为8分钟，收听广播和收看电视的时间分别高达2小时和45分钟。真正做到了虚拟世界与实体世界交相辉映。

由于教育的普及，北欧五国的文明指数很高（迄今，世界上只有2013年公布过一次文明指数）：芬兰居全球第1，0.828分；瑞典居全球第2，0.802分；挪威居全球第7，0.742分；冰岛居全球第12，0.706分；丹麦居全球第13，0.697分。

第三，坚持中立，国家稳定。

北欧的瑞典、芬兰是被国际社会认可的永久中立国。挪威、丹麦也曾被认为是中立国。中立国是指在发生武装冲突时，对交战的任何一方都不采取敌对行动的国家，分为战时中立国和永久中立国两种。

北欧各国之间在历史上曾经历过"分久必合，合久必分"，甚至"分了不久就合""合了不久再分"的时期，不论是胜方还是败方都饱受战争之苦。因此，他们产生了"我不犯人"和企盼"人莫犯我"的强烈愿望。这也是他们得以在安定环境中发展的重要前提。可是,事实上是很难不偏不倚的。弱肉强食,你不犯人,一些强者却要来犯你。比方说在第二次世界大战中,迫于德国的要求,瑞典向德国出口了铁,被认为对德国军备发展起了很重要的作用。芬兰从1917年就宣布自己是"永久中立国",在二战中也声称中立,但同苏联和德国都有小摩擦。不说远的谈近的,直到2020年还有个超级大国的总统向丹麦提出购买格陵兰岛的领土要求,被丹麦拒绝,双方都不太愉快,取消了互访。可见中立是有难度的,中立只能是相对的。北欧有的国家参加经合组织,仍坚持所谓的"积极的和平中立政策"。挪威、丹麦、冰岛是北大西洋公约组织的成员国,而芬兰、瑞典却不是。丹麦、芬兰、瑞典加入欧盟,而冰岛、挪威则不加入。挪威不加入欧盟不是政府不想加入,而且国内公投通不过。情况是复杂的,冰岛不是名正言顺的中立国,可冰岛却是比中立国还中立的国家。法律规定允许中立国可以拥有自卫的军队,可是冰岛没有军队,没有一兵一卒,这就足以说明冰岛不大可能去侵略别国。

结盟古已有之,是社会稳定的必须。可是,真正互助、共建、共享的牢不可破的国家间联盟是没有的,而大多是一时的。所谓"命运共同体"绝大多数是"利益共同体"。从大处着眼,利益有共同之处;从小处着手,利益之间则多有冲突。国际间常说"政治化",是的,不能说没有一点政治化,然而,实际上则多是出于"物质利益化"。欧盟对欧洲的发展起了很大作用,但为何欧盟出资多的国家吵着闹着要脱欧,其实质是不肯多付出。在欧盟成员国中,还有拿"脱欧"来吓唬欧盟的,其目的是让欧盟多给拨款。还有些国家的地位显赫的总统,看起来了不起,实际上却不然。他声言"为国"是好的,但是不能用坑害别国的手段来为自己的国家谋利益。如果用坑害别国的手段来"爱国",那么,人们有理由对你的"爱国"打个问号,归根结蒂只能认为你是"爱己",是爱自身的权势和地位。

很明显,绝对的中立尽管是难以做到的,但一个国家具有中立的意识,也是有益的、可贵的。中立者不走极端,中立者接近最大公约数。中立不仅是北欧对外的策略,而且也是对内的政策。北欧国家是多党制,瑞典有8个党,挪威有9个党,芬兰有9个党,丹麦有11个党,就连30多万人口的冰岛也有8个党。党派在竞选中多是协商、谦让,远不像美国的特朗普那样在竞选活动中讲过头话,用污辱性字眼。北欧党派之间虽也互相指责,但彬彬有礼。他们强调宽容、合作,反对残酷斗争。近年还出现了党派结盟的现象,瑞典的绿党和社会民主党组成"红绿联盟"。即使是被视为"极左"和"极右"的政党,观点分歧、差异较大,也能做到在辩论会上唇枪舌战、在辩论会后握手言欢。过去讲"道不同,不相为谋",在北欧则是"道不同,也相为谋"。在北欧能成为执政党的往往是类似持中立观点的政党。激进的观点也许适用于将来,现在一时通不过,那就忍痛割爱,留待将来"东山再起"。认识总有个过程,处理国家大事不能不接地气,不能脱离群众。

对中立意识要一分为二。旁观者清,当局者迷。中立者看问题容易做到冷静、客观。有些国际争端国务卿扯破喉咙,听起来振振有词,总统跳八丈高,看起来神气活现,实际上连儿童游戏都不如。总的说来,中立是利大于弊。中立是促进北欧全球竞争力增长的推动力。

根据2020年公布的全球竞争力:丹麦全球第2;瑞典全球第6;挪威、芬兰均为全球第13;冰岛全球第21。

在历史上,2006至2007年芬兰的全球竞争力曾经第2,瑞典曾经第3,丹麦曾经第4。全球竞争力很能说明中立的功力。

第四,异化君主,平等自由。

北欧实行世袭君主制已有千年历史,有其落后的一面。治国方略是不可能靠DNA传播的,"帝王将相宁有种乎?"可是,北欧人在"君主"后面紧接着加上了"立宪"二字,这就把君主制"异化"了。北欧立宪已有100多年历史,早在19世纪就从君主制转为君主立宪制。宪法规定实行君主立宪制,国王是国家元首和武装部队的统帅,但是国王只能作为国家象征,仅能履行代表性或礼仪性职责,不能干预议会和政府工作;议会是国家唯一的立法机构,由普选产生;政府是国家最高行政机构,对议会负责。世界上最早的议会诞生于公元930年的冰岛。抚今追昔,那时的议会诚然不可能跟今天同日而语,何况议会还在冰岛中断过一个时期呢!但是,倘若抚昔追今,一定会看到冰岛议会在人类发展史上所留下的浓重的、不可磨灭的一笔,并成为今日议会的起点。

有人讲北欧实行的是"社会主义",也有人讲是"民主社会主义",还有人讲是"社会民主主义"。北欧一直存在"民主社会主义"与"社会民主主义"之争,二者无非是侧重点不同,前者强调民主,经济上的资本主义成分多一些;后者强调社会主义多一点,主张和平过渡到社会主义。其实,社会主义的初级阶段要讲民主,社会主义的中、高级阶段更要讲民主。"民主"就是要人民来做主,这是社会主义的基本点。也有人讲他们是"比社会主义还社会主义"。这有点过分,只能认为北欧是比处于社会主义初级的"初级阶段"要前进一步。讲他们是"比社会主义还社会主义",就仅是从他们实行"四高"的角度来论证的:他们是"高收入、高税收、高福利、高消费"。社会主义不就是以人民幸福为目标嘛!从这个角度讲是尚能站住脚的。北欧五国的幸福指数确实全都名列世界前茅。

从 2013 年到 2020 年,在每年的世界幸福指数排行榜中,北欧五国都位列前十:2020 年芬兰的幸福指数傲居全球第 1,7.809;丹麦第 2,7.646;冰岛第 4,7.504;挪威第 5,7.488;瑞典第 7,7.353。

有人说北欧人的生活"从摇篮到坟墓"都由国家包下来。这没错,自孩子出生,国家就给父母带薪假,有的国家带薪假四个月,有的国家 240 天,有的国家则是一年。这假期的安排挺有意思,其中父亲也有一个月的全薪"陪产假"。瑞典 240 天产假中的 195 天由政府支付日薪的 80%,剩余的 45 天可申请每天 180 瑞士法郎的津贴。这是产后的"摇篮"。殊不知孩子出生前,在没有"摇篮"的情况下,国家对孕妇也有照顾,去医院检查坐出租车,也给补贴。老中青看病只需付挂号费,医疗费由国家全包。这样做好不好?过去也有人批判过他们的福利社会,说福利社会"养懒汉"。出懒汉的事是有的,但不能"一叶障目,不见泰山"。"福利加教育"就不大会出懒汉。出懒汉总比少福利、出贫困、出偷窃要好。准确地讲,北欧实行的是"社会主义加资本主义"。经济自由化是资本主义,公平分配的高福利是社会主义。总而言之,不是封建君主制。

说起公平分配,北欧的贫富差距甚小即是明证。他们对高收入者实行高税收,税率高达百分之四五十、五六十。在实行高税收之后富者还是比贫者富,只是差距小了。根据联合国公布的数据:丹麦的基尼系数是 0.248,芬兰的基尼系数是 0.268,冰岛的基尼系数是 0.28,瑞典的基尼系数是 0.23,挪威的基尼系数是 0.25,都没超过 0.25,是相当低的了。基尼系数在 0.3 上下的国家在世界上已是屈指可数,在 0.25 以下实在是凤毛麟角,难能可贵。由于贫富差距很小,社会张力小,社会矛盾大为减少。安定是幸福的第一要素和前提。

第五,透明清廉,政治文明。

笔者"斗胆"搜集了北欧五国"一二把手"的零星资料。"一把手"是指国王和总统,"二把手"是指首相和总理。从性别上看,10位"一二把手"中有5男5女。5位"二把手"中有4位女性。除瑞典外,其余四国掌实权的"二把手"皆为女性。最令人注目的是丹麦国王与首相都是女性。女性领导人比例如此之高,实属罕见。5个"一把手"平均年龄为72.2岁,5个"二把手"平均年龄为48.8岁。最发人深思的是芬兰女总理仅有35岁(上任时34岁),丹麦首相也只有43岁。年纪怎么这么轻? 从学历上看,10位都读过大学,还有的留学,获硕士、博士学位。从专业上看,都是文科,如政治学、社会学、法学、史学等。从家庭出身看,国王不用说了,大多数人的父母都是文化人。唯独芬兰女总理马林,她父亲是酒鬼,抛弃了她们母女俩。从此她们母女全靠社会保障度日,住社保房。马林长大后做过面包房店员,卖过报刊。芬兰总体上不嫌贫,但也免不了有人歧视马林。用中国话讲,正因为马林没有"背景",在全民选举时人们反而更加认可她。果然,她上台后讲:"希望任何人的孩子都可以成大事",这同中国的名言"人皆可以为尧舜"相接近。

  对五国的领导班子如何评价?容我这从事社会学的教师"妄议"几句。一是真正体现了男女平等,真正让妇女顶起了半边天。二是真正做到了年轻化,做到了老中青三结合。老领导不倚老卖老,不对年青的领导管头管脚。三是除三位世袭君主以外,做到了不搞"唯成份论",不搞"唯背景论"。动不动看"背景",以背景好而取人误国,以背景不好而不取人既误人也误国。四是北欧的国王完全不同于封建社会那种一言九鼎、暴戾恣睢的国王。他们平易近人,同情弱者,关心民瘼。有的国王把王府捐出来做博物馆。今天的国王之所以不同于过去的国王,是因为法制的进步,是因为他们手中的权力受到法律制约。权与德有时成反比,权大无束则容易放纵,权小则能促其,逼其追求德高,方能在社会上立足。五是五国的班子是透明、清廉的。从2002年开始有廉政指数以来,一直到2019年,丹麦一直是全球第1,芬兰年年第3,瑞典常常是第4,挪威2019年是第7,冰岛是第11。再从与廉政指数相对应的贪污感知指数看,在2019年全球可统计的180个国家中,又是丹麦排名第1,瑞典第2,芬兰第3,挪威第7,冰岛第13。贪腐者微乎其微,这是极其可贵,值得点赞的。在北欧,公务员的任何收入都必须公开、清澈见底。皇宫和首相府免费对外开放,不论什么人都可以到政府各部的底楼食堂吃饭。有时外面来吃饭的人多了,菜吃光了,按时下班的部长来了却没得吃。不论什么人都可以使用区政府楼下的厕所……透明意味着官民不分彼此,意味着上下一心,意味着把知情权、发言权、监督权还给人民。不透明是在干群之间筑墙,不透明是封口,不透明是愚民,不透明是讳疾忌医。六是国家领导置于十手所指的监督之下。北欧能如此清廉,不完全依靠自觉,众口交赞来自众目睽睽。有一次北欧一个国家的国王到另一个国家为其国王祝寿,下了飞机换汽车。国王到了国外想放松放松,便要亲自开车,哪知却开车超速。警察想想是贵客,也就放过了国王。警察放过兄弟国家的国王,可是被人称为"无冕之王"的媒体却更厉害,不肯放过。媒体在公开批评国王的同时,也公开批评警察放纵。这就促使超速的国王在祝寿前,先来向公众公开道歉。道歉不仅没让国王丢面子,反而使其因勇于自我批评,而提高了声望。监督是鞭策千里马的加速器,没有这般真正从严的监督,千里马也免不了放松一下。

北欧模式概括说来就是"因地制宜、文化为魂、坚持中立、异化国王、透明廉洁、人民幸福"。前五点是治国之道,第六点是开花结果,是实践对前五点的验证,证明治国之道真是成功之道。小国有大智,大智体现在模式上。

毋庸讳言,北欧也并非十全十美,正如前面列举的各项指数,高虽高矣!但是均未高到满分,还有改进余地。就是将来达到满分了,不断前进的时代又会提出更高要求、更新标尺。对北欧来讲,更紧迫的是如何保持。为了持续发展,需要继续努力,不懈奋斗。认识不可僵化,模式不应当固化,盼望北欧模式与日俱进,不断改进、改革、改善。

历史追忆

1976,我所接触的少数民族兄弟*

从 1976 年起,我在广西、贵州、云南接触了一些少数民族以后,一直对民族问题有浓厚兴趣。我读过二十来个民族的简史、简志。上世纪 80 年代,又接触了甘肃、宁夏、海南、新疆、东北以及台湾的一些少数民族。进入 21 世纪以后,又接触了一些发达国家和发展中国家的七八十个少数民族。我用"接触"二字,是说明没有深入研究,只了解了一点皮毛。不过,没有深度,尚有广度,我常常会想起所接触过的那些少数民族,尤其是 1976 年我在桂、黔、滇三省区所结识的少数民族兄弟姐妹们,他们常常会萦绕在我的心头。

壮族兄弟帮助我们爬进巨猿洞

1976 年春,为了躲开"批邓",在《人类的继往开来》一书出版后,我与徐永庆、朱长超提出考察古人类遗址,第一站先到广西,再到贵州,最后去云南。

在广西,看了 10 万年前的柳江人以后,又去看了位于柳州市社冲公社楞寨山的巨猿洞。

长期以来,中外专家都认为中国无巨猿。可是,1956 年,柳江有个农民无意中发现了巨猿化石,他上山打猎时,射中了山顶上的一只野山羊,并亲眼看着被他打中的山羊向山下滚,滚着滚着就不见了。上去找吧!下边的 60 米好爬,还有 30 米高的陡壁无法攀援。农民不甘心,就叫来弟弟帮忙,向阳一面的陡壁上不去,他俩就从山后绕来绕去慢慢爬了上去。在山顶上,他们发现山羊掉在一个山洞的洞口里。他俩去拿山羊时,意外地看到洞里有很多"龙骨"(即化石)。他一会儿就捡了一担,第二天卖到供销社。再过几天,他又挑了两筐

---

* 原载《上海滩》2016 年第 6 期。

龙骨去卖。供销社的人觉得,龙骨是稀有的,这个农民怎么这样容易就取来这么多龙骨?再说供销社也没有这么多资金买龙骨,便对他说:"你这不是龙骨,我们不买。"农民想,既然不是龙骨,不值钱,那就不必挑回家了,就随便倒在了附近的小河边。

哪知,他卖出的那一担,被辗转送到了中国科学院古脊椎与古人类研究所。科学家们认定这就是巨猿化石。如果这巨猿化石出自中国,就能打破"中国无巨猿"的旧说,科学家们刨根问底,找到了柳州社冲供销社。供销社通知那个农民所在的生产队大队长:"上边来人找他。"当时,阶级斗争这根弦绷得很紧,大队长一听上边来人找他,吓了一跳,心想这个农民可是最老实的人哦,会出什么事呢?他三步并成两步赶到农民家中,问他:"你最近干什么坏事了?"农民回答:"没有!"

"没有?为什么上边来人抓你?"队长问归问,可他内心相信这个老实的农民不会干坏事,便马上补一句:"你赶快躲起来。我向上汇报就说没找到你。"后来,经过中科院的人反复讲明来意,大队长才知道真实情况,便把巨猿洞发现者领到科学家跟前。科学家问:还有一担化石呢?农民便带科学家来到了小河边。科学家如获至宝,把河里的一担化石捡起来,像包装珠宝一样包好。临别时问老农民:"你这么辛苦,我们应给你多少报酬?"老实的农民说:"我们布票紧张,你们随便给我点布吧!还有,儿子上学付不起学费,你们如果能再帮助付个学费更好。"中科院一一照办,报酬大大超过老农民的要求。然后,花了半个月的时间,在30米高的陡壁上搭起脚手架,科学家们在巨猿洞里共发现3个巨猿下颚骨和1100枚单个牙齿,是迄今世界上发现巨猿化石最多的山洞。另外,还有很多共生动物的化石。巨猿是个庞然大物,它曾与早期人类"比邻而居",一起度过了100万年的时光,堪称"人类的表叔",直到10万年前才彻底灭绝。

上述情况我们过去知道一点,远没有现在这样详细。出于对科学的热爱和追求,我们提出去拜访这个农民,也想进巨猿洞看看。巨猿洞离城区20公里,附近没有旅馆。我们一行"三加一"共四人,便住在壮族人家中。山区吃鱼困难,壮族兄弟以鱼待客为高规格,房东亲自出门捕鱼招待我们,令人感动。

可是要进洞,像科学院那样搭脚手架上去是不可能的,一没时间,二没经费。我们就请民兵早早地从后山上去,放下一根粗绳和一根细绳。粗绳是供双手抓住向上攀援用的,细绳则系在腰间,万一失手,民兵把细绳一提,我们就不至于落地丧命。最大胆的朱长超第一个上，为我们做了示范和榜样；我第二个上；老徐是我们三人中最年长者，他第三个上去。那天，我们都觉得坐在巨猿洞里比住在摩天大楼里还要心旷神怡，因为我们在巨猿洞里犹如走进了科学殿堂。这全靠壮族兄弟的智勇双全，给我们提供了这么好的考察机会。今天回忆起来仍历历在目，依然十分感激壮族兄弟！

我从马上摔到了陡坡上

离开柳州以后，我们三人都很兴奋。接下去的目标是贵州黔西南猿人洞。火车路过都匀时，很多苗族姑娘手持映山红，边嚼映山红边上车，我们觉得很新奇。在黔西南，我们还见到了很多布依族人。

然后，我们再到云南元谋。元谋猿人是两位修铁路的技术人员无意中拣到两颗牙齿而发现的。这一发现把人类起源的时间提前了一百多万年，与肯尼亚的猿人差不多是同一时间。在元谋，我们走了一段红军长征路，还下到了金沙江里洗了个澡，为了看猿人，我们沿途看了很多傈僳族兄弟。5月16日那天，到了禄丰，我们与正在发掘禄丰龙的中科院的同行会师。在禄丰同彝族兄弟同吃同住。为什么我对"5月16日"这个日子记得牢？因为到了禄丰，听到广播电台播送作为"文革号角"的《五一六通知》发表十周年的消息，心里烦得很。正好这天在禄丰听到了蝉鸣，5月中旬听蝉鸣，这在上海是不可能的。我们三人私下讲，《五一六通知》十周年的广播还不如蝉鸣好听。

云南在几十年前还存在好多处于不同社会发展阶段的民族。因此有人说，云南全省就是一个人类史博物馆、社会发展史博物馆。云南还有缩微的省立博物馆。听了省立博物馆同志的介绍后，我们决心要到位于中越边界的云南金平县的苦聪人那里去。苦聪人有语言，没文字。过去苦聪人都不穿衣服，被周围的人称为"野人""苦冲人"，意思是"从痛苦的山冲里下来的人"。周恩来的民族平等意识很强，他认为称"苦冲人"不好，提笔改为"苦聪人"。说他们聪明，也真有聪明的一面。1975年北京全运会有个项目，叫"跋山涉水"，苦聪人就拿了这个冠军。邓小平设宴招待全运会获奖者，苦聪人就坐在离邓小平只有几米远的桌子旁。

真要到苦聪人聚居区是很艰难的。先坐小火车，再坐汽车。到了金平县，再往前走，便只有骑马了。在县城，忽然碰见《五朵金花》的作者王公浦同志。他给了我们很多建议。他说，拍电影《摩雅傣》的演员只走到公路的终点就停下来了，没能骑马前行到苦聪人的聚居区。因此要见苦聪人，必须得骑马。我们三人分别跃上三匹马。陪同的人不愿骑马，要步行。骑马，对我来讲并不难。我从小骑过小毛驴，偶尔也骑马，有一点骑马奔驰的经验。哪知在奔向苦聪人的路上，是走马，而不能跑马。因为是在十万大山里骑马，随时要准备悬崖勒马。马不停蹄是可以的，要纵马扬鞭是万万不行的。有一次，马失前蹄，惯性把我从马上甩到了陡坡上。我在往下滚的时候心想：完了！过一万年后我的骨头就成化石了。幸运的是，陡坡上的一棵小树把我挡住了。我慢慢抓住野草爬了上来，双手被荆棘刺得流血不止。

再往前走，荆棘会刮破马的肚皮，马不肯走，我们只得步行。过去写文章，我很喜欢用"披荆斩棘"四个字，可是从来没有披过荆、斩过棘，写起来轻飘飘的。如今真要披荆斩棘了，方知披荆斩棘之痛苦。在亚热带雨林区披荆斩棘，更是苦上加苦，既要防荆棘下的毒蛇，又要防荆棘上的蚂蟥。毒蛇我们见过几次，可是陪同的同志告诉我们：毒蛇怕人，只要不踩它，它一般不会咬人，蚂蟥则不然。长江两岸的蚂蟥生在水里，雨林区的蚂蟥会上树。在披荆时，蚂蟥会神不知鬼不觉地爬在我们衣服上，再钻入皮肤。好在我们同去的"三加二"五人都是男性。每走一二十分钟以后，我们会找个空地，把衣服脱下，彼此看看有没有蚂蟥伏身；有的话，就猛击一掌，把蚂蟥打下来。

拉祜族兄弟教会我们过激流

风雨兼程，走出了雨林区，我们轻松多了。可是，走铁索桥又是怪可怕的。那铁索桥不是今天公园里的铁索桥，而是红军长征时过的那种铁索桥。总共四根铁索链：下边两根，是供左右两只脚踩的，上边两根是供左右两只手抓的。骇人的是，下面不是万丈深渊，就是洪水滔天。当地的少数民族群众过铁索桥如履平地，我们却不行，要慢而又慢地往前挪步。要过河有铁索桥还是好的，没有铁索桥便只有下水过激流了。我们过的两次激流并不深，只是坡度大，水的冲力也大。当地有句话："过不好，就要去见胡伯伯了。"意思是，激流会把人冲到越南去。当地还真有人被冲下去，冲得半死不活的。不过，他们有办法，那就是把救起的人横在水牛背上，肚子贴着水牛的脊椎骨，身子在上，头朝下。这样，一是利用水牛的体温为刚从水里捞出的人取暖，二是头朝下可以让喝进去的脏水从嘴里一滴一滴地流出来。我们过激流，有拉祜族兄弟帮助，安全得多。他们留一人抓住绳子的一头，另一人带着绳子走过河去，然后将绳子拉直,让我们沿着绳子从水里走过去。奇怪的是,绳子不是选择最短的距离,不是与河岸成直角,而是斜着拉的。斜着拉,意味着在激流里要多走很多路,多待很多时间。陪同我们的拉祜族兄弟解释说:"斜着走,距离长,冲力小,速度快;垂直拉,顶住冲力走,万一抵挡不住冲力,就会被冲下去。"

过了激流,开始爬陡坡。坡度是有的,但是太陡,不能直立行走,于是只能爬行。因此,他们称这一段路叫"猴子路",意思是只有猴子才能走这样的路,人是不能走的。爬过去以后,我们累得满头大汗。坐下来喘气时,陪我们的金平县的同志讲了个故事。他说他有次陪省报总编爬这猴子路,坐在我们现在坐的地方,总编说:"以后你们的稿子来了,我们就采用,决不再批示'请补充一下'。因为我知道了,你们的'补充'就是这样爬着补充的。"

接下来的山路,除了石头以外,很少再有其他障碍物。离公社所在地还有110华里,在两天里,怎么走这110华里?按照我们的计算很简单,每天走55华里就行了。哪知陪同的人说:"不行,第一天走70华里,第二天走40华里。"为什么?因为在这110华里中,只有一个村庄。如果第一天赶不到70华里外的村庄,只有住在树上了。不料这天我们走到黄昏时,还没看到村庄。而且,我们走到了哪里也不清楚,因为山路都是一样的,没有路标。还要走多少路可以到达村庄?我们不知道,陪同人员也不知道。难道今夜真要住在树上了吗?大家都不作声,闷声不响地往前走。走啊,走啊,忽然听到狗叫声。五个人不约而同地说出一模一样的两个字:"到了!"狗,为我们传递了信息。

苦聪人在树上"夹道欢迎"解放军

到了苦聪人居住的公社,仍然看不到苦聪人。那里一个公社的面积相当于上海过去一个县的面积,离苦聪人聚居的"六五新寨""六六新寨"还有一段路程。

为什么叫"六五新寨""六六新寨"?因为苦聪人以游牧为生,世世代代没住过房子。不下雨,他们就光着身子活跃在深山老林里;下雨时,他们就以一棵树的树干为柱子,搭上些芭蕉叶,在芭蕉叶下睡眠休息。政府知道了有这样一批民族兄弟后,便派解放军去找他们,找了两年都没找到。有时看见他们在树上,可是等解放军走到跟前时,他们已从这棵树上跳到另一棵树上了。亚热带雨林区多是阔叶林,苦聪人用几片树叶一遮,解放军就看不见了。后来,解放军的一片苦心、好心,感动了一个嫁给哈尼族的苦聪妇女。这位苦聪妇女领着解放军重新进入雨林区,只见她亮开嗓门一唱、一吆喝,一大群苦聪人很快就在树上欢天喜地地"夹道欢迎"解放军了。这位苦聪妇女唱的是:"解放军是好人,不用害怕……"

可是在解放军找到了苦聪人以后,苦聪人依然以游牧为乐,不肯定居。经过十多年的说服教育、示范演习,直到1965年、1966年,他们才愿意住进政府为他们搭建的"六五新寨"和"六六新寨"里。不过,在我们去的时候,还有一个男性苦聪人不肯定居,一直飘泊在外,只是过节的时候会回来与大家团聚几天。

苦聪人的寨子里不搞"文革"

在"六五新寨"和"六六新寨"里,我们碰到的第一件新鲜事是拉弩。苦聪人过去是物物交换。他们把自己的编织物和猎物放在路口,路人一看就明白是苦聪人交换的货物,然后放点盐,放点铁锅片,就可以把野鸡野羊取走。盐、锅片放多放少没关系,如果一点不放,对不起,会被弩立即射上"西天"!弩是苦聪人的生产工具,也是护身的武器。那天,我们到"六五新寨"和"六六新寨"时,县里帮我们找了个拉祜族的翻译。那翻译是一位身强力壮的四十多岁的生产队长。在"六六新寨"接待我们的是位苦聪人的氏族长,七十多岁。拉祜族的队长见旁边有一把弩,拉了几次没满弓,氏族长拿过来一下拉个满弓。我们大为惊奇:氏族长的力气怎么这样大?

接着,氏族长介绍他们的钻木取火,让我们懂得钻木取火的多种方式,也让我们懂得了钻木取火的艰难。正因为艰难,在雨林中下雨的时候保存火种就是个大问题。苦聪人是如何保存火种的?打个比方,就像我们女排拿到冠军以后,全体队员抱成团那样。不同的是,苦聪人用身体搭起的"人篷"下面是一团火,即火种。火会烧伤人,这是常识。换句话说,谁在"人篷"下面,谁最贴近火种,谁就最容易被烧伤。那么这个人是谁?不是别人,是头人,是氏族长。说到这里,氏族长拉开衣服让我们看,氏族长胸部、腹部一个伤疤连着一个伤疤,一个伤疤叠着一个伤疤,我们看了心疼。用现代语言讲:苦聪人的干部才是真正的吃苦在先的带头人。

氏族长再带我们去看学校。他们这里有一所小学,学生有上百人,从一年级到五年级都有。那老师呢?只有一个从昆明来的汉族高中生。数学教师是他,语文教师还是他,音乐教师是他,体育教师也是他,从一年级到五年级的班主任都是他,校长、副校长还是他。他不仅在学校是全职教师,他还是大队会计。学校的设施,不用说,同内地无法相比。但有一点远远超过内地,那就是所有的学生都有一根笛子,每个学生都会吹出动人的乐曲。这里到处有竹子。校长会做笛子,给每个学生发了一根笛子。

在"六六新寨",我们听了苦聪人表演的小合唱。我们准备好照相机为他们拍照。他们唱道:"我们没有吃过一粒米,我们没有穿过一件衣,我们没有用过一头牛。天上阴森森,地上湿淋淋……"我们拍不下去了。因为上海造的海鸥牌相机是要低着头对镜头取景的,泪水滴在上面,看不清。换第二个人照,还是泪眼模糊,换第三人……听着这样的歌词,谁能不难过呢?歌声像针一样刺痛着我们的心。

再一个罕见的事情是,不仅"六五新寨""六六新寨",就是整个金平县,都不搞内地这样的"文革",不搞"斗批改",他们坚持正教育,这些我们最能听得进。我们做梦也没想到"文革"中还有不搞人斗人的地方。我们不禁问了一句:"为什么?"县里和公社里的同志说:"苦聪人也不是个个都好,过去也斗过苦聪的坏人。县里来人布置斗苦聪的坏人,苦聪人不得不斗。哪知斗争会变成了苦聪头人布置逃跑的会,反正县里的人听不懂他们在说什么,还以为是在按他们的指示真的在斗,颇为得意。凌晨四点钟,县里的人睡得最甜的时候,忽然听见猪叫、狗叫,以为是苦聪人早起'赶摆'(即到集镇上买东西),没当回事,继续睡大觉。第二天起来一看,全寨不见一个苦聪人,他们都翻过山,跑到国外去了。"这个教训很惨痛,告诉我们对边疆的少数民族不能搞内地那样的斗争。

凡此种种,留给我很多思考。

善待学者,繁荣学术
——《学术月刊》初创阶段的几件事*

6月,在庆祝上海权威性刊物《学术月刊》创刊60周年的大会上,我心潮澎湃,为刊物60年的成就而心花怒放。不过,有时想起他们创刊时的艰辛和道路的曲折,又有些揪心,或者说心乱如麻。

《学术月刊》是在我读大一下学期时创刊的。当时我的好多老师是编委,是作者。60年来我是每期必看。1960年,我的毕业论文发表在《学术月刊》第六期上。之后,我常被领导带去参加《学术月刊》和它的姊妹刊物《文摘》的会议。那时上海南昌路上的科学会堂由科协和社联两家共用,我也常到科学会堂听社联组织的报告会、讨论会。《学术月刊》的主编王亚夫很爱护我们年轻人,不时地提醒、指点我。有些作者的化名我也知其真名。"文革"初,我们华东局机关食堂被砸掉了,我便到高安路61号的上海市社联搭伙,天天与《学术月刊》的学长们,包括已经成了"牛鬼蛇神"的老师们一起吃饭。

从"商榷"突变为"驳斥"

《学术月刊》的初创阶段很不容易,物质不足精神足,贯彻"双百"方针十分得力,文章精彩纷呈。

我感兴趣的是我的老师孙怀仁在课堂上讲他在可变资本问题上与人有不同的见解,接着他便在《学术月刊》第三期上发文与人商榷。两个月后,北京一位学者又在《学术月刊》第五期发文与孙老师商榷。商榷,商榷的商榷,认识在商榷中深化、优化。

---

* 写于2017年7月24日。

可是半年后,《学术月刊》的语调变了,变成了富有杀气的"反击",变成了"驳""斥""驳斥",有不少文章指别的学者的言论是"荒谬""谬论",是"谰言""阴谋",是"诬蔑""恶毒污蔑"。尤其令人不解的是教我高等数学的教授因为戏称一位运用苏联教材的教授为"某某某斯基",《学术月刊》载文"驳斥"他这是"对学习苏联的诬蔑"。还有,我的两位老师在《学术月刊》1957年第十一期上分别发表了两篇文章,指责教我的另一位老师"荒谬"。"本是同根生,相煎何太急!"

成绩再大难免有不足,经验再多也同时有教训。弄清了不足与教训,有助于更上一层楼。下面讲几个例子,可以从一个侧面告诉我们应该如何善待学者,繁荣学术。

从首席作者的处境看稳定性

刊物创刊号的第一篇文章是刊物的航标。比如在《学术月刊》,创刊一年多以后创刊的《红旗》杂志第一期的第一篇文章,作者是毛泽东。不用说,《学术月刊》第一期的第一篇文章的作者也应当是学术带头人。果然不错,《学术月刊》第一期的第一篇文章的作者是大名鼎鼎的沈志远,沈志远是上海经济学界唯一的学部委员。1949年6月他是《共同纲领》起草小组成员,同年9月参加第一届中国人民政治协商会议。他1934年写的《新经济学大纲》再版了18次,长期成为大学教材;他翻译过很多马列著作,颇受欢迎。他在《学术月刊》第一期上讲社会矛盾的这篇文章,立即被选用在《新华活页文选》上,在学界、在社会上引起了很好的反响。

孰料好景不长,在1957年第十二期上沈志远的学术思想被好几篇文章"驳"为"谬论"。年初、年底判若两人,转变也太快了!是沈志远突变吗?不是!从1980年对逝世十多年的沈志远所做的结论看,几十年来他在政治上、学术上始终保持着先进性。在他处境十分艰难的1962年,仍抱病写作了《关于按劳分配的几个问题》《论社会主义的相对稳定性》等文章。多好的"相对稳定性"啊!当时的社会多么需要稳定啊!也就在这时,我在沈志远笔耕过的陕西北路182号小楼里工作,乘他难得来一次的机会怀着崇敬而又好奇的心情窥视了他一眼。长者都说他一如既往。不是沈先生在变,那么是谁在变呢?是《学术月刊》吗?可以说是,可从根本上说不是。因为《学术月刊》的同仁是不得已而为之。跟报纸上批沈的高调相比,《学术月刊》是低调。那是谁在变呢？此乃"左"先生贸然出场也。

2002年,在沈志远百岁诞辰那一天,我参加了对他的研讨会。为了准备发言,我翻阅了他生前的作品。如果按照今天的观点来苛求前人,应当说沈先生的作品中也有"左"的字眼。咳！60年前有些人把正确当"右",把"左"也当"右",可以想象当时"左"到了何等地步！

从高产作者看文化生产力

在《学术月刊》初创阶段,发表文章最多的是全国政协委员平心。在1957年的第一、二、三、五、七、十期上都有他的文章。他这平均两月一篇的速度是迄今罕有的。也许是因为他这6篇文章都是讲史的,谈远不谈近,使得他在"左"得出奇的1957年没有与沈志远"共命运",只是他所在的华东师范大学里有几张大字报说他"右"。头上没戴右派帽子,平心就有条件在人民公社化运动中思考问题,在生产关系大变革、生产力大破坏的岁月里写出强调生产力的文章。1959年,他在《学术月刊》第六期发表了《论生产力性质》,在第九期发表了《再论生产力性质》,在第十二期发表了《三论生产力性质》,紧接着又在1960年第三期上发表了《四论生产力性质》。

就在这时候,上海市社联组织对平心文章的讨论,名为讨论,实为批判。上海社科院庞季云副院长叫我与顾伟如两人去会上听听(事后知道,庞院长并不赞成批平心,可是他又不能不派人参加,于是就派了我们这刚毕业没几天的去滥竽充数)。我在会上亲眼看见不管谁批评平心,平心都不接受。记得一位来自市委党校的三十来岁血气方刚的讲师引用马克思的话批评平心,平心马上站起来说："小同志：你马列没学好,在这句话后面,马克思还说……"接着平心就背出了马克思后面强调生产力的一段话。我虽然听不懂,但是暗暗佩服平心的精通。《学术月刊》在1960年的第四、五、六、七、十期上发表了共计五篇对平心观点的讨论综述、来信综述,还算比较客观。可平心仍然不服,他又在《学术月刊》第七、八期上发表了他的《七论》《八论》,并在《光明日报》《新建设》上发了《九论》《十论》。实际上还不止十论,他另外还写了7篇不在十论之列的有关生产力的文章。

平心是个硬骨头,越被批他越写,批得越多他写得越多。对市社联领导来讲,他们早就对不该批也得批的做法承受不了,何况当时饭都吃不饱了,无力再批生产力了。于是,一位在延安被陆定一称为"小马克思"的市社联领导李培南挺身而出，越级向他所熟悉的中央理论小组组长陈述了不宜再批生产力论的想法，得到同意后便停止了批判。平心本人也改回来写他的历史文章去了。

躲得了初一躲不过十五。在被称为"文革"序幕的姚文元的《评海瑞》出笼后，平心除了在《文汇报》发文批评《评海瑞》以外，又在《学术月刊》1966年第一期上批评《评海瑞》。他是国内唯一发表两篇文章批评《评海瑞》的了不起的人物之一。正因为了不起，在"五一六通知"下达后不久，上海市委便把他列为上海"八大反动文人"之一，老账新账跟他一起算。平心原名李循钺，邹韬奋看他办事平心静气，为他改名"平心"。在市委点名，《解放日报》发社论批他、学生斗他的情况下，平心的心不平静了，硬骨头痛得硬不下去了，于1966年6月15日（也可能是14日夜）自杀，他是继邓拓自杀后全国第二个自杀的名人。

如何看平心的自杀？不要说他这17篇文章对于纠正不顾生产力发展而一味地变革生产关系的做法有积极作用，就是没有作用，也不应当斗他，不应当自上而下地如此大动干戈。中国共产党多次提倡"知无不言，言无不尽。言者无罪，闻者足戒"，并且视这十六字为原则。原则，是不能随便改动的。正如上面沈志远所说的那样，要"相对稳定"。原则不变，学者下笔如有神；原则多变，下笔如有绳。中国最大的财富是拥有13亿张嘴巴，有"13亿乘1 000亿个"脑神经元。坚持言者无罪，坚持百家争鸣，广大学者就会比平心的高产更高产，让文化生产力与社会生产力齐头并进。

领先的作者也难免有滞后

大家都知道，1978年中国曾有一场关于真理标准的讨论。这场讨论推动了中国人的思想大解放和经济、文化、社会、政治的大改革。讨论是由南京一位学者写稿，经中央党校加工修改，在《理论动态》和《光明日报》刊出的《实践是检验真理的唯一标准》引发的。可是，你是否知道早在1963年《学术月刊》第七期上就刊出了一篇题为《真理的标准只能是社会的实践》的文章。英雄所见岂止是略同，命题完全一样，两者之间至多有"$A=A'$"和"$A'=A$"的差别，可是社会反响却大不相同。比1963年迟15年的1978年的文章，广大人民拍手叫好，个别大人物暴跳如雷，而1963年的文章出来以后无声无息。

为什么社会反响两样？是作者身份的缘故吗？不见得！大家旗鼓相当。反响不同的事实告诉我们：人们从社会实践中抽象出的真理、提炼出的规律有千千万,我们在运用的时候要有问题意识,要有的放矢,有针对性。无的而放矢,"矢"如鸿毛;有的放矢,"矢"如核弹。这也就告诉我们理论界要坚持理论与实践相结合。理论与实践相结合不仅会发挥理论的威力,提升已认识的理论的价值,而且还会在结合中发现新的规律、新的理论。要从"实事"中去"求是"。认识世界是为了改造世界;在改造世界中更深刻地认识世界。

再说得透明一点,在1963年领先发表真理标准文章的作者在1978年的真理标准讨论中并未领先,似乎还有点儿滞后,有点儿"左"。作者与我有忘年交,我深知他因为滞后,而变更了工作岗位。说来说去还是邓小平说得对,我们应当主要防"左"。

讲首席作者是为了说明要主要防"左",讲高产作者是为了说明要主要防"左",讲超前作者也是为了说明要主要防"左"。其实我发在《学术月刊》1960年第六期的那篇文章也充满着"左"。对我来讲,现在、今后都要注意防"左"。理论工作者的使命是探索真理,只对真理负责。"任尔东西南北风",仍要"咬定'马列'不放松"。

抓住真理,所向披靡,势如破竹,勇往直前!

赵朴初鲜为人知的往事*

言行感染台湾高僧

台湾有位中年高僧,他在台湾讲经,常常是听众逾万人。可他过高估计自己,待人欠谦恭,有时甚至失礼。

他到北京,去看望正在住院的赵朴初先生。朴老早早地站在门口恭候。在交谈中,他深感朴老对佛经的研究比他精深得多。交谈结束后,几位僧人合影,朴老非要让这位比他小三四十岁的台湾高僧坐中间上位不可,这完全出乎台湾高僧和其他僧人所料。台湾高僧回到宾馆后,直说:"我佩服赵朴初先生!我佩服赵朴初先生!"

回台湾后,高僧一改过去目中无人的缺点,讲经时口气也谦和了许多。几年后,与高僧同行的其他僧人告诉我:"那位僧人的进步,归功于朴老无声的教育。"

给"一方诸侯"讲典故

民进中央有次开常委会,司机去接外地来的一位常委,没有接到。那位常委几经周折来到会议报到处后,大发雷霆,说:"大小也是一方诸侯,派个车子接一接还不够格吗?"大家跟他解释,是去接了,但没接到。他听不进去。

这位常委工作能力很强,对社会做出过很大贡献。两位元帅、一位副总理都是他的学生家长,元帅对他都很尊重,可他就是脾气大了点,到第二天快开会的时候,他还在讲"不接他"的事。

这时,朴老对我说:"你知道上海附近有个浒浦镇吗?"

---

* 原载《北京文摘》2017 年 11 月 16 日。

我说:"知道。"

接着朴老又对大家说了"浒浦"的"浒"怎么个写法,然后他讲了个掌故:"谁都知道'浒'应读'hǔ',不应当读 xǔ。可为什么人们都称'xǔ 浦'呢？因为皇帝到浒浦时把'浒'读成了'许'。过去皇帝是没有错的。皇帝讲'许',一直到现在都读'许'。其实皇帝会出错,我们这些人也会出错。有错要改,有时也得原谅。"

那位常委听了,便不再说什么,安心开会了。

忍与不忍识大局

朴老在战争年代一直从事慈善事业,救助难童、难民。他收养的难民有不少后来成为中共优秀党员,有的还成为政府要员。

上世纪 40 年代,正当朴老为新四军运送药品支持抗日战争和人民解放事业的时候,他的家乡有人认为能在"大染缸"的上海站住脚的人一定"反动",于是把朴老的母亲当作"反动派家属"来批斗,最终母亲惨死。朴老心如刀割,但他把悲痛咽到肚子里,继续为党工作。

再一次曲折是在 1953 年的"三反"运动期间。朴老有次跟老同学梅达君用英语通电话,有人说他"里通外国"。

有关方面便把朴老的部下应中逸(画家,曾任甘肃省政协副主席)关起来,强迫他揭发朴老。应中逸不仅没有揭发一句,反而讲了很多朴老对革命的贡献,讲朴老的《哀辛士》(谐音"哀新四")是在皖南事变后写的为新四军抱不平的诗篇。审查他的人这才如梦初醒,从此整朴老的事也不了了之。

第三次受委屈是在"文革"期间。当时,朴老被赶下乡劳动。好在周恩来总理点名要他回北京。朴老信仰佛教,坚持做到生忍、力忍、缘忍、观忍、慈忍。

可是,朴老在重大政治原则上、在维护国家利益方面寸步不让。有一年,他在印度开会,达赖突然出现在现场。朴老立即离会,以示抗议,事后受到陈毅的赞扬。

"人间佛教"倡导者

我了解朴老的政治身份,因此曾对他是不是真正信佛打个问号。

1988 年底,分管统战工作的政治局委员习仲勋宴请新当选的民进中央主席、副主席。饭桌上,我特别留心朴老的饮食,才相信朴老是真正虔诚的居士。

在后来的频繁接触中,我深知朴老不仅精通佛教典籍"经、律、论",而且还发掘、抢救、整理过乾隆版《大藏经》经板。他大力倡导"人间佛教",主张"解行并重""人成佛成",成佛在人间。我亲耳听过朴老把"普度众生"解释为"为人民服务"。他极力宣传并身体力行爱教爱国。他是宗教改革的领路人,是佛教界的"马丁·路德"。

豫皖苏区的大恩人彭雪枫[*]

我的家乡地处豫皖苏的中心。我父亲在豫皖苏区下属的萧宿永专署工作。萧县当时属江苏,宿县属安徽,永城属河南。津浦、陇海两条铁路都经过我们萧县。因此,豫皖苏的乡亲,特别是我们萧宿永的乡亲对豫皖苏根据地的开辟者、新四军四师师长彭雪枫有特殊的感情。"老九不能走",源于在老百姓心里四师下属的九旅不能走。在彭师长领导四师时,我们家乡就流传着赞颂彭雪枫的歌曲。现在我八十多岁的姐姐还会唱,还很喜欢唱。彭师长牺牲时是保密的,我们小孩子不知道,还像平时一样蹦蹦跳跳,说说笑笑,父亲会板起面孔教训我们不可以笑。我还记得,我当时总觉得父亲跟平时不一样,有点奇怪。

彭雪枫一生功勋卓著,在我看来他起码创下了五大奇迹。一、打长沙。红军打下的第一座城市是长沙。谁打的?是彭德怀。是彭德怀指挥,彭雪枫冲在最前面,彭雪枫对长沙战役的取胜起了关键作用。二、在刀靶水堵截追兵。遵义会议具有扭转乾坤的伟大意义,在后面有敌人追击的情况下,中央政治局怎么能在遵义安稳地开四天会?因为有彭德怀、彭雪枫在刀靶水这地方拦截追兵。三、开辟豫皖苏。傅作义号称"百战将军",我们四师打了三千多场战役。因此,有理由称彭雪枫为"千战将军"。我6岁时的小朱庄战斗,击毙汉奸王传绶大快人心,这一仗为收复路西(津浦铁路以西,我们当地称"路西")充当开路先锋。对这一仗,当时就有人编了歌曲唱出来。四、办《拂晓报》。创建于1938年的《拂晓报》是中国共产党办得最早而又坚持到今天还在办的报纸之一。现在全国约有两千家报纸,其中地市级报纸就有将近九百家,中华

---

[*] 原载《大江南北》2017年第11期。

全国新闻工作者协会(中国记协)绝不可能吸收每家报纸都当理事。可是,《拂晓报》一直是作为地市级报纸进理事的单位。原因就是《拂晓报》传承了彭雪枫的办报思想。五、在庄稼地里过春节。1939年,彭雪枫领导的游击支队驻扎在永城书案店。过去我们豫皖苏区是穷地方,炸开花园口以后,深受"水、旱、黄、汤"四害之苦。农民只有过年时才能吃顿"扁食"(我们当地对水饺的称呼)。如果这时候部队还住在农民家里,农民必然与部队分食。大年夜,彭雪枫一行借口"有任务"离开驻地农民家,在天寒地冻的田野里唱了一夜歌,以歌御寒。大年初一再挖些野菜带回书案店。农民们知道彭雪枫他们是在庄稼地里过大年夜后,更加热爱彭雪枫,热爱共产党,把歌颂彭雪枫、歌颂党的歌曲唱得更加嘹亮,唱遍豫皖苏大地。

彭雪枫文武双全,他和邓子恢一起带领的四师是我们豫皖苏人民翻身求解放的带头人、大恩人。彭师长牺牲后,为了纪念他,当地办起了雪枫中学。我有很多亲戚在雪枫中学读书,后来雪枫中学的许多学生都成了国家栋梁。大家永远怀念彭雪枫,更不会忘记他在军事建设、文化建设中的丰功伟绩。

称柯庆施"柯老"的来历[*]

几十年来,人们在"柯老"二字上作了不少文章。出于好奇,我有时顺便,有时专门请教了好几位年届耄耋的老人。他们的说法大体一样。

1956年毛泽东、周恩来、柯庆施等人在杭州刘庄散步。周恩来问柯庆施:"你年纪不大,为什么都称你'柯老'"?

柯庆施说:这都是黄敬喊出来的。我和黄敬都是北方局的,很熟。有次他喊我"小柯",范瑾批评他:"庆施同志年纪一大把,你年纪又比他小,怎么可以称庆施同志'小柯'?"黄敬讲:"怎么了?喊了20多年'小柯',喊惯了。难道叫我改称他'柯老'不成?"哪知第二天开会,黄敬故意开玩笑称"柯老"。就这样,"柯老"就叫开来了。

想不到毛主席从此也戏称柯庆施"柯老"来。

---

[*] 写于2018年2月1日。

我与宋庆龄的秘书*

网上有关宋庆龄秘书的传说很多，大多与事实不符。

宋庆龄的生活与保卫秘书是隋学芳。他长期住在距离宋庆龄故居很近的淮海中路吴兴路口。我家住吴兴路21弄2号楼2层，与隋秘书的家只隔一条马路。我从厨房窗户上能"远眺"他对面的家，偶尔可以互相招招手。他虽然级别比我高得多，但我们同在一个康平路医务室看病。一开始只有点头之交，彼此相知而不交谈。久了，大家就聊起来了，方知是邻居，又都在一个吴兴路小菜场买菜。他是山东人，我是离山东只有几十公里的安徽人，生活习惯差不多，很能谈得来。他有一个相当漂亮的爱妻，在上海市公安局工作。他妻子如何漂亮？看她女儿隋永清就知道了。隋永清是舞蹈演员，人见人爱。女儿像母亲，可母亲的高颜值比女儿还要高。宋庆龄喜欢小孩，宋家大院鸟儿多，孩子们也喜欢去她那里。我60年代初还是单身汉的时候，住淮海中路1813号。宋家大院的鸟儿常常飞到我们院子里。宋庆龄身边人的孩子都常来宋家大院。隋秘书的大女儿也从小在六七十岁的年迈的宋庆龄身边生活，学着别的小朋友的称呼也没学像，居然称宋庆龄"太太妈妈"，还一度改姓宋。

大家知道，"文革"中物资供应紧张，买菜凭票还不一定能买到。为了买菜，天不亮就要去排队，用砖头块排队，用碎石头、烂木头排队。隋秘书因为后来有残疾，可以不排队。他为人和善，菜场上的人都认识他。他看到我排长队，便主动对我说，他来代我买。我从不好意思到习以为常，我把我想买的菜告诉他，票证也给他。买好后，他"一手交货"，我"一手交钱"。不用说，大家还会天南海北聊几句，从家长里短到国家大事，无话不谈。

---

* 原载《民进申城月报》2018年2月。

记得他讲过一个很有趣的故事：一届政协后，陈赓打电话求见宋庆龄。电话是隋秘书接的，他报告宋庆龄。宋庆龄说她不认识陈赓，"不见了吧"。隋秘书把宋庆龄的话如实转告陈赓将军。放下电话以后，陈赓将军可能有点纳闷。过一会儿电话又响了，还是隋秘书接的电话。陈赓说："请你转告宋主席：我是1933年由宋主席亲自从监狱里救出的共产党员，叫陈赓。宋主席是我的救命恩人……"宋庆龄听了隋秘书的转述以后，恍然大悟："请他来！请他来！"——原来是这样：1933年陈赓被捕，廖承志也被捕。1932年12月，宋庆龄与蔡元培、鲁迅、杨杏佛等人在上海组织了"中国民权保障同盟"。以他们的崇高威望，通过广泛的社会活动和各种形式的斗争，营救进步人士和共产党人。宋庆龄本来准备去营救的是廖承志，可是廖承志向宋庆龄建议先营救陈赓。这样，宋庆龄就去营救了她不熟悉的陈赓。宋庆龄营救的人太多，20多年过去了，一时想不起来。

至于说，宋庆龄不去参加在北京举行的孙中山百年诞辰的活动，那是因为她不愿意跟"文革"中那些张牙舞爪的人往来。隋学芳还给我讲过一个故事。宋庆龄曾给一位很有名的朋友写信，流露出对那几个张牙舞爪的人的反感，并叮嘱这位朋友看过信以后不要保存。哪知造反派的抄家行动来得快、来得猛，把宋庆龄的信抄走了。这位朋友觉得这一下要给宋庆龄惹事了，等于出卖、揭发了宋庆龄，深感内疚，无法向宋庆龄交代，便自杀了。

至于社会上谣传的那些事，我俩也私下谈过。他说："这完全是胡说八道。"他又说："如果有那事，你是我这么好的朋友，我也会告诉你，真的是多管闲事的人瞎说。"

上述故事，在90年代我去宋庆龄北京故居参观学习时，因为北京宋庆龄故居负责人是社会学出身，我们曾是同行，早就相识，我也跟他提起过。可是，谣言、流言还在流传，我才提笔写这篇短文。我相信谣言传千遍，也还是谣言，经不起事实真相的披露。

我多年任职复旦分校的所见所感
——八十述怀之一*

我是复旦分校的"窝窝头"

40年前上海有所大学叫"复旦大学分校",简称"复旦分校",或曰"复分",还有人戏称其为"福份"。我不是复旦分校的在编人员,是复旦分校的"窝窝头"。这是什么意思呢?

复旦分校是在1978年成立的。当时我看到一些高干子弟(后称"红二代")中的不良现象。他们在"文革"的第一阶段大肆宣扬"老子英雄儿好汉"。大中小学校的红卫兵头头几乎都被大中小干部的子女承包了,"文革"的烈火可以说是他们烧起来的。1966年秋天,比聂元梓的"点火大队"还要早的来上海"点火"的"点火大队"大队长就是一位政治局委员兼副总理的儿子。一些高干子弟又同时宣扬"老子反动儿混蛋",真不知坑害了多少好人!后来,"文革"进入第二阶段,矛头向上,"揪走资派",又有多少高干子弟受尽折磨,有多少14周岁以下"无行为能力"的高干子弟被关进黑屋子,吃足了苦头。在"文革"结束后,他们的父辈平反,又有一批"红二代"趾高气扬,忘乎所以,大有"老子英雄儿好汉"的味道。

我对这种"血统论"的泛滥深表担忧,为了防止"翻烧饼",便在《文汇报》上发了篇《家庭的淡化问题》。复旦分校的王中校长看了颇感兴趣,通过姚汉荣找我谈了个把小时,东拉西扯,海阔天空。我不明白他的用意,只以为是形势分析。哪知几天后他让我给学生讲了一堂家庭社会学,紧接着他带领袁缉辉、姚汉荣来我工作单位——中国大百科全书出版社上海分社商调我。王校长同

---
* 原载《世纪》2018年第2期。

我们分社总编陈虞孙是朋友,都是杂文家,几天前他俩一前一后在《人民日报》分别发表了引人注目的杂文。据说王校长颇有调我的信心,想不到陈虞孙回答说:"你看看我这讨饭篮子里就这么几个窝窝头,你怎么忍心再拿走一个?"王校长想想也是,大百科也确实正在搭班子,人手不够,便回答说:"那你总得卖我一个老面子,让邓伟志到我那里兼课。"陈总编同意了,于是我这"窝窝头"便从1980年2月开始到分校给社会学系1978级讲授"家庭社会学"课程,接着又教了三个年级。

那时我住在淮海中路2048号,接近华山路,骑自行车到西江湾路至少要76分钟。在课堂上哇啦哇啦叫了两节课,再骑回家,已精疲力尽。当时教育界、新闻界颇对复旦分校看好。《解放日报》头版头条综合报道复旦分校的成就,里面还提了我一句。

我这编外人员深知分校确实不一般。

没有大楼就不能办大学吗

如今恐怕没有哪个大学没有大楼,可是复旦分校直到更名为上海大学文学院时都没有大楼。

"文革"期间大学停招。1977年恢复高考,报考人数甚多,于是大学普遍扩招。校本部容纳不下,许多大学办起了分校。复旦分校先是借在万航渡路的东风楼。东风楼是三层楼,实在挤不下,再换到西江湾路的一所中学里。中学不仅也是三层楼,而且经常断电。上下课没电铃,就由教务长到各个教室门口摇铃加高喊:"下课了","上课了"。

没有大楼的大学还有一个难题:中学的图书馆适合于中学,不适合大学,怎么办?分校就近为学生办虹口区图书馆的借书证,可是有些必读参考书还是借不到。分校再同总校商量到总校借点书。再不能满足,老师便把自己的藏书借给同学。老师如果也没有,就由老师出面到校外什么地方为同学借书。如此颠簸,求学心切、一心为了国家崛起的学子毫无怨言,老师成了图书管理员也心甘情愿。师生情谊分外深!

因为没有大楼,教师的办公条件也很差,好多老师是两人共用一张办公桌。学生叫"同窗",老师在复旦分校是"同桌"。正因为有这两个"同"字,从艰苦中走出来的复旦分校师生更加同心、同向,一起携手攀登科学高峰。

就是在这样艰苦的条件下,复旦分校的学生在学习期间写出的论文发表在权威刊物《历史研究》上，发表在好几所大学的学报上，发表在新中国第一本社会学杂志《社会》上。教学相长，师生合作编出了一本又一本授课用的教程。有人把复旦分校描绘成抗日战争时期的"西南联大"。

明代文化名人杨继盛写道："铁肩担道义，辣手著文章。"李大钊把"辣手"改为"妙手"。看来著有那么多文章的复旦分校学生既是辣手又是妙手。

按每平方米的论文产量计算，复旦分校远远超过很多大楼大学。没有大楼的大学在向大楼林立的大学挑战，在向企图把学校办成学店（指以营利为主的教育机构，或由财团所创办以营利为主的私立学校）的校长们挑战。

大师少了就不能办大学吗

现在很多大学在引进人才，这是十分必要的。人才是最宝贵的，可是也应当看到引进人才在异化为"买卖人才"。有部分人才在蜕变为商品，"引进人才"在演化为"挖人墙角"。当然喽，买方也有理由，我人才缺乏，没办法只好买。

复旦分校在办学之初也缺乏人才，但是他们绝不买人才。他们在师资方面坚持"集天下英豪为我所用"，那就是请校外的人才来兼课、讲课。他们请复旦总校的金炳华讲哲学，请伍柏麟来校讲政治经济学，请王沪宁来校讲政治学，请上海图书馆专家讲图书学，请上海博物馆专家讲博物学，请费孝通、曹漫之、吴铎讲社会学。他们还请过北京的很多名教授来授课。文化部电影局局长张骏祥来分校讲授电影艺术，讲得生动感人，深受欢迎。

现在大学规定教师一定要上足多少课时，毫无疑问是应该的，可是这就迫使一位教师要教好几门课程，不用说，这对扩大教师的知识面是有益的。不过，也应当看到"一专多能"首先是"一专"，教师最拿手的也是在"一专"上。充分发挥教师的这"一专"似乎也应当包括教师为多校所用，为多地所用，不能搞"人才校有制""人才私有制"，要大力提倡人才为"社会所有制"。这是新时代中国社会主义特色的必然。

复旦分校变有限的大师为拥有无限的大师这一做法，是不是在向21世纪的高校开展跨世纪的挑战呢？

如何从政治上考量教师

复旦分校是"文革"后改革的产物，教师无不经历过"文革"。用"文革"的流行语来说,在"波澜壮阔"的十年"文革"中谁能不被卷进去?从上到下谁没有说过错话?谁没有做过错事?教师自然也不能例外。复旦分校有几位教师如戴厚英等人在"文革"中发过文章,在"文革"中错批过人,也在"文革"中被人错批过。他们在"文革"后的清查中,都够不上"三种人",有的被列为"说清楚的对象"。如何对待这些教师?复旦分校的做法是用其一技之长,改其"文革"理念。

可是有人给分校领导扣帽子,说他们在"组织路线上有错误",要校党委书记李庆云把那几位"有问题"的教师赶出校门。李庆云爱才,不仅不赶他们,而且更加关怀他们,尊重他们。他认为书记的责任就是要关心每一位教师。李庆云不把他们赶走,上面就叫他写书面检讨,并说如果他写了书面检讨还可以官升一级。李庆云是德才兼备的老干部,他担任过复旦大学的组织部长,懂得办教育的真谛,主动向有关方面说明不能赶走教师的理由。有关方面其实也是"奉命行事",看他不赶走,就要求他每天都要向上书面秘密汇报那几位教师的动向。那几位被"内控"的教师也颇争气,认真教书,一点也不惹事。由于他们饱经世故,更加能够体会到"文革"是一场浩劫,因此,学校的书面汇报总是讲他们如何如何守责、敬业。久而久之,上面也就松了绑。

这几位内控对象至今都不知道自己是内控对象,更不知道书记、校长是如何保护他们的。他们几位有的还健在,有的已经作古。在20世纪八九十年代,他们中有的当了教务长、学院院长,还有的当上了总编辑,还有几位分别担任上海好几个学会的会长。戴厚英逝世后家乡还为她立了纪念碑。历史是试金石,回过头来看他们的一生,就不难认为:当年完全没有必要把他们赶走,没有必要对他们"内控"。倘若他们知道被那样"内控",说不定不赶他们,他们也就走了。走了,不仅没有了后来的院长、会长,说不定会真的转化为"对立面"。

复旦分校不赶走他们的做法似乎是在向传统的"政治挂帅""斗争哲学"发起挑战。历史告诉我们不能要求任何专业的教师都是政治家。1978年春我在全国科学大会上有采访任务,在友谊宾馆多次接触过数学家陈景润。他爱国、爱党,可是他嘴里吐不出几句政治术语。问他的成功之道,他翻来覆去说的一句话是:"革命加拼命,拼命干革命。"这句话还是刚刚从流行语那里学来的。反过来讲,如果要他精通文、史、哲、经、法、社,他大概就成不了数学家了。不要说精通,就是能说出个道道来,陈景润也就不是陈景润了。

尊重差异，包容多样，区别对待，宽以待人，绝不把人看死，是复旦分校敢于挑战的利器。

复旦分校有几个第一

又穷又小的复旦分校在短短六年里居然创造了好几个第一。仅有一个篮球场的"福份"在上海的体育比赛中居然拿了好几个第一；在一次大学生演讲比赛中，居然也拿了个上海市第一。

更值得注意的是，在教育和科研方面他们也抢占了几个第一。复旦分校选择专业基本上是采取"拾遗补缺"的做法。当时图书馆、博物馆专业比较少，复旦分校办起了图书馆、博物馆专业；当时上海没有电影专业，复旦分校办起了电影专业；当时全国还没有秘书专业，他们办出了全国第一个秘书系，并创办了全国第一本《秘书》杂志。邓小平提出恢复法学、政治学、社会学，复旦分校率先办出了法学、政治学专业。对上述领先的专业我只知道领先，具体细节并不太了解。

我最了解的是社会学系。在邓小平提出后，国家教委发文要求南北两所名牌大学率先办社会学专业。这两所大学是思想解放的先锋，可是在恢复和重建社会学方面不那么积极，准备花点时间慢慢筹办。复旦分校领导李庆云、王中说："你们不办，我分校办。"向市教委打报告，早在1953年对停办社会学就有不同看法的市教委主任舒文马上批准分校办社会学系。这样，复旦分校社会学系就成了全国第一个社会学系。师资匮乏，从事文学等专业的分校教师改行教社会学。还不够，他们请中国社会学研究会会长费孝通、上海社会学学会会长曹漫之、华东师范大学党委副书记吴铎等校外专家来讲授社会学课程。随着教学科研力量的日趋增强，李庆云、王中以及社会学系系主任袁缉辉等人发起创办《社会》杂志，《社会》又成为中国社会学界第一本学术刊物。

六年的时间里，复旦分校培养了三千余名高材生。"追昔"尔后"抚今"。在三千学生中，后来涌现了20多名大律师（其中一名获"东方大律师"光荣称号）、30多名大法官、50多名文化名人、300多名厅局级干部、500多名处级干部，还有一名优秀学生是现任的上海市副市长。学图书馆学的当上了上海图书馆以及其他许多图书馆的馆长，学博物馆学的成了好几个博物馆的馆长。因为出了那么多官员，有人称复旦分校为"黄埔军校"。不过我想，从黄埔军校涌现了一批抗日指挥官来说，复旦分校很像"黄埔军校"，可是从复旦分校出来的约 800 名官员无一贪污受贿这一点看,我认为复旦分校胜过老黄埔。

  长江后浪推前浪,还有一点值得说的是师生换位。很多学生后来成为我的顶头上司。学生当学报总编,我投稿要由过去的学生审改。再比如胡申生、张钟汝,他俩先后担任上大文学院党委书记,我是文学院普通教师。从师生关系上说他们应当尊师;从上下级关系上说,我作为下级应当尊重领导。换位促成彼此尊重、互相信任的新型人际关系。大事我听书记吩咐,有些事情我就委托书记办理。比如,我的经费由他俩掌握,该怎么办就由他们按规定办;没有规定的,比如捐献,也由他俩办。我对他们说:"捐多少由你们掌握:低于校长,高于教授。高于校长,校长难为情,低于教授也不好,因为我的收入比一般教授高。"从此,类似捐献这类事胡书记、张书记不用问我就代我把事情办妥了。彼此尊重能提高精神生产率,互相信任可以简化手续,远离烦琐哲学。40 年过去了,师生之间扯皮的事一件也没发生过。

  2017 年 12 月 9 日是复旦分校建校 40 周年。中文系的老学生王国平在校庆时说过一句很有分量的话:"真心出真理,春心出春天。"在复旦分校的春天里培养了那么多富有才学、才情、才气的才子、才干、才俊,是不是有启发今日之教育界继续改革的地方呢？启发是无声的挑战噢！

结缘社会学[*]

我这个人一辈子离不开"学习"二字。不是谦虚,而是任务。1960年大学毕业后,分配在上海社科院学习室工作,两年后调中共中央华东局政治研究室学习组工作,都是名正言顺的学习,可就是没学过社会学。那时候,中国大地上没有一个社会学系、所、刊,我也不知道有社会学这门学科。直到1978年6月,一位1927年入党的、阎锡山想杀没杀成的哲学家杜任之先生率先提出恢复社会学。半年多以后,1979年3月,中国社会科学院院长胡乔木、副院长于光远邀请部分省市的老社会学家参加社会学座谈会,随后就成立了中国社会学研究会,还办了讲习班。

讲习班是在全国总工会招待所举办的。参加全国宣传工作会议筹备工作的外地同志也都住在全总。上海参加筹备的王树人打电话叫我去他那里。他一个月之前在上海是我们大批判组的组长。哪知我刚到全总,中宣部常务副部长叫他去开会。他颇有歉意地说:"这旁边有个社会学讲习班,刚开始上课,你去听听,我回来找你。"我就贸然去听了。我不知道讲课人姓名,只觉得新鲜。这算是我与社会学的"萍水相逢",但毫无介入社会学的念头。

1979年8月参与筹备组建上海市社会学会的曹漫之是我老师和邻居,《民主与法制》创办人郑心永与我有忘年交,他俩要我参加社会学会。我对曹老师说:"我资历浅,在社会学上没成果。"曹老鼓励我说:"你1960年发表在我那里的(指《学术月刊》1960年第6期)《改善人与人的关系》就是社会学……"我听老师的话,填了表格,参加了全国第一个社会学学会的成立大会(中国社会学研究会是在上海之后好几年才把"研究会"更名为"学会"的),听于光远作

---

[*] 原载《新民晚报》2018年4月25日。

报告。我算是跨进了社会学的门槛。

1980年我出于对"老子英雄儿好汉,老子反动儿混蛋"的否定,写了篇《家庭的淡化问题》,在《文汇报》上发表后,为《新华文摘》转载。这本来是小事一桩,哪知引起创办全国第一个社会学系的复旦分校校长王中和书记李庆云的注意。王中通过我的朋友姚汉荣,约我见面。我对王中早有印象,1957年秋,当时只有四个版的《解放日报》用半个版把王中作为党内右派的典型来批判。我对他几天前在《人民日报》上发表的杂文,文笔之犀利,矛头之准确,深为钦佩,所以他招之,我即去,天南地北地聊了一通。想不到几天后,他到大百科来调我去分校教家庭社会学。他与我所在的大百科领导陈虞孙都是好朋友,都是杂文大家,他相信陈虞老会同意。想不到陈虞老说:"你看我这讨饭篮子里就这么几个窝窝头,你怎么忍心给我拿走一个。"王老想想也是,他退一步说:"你总得卖我个老面子,叫邓伟志到我们学校兼课,行不行?"陈虞老同意了。于是我这个"窝窝头"从1981年2月起,连续教了几年家庭社会学,写讲义,编教材,一切从零开始。几十年来,写了千余万字。

社会学有170个分支,社会学分支还在与日俱增。我已到暮年,伏在马槽旁,继续学习,志在用社会学理论为治理一个和谐、有序、美好的社会而献身。在社会学研究中,努力推行八路军所追求的"让自由之神纵情歌唱……",牢记毛泽东的名言:"让人家说话,天塌不下来。"

我所经历的特区建设思想争鸣*

现在不是特区的城市也像特区,可是1979年决定在中国设四个特区的时候,对特区言人人殊,褒贬不一。作为一个理论工作者,我是睁大眼睛看争论双方的言论和表情的。谁都知道发展社会生产力的重要性,怎样才能把生产力搞上去是一道值得认真研究的大课题。既然都看见老路子走得慢,就提醒人们考虑另辟蹊径。另辟的蹊径肯定不同于老路,有争论是难免的。

1980年深圳特区正式成立不久,我就去了深圳。记得那时蛇口还是荒山,蛇口人正在用炸药轰山,尚未建高楼。蛇口招商局负责人袁庚信心百倍地向我们介绍他们将如何引进人才、如何引进外资的大胆设想。他不要拨款,只要政策。接着,我们又请从上海去蛇口经商的黄宗英和在深圳办广播电视台的祝希娟介绍情况。因为都是上海人,彼此比较了解,谈起来更加敞开,连秘密也给我们透露了一部分。黄宗英讲她为什么来深圳,主要是觉得能放开手脚,能大显身手。祝希娟主要讲她准备办哪些在内地很难办成的、富有特色的、会受欢迎的频道。这算是给我上的特区第一课,既丰富了感性认识,又增强了理性认识。

蛇口大胆引进人才,就是社会学上的重要概念"社会流动"。黄宗英、祝希娟到深圳创业,是社会流动中的一种"水平流动"。流水不腐,社会的水平流动和垂直流动会促进社会净化,增强社会活力。回上海后,我立即把袁庚讲的户籍改革告诉一位朋友。这位朋友的妻子在南京教书,他没有办法把妻子调到上海来。他曾在我面前发牢骚,说:像他这个条件,讨几个老婆都很容易,调一个老婆比登天还难。那次他听了我的介绍,情绪高涨,兴奋地说:"再调不

---

* 原载《世纪》2018年第3期。

来,我们夫妻俩一起去深圳。"

1983年,我利用到广州开会的机会又去了深圳。那时深圳国贸大厦正在建,已经建了六七层,说要建53层。我听了吓一跳,上海的国际饭店24层,在我们眼里就算很高了,国贸大厦要比国际饭店高一倍多,实在是了不起。我虽然没见过摩天大楼,但1978年春天我在北京办《自然辩证法研究》时,听清华大学吴良镛先生讲:152米以上的高楼可以称得上摩天大楼,深圳国贸大厦要建160米,那不就是摩天大楼吗?多让人羡慕呀!

更让我感叹的是深圳朋友告诉我:深圳人干劲冲天,国贸大厦是"三天建一层"。这是多么快的速度啊!我暗暗地想:这就是深圳速度!这就是特区速度!

"三天建一层"只是个例子。实际上,深圳的GDP、深圳的财政收入都在突飞猛进。在后来我撰写的《深圳应当是理论研究的窗口》一文中,仍然从"'三天建一层楼'的深圳速度"说起,从深圳已经成为公认的"四个窗口"说起,认为"深圳还应该是我国发展马克思主义理论的窗口",建议深圳继续"在'特'字上做文章","在理论上'特'起来","在理论研究的政策上、内容上、学风上和理论研究的方式、手段上都能'特'起来"。不久,这篇文章被深圳市委宣传部收入他们汇编的《百位学者对深圳的思考》一书。

在珠海特区与端木正交谈

在要不要设特区的问题上有争论,在特区设立之后对如何建特区的问题上继续有争论:"只引进技术不能引进经济"是一说,"只引进经济不能引进文化"又是一说。争论更激烈的是"观念绝对不能引进"。

就在这时,珠海特区政府于1985年底邀请国内学者开了次研讨会。记得千家驹先生参会了,他跟我讲了他在青少年时期与吴晗交往的几个小故事。会议期间,我与中山大学法律系主任端木正教授(后任最高人民法院副院长)住一个房间。当时尚不能随便看港澳电视,可是在特区珠海可以看。我们一起看香港一位讲师、两位副教授评论柬埔寨局势的镜头。看着看着端木教授流露出伤心的表情,我以为他生病了,便问他怎么了。他坦诚地说:"我看了他们三位年轻人的评论,觉得自己不如人家。"接着又说:"不论别人怎么看,我认为开放的做法是正确的。"端木正的这番感慨对我也是点拨。是的,他的话很有道理。评论任何事情,都要事前对正反两面的说法有个透彻的了解,发言才能一语中的、一针见血。只知其一,不知其二,就妄加评论是不着边际的忽悠。讲套话是拾牙慧,味同嚼蜡。

在讨论会上,我直截了当地说:"把人家引进来,怎能只让人家带口袋,不让人家带脑袋呢?""要看到,东西方文化之间有冲突也有融合。这种融合并不是全盘西化,社会主义的中国是化不了的。""我们登了外国的广告,就说是西化,那么美国人把我们的五星红旗带上航天飞机,是不是'东化'呢? 在美国有那么多中国血统的人当市长、校长、警察局长,是不是卖国主义呢?"会议主持人吩咐我把发言整理成文,于是我以《把经济特区变成社会特区》为标题,发表在《珠海特区调研》1986年第2期上。过了些日子,珠海一位副市长对我说:"文章受到读者和省领导的好评。"

厦门特区的范围为什么这样小

1982年厦门大学召开学术研讨会,规模蛮大,记得美籍华裔学者杨庆堃老先生也来了。主办方带我们参观了厦门特区。参观时,大家觉得厦门特区范围太小,尤其是在深圳考察过的人都说厦门特区太小。可是,陪同的人对这个问题欲言又止,好像有什么难言之隐。

晚上,我去看望一位老朋友。1960年或1961年,厦大校长王亚南带他在上海编书时,这位朋友与我同住集体宿舍,两人床铺只有一米之遥。一别20年,如今他在中国唯一的台湾研究所——厦大台湾研究所工作。老朋友相见,没有客套,说话直来直去。他说:"听他们讲,省委项南想大搞,可是保守派坚决反对,给特区扣大帽子。中央的理论权威胡老(老朋友当是直呼其名的,此处从略)骂特区是'殖民地'。上下都有人卡项南的脖子……"说了以后又叮嘱我不要讲是他说的,我全然明白了。

因此,《厦门日报》记者在会上采访我时,我有意把话题拉到敏感问题上,试探他的观点。真是"海内存知己",记者完全同意项南的思想。我请他把我支持项南的看法发内参,他说有难度。他劝我为《厦门日报》写文章,从侧面为特区打气。于是我先后在《厦门日报》上发了《特别值得注意》(《厦门日报》1983年4月15日),针对当时的争论,指出不要把知识分子的自信说成自满,也不要因为个别人才有自满的缺点而拒人才于特区大门之外;发了《"阿堵"勿却》,讲"逐鹿者不顾兔"的道理,批评"愈穷愈革命"的片面性;发了《山崩于前》(《厦门日报》1986年2月7日),提倡"祖宗不足法,天变不足畏",大声疾呼"即使是山崩于前也不能动摇中国人民推行第二次革命的伟大决心"。

20世纪80年代初,北京有两位理论家、思想家到广州作报告:一位是前面提到的胡老,他先到;再一位是于光远,他后到。于光远作报告时座无虚席,来晚一步的人不得不站着听;胡老作报告座有虚席,不得不把本来没资格来听报告的普通干部拉来充数。

怎么会有这么大的差别?原因是胡老在特区搞了几年后,还隐隐约约地讲特区"有损主权";于老则旗帜鲜明地认为特区的做法是在很好地"行使主权"。于老的观点,以及于老作报告的场景,传到胡老那里以后,可能对胡老有刺激。胡老离穗返京前给于老写了首长诗,大加赞扬于老报告听众人山人海。我当时在于老身边。广东省委书记任仲夷看了这首诗以后,笑逐颜开。他连连说了几个"好!好!好!",赞扬胡老有进步。他对于老说:"他(指胡老)从骂(特区)'殖民地'到讲'有损主权'是进步,从'有损主权'再到歌颂你讲得好,是又进一步。他没讲你的观点如何正确,应该说,包含这层意思。"

任老与于老接下去深谈时,我便主动去了隔壁房间。我深知他们二人会在改革开放问题上继续切磋。他们探求真理的精神,保障他们之间能够做到开诚布公、推心置腹。这般互相推动的领导关系可以从他们晚年坐轮椅的日子里所拍的两张照片上看出来:一张是任仲夷坐在轮椅上,于光远在后面推轮椅;再一张是于光远坐在轮椅上,任仲夷在后面推轮椅。思想家与思想家之间最需要的是思维共振,互相推动。

受两场报告能够互动的启发,我为《广州日报》写了篇《关于"对话"的要领》,提倡对话,批评"讲老话、套话,尽管不是假话,但是无补于事"。

南风终有一天会北伐

抗日战争八年就取得胜利,特区之争八年还没有结束。

被北京称为"青年思想教育权威"的三位先生,在全国巡回演讲,每到一处无不受欢迎。不料1988年初他们到蛇口演讲时,在怎么看"自主选择职业""淘金""满街是进口车"等问题上发生了观点碰撞。教育者流露出蛇口青年走"邪路"的看法,立即受到青年质疑。广东有几家报纸作了报道,用当时媒体的语言,叫做"震动全国,波及世界"。《人民日报》辟专栏讨论。在一个月当中,《人民日报》收到世界各地的信稿1 531件,其中只有17.4%倾向或赞同三位教育者的观点。继《人民日报》之后,一直到11月中旬,全国几百家报刊纷纷就此发表文章,其中的绝大多数都指出思想政治工作必须改进。

我把这次讨论称作理念上的"北伐",提笔写了篇《"南风"终有一天会"北伐"》(《社会科学报》1988年9月15日)。我说:"几年前,一直批'南风',我不赞成。我估计在观念上终有一天会来个'北伐'。这次'蛇口风波'就是北伐的征兆。过去南下干部起到了不小的作用,什么时候能让懂商品经济的南方干部北上呢?我期待着。"接着,我又在《深圳晚报》《深圳特区报》两家报纸上连续发表了一些文章,颂扬南风。

"北伐"胜利的标志是1992年邓小平的南方谈话。他肯定了特区,批评了不改革的人。不过,从作为喉舌的报纸版面上,仍然能看出深圳、珠海对论述、赞颂邓小平南方谈话的文章灿若繁星,而有的省市的报纸论述、赞颂邓小平南方谈话的文章寥若晨星,还有的报纸因为多发了学习南方谈话的文章,反而被他们的上司批评为"不听招呼"。当时,《深圳特区报》每两天发一篇"猴年新春评论",发了八篇以后印了合订本,送给了我一本。我捧在手里好像握着杀出血路尖兵的手。

公道自在人心。1997年项南逝世时,自发赶来八宝山向项南遗体告别的人数之多据说是罕见的,我排了一个小时的队才有向项南鞠躬的机会。花圈之多,摆了几十米。我印象最深的是,我们上海人最喜爱的学者型市长汪道涵送的花圈摆在大厅外第二个,进不了大厅。

2018年1月15日我看到深圳人遵照十九大精神,豪迈地提出九个"坚定不移"、三个"一以贯之",我喜上眉梢。深圳人讲:"一以贯之坚持和发展中国特色社会主义,一以贯之推行党的建设的伟大工程,一以贯之增强忧患意识、防范风险挑战,保持革命精神、革命斗志,以时不我待、只争朝夕的精神投入工作,努力在新时代走在前列,在新征程勇当尖兵,高质量全面建成小康社会,率先建设社会主义现代化先行区,奋力向竞争力影响力卓著的创新引领型全球城市迈进!"看后,我深深佩服他们这种"尖兵""率先""引领"的宏大气魄,同时也引发我思考了几个问题。

几点不成熟的建议

自特区设立以后,国家的经济状况发生了很大变化,科学技术也有划时代的进展。信息化、智能化、数字化正在改变着我们的生产方式和生活方式。生产力是建设的火车头,生产方式的变革会带来观念的变革。经济建设、社会建设在向我们提出一系列新课题。有哪些过去没有的行业将要上马,有哪些传统的行业将要下马,亟待人们回答。凡事预则立,不预则废。有了预见,下马的不仅会痛痛快快下马,而且会因祸得福,走出新路;上马的不仅会自觉迎新,而且会有所创新。天下事一早百早,只有早作研究,早作安排,才能成为时代的"尖兵",才能实现"率先""引领"。对此我也在摸索中,这里只能说几点不足为训的管见。

(一)正确处理引进外资与向外投资的关系。弱时请人家进来,强时自己走出去。请进来和走出去的目的都应当是为了国家富强。请进来不是请垃圾进来,走出去不是去干有损于国家的小动作。要相信,有去有回。

(二)正确处理国企与民企的关系。国企、民企、集体、企业等是互补互动的关系。国企要做大,更要做好;民企能大则大,不能大也要小中见大,以小促大。民企是民兵。40年来民企遍地开花,成为经济发展的主力军。陈毅就说过:"淮海战役的胜利是人民群众用小车推出来的。"今天国家的繁荣也是民企推出来的。我们不能忘记民企的"初心",要多为民企搭桥铺路。忘记民企也可以认为就是忘本。

(三)正确处理义与利的关系。要正视今天出现的"见利忘义"现象。忘义是国耻。但是忘义不是市场经济的必然。市场经济是法制经济、道德经济。商讲商德,不会忘义。不要把当今的忘义归罪于市场经济。见利忘义是过度市场化的产物,是不赞成市场经济的人从一个极端跳到另一个极端的产物,是"效率优先,兼顾公平"的重商主义原则带来的弊端。上行下效,忘义是不经商的权贵人物的腐败变质带来的祸害。

(四)正确处理经济建设与社会建设的关系。邓小平在提出办特区的同时,提出"政治改革",后来被缩小为"政治体制改革",再往后连"政治体制改革"也很少提起。这就造成了政企不分,出现"经济上去了,社会风气下来了"的不文明。政企不分也就为"大老虎"出来伤人大开方便之门。权为民所赋,权为民所有,权为民所用。十九大报告提到203次"人民";十九大反复强调"以人民为中心"。我们一定要、也一定会坚持不懈地践行"人民至上",多为社会治理着想,多从壮大社会组织上下功夫,推行社会自治,进一步"把社会还给社会"。

广东省在特区推动下,始终坚持"改革走前头,开放立潮头",连续多年创全国第一。在进出口总额上超过上海，居全国榜首。在广东的好多第一中，我最欣赏的是"跨境电子商务进出口全国第一"。这意味着广东在世界的第四次技术革命中走在了最前列，意味着在构建人类命运共同体的宏伟事业中正在大踏步向前迈进！

想起了夏征农*

我想起了老领导夏征农,今年是他逝世 10 周年。

夏征农曾任新四军政治部民运部部长、山东省委书记处书记、上海市委书记、上海市社联主席等职,享年 105 岁。

他是从 20 世纪 30 年代的左联到 70 年代的社联一路走来的。他参加过"八一起义",写过小说和论文。他六次参加全国的党代表大会。本来还有第七次,只因医生不许,未能出席。他如此长寿,我认为主要原因是两个字:豁达。

他 1946 年和 1978 年先后担任过两所大学的主要领导。他熟读中国历史和世界历史,站在历史的高度看问题,"一览众山小",权大权小不计较!他因为 1957 年"反右"不力,1959 年"反右倾"沾边,从山东省委书记处书记降为公社书记。在农村,他依然满腔热情地跟农民一起摸爬滚打。不仅如此,他还敢进言:"不能再放'卫星'了!多是假的。"上个世纪 20 年代和 60 年代他先后蹲过两次监狱。他这位从 1964 年就被华东局职工称为"夏老"的老人,"文革"中居然被关在上海漕河泾少教所。他了解国情、党情、民情,可谓"阅尽人间春色"。正如宋人姚铉所云:"文有江而学有海,识于人而际于天。"个人得失算得了什么?

我曾是他部下的部下,听他的大部下说:"向夏征农请示工作最愉快,他从不板面孔。"我也经历过一次这类情况:1965 年他大概嫌我们编写的刊物呆板,不仅不批评,反而叫他秘书借来邹韬奋的《生活》杂志,送到我们手里。我私下里说:"拿到杂志想起陶行知给打同学的人送糖果的故事。"有学问的领导就是不一样。我认识夏征农在山东的秘书,认识他在华东局的秘书,还认识他当上海市委书记时的秘书,都说他的秘书最好当。他做报告不念稿,不要秘书

* 原载《大江南北》2018 年第 5 期。

或秀才为他起草。

夏征农是"五一六通知"下达20天后,全国第一个被中宣部宣布免去中央局宣传部长职务的。他的第一个"错误"是反对样板戏。江青到上海一开始不是想拉张春桥,而是争取比张春桥地位高得多的夏征农参与。想不到夏征农不趋炎附势,说:"我是两亿人的宣传部长。要我全力以赴抓样板戏,两亿人要看戏怎么办?是不是省有省样板,县有县样板更好一点?"夏征农被免职的另一缘由,是不支持姚文元的《评新编历史剧〈海瑞罢官〉》。1965年秋,上海市委领导主持讨论姚文,请夏征农出席。不知道他看出了什么,说:"写文章还这么神秘?我不去。"

我还目睹过这样一个场面:1965年秋,江青在小剧场看话剧《红色风暴》(原名《八一风暴》)。演出中间休息时,江青向夏老招手示意,请他进休息室。夏老纹丝不动,留在大厅里与我们这些平凡的人议论舞台。想想看,如果换别人,江青请他进去,会不飞奔过去吗?

夏老任社联主席后,主要是致力于拨乱反正。上海在真理标准问题讨论中比较保守,可是夏老领导的市社联和复旦大学逆流而上,旗帜鲜明地展开讨论。1978年他奋笔疾书,接连发表了几篇文章:一篇是《从实践是检验真理的唯一标准说起》,再一篇是《重视知识分子完全符合马克思主义》,还有一篇是《没有民主就没有社会主义》,受到中央领导称赞,为多家报纸转载。1978年《文汇报》头版刊登了夏老关于真理标准讨论的动员讲话,题为《坚持实践第一观点,加强民主集中制》,引发轰动效应,带动上海对真理标准讨论的深入开展。他这几篇文章被称为"上海的春雷"。

1978年十一届三中全会以后,我参加过两次由他主持的会议,两次都是在陕西北路182号举行的。一次是讨论胡道静的平反问题。胡道静是科技史专家,曾被赞为"中国的李约瑟"。在夏征农的带动下,大家一致认为应为胡道静彻底平反。这让胡道静大为感动。再一次是讨论可不可以为领导人画漫画像。上海一位画家画了一幅邓小平的漫画,一幅胡耀邦的漫画。两幅画只不过把他们两位领导人的面部特征更加突出了出来,丝毫没有丑化的意思,可是立即引来了批评。就在这时,夏老召集了三十来人开会讨论,得出的结论是:可以为领导人画漫画像。想不到两天后胡耀邦表态:可以为领导人画漫画像。大家赞扬了夏老的胆识。

夏老晚年讲自己是"半是战士半书生",可上海学术界、文化界都称誉他有非凡的文韬武略。

两万多人是怎样合写一部书的
——编纂《中国大百科全书》的日日夜夜*

中国大百科全书出版社和上海分社创办于中共十一届三中全会即将召开之际,活跃于十一届三中全会之后。被称为"百科全书之父"的法国思想家狄德罗用25年时间编了28卷百科全书。中国用了15年时间,编辑出版了74卷的《中国大百科全书》第一版。百科全书是百年千年学术成果的结晶。为了让广大读者了解当今的学术进展,中国大百科全书出版社又创办了《中国百科年鉴》,它是改革开放后的第一本年鉴,从而带动全国各行各业都出版年鉴。一中有百,百中有一,抚今追昔,古往今来,知识面纵横交织,"百科全书加百科年鉴"成为推动中国人攀登科学高峰的缆车。由于编纂百科全书自身也是一门学问,为了探索编纂百科全书的规律,弘扬大百科精神,提升大百科之魂,中国大百科全书出版社又出版了《百科知识》杂志。三箭齐发,做到了把人民创造的知识还给人民,再进一步武装人民。

狱中思考,出狱奔走

曾经为毛泽东、宋庆龄等人当过翻译,曾经为翻译马恩列斯毛著作殚精竭虑,曾经翻译过好多苏联小说、剧本的中央马列编译局副局长姜椿芳一直被人称作"苏联通"。不料,1968年他突然被当作"苏修特务"戴上手铐,蒙上双眼押了出去。蒙眼睛无非是不让他知道押送的地点,可是,他仅凭路上用的时间、汽车转弯和上上下下的路况就判定是进了秦城监狱。在到达监狱、警察尚未解下蒙眼布时,姜椿芳就说:"秦城到了。"警察惊呆了。

---

* 写于2018年9月23日。

姜椿芳入狱后，思考一个问题：怎么会出现"文革"这般"革'文'"风暴的？怎么会把人的野蛮性激发、膨胀到这般地步的？七年的狱中思考，他从一个独特的视角得出结论：缺少文化。他想起法国启蒙思想家狄德罗，狄德罗坚信"迷信、成见、愚昧无知是人类的大敌"。狄德罗花了25年时间编纂的百科全书，对普及广义的文化、提升法国人的文化水平起了很大作用。姜椿芳坚信自己肯定能够出狱，并下定决心出狱就干一件事：编大百科，让国人有世界眼光，有百科知识。

1975年，姜椿芳终于出狱了。出狱后的第二天（有的文章讲是过一段时间才出去游说的，不是事实，应为第二天），他便去跟刚刚"解放"出来的老朋友王惠德商量编大百科的事。随后又登门跟胡乔木、于光远、贝时璋、严济慈、张友渔、陈翰伯、陈翰笙、周扬、周培源、夏征农、钱学森、裴丽生、梅益等一位又一位大文人大学者商量编大百科。接着又向中央呈送了《关于出版〈中国大百科全书〉的请示报告》，得到叶剑英、李先念的赞同，刚刚恢复工作的邓小平立即批准。狱中之梦成了真。

因为中国没有出版过大百科全书，当务之急是要让人了解大百科的功能、结构、意义，进而投入大百科事业。姜椿芳的第一站是上海。他在市政协礼堂一口气同上海各界文人讲了两个小时。有学者评论他的讲话为六个"有"：一是有条不紊。报告有条不紊的人是有的，但多是念稿，可是姜椿芳不仅不念稿，连个提纲也没有，他不急不忙，娓娓道来。二是有板有眼，逻辑严密，层层深入。三是有胆有识，有胆而又不会让人吓破胆，能把握分寸。四是有棱有角，但棱角不刺人。五是有声有色，但不是声色俱厉，而是抑扬顿挫，抑又不太低，扬也不太高。六是有滋有味。"滋"在知识渊博，"味"在旁征博引，有枝有叶，有花有果。在他讲话后，复旦大学谭教授激动地站起来发言，说："听了姜老今天感人肺腑的讲话，我想起四十年前姜老要我为他办的《时代》杂志写稿，因为有人讲他'赤色'，我没有写，惭愧！"从谭教授在几百人的场合如此倾吐肺腑之言，情真意切地自我批评，也可以看出姜老的感染力。

姜椿芳的第二站是南京大学。在南京湖南路招待所住下后下了一夜大雪，第二天马路上有半尺厚的积雪，没有扫雪机，汽车不能开。因为约好了八时半开会，姜老提出步行去南大。从湖南路招待所到南大有段路，我就搀着他艰难地走进南大，校领导和与会者见了姜老踏雪而来，起立鼓掌。大百科首卷是天文学。南大天文学系勠力同心编百科。系主任戴文赛病逝时枕头边放的是他撰写的大百科条目,当时有好几篇文章赞扬戴文赛的这种"大百科精神"。

副社长把办公桌当床铺

大百科总社先在东总布胡同的版本图书馆后院借了三间平房,有关大百科的建制以及编辑方针都是在这里确定的。这三间平房白天是办公室,晚上是外地来京同志的宿舍。刚从湖南上调来的副社长兼副总编的刘尊棋睡在办公桌上。桌、床合一,劳逸结合,劳多逸少。地方狭小,他们几位领导有时会在传达室里议论工作,好在大百科里没有多少秘密,能够透明。领导之间有不同意见是正常的,不怕人听见。

世上好人多。北京市规划院的刘永芳看大百科实在困难,主动把史家胡同41号的一栋私房大院腾出来给大百科,办公条件大为改善,可是随着人员增多,依然有人多房子小的问题。著名法学家张友渔教授只能在史家胡同一个小房间里为大百科编写。他白天在这间小屋里办公,我晚上在这间小屋里睡觉。因为我白天在史家胡同8号大百科总编委常务副主任于光远家中编写,晚上到大百科住宿。有一天,北京市一位副市长来看望老师张友渔,见这小屋如此简陋,又见离厕所很近,便萌生了为大百科改善办公条件的念头,这样才有后来置换到蒋宅口这件事。大百科在上海设立分社。上海分社在古北路边建房,大家边工作,还边参加一部分体力劳动。因为那里接近过去的万国公墓,我在平整土地时挖出过两个头盖骨,凭着复旦人类学系刘咸教授传授的知识,我向分社同仁讲了如何根据头盖骨来分辨男女。

1979年夏,《中国大百科全书》首卷《天文学》卷统稿,借了位于北京车公庄2号原北京市委党校的几间房子。通知我提前两天到京,为即将到来的南京大学、紫金山天文台、佘山天文台、北京天文台、云南天文台的天文学家做准备工作。可是,我到车公庄时只有床,没有铺盖。副书记、副社长、副总编阎明复同志马上批条子让人为我买席子、被子、枕头。买的人买来后往床上一放就走了,想不到明复(当时都称他明复,没有人称他社长、书记什么的)为我擦席子、铺床。此时,我正在隔壁为专家布置办公室,忽见明复擦席子,我感慨万千,心想:"这样的领导真少见。能批条子的一般不擦席子,能擦席子的一般无权批条子。可是阎明复集二者于一身。"

姜椿芳凭着高超的亲和力带领两万多大军

说是百科,实际上远不止百科。1978年启动编《中国大百科全书》时,自然科学有两千多门学科,社会科学有一千多门学科,文学艺术也有近千门。四千门学科不可能一科一卷。那么,应当分哪几大门类,应当编多少卷,这都是难题。还有,每一大类应当由谁来担任主编?也是一大难题。有学问的人很多,适合当主编的人不见得很多,因为编百科不是写论文,要强调客观性、知识性,所以独树一帜的论文大家在编百科时不可以尊己卑人,不可以压低自己所不赞成的学说、学派。还有些大学者学富五车,大家都认为他首屈一指,但他缺乏组织能力。一个主编至少要带领三百余名作者呀!怎么办?这就要靠姜老精心地选择主编和副主编了。

与其说是姜老选择的,不如说是学者推荐的。姜老反复听取学者意见,学者有不同看法,姜老会前考后虑,比较来比较去。《中国大百科全书》第一版的66位分科主编,姜老都登门拜访过很多次。两百余位分科副主编,千余位分科编委,姜老都与他们保持密切联系。由于姜老富有亲和力,一些本不赞成某位担任分科主编、副主编的学者在姜老决定要他们担任主编、副主编以后,也会心悦地赞成姜老的决定。

在编写中,姜老始终坚持总编委提出的"最合适的人写最合适的条目"这一原则。撰稿人无疑都是高水平的,可这"高水平"者并非全能,并非一流,但在写这个条目上是最合适的,就必须由这个人撰稿。就拿科学家伽利略的名著《关于托勒玫和哥白尼两大世界体系的对话》(简称《对话》)来说,无疑是必须列入《天文学》卷条目的。撰写这个条目最合适的人选应当是这本书的译者。谁都知道,译者一定是会外语的,但是未必在天文学上有多深的造诣。首卷在时间上要求紧迫,一时难以联系上正在受审查中的主译,于是我这个非主译就成为《对话》这一条目的撰稿人了。按照"最合适的人写最合适的条目"的原则,撰稿人队伍达两万余人,除了本学科的还有学科边缘的学者。

学者多有主见,让两万多有主见的人凝心聚力是很难的,这要靠姜老凝心聚力的本领。我在姜老手下干了近10年,没见他发过一次脾气。2017年底上海两所大学准备为姜老排演大师戏,在征求意见时,一批90多岁的老学生说:"我们希望在舞台上看到我们和蔼可亲的姜校长。"一点不错,姜老就是一位待人温和、说话温婉、处事温厚,跟他在一起让人有温馨之感的长者。

阎明复的"继绝世,举逸民"

庞大的社外编写队伍要由社内精干的人员去联系、服务和组织,可是建社之初百废待兴,人员奇缺。今天平反、解放出来的人,明天就被人请走了,抢走了。大百科主要管组织的阎明复,是一个眼光敏锐、朝气蓬勃、敢作敢为的人,他不怕别的部门从已平反的人当中拉人。从平反、解放出来的人当中选拔固然无可非议,但不算真本领。阎明复的本领在于他能够从正在落实政策以及尚待落实政策的人中为大百科选人。请看百科人对他的评价:阎明复敢冒"招降纳叛"的风险,排除万难"继绝世,举逸民"。他敢于也善于从历次政治运动中受过冲击而又有才智的人当中选择人才。他选用过"老右派""大右派",他选用过没有摆脱"劳改""管制"身份的人,选用过身背"叛国投敌罪"的人。有些人是带着"反动"帽子来到大百科之后,再由阎明复四处奔走,为其"摘帽"的。明复公开讲,只认为"反右扩大化"是不够的,应该完全、彻底否定1957年的"反右"运动。在外交部被打成"现行反革命"的梁从诫(梁启超的长孙),明复敢去调他,梁从诫不敢相信。在明复与他谈话后,他居然对人说:"阎明复是不是搞错人了?"

阎明复知道在乔冠华任国际新闻局局长时,有位副局长刘尊棋是"美国通",但他不知道刘尊棋被关押在哪里。明复千方百计找到刘尊棋的儿子,从刘的儿子那里知道刘尊棋作为"寄押犯"在湖南。他再从湖南把刘尊棋请到大百科当副社长。这段故事知道的人不少。鲜为人知的是1979年在为"61个叛徒"平反的文件中有大人物仍声称刘是叛徒。此时刘尊棋正准备代我出差,有这么个文件下来,刘就不能代我出差了。又是阎明复沿着阎家与张学良家的关系,从张学良秘书王卓然的自传中查出,王卓然早在1952年就记述根据由宋庆龄任主席的中国人权保障同盟的意图,在刘尊棋不知情的情况下,代刘写了"退党启事"。明复再一次还刘尊棋一个清白。遗憾的是,进一步落实政策后,清白的刘尊棋被调去创办英文版《中国日报》了。

在草创时期,明复协助姜老调来大百科的大人物除了上面提到的张友渔、刘尊棋以外,还有曾彦修、刘雪苇、王纪华、王元化等,后来国家进一步落实政策,他们都依依不舍地离开了大百科,另行高就了。

阎明复不仅选才有方,用才有术,而且更会爱才,关心才。在《阎明复回忆录》中提到1979年夏我向他反映《天文学》卷社外编辑想看苏联电影的故事。

当时中苏关系尚未正常,看不到苏联电影,成天写呀写呀写个没完没了的社外编辑,生活单调,很想看看苏联电影。我傍晚反映,他马上带我去中联部跑片子。中联部自然不会轻易答应。明复就说:"我们不完全是消遣。我们让专家看了电影以后,发表些看法,整理出来,送给你们。"这样一说,中联部就同意了。原版片子没有翻译,更没有配音。明复自己充当同步翻译。专家们都很感动,工作起来更有劲。专家干劲大,睡得晚,我作为编辑组负责人也就更加累,一下子累出了风湿热,浑身骨头痛。我生病拖累了编写工作,明复很急,他亲自带我到北京医院请"七君子"之一李公朴的女儿为我看病。领导越关心下级,下级越尊敬领导。民主作风强化民主制度。民主在大百科里是大写的。

百科全书与百家争鸣

《中国大百科全书》的编纂过程是彻底的百花齐放、百家争鸣的过程。

第一场争论是用哪些学科冠名。学者都热爱自己的专业,不热爱专业成不了专家,可是在热爱的同时,不少人很想提升本专业在百科中的地位,有的还想在百科中独立成卷,事实上是不可能的,若编四千卷则不利于普及,不是家家都有专门的大书房藏那四千卷的。这就要耐心协商,精心研究,分出学科的"父子"关系。也有人认为别人的研究不是独立学科,这就更难了。比方说民族学,同在一个大院里有两家民族研究所,一个所认为只能是"民族问题理论",构不成"学",另一个所认为民族研究够得上"学"。同是学术权威,各有各的道理,都得认真听取,编起来可就难上难了。大百科的做法是:卷名为《民族》,内设《民族问题理论》一大块,下有近两百条目;与《民族问题理论》平行的,再设《民族学》一大块,下有三百余条目,此外还有八百条目。就这样切磋琢磨,最后决定大百科编出 66 个大学科。

第二场争论是条目的长中短。撰稿人一般都认为要把知识讲清楚,短了不行。百科条目不同于辞书的辞目,已经够长的了。大条目太多,总字数必然膨胀。像上面提到的由我承担的《关于托勒玫和哥白尼两大世界体系的对话》这一条目,再怎么重要也是"重中之'轻'",只能写五百字。在撰稿前要在讨论中分清长中短,在撰稿时仍要在讨论中调整长中短,在终审时有时还得修改长中短,不消说,终审时多是长变中,中变短,提倡以少胜多,以短见长。

第三场争论,也可以认为是第一场争论,姑且放在第三场吧。在出版了好几卷时,争论搬到了《人民日报》上。那就是人们所能看到的英国百科、美国百科、苏联百科都是按字顺排序的,为什么《中国大百科全书》是分科成卷的,只是在一卷之内按字顺排序?有位大专家在《人民日报》上发文章这样批评大百科。因为是大专家,又因为中国大百科全书似乎不合世界常规,批评颇有影响。事非经过不知难,分科成卷的道理其实也很简单。饭只能一口一口吃,任何国家的百科启动时都是按学科编写,如果按ABC分卷,A卷涉及四千学科,没有哪位全能专家能担任主编。两万人的专家队伍集中在哪个广场撰稿?即使有那么大的广场,两万人个个都得时刻准备着跑ABCD等26个站头。大百科全书只能在分科成卷的第一版出来后,再修订出按字顺排序的第二版。说得难听一点,还有些分科带来的瑕疵专家没有挑出来,那就是分而治之,涵盖各大学科的"科学"这一条放哪里?"自然科学""社会科学""文学艺术"也无家可归了。不过,问题不大,只要事前想到就有备无患了。分科出书后,想不到还有一个意外收获,不少读者"自扫门前雪",只买自己喜欢的那几卷也就满足了,既节约又实用。

第四场争论是"去伟大"。由于思想的大解放,大百科不仅收了逝世伟人的条目,而且还带有突破性地收了在世伟人的条目,能上条目的人都是伟大的。可是作为工具书,一大特点是文字精练。左一个"伟大",右一个"伟大",全书充斥着"伟大",要占多大篇幅?况且伟大尚无量化指标。可是在"伟大"之风正在头上呼啸的时候,习惯势力依然让人三句话离不开"伟大"。"去伟大"会不会犯政治错误?在经过一番争论后大百科统一口径——去伟大。遥想当年这一关能过去真是不容易啊!

第五场争论是书名。书名有几种写法,叫《中国大百科全书××学卷》,可以;称《中国大百科全书××学》卷,也可以。讨论是在上海衡山宾馆进行的。由我拿着中层干部事前提出的几种写法,并不讲明是谁的主张,到每位领导那里听意见。最后几位领导多数同意"《中国大百科全书·××学》卷"。姜老点头同意后,问我这是谁的意见,我回答:"是陈虞老的意见。"姜老笑了。

第六场争论是总编辑署名。由于在人道主义和异化问题的讨论中,姜椿芳跟上级领导持有不同观点,在大百科即将出齐的时候,1986年,突然宣布免去姜老的总编辑职务,改作顾问。姜老看不到他日思夜想、孜孜以求的全书出齐了,郁郁寡欢,一年后就逝世了。在他逝世前,未出版的各卷中都有姜老的心血。可是在他逝世后的一些卷里没有他的名字。这时,京沪好几位大文人站出来替姜老打抱不平。他们在《人民日报》上发表文章,提出:后任总编未花功夫的，出版时仍应在总编辑一栏署上姜椿芳一人的名字，如果后任也付出了劳动，那么在总编辑一栏无论如何应当署上前后任两人的名字。大文人言之有理，大百科接受批评，但个别卷已经付印，来不及改了，只署了后任一人的名字。未付印的便一律署前后任两位总编的名字。署什么人的名字是"按劳分配"的原则问题。

广开言路恰是大百科的成功之路，是"大百科精神"的核心。

邓小平对大百科特别厚爱

前面讲过编大百科是经邓小平批准的。其实邓小平关心大百科的事还有很多，他不只是批准编《中国大百科全书》，还同意中美合作出版中文版《不列颠百科全书》。他说："这是个好事情。"又说："当然这件事也不容易，特别是中国自己的部分，可能还有许多的议论、争议和一些不同的看法。"1979年、1980年和1985年小平同志三次会见美国《不列颠百科全书》负责人。一直到现在，很多百科人一提不列颠百科全书的出版，都会讲："在'文革'结束不久，许多问题还在讨论中，与价值观不相同的美国合作编书，还属敏感问题，如果没有小平同志的撑腰是很难在中国出版的。"

大家还都知道邓小平的书法是不错的，可是他很少为人题字，尤其是写招牌这类事他不像有些人那样到处题写。可是，他却为大百科这文化大工程题写了"中国大百科全书出版社"十个大字，这足以看出大百科在邓小平心目中的分量。

很多人著书认为邓小平同志是1992年在南方谈话中提出"市场经济"的。这似乎是不争的事实。邓小平同志1992年南方谈话中确实说过："计划多一点还是市场多一点，不是社会主义与资本主义的本质区别。计划经济不等于社会主义，资本主义也有计划；市场经济不等于资本主义，社会主义也有市场。计划和市场都是经济手段。"正因为市场经济的提出带来了市场的活跃和经济的繁荣。

殊不知，邓小平早在南方谈话前的13年，即1979年11月26日就同中国大百科全书出版社的负责人姜椿芳、阎明复、刘尊棋等人讲过市场经济。当时，邓小平接见不列颠百科全书的两位副总裁吉布尼和阿姆斯特朗，大百科三位领导陪同。正如《阎明复回忆录》第1086页至1088页上所叙述的，邓小平在美国客人面前"第一次提出可以搞市场经济的思想"。邓小平讲："说市场经济只存在于资本主义社会,只有资本主义的市场经济,这肯定是不对的。"

姜椿芳、严明复回来后就向我们作了传达,也向上报告了邓小平的谈话内容。因此,姜椿芳不仅是"中国大百科全书之父",还可以说是传播邓小平市场经济思想的第一人,倡导市场经济的第二人。

人心齐,泰山移。两万名学者手拉手,肩并肩,花费的时间不到狄德罗的一半,卷数为狄德罗的两倍还要多。时间短,分量重,内容全,理念既新鲜又准确,是两万大百科人的"大百科精神"的产物!

不吝付出，方能杰出
——记上海图书馆老馆长顾廷龙*

顾廷龙先生担任上海图书馆馆长长达 23 年。他毕生致力于历史文献的收集与整理，如家谱、硃卷、日记、尺牍、专人档案、古籍抄校稿本、革命文献等，在藏书、购书、征书、捐书、校书、救书、修书、编书、跋书、印书、题书等方面贡献巨大。早在 20 世纪 30 年代末协助叶景葵、张元济创办合众图书馆时期，顾廷龙就有纂辑《目录学》的志向，对《四库存目》之书进行标注。他曾先后编纂《章氏四当斋藏书书目》(1938)、《明代版本图录初编》(与潘景郑合编，1940)，主编《中国丛书综录》(1959—1962)、《中国古籍善本书目》(1989—1998)、《续修四库全书》(1994)，晚年又倡导编纂《古籍抄校稿本图录》。说实话，他书中提到的很多书名是我写这篇文章时方才查到的，之前闻所未闻。顾廷龙先生是一个真正博览群书的人。

虚怀若谷教我辨识汉代隶书

1972 年考古工作者在湖南省长沙市的马王堆先后发掘了三座西汉时期的墓葬，通常称"马王堆汉墓"，墓中有汉代的竹简，发掘者只能认出其中寥寥可数的几个字，猜想可能是与《黄帝内经》相对应的《黄帝外经》。如果真是《黄帝外经》，那可是一件了不起的大事，于是国家文物局把辨认竹简的任务交给了上海，经过层层下达，任务落到了我的手上。那个时期我改行从事自然科学，借调在《自然辩证法》杂志做编辑工作，经与多方商量，我请了上海中医学院中医史专家刘树农先生来鉴别。可是，他不识竹简上的汉代隶书。谁能识

---

* 原载《文汇读书周报》2018 年 10 月 15 日。

汉隶？算来算去就只有顾廷龙老先生了。于是，我拿着竹简的照片去西康路（北京西路口）顾先生住处登门拜访，顾先生满腔热忱而又虚怀若谷地答应："试试看，找找看。"

第二天，顾先生告诉我有些书是不许出馆的，为了能够开夜车，他为我在馆里借了个狭长的房间，让我吃住在上海图书馆。随后他抱了一摞书来到这个房间。我大字不识几个，他便耐心地边翻书边向我讲解，这个字是什么，那个字是什么，为什么是这个字，为什么是那个字。我听了懵懵懂懂，糊里糊涂，莫名其妙。今天有不少年轻人已经不认识60年前未简化的繁体字，试想：要认识两千年前的汉代隶书该有多困难！再加上文物局送来的竹简照片在次序上有点混乱，这就更增加了辨认的难度。

可是，顾老先生不怕疲劳，连续作战，一丝不苟地天天坚持辨认。他把辨认出的字用钢笔写在当时流行的500字的稿纸上，他把自己认为没有十分把握的字用铅笔写在能认出的字下面的方格里，实在认不出的他就把方格空着。由于大部分他都能辨认出，他认为竹简上的是房中书，不是什么《黄帝外经》。刘树农老先生也赞成他的判断。于是，我们便向国家文物局汇报这是房中书。在当时那种形势下，文物局认为房中书没有什么价值，就停止了辨认工作。

有一年，上海图书馆举办"顾廷龙书法展"，有顾先生用毛笔写的篆、隶、楷、草、行，吴建中馆长说就缺少硬笔字，我便把我手里顾先生的硬笔字捐给了上海图书馆。

藏书捐书一腔爱国热忱

顾廷龙1932年从燕京大学研究院国文系毕业后，留校继续从事研究。1933年经顾颉刚介绍，顾廷龙担任燕京大学图书馆中文采编部主任兼美国哈佛大学汉和图书馆驻北平采访处主任，工作上的经费由哈佛燕京学社拨给。哈佛要顾先生购买普通的书，顾先生都是从命的；可是要购买中国的善本书，顾先生的态度就两样了。曾任上海图书馆党委副书记的王世伟，是顾先生的硕士研究生，他曾对我讲过一个故事。

1938年9月，美方指定要购买一部宋杜大珪编的《新刊名臣碑传琬琰之集》。此书虽然国内也能找到，但这部书本身是一部宋刻明修本的珍贵图书，名贵罕见，如果卖给美国，国内就少了一部。顾先生就去与燕京大学图书馆主任商量能否复制，得到的答复是：无法筹资。顾先生又与《引得》编纂处商议能否全部重印,得到的答复依然是:费用太大。无奈之下,顾先生把其中不见他书的文章,汇印一册,再附一引得,题为《琬琰集删存》,给了美国。三个月之后,美方又指定要购买几部清朝嘉庆道光年间一些人的文集。顾先生一看,都是国内稀有的文献,于是力主由图书馆重印。他的拳拳之心感动了图书馆领导,同意他印出五种,如《愚庵小稿》《许郑学庐文稿》《梦陔堂文集》《保甓斋文录》《袖海楼杂著》。顾先生这般保存原刻本的做法得到了同仁的赞许和钦佩。

顾先生曾对我说过,1949年以前他是如何收藏有关马列主义的书籍,如何保存中国共产党自身印刷出版的报刊资料。那时干这类事是要掉脑袋的,可是思想进步的顾廷龙意识到收集共产党活动的文献史料是有价值的。有一次,顾廷龙打听到贵州大学图书馆有一批革命文献,原属汉奸陈群的旧物,贵州大学正为如何处置这批书刊而发愁。于是他不失时机地与贵大联系,用叶景葵先生刊印的清张惠言所撰《谐声谱》等一批复本书籍与他们交换。为防惹是生非,顾廷龙专门请人镌刻了一方有"贵州大学图书馆遗存图书"字样的印章钤盖面上,以遮人耳目。当时虽然官方只知道合众图书馆收藏的是古籍,政治目标并不大,但也时不时有特务奸细擅自闯入,滥施淫威。为妥善保存革命文献,顾廷龙他们将这些书刊秘藏在书架顶端与天花板接合之处,以免被人发现。直到新中国成立后,才化私为公,全部取出,献给国家。

新中国成立初期,中共中央宣传部派员到上海征集有关革命史料,他们在许多地方空手而归,却在合众图书馆觅得一大批珍贵资料,其中有1921年版《列宁全书》第一种《劳农会之建设》、1926年版《中国农民运动近况》、1927年版刘少奇著《工会经济问题》《工会基本组织》等百余种。中宣部的同志在惊奇之余,赞不绝口地夸顾先生他们"真有远见",赞"合众"收集革命书刊的品种与数量在国内外首屈一指。他们尤为感谢顾先生收藏了由陈望道翻译的、1920年8月由社会主义研究社出版的《共产党宣言》,也就是今年马克思200周年诞辰时许多报刊刊载的、在德国特利尔市展出的那本封面误为《共党产宣言》的珍本。

不怕吃苦严谨的治学之道

《大辞海》词条中称顾廷龙为古籍版本目录学家。这项工作其实是为他人攀登科学高峰铺路搭桥。正如顾先生常说的:"编书目是项很辛苦的工作,同其他为读者服务的工作一样,有如庖丁烹调盛宴,为主人享客,自己则不得染指,因而怕吃苦者远之,逐名利者避之,更有视其为雕虫小技而讥之。"可是,顾先生心怀坦荡地致力于历史文献的收集与整理,从事别人远之、避之、讥之的版本学,而且取得了很多成果。他不赞成自我表现,认为编制书目对文献的保存与利用具有至关重要的作用。这一点,我在跟随他时深有体会。书籍浩如烟海,到哪里去找? 拿来顾先生的书目,犹如看到路标,一目了然。热爱自己的专业是在专业上出成果的最好动力。

在收集整理历史文献的过程中,顾廷龙一直有"变孤本不孤"的强烈愿望。孤本在同一时间只能供个别人阅读,影响知识的传播和应用。顾先生的"变孤本不孤"有两层意思:一是在找不到更多版本时姑且称其为孤本,但有志者还应当出井观天,不断发掘,让"孤本不孤";第二层意思是影印、复制孤本。这在今天似乎易如反掌,可在顾先生生活的那个年代是难乎其难的。没钱影印,顾先生就用手抄。他说,为了"变孤本不孤",为了"存亡续绝",他熬一夜可抄写3 000字小楷。顾先生本不是书法家,书法家是他抄写孤本的副产品,是他鉴别古籍的意外收获。

1955年秋,上海市文化局电话告知顾廷龙,上海造纸工业原料联购处从浙江遂安县收购了一批约200担左右的废纸送造纸厂做纸浆,其中或许有线装书。顾先生连夜奔赴现场察看,发现"废"中藏"宝",翌日即率人前往翻检。工作现场是纸屑飞扬的垃圾堆,他们不顾尘垢满面,汗流浃背,一大包接一大包地解捆,逐纸逐页地翻阅,片纸只字,只要有资料价值,绝不轻易放过。经过连续11天的劳作,一大批珍贵历史文献被抢救出来。从内容上说,有史书、家谱、方志、小说、笔记、医书、民用便览、阴阳卜筮、八股文、账簿、契券、告示等;就版本而言,有传世孤本明万历十九年刻《三峡通志》,流传稀少的明本《国史纪闻》《城守验方》,明末版画上品《山水争奇》,还有不少旧抄的稿本。

家谱之所以能成为上海图书馆的收藏专门,与顾先生这次在废纸堆中披沙拣金是分不开的。他这次发现的大量有关经济、教育、风俗等史料,绝非从正史中能找到,也不是花钱可随便买到的。有了这段从废纸堆中抢救历史文献的经历,便有了上升为公理的条件。顾廷龙当即在报上撰文,呼吁各地教育机关必须关心当地图书文物情况,向群众进行广泛宣传,以杜绝珍贵文献被弃为废纸的现象再次发生。

不吝付出,方能杰出。顾廷龙先生的杰出,正是因为他有毕生的付出。

我亲历民进六大会议选举盛况
——八十抒怀系列之三*

当今世界的选举制度在原则、组织和程序上小同而大异,用各美其美、美不胜收来描绘,一点也不过分;用各行其是、五花八门、乱象丛生来形容也不见得是不礼貌。不要小看了选举制度,它是国家政治制度的重要组成部分,也是国家政治制度先进程度的标尺。在中国,中国共产党有八个亲密友党。八个友党的中央主席、副主席、常委、委员都是由选举产生的。因此,人们习惯于在八个党派前加上"民主"两字是有根据的,他们建党的目标是"争民主,反独裁",他们的政党活动、政党行动也讲究民主。我有幸亲历了八大民主党派之一的中国民主促进会("民进")的第六次全国代表大会,这次会议虽然不是绝后,但也算空前了。在此特撰文回忆。

要不要代表直选?

1988年,在改革开放的大潮中,中国民主促进会第六次全国代表大会召开了。这次大会之所以不同凡响,那就是由与会代表直接选举第八届中央常委、中央主席、副主席。一般说来,之前都是先由代表选中央委员,再由中央委员选常委、主席、副主席;选常委、主席的事,代表不参加。民进"六大"怎么会敢于突破呢?我不但亲历会议过程,更意外当选副主席,因此,直接了解到一些情况。

之所以能有突破,除了归功于领导集体以外,还与一位老人的作用分不开。这位老人叫张明养。他早在1926年就加入过中国共产党。他毕业于复

---
* 原载《世纪》2018年第6期。

旦大学政治系。抗日战争中,复旦大学迁到重庆北碚后,他应教务长陈望道、系主任张志让的邀请,担任复旦大学政治系的教授。他长期主编《世界知识》杂志,撰写过世界知识读本。他懂政治,是国内著名的国际问题专家;他眼界开阔,深知直接选举比间接选举更能代表民意。他说:"代表们不远千里而来,是来开大会的,不是来休假的。你们去问问他们:他们是愿意在外面等候宣布选举结果,还是愿意在里面参加投票选举自己的'意中人'?答案是不言而喻的。"大家都笑了,大家都认为他的意见有道理,可是代表直选主席是没有先例的呀!

于是张明养又向主席团讲了选举的五项原则和选举法的要求。他说:"多数国家实行选举的原则有五条。"我一听他这样正式开讲,立即动笔记录。他说,第一,普遍选举原则。当然,他们普遍中有不普遍的成分,但不断扩大普及面是大趋势。第二,平等选举原则,一人一票。第三,秘密选举原则。夫妇俩各投各的票,除非自己要说,一般互相不过问。第四,自由原则。爱选谁选谁,弃权也没人干预。第五,公开原则,规则、过程、结果全都向全民公布。接着,张明老又讲了选举法应当涉及的九项内容。他说,直接选举又有若干种,直接中有间接,直接中的间接又有多寡不同。我们民进"六大"即使直选也不过是代表直选,而不是会员直选。他又说了差额选举以及竞选的问题,指出候选人应当向选民讲明自己的行动纲领,讲比不讲好。由于张明老讲得头头是道,大会主席团便通过了他的代表直选方案,并把直选方案报告了中共中央统战部。

候选人由谁来提出?

随着民主空气的浓厚,民进"六大"又来了一个突破。那就是有一位被提名的中央副主席候选人,由于候选人所在地区有两名是主席团成员,于是主席团内部争论开来。对于这位候选人,赞成的坚决赞成,因为高声讲话,嘴张得太开,一位赞成者假牙掉了出来,逗得大家哄堂大笑。气氛缓和了一分钟之后,又紧张起来。当另一赞成者讲了第一句话之后,反对者马上就把手举了起来,要求发言,生怕接着赞成者发言的又是赞成者发言,出现一边倒的局面。赞成者讲三分钟,反对者就把手高高地举着三分钟,赞成者讲五分钟,反对者就一直坚持着把手高高地举着五分钟,反正下一个必是他反对者发言。在反对者发言之后,轮到赞成者发言,反对者又会立即举手不放下……

在这种难分难解的情况下,那位已经被提名的副主席候选人似乎大有不被提名的可能。于是,又有主席团成员提出:"上海这么大的直辖市怎能没有副主席候选人?"还有人提出:"民进发祥地怎么能没有副主席候选人?"这一提出,于是主席团里的福建、广东、浙江、山东等地的成员相继提出我的名字。我有些难为情,我知道那位被提名的候选人有水平、有社会影响,不忍取他这位已被提名的候选人而代之。我说了句:"我同意已提名的全体候选人,名额不必再增加了。"但是,又有来自辽宁的主席团成员提出:"我在报上看到邓伟志春天在民进座谈会上讲政党建设的观点,我赞成他的看法,赞成把邓伟志提名为副主席候选人。"我坐不住了,便跟上海的另一位主席团成员蒋家祥打了个招呼,离开了会场。

午饭后,上海副主委蒋家祥对我说:"主席团征求上海意见。我也问了几位上海代表意见,我们向主席团表示,上海团同意你作副主席候选人。"我说:"我入会时间太短,不够格。"蒋家祥说:"那位(当时是称呼其名字)也不长。"我又问:"某某某(当时是称呼其名字的)呢?"蒋家祥说:"主席团表决结果同意他继续列为候选人。因为你离开前已经表过态了,也算一张赞成票。"蒋家祥又说:"22个代表团17个赞成你为候选人,5个代表团说'不了解'(注:1988年有些省、区尚无民进组织,有些省代表少,不得不几个省合并为一个代表团,所以只有22个代表团)。中央马上就会与上海市委统战部沟通,听听市委意见。"

第二天议程改为代表大会选举,在欢乐的气氛中代表临时动议要新被提名的几位副主席候选人先讲几句。他们几位都是京津地区的,从口音到内容都讲得很好,唯独我这个出生于苏鲁豫皖交界处的乡下人讲得不灵。我估计我选不上,我做好了落选的准备。哪知我中委、常委满票,副主席差一票,是候选人中得票最多的两人之一。有文章说我是"三个满票"。我不知是我没听清楚还是那文章作者没听清楚,好在满不满都是小事。

选举结束后,江苏的一位历史学家对我说:"家鸡天打满院子飞,是民进的特色。"我说:"你是历史学家,站在历史高度看问题,大事也是小事。"

吃饭时好多人笑容满面地走过来对我表示祝贺,有熟悉的也有不熟悉的。不熟悉的代表微笑着说:"我们是看你腰板直、风度好,才选你的。"熟悉的代表诡异地说:"人家是看你光头,不容易被人抓辫子才投你票的。"逗得大家乐不可支。

是的,直选也有直选的局限性,盲目投票的事是有的。

怎样改进选举？

中国民主促进会的"六大"已过去 30 年了。30 年来，我没有专门研究选举这一重大课题，但也时不时地思考过这个问题。选举行为早就有了。《汉书》里有句话："龚胜为司直，郡国皆慎选举。"选举是要慎之又慎的。怎样慎？我有以下建议：

（一）提倡候选人同代表、选民见面、讲话，表明态度。讲，并非十全十美的选举之举，但是讲总比不讲好。讲了有助于选民监督，能够促使、强化领导者言行一致。候选人倘若能深入到选民中去讲讲，则更好。讲，不是宣誓，也是"宣誓"，是结合未来岗位的、有针对性的、狭义的"宣誓"。

（二）逐步扩大差额选举的比例。差额选举是扩大选举权的内涵，差额多寡是选举文明程度的亮相。有差额必有落选。够得上做领导者候选人的人，应当经得起落选的考验。落选是历练，经不起落选的人压根儿就不配当领导。

（三）逐步提升直选的层次，按照村、镇（乡）、县、省的层级逐步提升，尽快推行代表直选最高领导。政治学告诉我们：直接选举肯定比间接选举更能代表民意。过去讲，受文化、交通限制不能直选，半个多世纪过去了，中国富强了，教育、交通、网络发达了，需要重新考虑：在文化、教育、民主党派等界别能不能率先开展直选？

（四）适当放开竞选。竞选是比较、鉴别，是透明、公开，也是自信，必不可少。我们绝不搞西方式那种劳民伤财、互相攻击的竞选，但可以搞中国特色的文明和谐的竞选。

（五）尽快增加透明度。在什么范围内的选举，就在什么范围内把选举情况，如票数、落选者名单等向大家公布，也不妨在更大范围内公开。选举票数"出口转内销"只有不好。不公布等于为外媒的歪曲扩大销路，等于握着外人的手让他们往我们脸上抹黑。几年后，成了历史了再说出过去的票数，也显得不大方，不是大无畏，有点"小家子气"。毛泽东在一届政协只有一票反对，这在世界各国都是高了又高的高票当选，可是当时没有对外公布。几年后投反对票的人自己说了出来，令人吃惊。1956 年中共八大的中央委员是按得票数排序的，中共九大以后却没有了这个排序，这是退步。建议中委、人大和政协常委都按票数排序。候补委员按得票多少为序，是必须的；委员按得票多少为序，也是应该的。

（六）加强选举监督。鼓励选民监督，支持新闻监督，重视舆论监督。缺乏监督的选举是给物质贿选、语言行贿大开方便之门。

（七）适当增加中国籍的外国移民为候选人的比例。外族、外国人在各级、各类机构中的比例是国际化程度的指示牌，也是人类命运共同体的一种折射。过去在全国政协委员、常委中有位爱泼斯坦，波兰犹太人。此人很不错，我们一起开过好多会。他逝世后我写诗纪念他。可是，在公布委员名单时，按照我们的规矩，他成了汉族人。因为凡少数民族的委员均注明是什么民族，凡不注明者均为汉族。爱泼斯坦名字后面没有注明，那很明显的是汉族人了。有这类怪事出来，反映了我们不大气。

（八）建议从台湾少数民族中选一两人为全国政协委员，以示他们是中国人，这也是给台湾当局一个颜色看看。我想台湾少数民族会接受，会欢呼。台湾当局怕台湾少数民族，台湾少数民族不怕台湾当局。我接触过台湾的布农族，他们认为他们与贵州布依族是一家。几个月前，布农族等几个民族到贵州开过会，认过祖宗，拜过兄弟。中国是多民族的大家庭，台湾的十多个少数民族都是温暖大家庭的成员。

总之，选举程序要实现"四化"：制度化、法制化、完备化、普遍化。包括选举机构、划分选区、选民资格、选民登记、候选人提出、竞选、投票、计票、监督、争讼与仲裁都要做到"四化"。党中央一再强调"扎实推进领导班子建设"，完善先进的选举制度是推进领导班子建设的重要一环。"上下一条心，黄土变成金"，各个系统的选民遵照选举制度选出自己满意的领导成员，广大干部就一定能够带领群众共同担负起历史和时代赋予的光荣使命，从而在建设社会主义现代化强国的新征程中展示新气象、展现新作为，谱写新篇章。

我在 1978 年遇到的三件大事*

因为我在"文革"中改行从事自然科学,响应毛泽东研究"四大起源"的号召,探求其中的天体起源、地球起源、生命起源、人类起源,所以在 1978 年初,中国科学院筹办《自然辩证法研究》月刊时便把我借调了过去,住在北京友谊宾馆里的科学会堂周边楼。

3 月,全国科学大会召开,领导吩咐我编写与会专家的发言简报。这样,我得以接触老一辈科学家。有些科学家是第一次见面,他们即使看到我的胸卡,也不愿多说。这时我就请华罗庚先生介绍。华罗庚的应用数学所也设在科学会堂周边楼,与我们一墙之隔,又一个食堂吃饭。我多次聆听华罗庚讲故事。一经华罗庚介绍,大科学家就滔滔不绝地讲他们听了《科学的春天》后的感想,讲知识分子的地位和作用,讲他们吃过的苦头。不过,最难交谈的是陈景润。他不会讲故事,只会说一句刚从流行语那里学来的"革命加拼命,拼命干革命",就没别的了。当然,这对他来讲也是实在话。会上令人难忘的是全体代表合影。我没资格参加合影,但我有条件观看合影,有一个镜头很少有人提及。邓小平走到半导体物理学家黄昆跟前时,问黄昆:"中国在半导体上几年能赶上外国?"黄昆回答:"三年。"邓小平马上伸出两个指头,意思是"争取两年赶上"。大家看了笑得乐不可支。尤其是我这个"文革"中曾在上海元件五厂参加过制造大面积集成电路的人,浮想联翩。

5 月,《光明日报》发表了《实践是检验真理的唯一标准》,从此开始了真理标准大讨论。我隐隐约约听到领导层对此说法不一,这自然而然地启发我的思考。正在这时,李昌、于光远请坚持实践标准的吴江在科学会堂旁边的小礼

---

* 原载《大江南北》2018 年第 12 期。

堂做报告,我们听了精神为之一振。时任上海市科委主任的舒文知道我听了吴江报告,召我回来向他汇报。这时我已知道上海市领导在真理标准讨论中比别处迟了半拍,但我不知道舒文是什么态度,便小心谨慎地、不加评论地拿着笔记照念不误。舒文看出我有顾虑,听到一半时便插话说:"伟志同志,我赞成你和吴江的观点,你不用念了,说说你在京听到的观点吧!"这一下我明白了,他不同于市领导,喜出望外的我便对他放开讲了很多。我是舒老派到北京去的,我不应当不对舒老讲真心话。第二天,复旦大学书记夏征农叫人通知我向他汇报。夏老是我在中央华东局工作时的老领导,我了解他的性格,便欣然答应。哪知没到汇报时间,我们在康平路吴兴路碰上了。他没听我说几句,就义正词严地批评起"两个凡是"来。我听了喜不自禁。

12月,十一届三中全会召开,邓小平发表了题为《解放思想,团结一致向前看》的文章,拨乱反正,吹响了改革开放的号角,成为历史的转折点,举国上下欢欣鼓舞。外国舆论也给予很高评价。可是,美中不足的是在农村问题上全会有两个"不许":不许分田单干,不许包产到户。我是安徽人,我比较早地知道小岗村有用包产到户的办法改变穷困面貌的愿望。好在不久后举行的四中全会上勾掉了两个"不许",好在万里丢下了一句话:"你们走阳关道,让我走独木桥试试。"不久,中央从两个"不许"改为一个"不许",再过一阵又从一个"不许"变成了三个"可以",三中全会四年后,"独木桥"成了"阳关道",中央明确讲,农村改革是伟大创举,改革从农村开始。

后来,我认识了《科学的春天》的起草人,认识了《实践是检验真理的唯一标准》的撰稿人和修订者,认识了《解放思想,团结一致向前看》的起草人,并看到邓小平亲笔写给起草人的三百来字的提纲原件,更加加深了我对1978年三件大事的理解和认识。想不到的是,这几位撰稿人后来都遇到过麻烦,受过不大不小的委屈。这充分说明了事物的复杂性,这有力地验证了马克思的名言:在科学的道路上是没有平坦大道可走的。

抚今追昔,追昔抚今,温故而知新,知新而温故,当下我们应当坚决响应党中央的号召,增强理论自信,弘扬百折不挠、不怕牺牲的精神,为真理而献身,献身!

"读+走→写"
——我的治学方程式[*]

回顾我这 80 年,殊觉惭愧。我多次写文章讲"有付出方有杰出",可我自己有付出而没有杰出,是个无能的例外。我写了一千多万字(不包括主编的),出版了文集 24 卷,还有几百万字尚待出版。遗憾的是,我的作品有数量而无质量。近 40 年,国家改革的步伐有所进步。改革让学者改观,开放让学者开朗、开窍、开通。如果一定要我把我的 80 年的历程作个概括的话,只有三个字:读、走、写。

读

先说读。学问是积累起来的。要把学问做好,必须了解前人和旁人的研究成果。这就要读书。有句名言说得好:读书就是站在前人、巨人的肩膀上向前看。我读书是很积极的,夙兴夜寐,披星戴月地读,在不宜读书的车上、飞机上读。1960 年冬天下乡,不便在农民家里读,我跑到几个坟墓中间,在别人看不到的地方读。我相信"开卷有益",开的卷越多越有益。见贤思齐,我崇敬中国乃至世界有名著的名人,我需要从他们的书中吸取营养。我脑子里有很多疑问,促使我从同行的专业书本上找到他们的阐释。见到书上有用的,我就抄卡片(类似电脑下载),如今还保存着一抽屉卡片。为抄毛泽东的讲话,我还出过纰漏,挨过批。我嗜书如命,有 24 个书架,放着乱七八糟的书,大部分是文科书,也有理科的书。我喜欢借书,我有北京、上海好几家图书馆的借书证。没借书证的图书馆,我请朋友代借。我读好书,也读叛徒、汉奸写的坏书,读被

[*] 写于 2018 年 12 月 4 日。

各国视为反面人物的书。读这些人的书,主要是作为放矢之"的",有的也可以弥补好书"为尊者讳"的缺陷。好人不忍说"尊者"做过的错事,可是坏人是不给"尊者"留面子的。"智者千虑,必有一失;愚者千虑,必有一得。"很多名人的正史、野史、艳史,以及少数人的丑史,我或多或少能说出几句。书读得越多,疑问越多,也就越是能够做到对任何国家的学术权威尊重而不迷信。人无完人。古人"说大人则藐之"似乎有点过分,认为任何大人都有可"藐"之处则不为过分。很多学者晚年的观点跟早期不一样。不一样又分两类,一类是前进,晚年纠正早年的错误;一类是倒退,晚年不如早年。这都要求我们冷静分析,不要"拣到篮子里都是菜",不要抓住一点,不及其余。只有前后左右都看过,多维度会带来理论的深度、高度,才能接近真理。请注意"接近"二字。真理是过程,是进行时。学问做得再好,也不可能穷尽真理。"学然后知不足",越是读书多的人,越是有学问的人,越能做到虚怀若谷;越是虚怀若谷,越喜欢继续多读书。只知其一、不知其二的人容易自满、自负。

说起与书的关系,我还有三个特殊经历:

第一个特殊经历是吃住在图书馆。孤本、珍本书不许出馆,只能在馆里看。我们任务紧迫,怎么办?图书馆同意我们住在图书馆里,书不出馆,我们夜以继日地在馆里看书,既不违规,也保障了进度。我与另外两位学者在上图靠近黄陂路那排房子里的一间宽2米、长10多米的怪房间住了一个多月,每天晚上23时以后到上图对面的五味斋饭店吃一碗面条,可以报销两毛五分钱。

第二个特殊经历是印过书。上海曾有一家设备最先进的印刷厂叫海峰印刷厂,很多人不知道,因为不在上海,而在安徽绩溪县的眼睛山上,内部称那里为"小三线"。当时考虑,一旦打起仗来,上海不能印报纸,就到眼睛山上印。"文革"后恢复高考,考卷就在海峰厂印制。那里的字模最佳,获过奖,印出来的文字看起来不吃力。我在海峰厂捡过铅字,拼过版面,笨手笨脚,速度不及排字工人的1/10,深感出书之艰难,深感脑力劳动与体力劳动应当结合。

第三个特殊经历是卖过书。我在多家新华书店当过卖书的营业员。"文革"前,干部每星期四上午必须参加劳动。我是书痴,参加什么劳动?经领导同意,我到书店站柜台,在上海福州路、衡山路、淮海路瑞金路的大书店卖书。卖书有个好处,顾客来买时,可以跟他们聊两句:"给谁买的?""怎么喜欢这本书?""为什么不买那本书?"顾客是上帝。"上帝"的回话比答问卷更真实。由于大书店分类分得细,站柜台只能了解一类书,有局限性,因此我还到淮海路、华亭路口的一家小新华书店卖过书。在小书店可以了解读者对各类书的看法,搞点比较研究。所有这些对自己如何写书都有所启迪。书是给读者看的,读者是书的评委。作者得听读者的。卖弄文字,自我陶醉,如果读者不喜欢就是败笔。

读书是苦差事,也是享受。王国维在《人间词话》里写道:"古今之成大事业、大学问者,必经过三种之境界:'昨夜西风凋碧树,独上高楼,望尽天涯路。'此第一境也。'衣带渐宽终不悔,为伊消得人憔悴。'此第二境也。'众里寻他千百度,蓦然回首,那人却在灯火阑珊处。'此第三境也。"一旦进入第三境,从书中找到灯火阑珊处的"那人",悟出了真谛,会拍案叫绝,欣喜若狂。

书本里的知识是实践的反映,是从实践中提炼出来的,还要回过头来接受实践的检验。因此,要做好学问,要有所创新,要有真知灼见,还必须走进实践。下面讲"走"。

走

走,不是走马观花,不可雾里看花,要下马观花,下马栽花。走,主要不是走红地毯,要走曲折坎坷的山路和田间小道。我有次坐长途汽车,半路下雨,从车顶渗水滴在旅客头上,旅客哇哇叫。司机说:"对不起,我马上修好。"司机到田地里抓了把红色的烂泥,搓搓揉揉,爬在车顶上把烂泥往缝里一塞,便不漏了。

走,我的走,是走又不是走,常常是摸、爬、滚、打。

摸,我不是摸着石头过河,我是摸着绳子过河。为了考察滇东南的少数民族,必须经过横断山脉,一道高山,一道急流,急流水深到胸口,坡度大,冲力大,一不小心就会"去见胡伯伯"(冲到越南之意)。当地人看我无能,他们先过河,在两岸之间拉了根长长的绳子。我们立于绳子上游,紧紧抓住绳子往前走,大浪扑来,有绳子挡住,从而平安越过急流。这是一种"摸",还有一种摸,是摸着铁索桥过深谷。铁索桥由四条铁链组成,上面两条是供手抓的,下面两条是供脚踏的,中间没有横板。当地人走铁索桥很快,也可以两三人同时走。我们不行,只能一个人慢悠悠悠地过铁索桥,因为自己的脚力自己知道。如果两人走,用力不均,一脚蹬空,会粉身碎骨。

爬,为了进广西柳城县的巨猿洞,必须爬山南一块笔直的30米高的大石头。为了节省时间,僮族兄弟一大早先从北坡艰难地爬上去,然后由他们立于洞口,向南面放一根粗绳供我们抓住向上爬,再放一根细绳让我们扎在腋下和胸口,既是作保险用的,也是用来拉着我们向上爬的。爬了一二十分钟,见到了在向人类进化过程中半路消亡、被称为人类"叔父"的巨猿的化石。还有一次,为了见苦聪兄弟,要过一面长百米、坡度70度的山坡。说是山坡,只有碎石,没有巨石;没有巨石,却不能长灌木;没有灌木,就没有抓手,只能四肢着地往上爬。人是由爬行动物进化出来的,可是再回到爬行,却比用两腿走更吃力。当我们爬上来大喘了几分钟以后,陪同我们的红河州宣传部同志讲了个故事。他有次陪《云南日报》总编爬上来以后,总编说:"以后你们来稿,我们再不批示'补充材料'了。现在知道要你们补充,就是逼你们爬行。"

"滚",不是"走"的必须,却是"走"的过程中的难免。有次为了到云南的麻栗坡看化石,在哀牢山里骑马爬山,马太累了,马失前蹄,我从马头上滚进了山谷。在往下滚的时候,我想完了,几万年、几亿年以后自己就变成化石供后人研究了。没想到滚了十来米,被一棵小树挡住。我慢慢抓住荆棘爬了上来。当时不觉痛,上来一看双手被刺儿刺得全是鲜血。好在刺儿小,流血不是泉涌。

打,走路怎么会打起来呢?会打,不打不行。有次我们穿过麻风病区以后,要穿过密林。密林里充满荆棘,马不肯走。马不走,人不能不走。我们穿着帆布靴,带着蛇药,以防蛇咬。想不到树上的蚂蟥(水蛭)会掉进脖子里。谁都知道,蚂蟥是在水里的,哪知那里在雨季蚂蟥会上树,因此碰到树枝时,蚂蟥会掉在脖子里吸血,而自己却感觉不出。这就要求我们每走一段路,便要找片空地,把衣服脱下,互相看看有没有蚂蟥在吸血。有,就一巴掌打过去,蚂蟥便会掉下来。有一个蚂蟥打一巴掌,有两个蚂蟥打两巴掌,不打,蚂蟥会吸血不停。打,不止一次,穿密林需要一个多小时,彼此要停下来打上五六次。——我过去写文章很喜欢用"披荆斩棘"这个成语,真要披荆斩棘时,方知过去写"披荆斩棘"四字时是何等的轻飘飘,没分量!"事非经过不知难。"我在密林里下决心:今后一定要以今日之披荆斩棘的精神在求学之道上"披荆斩棘"。

走,绝不会白走。"不入虎穴,焉得虎子?"我深感"不入前人洞穴,焉知人之初的本性?"在红河州我们与金平县的苦聪人相处过好几天。他们的歌声我至今还清楚地记得:"我们没有吃过一粒米,我们没有穿过一件衣,我们没有牵过一头牛。天上阴森森,地上湿淋淋……"他们在 1953 年以前,处于原始社会解体阶段。现在有人要打贸易战,苦聪人搞的是"无声贸易",把虎皮、藤编放在十字路口,兄弟民族可以用一把盐、一只破铁锅换张虎皮。不等价交换没问题,假如拿走虎皮,什么都不留下,那一定是一命呜呼。他们用的工具是弩,不是弓,一箭射过去,白拿他们东西的人必死无疑。把弩拉开要费很大劲。为我们当翻译的拉祜族兄弟只有四五十岁。他见了苦聪人氏族长手里的弩很感兴趣,拉了几次拉不动。苦聪人的氏族长年过七旬,接过来一拉就拉开了。中年人没老年人力气大。苦聪人搞平均主义,"有饭大家吃,没饭大家饿"。自己采到 3 个,见对方采了 5 个,不用提醒,对方会自然地、自觉地给自己一个。1953 年前苦聪人依靠摩擦取火。摩擦取火有三种,苦聪人采用的是最落后的一种,要花大半天时间。因此,对他们来说,下雨时保存火种是头等大事。怎么保存火种?只能用类似女排获胜时人叠人的那种方式,用身体挡住雨水。人叠人最下面的人是谁?是氏族长。70 多岁的氏族长敞开胸部、腹部给我们看,全是伤疤连伤疤,伤疤摞伤疤。氏族长这般吃苦在前的崇高品德,多么值得今天带"长"字号的人学习啊!

走就是调查,是真正的田野调查法。边走边看、边问边听,要像中医一样,望、闻、问、切。学问是问出来的。一问一答,会有"柳暗花明又一村"的快感。问,有时需要明知故问,要反复问。不要对自己的所"知"过于自信,明知故问是核实,是检验。

2018 年 4 月我去了世界上最穷的国家之一玻利维亚。那里过去是西班牙殖民地,可是殖民者没有上过海拔 4 500 米以上,因为上到那里,人就变成"人干"。我想上去。《国际歌》唱道:"起来,全世界受苦的人……"如果不了解全世界受苦的人,如何解救全世界受苦的人?国际歌是唱的,更应当是干的。学以致用,学者不仅要解释世界,更要改造世界,至少要开出改造世界的药方,提出社会发展的途径。在玻利维亚,去海拔 4 500 米必须走一条"危险之路",去海拔 5 000 米必须走一条"死亡之路"。我上到了 4 500 米,在危险之路上,出了洋相,喘不过气来,步履维艰。我估计会死亡,便迈一步说个"死"字,再拔出腿来迈一步说个"活"字,"死——活——死——活"地往上爬。哪知同行的人听了说我嘴里喊的是"世——哈——",因为发"死——活"的声音要用力气,我已没那个力气了,所以同行的人无论如何不让我再上"死亡之路"。我们只好把生活在海拔 5 000 米的印加人请下来介绍情况。可以说,他们衣食住行用、生长老病死的情况,全是我做梦也想象不到的,全是书本上没见过的。五千米高处寒冷,印加人怎么御寒?他们是在床下养几十只荷兰兔,用荷兰兔的体温来提高室温。他们做菜没佐料,用小便晒干后的白碱当佐料。他们洗手没肥皂,还是用上面所说的小便晒干后的白碱当肥皂。西班牙后裔和印加人都承认一句话:"生活在五千米的印加人在活着的时候是不生病的。"意思是:有病当没病。有个国家的土豆(马铃薯)专家,办了个土豆博物馆,展出了两三千种不同的土豆,认为很全了。想不到他看了印加人高海拔、高紫外线照射下的土豆惊叹了:怎么会有如此鲜红的土豆?怎么会有辣如椒的土豆?怎么还有甜如苹果的土豆?他认输了,我也认输了。

山外有山楼外楼,天下学问永不休。"世事洞明皆学问,人情练达即文章。"学问就在自己脚下,只要是有心人,走到哪里都能发现学问。全国56个民族我访过40多个。台湾的少数民族我也接触过三个,写台湾的文章被多处转载。台湾布农族酋长的礼服是珍珠衣。布农兄弟说:"现在没有了珍珠衣,很抱歉无法供你们欣赏了。"他们说的时候,颇有伤感。我告诉他们,我的老师1947年在台湾研究民族问题时,买过一件珍珠衣,现收藏在复旦大学博物馆。他们听了立即兴奋地拉着我跳舞。后来布农族到贵州与布依族开研讨会,他们认为布农与布依是一家亲。科学无国界。全世界190多个国家,我去过60来个,绝大部分是自费去的。把钱用在哪里,都不如用在调研上。古人说:"读万卷书,行万里路。"我是捧着一颗求学的心走进五大洲的。我与162个国家的人握过手,聊过天。我将出版一本三百页的《与百国百姓在一起》,写得很浅薄,称不上国别比较研究。外事无小事,我侧重于讲民俗,不为国家添麻烦。读和走,对做学问的来讲不是终极目标,学者的目标是把所读的、所走的化合成书。下面讲一讲我是如何写的。

写

我写文章成瘾。我这个人不吸烟,没烟瘾;不喝酒,没酒瘾;但我写文章成瘾。画家石涛的"搜尽奇峰打草稿",我见过复制品。说"搜尽奇峰"是从写实角度讲的,很有道理。不过,我常常是一见"奇峰"就写,不等搜尽奇峰就写。尽不尽是相比较而言。我相信石涛在三四百年前那种情况下,他既没搜过阿尔卑斯山的勃朗峰,也没搜过安第斯山的阿空加瓜峰,恐怕连珠穆朗峰也没去搜过,不排斥他的聚峰一幅能流传百世。我这个人不怕浅,我主张循序渐进,由浅入深，深入浅出。我这个人不怕失败，不怕出错，错了就改。对勇于改正错误的人来讲，"错误是正确的先导"。有些大学者出集子时抹掉过去的错误文字，冒充一贯正确，欠妥！更没法说出口的是，我这小人物是受他们大人物文章中错话的影响而跟着错的，如今他们文章中没有了错话，那我们小人物是怎么错的？难道只有内因没有外因吗？1957年之前的大学十分提倡"独立思考"。1960年我大学毕业后，留在上海社科院学习室，导师教导我们一要直写胸臆，二要笔不离手。这八个字让我终生受用。导师说这话时电脑还没出现，现在有电脑了，网络化了，我这个时代的落伍者是用汉王笔的，汉王笔还是笔，没辜负导师教导。

一个人在与人相处时，要求同存异；在学术研究中，要求异存同。拾人牙慧是没出息的表现。爱重复套话，是"高级"抄袭，没有半点创新，读了味如嚼蜡。说得重一点，套话连篇对上是"语言行贿"，对己是"语言索奖"。几十年来我在写作上求异求新，追求"语不惊人死不休"。后来知道理论上的革故鼎新之路不平坦。革故，"故"会出来骂；"求异"会被人视为"异类"。我得罪过好几位大权威，包括曾经喜欢我的权威。说是"真理面前，人人平等"，实际上各国都存在"人微言轻"的问题。写作之路比我前面说的爬哀牢山还曲折。

我知难而进，写过几篇不合时宜的文章。在有人认为敏感问题不能碰时，我连写两篇文章提出"敏感点应当是理论生长点"；在有人不赞成"公民社会"一说时，我在政协两千多人的大会上发言肯定公民社会，多家媒体作了报道；在党史研究中出现不太尊重历史的问题时，我著文罗列了党史研究中的十种现象，批评"一俊遮百丑""一丑遮百俊"，批评"老子英雄儿好汉""儿子英雄爹好汉"等问题。我准备好了有人反驳，结果平安无事。在领导人一而再、再而三地倡导"兼顾公平"，并作为原则来推行时，我发数篇文章批评领导不应该把公平放在兼顾的地位。在有人为"兼顾公平论"粉饰，讲"第一次分配讲效率，第二次分配讲公平"时，我提出第一次分配、第二次分配都要讲公平，甚至在被我称为"第三次分配"的慈善、救济工作中也要把公平放在首位。到目前为止，尚未见到反批评的文章，以后不知怎样。

还有一次，我在《社会科学》杂志上发了篇《马克思主义多样化问题》，讲不同国家结合本国实际运用马克思主义，各美其美，各称自己为"有特色"，这就会产生马克思主义的不同流派，是丰富和发展马克思主义。不久，上面批评"马克思主义多元化"的说法。我想这次逃不掉了，没想到《社会科学》编辑部保护了我。他们认为"多样"不等于"多元",邓伟志是讲"多样",不必列为错误。后来上面也没追究。这说明理论界是千方百计爱护、保护学者的。中国是有学术自由的,是宽容、宽松、宽厚的。

有些争论是来自横向的,那是十分正常的。我是在20世纪70年代末第一个替港澳文人曹聚仁说好话的。很多书上说他是"反动文人",我说他不反动,立即遭到上海一位在40年代与曹聚仁有过争执的老人反对。老人告我一状,还说我与曹聚仁的夫人邓珂云有亲戚关系才为曹翻案的。领导找我谈话时,我说邓珂云是广东人,我是安徽人,我至今没见过邓珂云这位"姑姑",不过,我正想向"珂云姑姑"借书,再写文章为曹聚仁翻案。

80年代初,我在上海《文汇报》连发《家庭的淡化问题》《中国的学派为什么这么少》《淡化当官心理——谈当官与做学问的函数关系》三篇文章,篇篇引发争论。有位工程师业务很好,但不会做家务。他妻子是优秀中学教师,教育部请他妻子到北京编教材,这是很光荣的任务。他妻子没去过北京,很想去北京,但也担心她一走,家里的事放心不下。我那篇《家庭的淡化问题》是星期天刊出的,他妻子看后,把报纸往丈夫身上一扔,说:"家庭淡化,我去北京决心定了。"工程师勉强同意。想不到几天后,工程师一人在家,越来越感到不便,一气之下写信向邓伟志要人,要《文汇报》"还我妻子"。我那三篇文章在《文汇报》及其内部刊物《理论探讨》上都展开过讨论,外地的报刊也发表正能、负能两类文章。胡耀邦要中办写信给我,说"学派"一文"对贯彻'双百'方针,推动学术事业发展是有益的……"。后来这三篇文章被媒体称作"邓氏三论"。30多年过去了,现在还有人提起这"三论"。

1986年我在上海市社联主办的《探索与争鸣》上写了篇《不创新,毋宁死》。有领导同志看了,说:"我没创新,不还活得好好的吗?"这本来是戏言,主管的人"拾个棒子认个真(针)",吆五喝六地要刊物主编检讨。我从侧面知道后很难受,比让我这作者自己检讨还难过。有次理论界开会,我自费买了几十本杂志,故意在会上散发、赠送,向在座的主管人挑战。也就在这时,外地邀请北京、上海的几个人去开研讨会。我与市社联主持工作的王副主席同行。我知道社联是奉命办事,不得已而为之,便向王副主席婉转表达了令主编检讨一事的不满。他示意赞成。回上海后,他没叫主编从政治上检讨,只要他承认错在"知识不足"上,就过关了。我稍有安慰。后来,有关方面要刊发我的照片,我便发了我与主编的合影,以示对主编的尊重和歉意,事情就这样过去了,没谁大动干戈。

1979年有家刊物充斥着"耳朵认字""腋下认字""舌头认字""生殖器认字"的文章。一个偶然的机会我在北京车公庄看了被刊物称为"之最"的两姐妹的表演,很明显是弄虚作假。20世纪20年代在周恩来领导下的特科工作、后任外贸部长的李强对我说:"什么耳朵认字?这戏法顾顺章早就在舞台上表演过。"我公开指出耳朵、腋下认字等是作假,招来一片骂声。一位很喜欢我的导弹专家也生了我的气。一位中将致信总书记胡耀邦,说邓伟志不看就说是假,是唯心主义。好在总书记说了公道话,告诉中将你们要试验可以试验,但不要公开宣传。后来我不得已出了本《伪科学批判记》,没见读者批评。争论总有平息的时候。

1985、1986年,我应上海人民广播电台"学习节目"编辑之邀,办了个《邓伟志信箱》。这是1949年以来第一个以真名实姓挂牌的节目,听众欢迎,领导重视。上海台还在全国会议上介绍了办《邓伟志信箱》的经验。就在电台把这个节目评为优秀节目,即将发奖时,有人向上反映节目有"资产阶级自由化的倾向"。怎么办?奖是按程序评的,不发不好,发也不好。电台想了个好办法:我不出席颁奖大会,奖品会后由编辑送我家中,两全其美,进退自如。

在学术上,我是于1981年2月第一个在社会学重建后在全国第一个社会学系开设"家庭社会学"课程的。我是于1982、1983年在国内第一个提倡"妇女学"的。因为我了解国内外的贫困阶层贫困到何等地步,便着力提倡民生社会学、贫困社会学、贫困文化学。我在批评"兼顾公平论"的同时,连篇累牍地大讲社会平衡论、社会张力论、社会矛盾论。由于一谈"文革"就容易扯到个人恩怨,因而有人主张免谈"文革",我认为历史不可有"断层",提出建立一门"文革学",侧重于从学术上分析。在今年纪念改革开放40周年时,我又提出建立一门"改革学",希望用理论高屋建瓴地指导改革开放的深化。我提出了改革学的"八大规律":目标守恒律、一改百改律、贫富均衡律、快慢有节律、进出有则律、内外有别律、多样包容律、上下一心律。文章刚发表两个多月,欲知后事如何,且听下回分解。

抚今追昔,追惜抚今,深感自己在学术上只不过是漂浮在知识海洋边上的一叶小舟。

如果说我还有点理论勇气的话,那是因为70年前,我10岁时亲眼看见过解放军的战斗英雄倒在血泊中,那是因为解放军战士冒着生命危险把我送出战场,让我死里逃生。我的家乡是淮海战役的战场。明年1月要纪念淮海战役胜利70周年。其实,70年前的今天淮海战役已经开战。我见过不怕死的英雄,英雄的精神感染我让我不怕死。因此在理论上受挫时,我会愈挫愈勇。倒楣时也不是一点都不怕,不太怕是绝对做得到的。我往往以幽默的语言对付倒楣,以马列毛的语言顶掉"政治帽子"。一触即跳不是学者应有的气度。即使人家是吹毛求疵,也应当感谢人家花气力吹毛,感谢人家找出了"疵"。天下没有无疵之佳作,何况我们的拙作!要堵住人家的嘴应在写作过程中下苦功,堵在文章刊出之前,文章刊出之后就应当欢迎七嘴八舌了。虱多不痒,遇到的争议多了,我索性写文章讲:我的名字叫邓伟志,我的号叫"邓争议"。做学问不可能没争议,争议是推力,推动逻辑更严密,概念更准确。我的理论勇气还来自一位1948年在我们家乡战场上的记者,1969年中国驻联邦德国记者王殊,接着又任中国驻联邦德国大使。王殊这个人了不起,在很多国家都认为联邦德国是军国主义时,他敢于向中央反映联邦德国是和平主义,并建议中国与联邦德国建交。这在当时简直是冒天下之大不韪,甚至可以认为是"认敌为友"。他的建议引起毛主席、周总理的关注和称赞。1976年10月"四人帮"粉碎当天,耿飚点名要他深夜接管《红旗》杂志,任总编辑。1976年底,38岁的我借调在《红旗》杂志写批判"四人帮"的文章,在他领导下工作。大家一再请他讲两次见毛主席的过程,我们听后都为他的实事求是、敢于谏言的精神所感动。他这位曾经有一个月平均每天写3.3篇报道的笔杆子,晚年担任写作学会会长,我更认识到写作需要他那样的胆量。我即使不能像他那样"敢为天下先",至少也该做到敢为一座"山下先"。

  如果说我还有点学术成果的话,那应当归功于党和人民的培养。我读大学享受全额助学金,另发两三元补贴。那时的两三元相当于今天的几百元。没有助学金我上不了大学,只会是个泥腿子。我能提出"改革学",是因为我听过1977年出国的四个代表团的报告传达,是因为北京的按劳分配讨论、生产力与生产目的讨论,我都沾了点边,是因为1978年在"真理标准讨论"几天后,我便得风气之先,较早地听到中央党校《理论动态》主编吴江的讲解,接触到支持讨论的几位大人物,是因为我在1978年的科学大会上做了一点简报工作,亲耳听到邓小平《科学的春天》的讲话以及科学家们的发言,是因为我曾在为邓小平起草《解放思想,团结一致向前看》讲话的理论家身边工作,受到他们特殊的教育和关怀。改革改掉了理论上的旧框框,开放促使学人放开了思想的千里马。

几十年来,我是在出错与纠错中匍匐前进的,是从不错被误为大错、又被好人保护过关,侧身挤过来的。人们常讲酸甜苦辣,我从自己的经历上觉得这四个字描绘得不全,我又加了四个字"咸痒涩麻"。我是酸甜苦辣、咸痒涩麻"人生八味"都尝过。不过,这比之于许多国家有成就的学者所遇到的挫折是微不足道的。马克思因为有超人的高见遭受关押、驱逐。王羲之说:"仰观宇宙之大,俯察品类之盛,所以游目骋怀。""读"和"走"都是"游目",我相信"游"过"目"的人,胸怀会豁达的,会尊重差异、包容多样的。

作为学者宁为学问所困,不为财富所累。学术机构的门上对联应当是:"追求发财莫进来,要想当官走别路。"为了学问,我的做法是:生活简单化,知识复杂化。多灌脑袋,少管口袋。在吃的方面,我认为价格高的不一定营养好,营养好的不一定对我好,营养讲平衡。我的体重长期保持在七十二三公斤,可能与我不讲究吃喝有直接关系。过去美国有位华人诺奖获得者丁肇中,他的团队进了实验室,七天七夜不能出来,吃住得服从科学实验。想想看,实验室的生活再好能好到哪里?以色列请爱因斯坦去当总统,他不去,发人深思。天才就是汗水,学人要把汗水洒在学问上。

洒汗水的过程是:"读+走→写",在写的时候,在写了遇到别人跟你商榷的时候,又会感到走得不多,读得太少,于是再来个"再读+再走→再写",循环往复,以至无穷,螺旋式上升。

第四只眼睛看王实味*

我听过三方面的老领导讲过因为写《野百合花》而挨整的王实味的故事。我听过所谓王实味"五人反党集团"中的一位成员讲王实味,再一位是在延安批王实味批得最凶的人讲王实味,还有一位多次观察过斗王实味场面的人讲王实味。三人角度不同,说法不完全一样,不过在不一样中也有一样的地方。我听了以后自然也有自己的看法,就算第四只眼睛吧!

王实味批评延安衣分三色,食分九等,是有点言过其实。延安的等级差别是有的。知识分子王实味的薪金就比陕甘宁边区主席、共产党"五老"之一林伯渠还高。有些领导人有牛奶喝,有些人就没得喝,可是许多领导人会把牛奶送给病人喝。博古见他的部下杨永直的妻子生产时因生活艰苦没有奶喂孩子,便把自己的牛奶送给婴儿喝,救了婴儿一命。这婴儿就是不久前受邀参加全国政协的法国《欧洲时报》创办人杨咏菊女士。

不过王实味在文章中批评恭维、谄媚、拍马、爱打小报告的现象在延安是有的,也是应该批评的。一位将军对毛泽东讲:"我们在前方打仗,他(指王实味)在后方骂人……"这话是欠妥的。王实味的话远没有毛泽东的《反自由主义》尖锐。能讲毛泽东是骂人吗?

王实味不讲空话,他所影射批评的人是有所指的。其中有一位背叛剥削阶级,投身革命,对党忠心耿耿的"大少爷"。入党后做地下工作时,他的公开身份还是"大少爷"。在延安他负责招待工作,衣着比较讲究,多少保留了某些少爷派头。王实味看不惯,影射了他。如果从他的职务需要,不批评他也可以;从发扬艰苦奋斗作风看,批评他一下是有益的。想不到在批王实味时,"大

---

* 写于 2019 年 1 月 20 日。

少爷"火冒三丈,大有泄私愤的样子,这就有点过分了。

人无完人,革命队伍里也不可能都是完人,区别不过就是"二八开""三七开"而已,千万不可"抓住一点,不及其余",轻易地把自己的同志往敌人那里推,更不可滥杀无辜。不管是按什么理由杀掉王实味都是不能成立的,那般大动干戈地批斗也是错误的,杀掉更是不能饶恕的。对不能饶恕的后来还是饶恕了。恕,也是中华民族的一条传统美德。

上面提到的王实味"五人反党集团"成员之所以被指为"反党",是因为在王实味挨批之初,他作为王的邻居,偕夫人去看望王。结果他俩的讲人道成了反党,有礼貌成了罪行,小事夸大为大祸,实在是荒唐之极!好在几年后,毛泽东亲自为他平了反。——这是他这位大学副校长1966年夏自杀前几天取安眠药时见了我这老学生时,苦笑着对我说的。自杀不同于他杀,但是生不如死的感觉给死者带来的痛苦说不定更大。

"见人民内部的人有错而不批评不对,但不宜搞斗争,更不能搞过火斗争。"这是那位批斗王实味时还只是延安县的一个年轻的"观察者"十多年前在病房里对我说的。我对他说,毛泽东在"文革"后期讨论几位干部能不能解放时说过:"战犯都放了,还不能把我们的干部放出来吗?斗争哲学不要再提了,那是敌人讲我们的。""观察者"会心地一笑,不料一个多月后这位老人就病逝了。

"横看成岭侧成峰,远近高低各不同。"用第四只眼睛看应属"远看"。远看有长处也有短处。尽管想坚持实事求是,一分为二,由于缺乏零距离的身临其境,难免有看不清楚的地方,欢迎了解另一方面情况的读者指正。"为学患无疑,疑则有进。"多一个角度,多一个方面,多一个批评,让我更接近全面。有了批评,我将改用第五只眼睛再看王实味事件。

四 处 求 教 记
——回忆我的自然科学十年[*]

"文革"中,社会科学界的人被打倒的比例大,相对地讲,自然科学界的人被打倒的比例小。搞自然科学的人被打倒后,尚能用其"一技之长"的人较多,而搞社会科学的则比较少。在这般严峻形势下,社会上出现了"自然科学保险,社会科学危险"的论调。当时的报刊也批判过"社会科学危险论",结果是,越批大家越觉得"社会科学危险",我便是其中的一个。按理应当是"越是艰险越向前",实际上大学文科不招生,上海社会科学院也是"关门大吉"。

说来也巧,1971年4月,设在圆明园路文汇报社6楼的自然科学组里有一位复旦大学的教师小朱,将于当夜被逮捕。自然科学组是为毛泽东送自然科学书籍的,工作不能脱节。小朱的工作必须有人接替,于是我就在他被捕前的几个小时,被送进了自然科学组。我进去时,头头说的是"由小朱带带小邓"。我信以为真,很乐意让小朱带带。小朱文才、口才俱佳,是出了名的。哪知在我熟睡时,睡在我下铺的小朱便被"文攻武卫"押走了。多少年后,小朱成了名教授,我和小朱也成了好友。我问他:"是不是因为要抓你了,才让我来的?"他说:"肯定是!"他又说:"你的幸运是建筑在我倒霉的基础上的。"我说:"我只是顶替了你一半。你是正式成员,我一直是外围,临时工。"

临时工就是学徒。过去上海人把学徒叫做"先吃三年萝卜干饭"。在自然科学组我遵照孙克强学长、纪树立等几位老师的指点,四处求教,四处听老科学家讲学。讲"四处"是"言其多也"的模糊语言,可对我来讲是精确语言。

一处是中科院上海分院。中科院在上海的几个研究所我全跑过。在很少

---

[*] 写于2019年1月21日。

有温室大棚的时候，我还在植物生理所的大棚里劳动过大半天。我多次请教过王应睐、冯德培、张香桐、蒋锡夔、汪猷，还有天文台的李珩等老科学家，听他们讲话、聊天。对他们所讲的科学知识我不全懂，他们这些大家的风格也各不相同，有的倔强，有的温柔，有的健谈，有的寡言，有的对专业外的知识面广，有的专业外的知识面窄，有的"大智若愚"，有的"大智"丝毫不"若愚"，但是，他们对科学的追求和执着则是共同的。我在2012年发表的《何谓科学精神》一文，没提到我20世纪70年代初拜过的这些大师，但是有他们当年的启示在里面。在国外享有盛名的脑科学家张香桐舍弃美国要给车子、房子、妻子的优厚待遇，毅然决然回国。在"文革"那个年代，他每天都会收到一两封、两三封国外向他咨询大脑知识的来信，他无一不回复。在业余时间，他以收集中国历史地图和研究满人旗袍的演化为业余爱好。他勤俭节约，他工资为我的6倍多，每月364元，可他还亲自为小字辈补球鞋，令人钦佩。李珩的家同我的家很近。他住永嘉路555号，我住吴兴路21弄，两家常来常往。他夫人罗玉君翻译过巴尔扎克的《红与黑》，性格开朗，待人热情。李珩的弟弟是台湾青年党主席李璜。在我与李珩熟悉后，曾不假思索地对李珩说："你应当规劝李璜回大陆探亲，做做他的工作。"他说："我们兄弟关系不好，早就不来去了。"同大师们相处得融洽，他们就会不吝赐教，既喜欢字字珠玑地给我讲真知，也乐于直截了当地指出我的不足和错误。

再一处是复旦大学理科大批判组。这个组是在我去自然科学组之前成立的，被斗过以后又"解放"出来的名教授全集中在这里，有数学家苏步青、谷超豪、秦曾复、徐家铭，物理学家卢鹤绂、蔡怀新、苏汝铿，化学家姚鹏，生物学家谈家桢、赵寿元、庚镇城、包正、马征荣，还有哲学家全增嘏。我都与他们相敬如宾。卢鹤绂是核物理学家、一级教授，在平常与他来往时他没一点架子。可是，1973年他接待哥本哈根学派的提出核集体模型的A.玻尔时的表现就不一般了。他在学术上决不在外国人面前示弱，他气度非凡，侃侃而谈。最后，他还讲了他与A.玻尔的父亲、提出核的液滴模型的N.玻尔的关系，讲了有次失之交臂的憾事，逗得在场的人大笑，小玻尔也乐了，马上改口称卢鹤绂"长辈"，并向他"求教"。卢鹤绂在这位两年后获诺贝尔物理学奖的大学者面前，长了中国人的志气。理科大批判组里还有位蔡怀新，他是蔡元培的公子。这位鲁迅抱过的幼儿，在我认识时是复旦物理一系的系主任。可是蔡怀新丝毫没有公子哥儿的那种趾高气扬的习气。关于他有个故事，学校放电影，一张票一毛钱。他最先付了一毛,可是发(卖)票子的忘了,又向蔡收了一毛钱。蔡不声不响地照付。过了一会儿,发票的发现少了一毛钱,又对蔡说:"缴电影票钱!"在蔡正准备再掏钱时,旁边的人说:"我看见蔡老师付过了。"这时,蔡才羞羞答答地说:"我已付了两次……"发票子的人再仔细点了一遍收来的钱,结果发现确是多了一毛,便退还给了蔡。科学是老实学,科学家是老实人。物理学家蔡怀新就是这样一位老实得不能再老实的人。理科组里还有位女老师叫包正,她是另一种风格,性格开朗。我知道她是参加中共一大的包惠僧的长女以后,很想从她那里了解包惠僧,了解中共一大的情况。她就同我耐心细致地讲,毫无保留地讲包家的一般都不外扬的家事。她是留学苏联的,可是她不像有些人那样,留美的亲美,留日的亲日,留苏的亲苏,他对米丘林学派一分为二。在复旦科学家中,我接触最多是谈家桢。夏天,我们曾有一阵在文汇报社六楼(六楼最高,全层只有我们一间办公室,没人来去),赤着臂、穿着短裤,一起写文章。他去跟第二任夫人恋爱也不避讳我们,有时还会跟我透露几句。他坚持摩尔根学派,也讲一些摩尔根学派继承者的失误给我们听。他津津乐道的是 1956 年 8 月的"青岛遗传学会议"上的平等自由的讨论。所有这些都鞭策我在后来的科普活动中不厌其烦地、一遍又一遍讲"双百"方针。

第三处是华东师范大学的自然辩证法组。这个组同复旦大学的理科大批判组一样,集中了数、理、化、生的杰出学者,还比复旦多了两个专业:天和地。收入《邓伟志文集》的《天体的来龙去脉》就是在这个组里,同金祖梦、朱新轩、徐天芬和何妙福合写的。华师大的地学当时是上海唯一的,这个组里后来出了两位大学校长,这就是袁运开、张瑞琨。其实还有一位无人不知其发明却鲜有人知其大名的。此人在生物学上有造诣,又有很好的国学功底,写得一手好字。20 世纪八九十年代,他的头像在广西桂林马路上几十步就张贴一张。他是谁?他就是金嗓子喉宝的发明者,他就是当年华东师范大学自然辩证法组的王耀发。我们同龄,相处甚密。他每次朝我们走来,我们就用上海话说他"摇法摇法来了"。华师大的自然辩证法组跟复旦大学理科大批判组相比,各有千秋。粗略的感觉是,理科大批判组成员的"专"高于自然辩证法组,而"博"可能不如自然辩证法组;自然辩证法组成员的"博"高于理科大批判组,而"专"可能不如理科大批判组。向华师大学"基础",向复旦学"尖端",相得益彰。

第四处就是工厂企业。1970 年从"五七干校"出来后,我先后到一百多家工厂劳动。我还在工人哲学家汪明章的上钢三厂二转炉当炉前工,在上海电机厂参加60万千瓦发电机组(读者诸君：别以为是我记错了,肯定是60万千瓦)的试验,参加了一点电子计算机、射流技术、水声技术的试制。如今芯片是热门,"0"和"1"之间的互动每秒以亿和兆来计算。那时我们不叫芯片,叫"磁芯",是把无数比芝麻粒还要小的、有孔的磁芯串在磁鼓的一根又一根线上。工人一秒钟能串好几个,我几秒钟也串不进一个。计算机每秒运转500万次我们就欢欣鼓舞,认为是天文数字。1973年后,我参与《自然辩证法杂志》的一部分工作,主要是在"连载"一栏中参与一部分工作,此外,也下工厂采访。这样,就结识了许多工人工程师,如灯具大王蔡祖泉、刀具大王朱大仙等。他们技术超群,动手能力非凡,他们也能够把技术上升到科学层面。他们的成就鼓舞着我这个"科盲"学着搞科普。

在"文革"中,我听过1971年来沪探亲的美籍中国物理学家杨振宁的学术报告,在天文台听过美籍华人大数学家林家翘的学术报告,在同济大学听过外籍华人建筑大师贝聿铭的学术报告。杨振宁主动提出把论文交《复旦学报》发表,记得在题注中杨还特意感谢复旦大学谷超豪等四五位学者的"指教"。

前面提到《天体的来龙去脉》,那是因为毛泽东提出"研究四大起源"：天体起源、地球起源、生命起源、人类起源。与此同时又提出办《自然辩证法杂志》。于是领导就决定编三本书：把天体起源和地球起源合成为天体,算第一本；把生命、生物合成为第二本；把人类起源与演化合写为第三本。我负责一、三两本。写成后陆续在《自然辩证法杂志》上连载。连载我与徐永庆、朱长超合写的《人类的继往开来》时,适逢1975年胡耀邦在中科院当党委书记,他看后赞扬了几句,还派人类所专家来上海"讨教"。我们还没来得及高兴,胡耀邦成了"右倾翻案风"的"黑干将",我受了一点牵连。《自然辩证法杂志》虽是讲自然的,但在"左"的气氛弥漫的情况下,其中也有不少"左"的成分。毛泽东临终时床头上放的就是《自然辩证法杂志》,对此也是评价各异。这都是很正常的,可以理解的。

1976年"文革"结束,我去《红旗》杂志批判了一阵"四人帮"以后,又回到自然科学中来。先是参加中科院《自然辩证法通讯》杂志的筹备。到京不久,我和谷超豪一起参加了一次中科院批判"四人帮"在自然科学流毒的会议。谷超豪是来批判"四人帮"的,可是个别人表现过火,倒过来给谷扣政治帽子。一位相貌堂堂的大公子说："谷超豪写文章署名'李科'是因为江青姓李。"我马上低声对坐在一起的老谷讲："我来澄清一下。"老谷按着我的手,说："不用,不用！""李科"是因"理科"而得名。谁也没想到跟江青挂钩，何况"李科"的文章全是集体撰写的，有的老谷参与，大部分老谷没有参与，怎么可以笼而统之地讲是谷超豪呢？谷超豪沉着冷静。那位在"文革"中吃尽苦头的大公子，同时也有不少"文革做法"，后来就不大露面了。科学家彼此彼此，不应当搞窝里斗。

几个月后，我以《自然辩证法通讯》杂志记者的身份参与1978年科学大会的采访和简报工作。与其说是采访，不如讲是讨教。在每次的小组会上都能听到许多中国一流科学家的高见。科学大会上提到三门峡工程淤积的问题，领导派我去调查，想不到在河南不用船和桥就徒步越过了历史上有名的鸿沟，想不到能爬上被称为"中流砥柱"的河中小岛，感慨万千。由于刚听过对真理标准讨论的情况，便写了篇《越鸿沟记》，讲科学无禁区，发表在1978年6月22日的《解放日报》上，又发了一篇《站在中流砥柱上》，算是为真理标准讨论敲边鼓。科学大会闭幕后，遵照《自然辩证法通讯》的安排，我上庐山参加了"第四纪冰川"和"针灸"两个全国性会议。在会上结识了《中国科学》杂志的李文范，便与他和朱长超合写了《庐山》一书。1981年又参加了全国科普报刊广播电视学术年会，随后在江苏出版了《科学入口处》。1981年底、1982年初又参加国家科委领导下的《人体特异功能调查研究资料》的编撰，这就为后来出版的《伪科学批判记》做了前期的准备工作。

这就是《天体的来龙去脉》《人类的继往开来》《庐山》《伪科学批判记》《科学入口处》等五本科普书的由来，也是我从事自然科学十年的简史。

淮海战役给了我一个"胆"*

王文书教我不怕死

淮海战役开火那一年是1948年,我10岁,生日是在濉溪过的。濉溪又称"口子",也就是出产"口子窖"的地方,当时是萧宿县县政府的所在地。豫皖苏边区下辖萧宿永专署。萧县当时属江苏,宿县属安徽,永城属河南,因此萧宿永专署是豫皖苏边区的中心。又因为萧宿两县的东部尚未解放,所以成立了萧宿县,领导两县的西部。县长是张绍烈,政委是王尚三。建国后,张绍烈到商丘专署,王尚三一直在最高检工作,还健在。在淮海战役的第一阶段,濉溪还很太平。

忽然有一天,可能是1948年11月30日,也就是国民党杜聿明率徐州主力30万人向西南撤退之后,解放军为了拦截追击,穿过濉溪。在不到10米宽的濉溪东西一条街上,一会儿一个纵队,一会儿三个纵队齐头并进往西赶,马拉重炮穿插其间。初冬的淮北已经很冷,可是急行军的战士个个满头大汗。我们儿童团给战士送水,战士边走边喝,边把大黑碗还给我们。由于他们走得快,我们跟不上接不住,大黑碗曾掉在青石板上,我们便改用葫芦瓢送水。不料,一架国民党飞机过来,把已经走到西关的解放军机枪排扫射得血流成河。后面来的解放军踏着烈士的血迹前进时,步伐有点放慢。一位军官跳到商店门外的石墩上,轻轻地挥手,低声地说:"前进!前进!"我看了他们大无畏的英雄气概深受感动。这时萧宿县政府的解放军有的连忙打水冲洗街道,有的把烈士遗体抬在路边,一个一个地查找烈士的姓名,有的能查到,有的查不到,因为证件已被炸毁。正在查姓名时,一位常带我玩的解放军叔叔又被炸死在我

---

* 原载《大江南北》2019年第1期。

跟前,我"哇"地一声哭了起来。几十年后,当我看到一部电影描写解放军把成排成连的烈士丢在一旁无人管时,立即撰文批评。

第二天,一位别人都称他王文书的解放军叔叔拉着我说:"走!你爸爸叫我送你去姥姥家,那里安全。"我已一天一夜没见到父亲了。我知道父亲忙得厉害,便不跟父亲告别就跟王文书走了。还没走几步,飞机扔下的炸弹落在我俩身边,半截插在泥土里,半截身子露在外边。我不知怎么回事,王文书拉着我的手,笑眯眯地说:"哑弹,哑弹!"我问:"什么叫哑弹?"王文书高兴地回答:"就是哑巴弹,不会爆炸。如果炸了,咱俩就跟机枪排一样了。"

刚走到濉溪东关外的大场地上,一架飞机由东向西飞来。王文书说:"你不要怕啊!我有烟幕弹。"我清楚地知道,他手里除了有把加拿大手枪外,没有别的。我想问他,还没开口问时,王文书连忙把我搂在怀里,抓起一捧又一捧黄沙土往我们二人头上抛去。果然,飞机从我们头上飞走了,没找我们的麻烦。我明白了,黄土就是王文书发明的"烟幕弹"。

又走了好大一会儿,走到了一片麦苗青青的田野上,敌机又从东边来了。大地里就我们两个人,飞机上会看得很清楚的。周围只有大块土,没有黄沙,也就是说没有了"烟幕弹"。这该怎么办呢?跟在东关外一样,我想问还没问。"你不要怕啊!"王文书发话了,"我叫你怎么样你就怎么样。"他边说边拉我靠近了麦田里最大的一座土坟。我俩躺在大土坟的西边。刚躺下,在震耳欲聋的机关枪"嘟嘟"声中,只觉得有泥土落在身上。我俩慢慢坐起来,拍拍泥土,只见飞机继续向西飞去。王文书又笑了起来:"我料他角度算不准。"这时,我才发现我俩脚的西边有土坑,头的后边也就是坟的东边也有土坑,唯独坟的西面只有新土没泥坑。王文书知道我喜欢收集弹壳,他说:"把弹壳装在棉袄里吧!"又说:"等一等,还烫手。"

三次下来,我暗暗敬佩王文书的大勇和大智。随着年龄的增长,我逐渐意识到我这条命是王文书用他不怕死的精神保住的。王文书不怕死,被王文书救出的人岂能怕死!感恩解放军,就要学习和继承解放军不怕牺牲、勇往直前的品格。我不是军人,是文人,应当怎样把解放军这种不怕死的精神用于学术研究呢?

王殊的"文胆"引领我壮胆

20多年后,又一位曾经活跃在淮海战场上的记者给了我一颗"文胆"。

1976年底，我被借调在《红旗》杂志工作，当时的总编辑是王殊。我从一位从部队来的《红旗》杂志领导那里知道，王殊曾参加过淮海战役，这一下拉近了我与他感情上的距离；不久，又从来自《思想战线》的另一位领导那里知道，王殊做过大使，毛主席接见过他。不仅是我，当时编辑部里好几位同志都知道这些，但都不详细。在一次王殊等几位领导来招待所看望大家的时候，我们鼓掌请他讲讲见毛主席的故事。他不得不说，其他几位领导也在旁点出他不肯讲出的他个人的贡献。原来他这位淮海战场上的记者，1969年是新华社驻联邦德国的记者。他用他敏锐的"新闻眼"，观察出联邦德国不像许多国家所说的那样是什么"军国主义"，因此他从实际出发，"冒天下之大不韪"，于1972年建议中国与联邦德国建交。他这种逆潮流而上的做法，搞不好会被认为是"认敌为友"。有一天上级通知他这两天不要外出，有领导找他。找他是批评他还是支持他？他左思右想，极大可能是支持他，他相信中央领导是实事求是的。他等了一天没人找他，他再等了一天还是没人找他，连等三天都没人找他，第四天他有事外出，不过办事周密的他，离开时告诉身边的人，万一有人找他如何联系上他。想不到他刚走一会儿，接他见领导的车子来了。车子转来转去把王殊接到毛主席身边时，只比预定时间提前了一分钟。毛主席和周总理的谈话给了他很大鼓励。接着，外交部又吩咐他筹建驻联邦德国大使馆。就在我们这次交谈的几个月前，王殊又深夜接到耿飚电话，要他接管一直被"四人帮"把持的《红旗》杂志。他毅然决然地完成了接管任务，让《红旗》杂志真正成为党和人民的喉舌。

当时只有39岁的我，听了王殊这般"敢为天下先"的事迹，心想：我即使不能像他那样"敢为天下先"，咱至少也该做到敢为一座山的"山下先"。王殊在国外当记者时曾有一个月平均每天写3.3篇报道，如果胆子小，前怕狼后怕虎是写不出来那么多的。王殊晚年担任写作学会会长，我更加深刻地认识到写作需要他那样大的"文胆"。

近40年来，随着改革开放的步伐，我也斗胆写了些文章。我写的《中国的学派为什么这么少》一文在《文汇报》发表后，引发争论。我想：淮海战场的解放军死都不怕，我还能怕争论吗？后来，时任总书记的胡耀邦让中央办公厅写信给我，说："胡耀邦同志认为你的文章对贯彻'双百'方针，繁荣学术事业是有益的……"读了中办的信，我马上想起王文书和王殊两位前辈。

关于上海解放的点点滴滴*

民进上大委员会周丽昀主委吩咐我,从统战角度起草一篇70年前上海解放的文章。我听了之后浮想联翩,思绪万千,在未正式起草前,先写几句。

解放这么大一个大上海,市区竟然没有一处大楼被大炮轰倒,是难以想象的。怎么会这么平安呢?我又翻阅了我在家中喜欢不断翻阅的上海《解放日报》创刊号(1949年5月28日)。创刊号写道:四万国民党军"在淞沪警备司令部副司令兼五十一军军长刘昌义率领下,于二十六日向解放军投降。刘昌义亲自拜谒解放军前线指挥官请示……"是的,上海市区能够顺利回到人民手中,与刘昌义有关。不过,创刊号写的是"投降",实际上是"起义"。

刘昌义早在1948年就经我表大爷(雅称"表大伯"。他的祖母与我父亲的祖母是亲姊妹)刘云昭(又名刘汉川)介绍加入了地下民革。刘云昭是上海民革负责人,曾为孙中山的国会议员、国民党一大代表。他与刘昌义早有交往。1948年底他与一男一女两位共产党地下党员一起有意跟刘昌义加强接触,告诉刘昌义:"你这'警备司令'是替死鬼。"刘昌义也认同这一点。我表大爷再进一步动员刘昌义在适当时候起义。刘昌义有点同意,可是又怕共产党不信任他。我表大爷再对他说:"起义前你可以跟陈毅通电话。"这样刘昌义开始放心。5月25日刘昌义没跟陈毅通上电话,而是跟中国人民解放军第三野战军第27军军长聂凤智通上电话后,便起义了。警备司令一起义,上海战役胜利结束。

刘云昭和刘昌义都参加了一届政协,刘云昭还参加了开国大典。上海的解放既是军事上的胜利,也是统战工作的成功,是党的"三大法宝"交互作用的

---

* 写于2019年2月11日。

共同结晶。

最后,加一个说明:动员刘昌义起义的不只是三两个人,可是在当时的复杂情况下,都是单线联系。建国后,各有各的说法。我将在仔细查阅资料后再写出长文送审。

在 1960 年下乡反"五风"的日子里*

大学毕业以后至"文革"爆发,仅仅六年时间我学习、宣传、贯彻过有关人民公社的文件就达一百多条。仅仅一个"四清"就有"前十条""后十条"以及纠正"后十条"的"二十三条"。不过,令我久久不能忘怀的、在纪念建国 70 周年时很自然想起的是"反五风"的"十二条"。1960 年冬,我刚毕业没几个月,被分配在上海社科院学习室工作,便接到通知去宝山县蕰溪公社"反五风"。哪"五风"呢?"十二条"里讲得很清楚,那就是:"一平二调'共产风'、浮夸风、强迫命令风、瞎指挥生产风、干部特殊化风。"

反"五风"有极强的针对性。1958 年"大跃进",有些人头脑开始发热、膨胀,不顾生产力低下的事实,过于强调生产关系的反作用,提出"跑步进入共产主义"。进不了怎么办? 一个字:吹。这个吹亩产八千斤,那个吹一万斤;那个吹一万斤,这个吹两万斤,"思维共振",层层加码,吹上了天。农民群众不相信他们的浮夸怎么办? 那就瞎指挥。这个说密植能增产,那个说越密越好,结果密得不透气,不透光;这个说深翻能增产,那个说越深越增产,来个掘地三尺。面对这般瞎指挥,农民还不服,那就来个强迫命令。群众不听命令,有位大科学家就反复"科学论证":阳光能变成碳水化合物,碳水化合物能实现亩产多少万斤。有了所谓"科学家之言",有些干部更加肆无忌惮地"一平二调",多吃多占搞特殊化。"五风"之间有着此唱彼和、传杯弄斝的内在联系。

为了解决"五风",中共上海市委宣传部组织七八十位宣传系统的干部开到蕰溪公社,作为试点。我们社科院的 4 个人在一个小队(通俗称"小队",正式称"生产队"),领队是教逻辑学的冉兆晴和教经济学的王建民两位老师。小

---
* 写于 2019 年 2 月 21 日。

队不大，只有31户。名义上31户实际上只有29户，因为有一项票证是按户发的，不是按人头算的。有两户老夫妻假离婚，一户变两户就可以领到两张票。

下去要实行"三同"：同吃、同住、同劳动。同吃，我们同社员一起吃大食堂。社员凭定量打饭，我们是凭粮票、钱票买饭。一天"两稀一干"，隔一天是"三稀"。稀是稀粥，干是干饭。社员一般不外出，外出多选在"三稀"这一天。劳动，只要不开会，我们就同社员一起下地。我们小队除了种麦子、油菜，还种韭菜。韭菜是多年生，冬天怕冻，要盖上草木灰。盖有盖的学问，我跟着学。住，我们是住社员隔壁的小队部，没住社员家中，算"半同"。队里没有公用的床，我们便把社科院的铁质双人床运到小队。我睡上铺，冉兆晴老师睡下铺。

我们进驻莳溪后，按上级统一部署第一步是宣讲"十二条"，社员听了个个欢笑，个别队干部有点皱眉头。第二步是联系实际。我们这个小队的队长比较朴实，可他们的自我批评也颇有意思。他说，他的多吃多占是这样：趁着人少的时候去打饭，让炊事员把勺子伸到锅底捞，这样稀饭就可以不稀。偶尔也会让炊事员用布包一点米，扎紧后扔在稀饭锅里，这样捞出来的是稀饭中的干饭。

我们问："还有没有比这更严重的？"社员认为可能没有。因为一个队里，几乎都是一个姓，彼此有亲戚，队干部下不了狠心强迫命令。老社员还说："队干部在稀饭里煮干饭，不是一点没发现，我伲也认为干部这样干法不对。只是觉得干部年轻，经不起饥饿，便睁一只眼，闭一只眼。"

在当时那个"气候"下，挖不出严重的"五风"，即使够不上"保守"，也称得上无能。于是，冉、王二师就带着我们分析。他俩说还是要从实际出发，一是一，二是二，把二说成一不好，把一说成二也不好。同时也不能认为"天下乌鸦一般黑"。他俩还说起上海《新民晚报》收到水稻亩产三千斤的来稿，上海市委第一书记柯庆施认为不大可能，不让晚报刊出。此事传出去以后，对"五风"有震慑力。市长曹荻秋陪外宾看猪厩。队干部介绍说那猪有300公斤。后来曹荻秋批评说："有经验的人一看就知道没有300公斤，连200公斤也不到。"市委的这些做法对抑制"五风"都起了一定作用。有"五风"，但不像有些地方那样犹如龙卷风刮得墙倒屋塌。因此，我们小队坚持正面教育，立足于帮，而不是打。

冉、王二师常三天两头给队干部和社员讲故事，讲了一个又一个。记得有个生动的故事,不仅对队干部有教育作用,而且对我这参加整社的小干部也很有启发。他俩一唱一和地在社员大会上说:外地有个县委书记的秘书穿着洁白的衬衫,两手插在裤兜里,挺胸凸肚走在田埂上。正在赤着背插秧的农民看了,说:"哪里来的公子?踩坏了我们的田埂!"秘书说:"你骂谁?"农民说:"我骂你!"正当秘书想发火时,县委书记连忙从后面插上一句:"骂得对……"就这么几句的小故事,让我终生受用。几十年来我每次下农村,见到地里的农民都不敢把手插在裤兜里,而是常常主动同农民打打招呼,有时还会蹲下来聊几句。——后来知道这就是学术上所讲的"田野调查"、抽样调查。因为彼此没有利害关系,能讲实话,能了解到文字上难以了解到的真实情况。

文章写到这里本来可以结束,可是有件丑事写不写一直在犹豫中,想想还是写吧!那就是我到莳溪时,足龄22岁,可是我半夜里尿床,小便从上铺滴到冉老师下铺的被子上。面对冉老师我羞愧难言。难言,是真的难言,我不知说什么好,还有几分害怕。可是,我尊敬的冉老师没半句责怪和埋怨。这对我是无声的教育。几十年来,我没有、也没脸跟别人提起这件丑事。只是在我也成为老头子的时候,脸皮变厚了,便在冉老师晚年的病榻边,当着师母的面讲起尿床的丑事。冉老师这时才说:"我知道你那天晚上喝了六大碗稀而又稀的稀饭,白天干活很累,睡得死,不尿床才怪呐!"逻辑学家会逻辑推理,会理解、谅解我。冉老师身上丝毫没有要反的那"五风",有的是严己宽人的风度、循循善诱的风采和诲人不倦的风韵,这高尚的"三风"。

中国第一枚火箭怎么会在上海发射?*
——纪念共和国 70 年之一

大家都知道"两弹一星"的试制成功极大地提高了中国的国威,大家也都知道"两弹一星"的发射基地在大西北。可是很少有人知道我国的第一枚导弹是从上海海滨的老港成功发射出去的。为什么?

"高精尖"的产物

建国初的中国处于国际反华势力的包围之中。所谓"闭关锁国",很大一部分是被洋人反锁在里面无法出去的。逃到台湾的国民党反动派多次派飞机轰炸上海。上海采取了"紧缩"的方针。1954 年柯庆施开完江苏省第一届人代会以后,调来上海任第一书记。他很想把上海这座"东方巴黎"搞得红红火火,可是,北京有人提醒他:"如果掉下一颗原子弹,你们上海怎么办?"50 年代,苏联援助中国的 156 项工程,上海一个也没摊到。1955 年 2 月 16 日,柯庆施在市委扩大会议上把单纯的"紧缩"改为"积极改造,逐步收缩"。由于工厂内迁,人口疏散,这一年上海的工业产值占全国的比重从 1952 年的 19.8% 下降为 17.4%。

1956 年 4 月,毛泽东主席在听取了中央工、农、商、财政等 34 个部门的汇报后,作了《论十大关系》的报告,提出"利用和发展沿海工业"的思想,明确指出"上海赚钱,内地建厂,这有什么不好?"随后,他又委托陈云来上海,阐述"上海要发展"的道理。上海马上行动起来,于 7 月 11 日至 26 日召开了上海市第一届党代会。市委第一书记柯庆施在会上作《调动一切力量,积极发挥上海工

---

* 写于 2019 年 3 月 27 日。

业的作用,为加速国家的社会主义建设而斗争》的报告,提出了"充分利用上海工业的潜力,合理发展上海工业生产"的工业发展方针。报告指出:"充分利用与合理发展是密切关联的,其中心环节就是要充分利用上海近百年来形成的工业基础,利用它原有的设备和技术力量,使之更好地满足国家和人民的需要,为加速国家的社会主义建设服务。为了达到充分利用的目的,就必须对上海工业进行积极的改造和合理的发展,进一步解决发展上海工业存在的矛盾","必须照顾到全国工业生产的合理布局以及供产销的平衡,使上海工业生产最大限度地符合加速社会主义工业化的要求"。报告还对上海各工业部门在第二、第三个五年计划期间的具体发展方向作了规划。会议期间,中央书记处书记周恩来到会作了《专政要继续,民主要扩大》的重要讲话。上海市市长陈毅在会上对发扬民主、展开批评等问题作了讲话。会议认为"充分利用,合理发展"的工业方针符合上海工业具体情况和加速国家社会主义建设的要求。从1956年下半年到1957年,上海对原有的工业体系进行大合并、大集中、大联合,将一万多家中小企业改组为2 557家中心厂。后来的几年,工业又进行了大调整、大改组,建立了多个卫星城,从而把上海的工业生产实力、技术水平提升到一个新的高度,在1958年10月的市人大三届一次会议和11月17日的一届市人委第一次会议上,又进一步提出上海工业建设应该向高级、精密、尖端(简称高、精、尖)的方向发展。当年10月27日经中央批准,上海建立了原子能、电子、计算机、力学、激光、电子仪器、技术物理等16个研究所。

上海从"紧缩""逐步紧缩"到"充分利用,合理发展"再到"高精尖",方针的提升为上海能发射第一枚导弹打下了基础。导弹的研制是"高精尖"的标志。1959年9月,上海开始设计T-7M火箭。

"全国一盘棋"的成果

"高精尖"的上海没煤矿、没铁矿,少不了全国各地的支援。上海在提出"高精尖"的同时,就倡导"全国一盘棋","更多更好地支援全国各地"。

上海市委从全局出发,主动向中央提出,承担"两弹一星"的研制任务。柯庆施派主持科委工作的舒文去北京向聂荣臻汇报,得到聂荣臻赞许。1959年9月上海开始设计T-7M火箭,成立机电二局,由艾丁负责研制基地,由肖卡负责技术试验,由许言负责材料,由李广仁负责基建。南北呼应,齐心协力,仅一年多时间,我国第一枚T-7M探空模型火箭,于1960年2月19日在南汇老港发射成功。1960年5月18日,毛主席在杨尚昆、柯庆施陪同下,亲临延安西路200号上海新技术展览室,视察了T-7M火箭实物,笑声绕梁。1960年9月13日T-7火箭再次发射成功,飞行高度很快从19公里提升到100公里以上,从此揭开了我国火箭发射的序幕。

就在这时国家进入困难时期,有人请示柯庆施:"还搞不搞(火箭)?"柯庆施斩钉截铁地回答:"就是当了裤子也要搞!"从此这句话成了时至今天还在流传的名言。是的,在当时情况下,没有"两弹一星"就要受人欺侮。国强则民富,国有威则民相亲。陈毅1963年在一次中外记者招待会上讲话,有人赞扬他气宇轩昂,铿锵有力。他说:"如果我腰里能别两颗原子弹,我讲话的底气会更足。"1963年中央有关部门跟在北京开会的柯庆施讨论,希望1964年搞出"红旗一号"地对空远程导弹。柯庆施从北京一回到上海,就找他的爱将、机电二局局长肖卡,说:"肖卡同志,1964年12月31日晚上12点以前不搞出来,我找你算账。"在"全国一盘棋"的思想指引下,在"八方支援"之下,由上海试制和生产的"红旗一号"于1964年5月20日进行第一次伞靶射击,命中了目标。

中国的发射场在哪里,美国的五角大楼很想知道。他们从空中侦察机航拍的照片上认为福建的永定很可能是发射场,于是费尽心机收买了一位祖籍在永定的华人,以探亲为名,来摸情报。谁能知道,这位美籍华人一到永定便恍然大悟,五角大楼误把名扬四海的永定土楼当发射场。"红旗一号"发射场究竟在哪里?美国当时仍然不全知道。

参加开国大典的年轻人陈震中[*]

在迎接建国 70 周年的日子里,我拜访了参加开国大典的年轻人陈震中。

很早我就从书上知道陈震中先生是 1946 年 6 月 23 日作为上海各界人士代表团的成员赴南京请愿,"反内战,要和平"的 11 位代表之一,可是书上对他的具体情况介绍得很少。甚至还有书上用一个"等"字,把他的名字省略掉的。30 多年前,雷洁琼副委员长在向我们讲"下关惨案"时,着重提到在"下关惨案"中,被特务打得流血最多的、几乎被打得像死人一样的陈震中,引发我对陈震中的景仰。

后来我又向赵朴初先生、梅达君先生打听,知道陈震中在"下关惨案"前是美国办的圣约翰大学的学生会主席。因为同学们提出在中国领土上的大学不能只挂美国国旗,应当再挂上中国国旗,被校方罢去学生会主席的职位,而学生仍然拥戴他为主席,于是双方发生了争执。学生把美国国旗降下来升上中国国旗,而校方再把中国国旗降下来升上美国国旗,几个回合争下来,学生砍断了旗杆,留下了 1 米高的矮旗杆。那 1 米高的旗杆,在学生眼里成了学校的"三件宝"之一。这一下引起了我的心潮涌动。1958 年我在圣约翰大学旧址上新建的上海社科院读书时,几乎天天看见那件宝,每次都会闪出当年那些爱国学生的形象,却不知学生的带头人是谁。强烈的求知欲让我盼望有朝一日能向陈先生请教。

在迎接建国 70 周年的日子里,我又想起有文章讲过的一个情节。陈震中是一届政协中最年轻的委员,是参加开国大典中最年轻的一位。更有趣的,他是唯一的父子二人一起参加政协、一起参加开国大典的人。强烈的求教情怀,

---

* 原载《解放日报》2019 年 3 月 28 日。

让我走进了陈震中的病房。

当我说他父亲是中国民主促进会、中国民主建国会两个参政党的创始人之一时,他讲了一个生动故事。陈震中先生是1945年在圣约翰大学加入地下党的,他父亲陈巳生是1941年加入共产党的。可是,陈震中只晓得父亲思想进步,不晓得父亲是共产党员。上海解放前夕,中共中央上海局书记刘晓要陈震中带个文件给他父亲。他一看这是党内文件,"父亲不是党员,怎么可以带给他?"他有点纳闷。就是在1949年他父子俩同登天安门城楼时,他也只知道父亲是进步资本家,不晓得父亲是中共党员。

当我问起下关惨案时,他不说他挨打的事,只说周恩来从他病房的窗户上看见中山陵,说:"蒋介石的行径违背了中山先生的教导。"

当我说起开国大典时,他说:"我参加'六二三'是以学生身份,我参加开国大典也是以学生身份。我永远是学生。"这是他的谦虚。他出席开国大典,是作为上海市第一届学联主席、中华学联副主席去北京的。

说了没几句,护士到门口示意时间到,我只得依依不舍地离开。可是陈老坚持要送我出门,他身体欠佳,我怎忍心让他送?他说:"你文章讲赵朴老送台湾和尚的故事,给我印象很深。我从小生活在朴老身边,应当学习朴老的优良作风。"

除了英勇顽强,为人谦逊会不会也是陈老能登上天安门的品格呢?我离开陈老后这样想。

解放战争的胜利是解放思想的胜利*

史学界认为1945年到1949年的中国为"解放战争时期"是有深刻道理的。正是在这个时期,八路军、新四军去掉了冠在前面的番号,改名为"中国人民解放军"。正是在这个时期,中国人民解放军把受剥削、受压迫的劳苦大众解放出来,"翻身得解放";正是在这个时期,中国人民解放军赶走了横行霸道、盘踞在中华民族头上的帝国主义;正是在这个时期,中国人民解放军打倒了连蒋介石的儿子蒋经国都想打而打不掉的官僚资本主义。一句话,正是在这个时期,中国人民解放军在中国共产党领导下推翻了"三座大山",解放了全中国。

"解放战争"是战争。按兵法的说法,战争往往是寡不敌众,应该是"以多胜少"。可是解放战争之初国民党仅仅是陆军就有524万人,此外还有收编的几十万伪军,而共产党把各种部队加起来也只不过有124万人。1∶5的悬殊,解放军如何以少胜多?常识告诉我们:打仗要讲装备,枪炮口径小的、射程近的是很难战胜口径大的、射程远的。解放军没有飞机、坦克,如何用"小米加步枪"战胜武装到牙齿的国民党军?至于国民党统治区的面积、人口、资源都数倍于解放区,解放军能打败国民党反动派吗?能!4年后的事实证明解放军把蒋介石赶出大陆,赶到中国的一个小岛上。靠的是什么?

靠的是解放思想。在全局上一时不能以少胜多,解放军就来个在局部上以多胜少,来个"一口一口地吃掉国民党"。在装备上不如国民党反动派,那么解放军就把蒋介石当作"运输大队长",打一个胜仗缴获一批重武器,打一个胜仗再让手下败将乖乖地送一批重武器过来。围城不就是攻城吗?不,解放军

---

* 写于2019年4月3日。

逆向思考,来个"围城打援",让敌人摸不清头绪,只能吃败仗。"先发制人"从来都是褒义词,可是解放军的指挥官偏偏实行"后发制人",来个以静制动,后来居上。出其不意,突破框框,解放思想引领本来计划五六年的解放战争提早了一两年取得全胜。

上海的解放也是解放战争中解放思想的一个典型。打上海就难免打破上海的坛坛罐罐。不把敌人的坛坛罐罐打碎,敌人怎么会投降?可是中央要求三野既要"打进上海"又不可"打碎"上海,这是很难的。思想必须再解放一点。常言道:"世上没有永久的朋友。"反过来说:世上也没有永久的敌人。在解放上海的日日夜夜,一方面是三野部队包围上海,另一方面是中共地下党、中央军委系统的策反委员会,以及中共的朋友、在沪的民主党派一起做"化敌为友"的工作。结果争取到了让国民党上海市市长赵祖康不仅按兵不动,而且把市政设施保护得完好无损;争取了国民党炮兵中将张权起义(只因张权的部下告密,致使张权被国民党杀害于南京路西藏路);争取了国民党上海警备司令刘昌义成功起义;争取到了死守电厂的国民党部队放弃死守;甚至还争取了彻头彻尾的军统特务去营救民主人士张澜、罗隆基。思想解放的地下党和解放军还做好了"化黑为不黑"的工作,不让青红帮流氓破坏工厂学校。

思想解放带来了智勇双全,被称为"东方巴黎"的上海于1949年5月回到人民手中。解放思想无止境啊!

在恢复高考中值得一提的事*

是谁第一个提出恢复高考的？

媒体关于"是谁第一个提出恢复高考"的说法不一，城市与城市之间不一样，同一城市这所大学与那所大学不一样。都是"第一"是好事，说明"英雄所见略同"。

记得一位参加 1977 年 8 月邓小平主持召开的科学与教育座谈会的专家回来后跟我们所传达的，与媒体大同之中有小异。他说，会上有位常吃武昌鱼的教授激昂慷慨地讲："我有个建议，打我反革命我也要讲。"与会者听了，以为他可能讲一个爆炸性的建议，都把目光投向了他。接下去，他说他建议"恢复高考"，他的建议无疑是正确的。在这么高规格的会上提出"恢复高考"，应当讲他是第一人。可是有一部分与会者又对他这般非爆炸性的建议，互递了眼色，也不是没有道理的。取消高考是倒退，是把教育的历史倒退了 880 年（注，世界上第一所高校创建于 1087 年）。在"文革"中，在"文革"后，在私下里、在公开场合谈论恢复高考的人岂止成千上万，可谓"教授与知青齐鸣，领导与群众一心"。

依我之见，第一个提出恢复高考的，姓"群"名"众"是也。

对一位考研学生的争论

有高考必有考研。在 1978 年考研中，对一位成绩十分优秀的考生能不能录取，发生了争论。为什么？因为他是"反动学生"，不是"曾是"，而是还没有完全摘帽。

---

* 写于 2019 年 4 月 8 日。

争论的消息很快传到几位部长的女儿耳朵里。女孩子们在议论时,居然有位年龄稍大的对"反动学生"产生了爱意。于是,几位女孩中年龄最小的妹妹自告奋勇,去为大姐姐提亲。哪知小妹妹见了"反动学生",听了"反动学生"的崇论宏议,一见钟情。那位大姐姐知道后还以为这小妹妹是要两面派,其实不是。两位有情人很快成了眷属,可是,小妹妹正在"海"里工作的父亲坚决反对,不许女婿上门还不说,对女儿的婚事不予资助。有人告诉我:小两口住在一间不到 10 平方米的房子里,全部家当是一张床、一只箱子、一张小书桌、一把椅子。我认为他父亲做得不对,决心替她打抱不平。

通过关系,我到了正在筹建中的马列所,与小妹说起她的家事。当我说了只有一把椅子的故事后,那小妹妹解释说:"有两把椅子,其中一把被箱子压在下面了。"我听了更加同情小妹妹的诚实和天真。跟小妹妹一个办公室的还有一位小姑娘,就是现在大名鼎鼎、临文不讳、言人所不言的社会学家李银河。她当时还有点腼腆、有点羞涩地鼓励我向上反映。她还对我说:那名"反动学生"经方毅副总理批准,已经入学,这更增加了我写材料批评大领导的勇气。

想不到回到科学会堂向顶头上司一汇报,上司坚决反对我这样做。领导说:"你不知道,人家刘宾雁写了都不能上送。你别惹事了。他(指'反动学生')攻击的对象有的还在位……"无奈,我只得服从命令听指挥了。

到"神童班"调研

有高考,就有人考插班生。事实上有些知青的知识确实超过大学生。有位司机在"文革"中悄悄地跟着广播学日语,日语水平远远超过日语系二、三年级的水平。与此同时,社会上还冒出一批十一二岁的少年奇才。思想解放的教育部门在合肥中国科技大学办了个少年班,外界称其为"神童班"。兼任国家科委主任的改革急先锋方毅要我的顶头上司了解一下"神童班"的情况,任务落到了我的头上。

到了"神童班"如入仙境,大喜过望。我与他们单独聊,集体谈。神童中有的口若悬河,有的沉默寡言。口若悬河的旁征博引,咳唾成珠,不用"斗酒"也能背"百篇"、写百篇;沉默寡言的格物致知,能解代数、几何、微积分。有位贵州少年是坐慢车来校的,到了合肥他能把沿途每一站的站名依次说出来。说给我听时,我这不明答案的考官不知他说得是对还是错。我问陪我的老师,老师说他们核对过,全部正确。少年这般过目成诵、耳闻则诵,让我欣喜若狂。

不过,我更关心的是他们为什么会出类拔萃?东拉西扯地一问,结论有了,主要是两条:第一,他们的家庭多有书香,或父或母,或祖辈读过不少书,方有条件辩圃学林。第二,他们的父母既不是"造反派"也不是"打倒对象",有不少人的家长是"靠边站"的。穷而后工,这种社会地位不高不低、不冷不热的家长最有时间关起门来教本来就在室内的"入室弟子"。外面刮"读书无用论"的歪风,家里扬"手不释卷"的正气。

　　回到北京,我把这两点向上汇报。旁边一位女同事听了流泪,因为她父亲曾任海淀区副区长,"文革"中属"打倒对象",海淀之大放不下一张安静的书桌,以致她这个大学生十年不能读书。她说她恨不得在这次恢复高考中再参加一次高考,把失去的学识补回来。

聆听毛泽东在最高国务会议上的讲话录音*

1957年的春天是一个繁花似锦的春天。在那个美好的日子里,我作为上海财经学院大一的学生得以听到毛泽东在2月举行的最高国务会议上的讲话录音。

听录音的主会场在解放楼大礼堂,我们学生是在用茅草搭建的特大餐厅里听的,不过同样听得很清楚。毛主席谈笑自若,妙语横生。记得在谈到人老了要让位于青年时,毛主席对梅兰芳说:"梅兰芳同志你现在还能唱,唱得很好,再过几年你也会唱不动。我呐!再过几年也不行了,那时就要靠邓小平他们了。"

我尤其感兴趣的是毛泽东讲"双百"方针。因为1956年"双百"方针刚刚提出,立即成为我们师生最热门的话题。毛泽东在最高国务会议上又就"双百"方针加以发挥,我们自然很注意恭听。录音里说:"对社会上许多不同的意见,我们采取什么方针?我们应采取百家争鸣、百花齐放的方针(讲话时是'百家争鸣'在前,正式发表时是'百花齐放'在前),在讨论辩论中去解决,分清是非。我们只有这样一种方法,别的方法都不妥。现在我们党内有一种情绪,就是想继续用过去那种简单的方法,或者叫'军法处置':你不听话呀,那就正军法,拉出去砍了。这是对付敌人的。其实对付阶级敌人也不是那么简单,还有许多细致的方法。现在不是对付敌人,而是人民内部矛盾问题,对待民主党派、无党派民主人士、民族资本家、大学教授、医生等等,这个简单方法就不行了。对于各种不同的意见,在科学方面,不论我们懂不懂,我们现在不懂将来

---

* 原载《上海滩》2019年第4期。

懂了,也要采取百家争鸣、百花齐放的方针,不能'军法从事'。(笑声)一门科学可以有几个学派,去争鸣。经过争鸣,就能出真理。社会科学也是这样,而不是用我们看不顺眼就去整一下的办法。对思想、精神方面的问题,比如宗教、马克思主义、资产阶级世界观还是无产阶级世界观、艺术方面的问题,都不能用粗暴的方法。"记得毛主席说到学派时,他对马寅初说:"马老,你的'人口论'有人反对,我赞成。你主张节育,我赞成。"毛主席坚决反对"压服",极力提倡说服。他认为"各种错误意见在报上发表,开座谈会,发议论,不会把人民政权搞垮"。

  毛主席这些话,对我这样十八九岁的年轻人来讲,简直是刻在大脑皮层里。三个月后,毛主席的讲话正式发表,题为《关于正确处理人民内部矛盾的问题》,内容同录音大体一样,遗憾的是那些生动活泼的语言没有了,这可以理解。不过,口气远没有原来那么放得开,讲收的那一面的文字比重有点加大,语气有点加重,可是我仍认为毛主席的这篇讲话是经典之作。我本来不敢把毛主席删去的这些文字公之于世,后来看由中共中央党史研究室科研局编的、由中共党史出版社出版的、印数达16 000册的书中公开了,我才大胆写在文章里。毛主席的这番讲话是在历史转折时期发出的号角。任何人在车子急转弯的时候,都会有点晃动。在从战争年代转为和平建设时期、从在野党转为执政党的时候,总有些人跟不上这个转折。学会正确处理人民内部矛盾是人民政府的性质和功能决定的,有助于人们转弯。

  由于对毛主席在最高国务会议的讲话无比信服,三年后,我的毕业论文以"纪念毛泽东同志《关于正确处理人民内部矛盾的问题》发表三周年"为副题,讲"处理好人与人的关系"。想不到,文章引起上海社科院领导的重视,推荐给《学术月刊》,并发表在《学术月刊》1960年第6期上。说句实在话,这篇文章的刊出,决定了我大学毕业后,直至今天的命运。我先是分配在全国第一家"毛主席著作学习室""毛泽东思想研究室"工作。说是工作,哪里是工作?我的任务就是学毛著。59年过去了,毛选四卷中的有些警句我还能背得出来。1962年我被调到中共中央华东局政治研究室工作,牌子很大,能唬住人,可我个人很小。我在政研室一组工作,对外称一组,这牌子也不能算小。一组对内称学习组。学习组干什么?学习马恩列斯毛的著作,其中当然包括学习《关于正确处理人民内部矛盾的问题》。即使学别的,也跟处理好当下的人民内部矛盾有千丝万缕的联系。

80年代初,有人把我被转载、引人注目的文章称作"邓氏三论",其中有一"论"是受胡耀邦同志称赞的《中国的学派为什么这么少》。此文就是根据毛主席"一门科学可以有几个学派",以及他老人家后来在大量阅读中外自然科学名著时所发的感想、所写的眉批作指导,来畅所欲言的。

笔墨官司,有比无好*

在迎接建国 70 周年的日子里,54 年前学界的一场争论浮现于脑海。1965 年 5 月郭沫若写了篇《由王谢墓志的出土论到兰亭的真伪》,既发表在《光明日报》上,又刊登在《文物》上。他认为"《兰亭序》是依托的,既不是王羲之的原文,更不是王羲之笔迹"。南京大学的教师高二适看了郭文后,不赞成郭的判断,写了《〈兰亭序〉的真伪驳议》,结果刊登不出来。无奈之下,高二适把退稿寄给他的老师章士钊,希望得到章士钊的支持和帮助。于是章士钊写信,并将高二适的文章转呈毛泽东。毛泽东复信章士钊:"争论是应该有的,我当劝说郭老、康生、伯达诸同志赞成高二适一文公诸于世。"同一天,1965 年 7 月 18 日,毛泽东又致信郭沫若:"章行严先生一信,高二适先生一文均寄上,请研究酌处。我复章行严先生信亦先寄你一阅。笔墨官司,有比无好,未知尊意若何?"有了毛泽东的关怀,高二适的文章得以在《光明日报》(1965 年 7 月 23 日)上发表。顿时引起轰动,用郭沫若的话讲,叫"骚动"。

轰动也好,骚动也罢,一场笔墨官司总归打起来了。这就向我们提出几个问题。

为什么会有笔墨官司?

学者是做学问的。学问,学问,是少不了要"问"的。问,搬到报刊上问有很多就是常说的"笔墨官司"。打笔墨官司的原因不外乎以下几种。

(一)水平有高低。对任何一个学术问题的研究,都会有的人水平高,有的人水平低。认识水平高的会对水平低的提出批评。可是,在总体上水平高

---

* 原载《南京日报》2019 年 5 月 8 日。

的,并不等于在具体问题上精通。"智者千虑必有一失,愚者千虑必有一得。"一级教授完全可能在某些问题上不如二级教授,甚至不如讲师。通史专家了不起,能从三皇五帝说到当代,可是对某一代的了解肯定比不上那一代的断代史专家。水平有高低,看法有不同,就会有质疑、商榷,就应该拿到报刊上平等讨论,来个知识互补,思维共振。

(二)闻道有先后。两个水平一样的人在看法上也不会完全一致,甚至是同一个学派的学者,也有因为占有资料有早有晚,获得实验数据有先有后,内部也会出现差异。先占有的资料、先拿到的数据,新鲜、有力,可有时也难说,因为资料有真伪,数据有对错。"山外有山楼外楼",那才是人间天堂。山外无山是孤山,楼外无楼是茕茕孑立,形影相吊。下论断只凭一个资料叫"孤证"。中国考古界过去没有发掘过黑人、白人头骨,有人讲:近来在中国的土地上发现了几千年前的黑人、白人的头骨。对此,怎么解释?见仁见智,有人说黑人、白人是侵略者,有人说黑人、白人是奴隶,现在正在打着笔墨官司。作为读者我们且听下回分解。愿意参与讨论的赶快去报名。

(三)方法有区别。研究同一个问题可以有几种不同的方法。方法不同,由此得出的结论难免有差异。生物学的发展史上有观察描述的方法、比较的方法、实验的方法,此起彼伏,从而形成不同的体系。在进化观上有拉马克学说、达尔文学说,在遗传学上有摩尔根学派与米丘林学派之争。"横看成岭侧成峰",横派、侧派都有道理。朱熹那时没有航拍,如果有航拍说不定还有个"天派"出来讲话。他们没打笔墨官司,如果打的话,把上下左右加起来定会有助于形成全面而深刻的认识。

(四)经历有差异。学者高明就高明在获得的间接知识比较渊博,可是,学者无不受直接经验的左右。直接经验照理也是财富,不过,如果演变为经验主义也是很麻烦的。井绳有什么好怕的?"一日被蛇咬,十年怕井绳。"受过蛇咬的人往往会怕井绳,有人甚至不止怕十年,怕上二十年也是符合心理规律的。阅历也会影响、左右学术观点,尤其会干扰对社会问题的分析。这也需要通过讨论来拨乱反正,提高认识,防止"抓住鸡毛当令箭"。

(五)时代有局限。时代,尤其是所处的科学技术时代不一样,会挑起学术界之间的分歧。今天没有人否认地球是球形的,可是伟大的东汉学者张衡却有天圆地方的言论。这不是他自己无能,张衡在天文、数学、机械制造、地学、绘画等方面均有令人惊叹的成就。郭沫若曾评价说:"如此全面发展之人物,在世界史中亦属罕见。"我赞成郭老的这一说法。张衡那不当的"地方说"是受时代的局限。他没有环球考察的条件和可能,怎么能知道地球是球形的?现在网络讲"5G"。"5G"是第五代,是每秒运算千兆。大数据正在席卷全球。可是,我等曾为上海计算机每秒运算500万次欢呼过。傻吗? 不傻,半个世纪前那就是中国的高水平嘛! 人啊,都会受时代局限,即使是预言家,他的牙缝里也或多或少藏着时代的"母斑"。不同地区、不同国家由于所处的科学技术发展阶段不同,彼此也会有笔墨官司。

(六)学风有优劣。有些学者固执门户之见,或因骄傲,或因妒忌,听不得不同意见。听不得不同意见,闭门造车还算罢了,有的人有时还会在私下里、在课堂上、在小会上、在字里行间,打击别人,抬高自己。在这种情况下,也会逼得人把学术拿到报刊上展开学术讨论。用追求真理的笔墨官司为药方来治疗某些学者孤芳自赏的"学风病"。

怎样做到"笔墨官司,有比无好"?

第一,要充分认识"笔墨官司,有比无好"的正确性。实践是理论之源,讨论是理论之流。流,大河有一条又一条支流进去,方有洪波涌起、怒涛澎湃。流,有了流也才有波澜,有波澜也才有面积不小的壮阔的流域,发展生产。因此,多打笔墨官司、多讨论可以扩大"学术流域",普及文化,增强文明程度,这是符合唯物主义的实践论和反映论的。在笔墨官司中,有胜有败,也会有胜中有败、败中有胜。这也是符合辩证法的"肯定否定律"的。没有对旧的、错的否定,何来对新的肯定? 现在流行"颠覆"一词,不无道理。学术在笔墨官司的颠覆中推陈出新,除旧布新,提升到新高度。

第二,要对"有比无好"充满信心。一说"笔墨官司"有人就担心乱了套。儒道法墨各有千秋,笔墨官司打了几千年仍是纸上谈兵。笔墨不同于刀枪,不是刀枪。笔扫千军,是比喻也是事实。笔墨官司打得好会制止动刀动枪。当然,笔墨官司有时也会引发动乱,不过,要知道那往往是支一派、压一派的产物,是不平等竞争带来的后果,是不充分的讨论必然出现的恶果。充分讨论,笔饱墨酣,各抒己见,发挥"群体效应",三百六十行里的状元都出来发表高见,不打不成交,必然会出现动平衡,即稳而不乱。经济学的学说学派多如牛毛。我们今天用"供给侧"这个新词,妙不可言。"供给侧"是相对于"需求侧"而言的。凯因斯学派强调需求面,20世纪70年代兴起的供给学派强调供给面。

供给与需求是对立的统一。我国在"供给"后面加个"侧"字,是从当前中国经济出发,把两者大体统一了起来,何乱之有?

第三,打笔墨官司要讲规则。把学术争论比喻为打官司出处何在?我不清楚,只知道清人许叶芬在《红楼梦辨》里用过,鲁迅也在《华盖集续编》里用过。我认为这样比方是蛮好的。打官司要讲法规,打笔墨官司也要像打官司那样讲规则。一要讲平等,二要讲自由,三就是要讲规则。很多被认为言论自由的国家,规定在打笔墨官司时不可以用侮辱人的脏话,不可以讲黄色的东西。这"两不"应为普世规则。你可以一百个不赞成人家的观点,但是你不可以讲一句骂人的话。哪怕是用脏话的谐音、拼音也不可以。对千错万错的学者,也应当尊重他的人格。侮辱别人的人格不仅说明自己理屈词穷,而且也毁了自己的人格。很多动刀、动拳头的事情是由侮辱人格引起的。学人一般不会讲脏话,但作为规则,作为底线的规则还是提出来为好。

笔墨官司,有比无好。以绳墨之言展开讨论,无与伦比的好。一花独放不是春,万紫千红才是春。随着"双百"方针的深入贯彻,中国的大地四季如春。

同 饮 一 杯 水
—— 怀念毛委员增滇好友*

  毛增滇教授曾是全国政协常委,可是我们都喜欢称他"毛委员"。为什么称"毛委员"？不用解释,大家都知道这一称呼包含有更加尊重的价值。毛委员德才兼备,不仅在学术上有造诣,而且在人品上有很多值得学习的地方。他为人谦恭,不计较个人得失。劳动时轧断了手指,他不叫苦。在他晚年的住处前,一幢高楼忽然拔地而起,他的房间每天只有两个多小时的阳光进来,他不发牢骚,不伸手换房。

  我比不上毛委员,但与毛委员也有共同之处,软性的不说,硬性的至少有"三同"：同龄、姓氏同是4划,还有便是"同饮一杯水"。有一年夏天上海市政协主席带我们去甘肃。甘肃省省会兰州是中国的"夏宫",气候凉爽宜人。可我们只在夏宫过了一天,就按计划去甘南。路途遥远,到甘南时口干舌枯。好在一到甘南,甘南的藏族同胞已在我们每个人座位前放了一杯酥油茶。我乘双方领导致词时,把面前的酥油茶一饮而尽。不一会儿,毛委员把他面前的酥油茶向右一推,放到了我面前,低声说："我喝了一口,你若不嫌,替我喝。"他知道我很想喝,我何尝不知道他口渴,问他："你怎么不喝？"他说："不习惯。"既然他不习惯,那我也不客气了,便把他喝过的酥油茶端起来,咕嘟咕嘟喝个干净。

  毛增滇是上海交通大学教授,可他在某一方面的社会地位之高很少能有人与之相比。大家知道,台湾东吴大学有位校长蒋孝慈,是国民党中央委员。他为了来大陆,辞去中委。他的哥哥是国民党中央副主席,他的生父曾是台湾一把手,他的祖父曾是中华民国大总统。想想看,蒋孝慈在大陆会享有怎样高

---

* 写于2019年7月23日。

规格的礼遇！他见人就握手言欢，见年纪大的还会弯腰鞠躬。他见到毛增滇的时候呢？你想不到，他弯下腰来鞠躬的角度超过 90 度，并连称"长辈！长辈！"蒋孝慈姓蒋，毛增滇姓毛，毛只比蒋长 4 岁，谈何"长辈"？如果大家想到蒋介石的母亲姓"毛"，那就恍然大悟了。社会学把血缘关系分为"亲等"，蒋孝慈与毛增滇的血缘关系为第 5 等。按传统，五等之内为一家，蒋毛二人是一家亲。

蒋毛一家亲，"两岸一家亲"，"同饮一杯水"也是亲。"自去自来堂上燕，相亲相近水中鸥。"愿天下人多一分"亲"字！

追忆上海解放前后的统战工作[*]

几十年来,每逢纪念上海解放,都有文章讲述上海解放前后在统战工作方面一系列可歌可泣的故事。在纪念上海解放70周年,庆祝人民政协成立70周年的今天,我们完全有条件从那些可歌可泣的生动材料中,提炼出若干带有规律性和普遍适用性的理论。这既对于歌颂统一战线的成功、弘扬统一战线工作的光荣传统有很高的理论价值,对于推动改进和指导当今的统战工作、发展和繁荣统战事业也有现实意义。

一、上海解放前后统战工作的特点

1949年的上海既是国内最大商业城市,也是最大外贸中心。上海市区有五六百万人口。由于英、法、美、日在上海长期设有租界,上海还住着不少外国人。于是便存在一个如何解放上海的大问题。中央指示既要解放军打下上海,又不许解放军打碎上海。陈毅把解放上海比喻为"瓷器店里捉老鼠",既要抓住老鼠,又不能打破瓷器;既要用武力切断敌人逃跑的线路,又要保护好城市建筑和居民生命安全。这就增加了难度,可谓难乎其难,难上加难。高难度决定了当时上海的统战工作具有非同一般的特殊性。

(一)上海解放前后统战工作的客体具有广泛性和特殊性

当时统战工作对象主要在军界,这是现在所没有的。谁都知道,如果国民党驻上海的军队负隅顽抗,四处开枪,要"打下"上海,只有一条路:"打碎"上海。外白渡桥边上的邮电大厦曾经挨过解放军两炮。毫无疑问,开炮是违纪

---

[*] 原载《浦江纵横》2019年第7期。

的。不过,换位思考一下:驻扎在邮电大楼里的国民党官兵,利用居高临下的地理优势,开枪打死了许多解放军战士,包括曾获英雄称号的战士。看着战士一个个倒下去,在战友的鲜血溅在自己身上的情况下,排长忍无可忍,朝邮电大楼开了两炮。他们的想法是:是无产阶级战士的生命重要,还是资产阶级的大楼重要?从感情上说,这样想也不无道理。由此推论,如果国民党兵乱开炮,那么,打碎"瓷器"的可能性不会没有。但由于统战工作做得好,1948年便经刘云昭介绍加入地下民革的国民党上海警备司令刘昌义率部起义(过去讲是"投诚",现已纠正为"起义"),国民党中将张权主动向我军提供军事情报。这就为不"打碎"上海创造了条件。为了不"打碎"上海,中共上海局领导还把青帮作为统战工作的对象。青帮是唯利是图之徒,曾绑架、杀害过共产党人,也绑架、杀害过国民党人。但他们也为共产党做过好事,甚至在日本鬼子眼皮底下替共产党运送过药品。日本鬼子也拿他们没办法。黑社会的成员多在工厂、企业,如果在解放上海时,黑社会砸毁了机器设备,导致了停产,那么我们接管的上海便是"死上海"。做好黑社会的统战工作,有益于上海完整地回到人民手中,有助于人心安定,有助于继续生产。事实证明,中共上海局在这方面的工作是成功的。黄金荣留在上海,杜月笙去了香港。杜在走之前并没有布置破坏城市。后来黑社会有些破坏行为,黄金荣还在《解放日报》用半个版的篇幅发表文章,用自我批评的方式,警告他的下属转变观念,保护大上海。《解放日报》刊发黄金荣的文章时还刊登了黄金荣的照片,以示真实、郑重。

(二) 上海解放前后统战工作的主体具有整体性和普遍性

上海解放前后的统战工作理所当然地应当由统战系统来担当,与此同时,中共上海局的各个部门以及军队都有极强的统战意识和高超的统战艺术。统战工作的目标是化敌为友,化友为我,变中间势力为依靠对象,变一般朋友为挚友。统战工作的任务是调动一切可以调动的力量,调动那些难以调动的力量,变"不太可能"为"可能"。哪怕他只有5%的积极性可以调动,也要不遗余力地把那5%的积极性调动出来。孤立地看,做一个人的工作不过是5%,如果调动20个5%,集零为整,那就是实实在在的100%了。十个指头不一般长,如果一般长就不会有巧手了。统战工作要求既关注大拇指,又注意发挥小拇指的功能。解放前,中共华东局第一书记饶漱石提出"以特制特"的策略,是有益的、高明的、见实效的。有个能量颇大的国民党大特务,他本是早期共产党员,后来叛变革命投靠了蒋介石,在汪精卫得势时又投靠了汪精卫。汪精卫失败了,他又投靠蒋介石。为了上海的解放和安定,这种投机分子能用吗?能!在政法部门的耐心规劝和精心安排下,他说出了几百个上海、苏州、杭州的国民党特务潜伏据点,让党和国家免遭了难以想象的损失。这说明统战工作不能只靠统战系统一条线,要条条线线广泛参与,方能让上海解放前后的统战工作奏效。

(三)上海解放前后的统战工作具有极大的危险性和艰巨性

上海解放前夕,共有地下党员 9 400 多人(也有说是 8 665 人),其中工委系统 3 500 人,职委系统 1 900 人,学生系统 2 000 人,教卫系统 700 余人,郊区 580 人,警卫系统 500 余人,科技系统 70—80 人,文化系统 150 人。他们每人周围都有近 10 个联系对象,即外围人员。外围人员周围又有他们团结的对象。这些勇士在敌人枪口下,为了迎接上海的解放,殚精竭虑,呕心沥血。可是,狡猾的敌人也不是瞎子,敌人一旦发现有可疑的迹象,便会立即抓捕。《永不消逝的电波》中的李白,人人皆知他是如何被杀害的。不仅是李白,在上海解放前夕,因做统战工作而遭捕杀的有几百位"李白"式的英雄。仅仅是位于湖南路的立信会计学校,国民党反动派就抓捕了 200 余人。惨遭杀害的知名人士还有曾任蒋介石总统府宪兵队长的地下党员陈尔晋,因为他动员国民党士兵"不打一枪"而被枪决。名为中统特务、实为地下党员的钱相摩,于 1949 年 5 月 21 日被杀;任淞沪警备司令部军事组副组长的地下党员方守箴,于 5 月 10 日被杀。解放前夕不仅有因为做统战工作而被杀害的,还有不少统战工作对象被逮捕杀害。国民党中将张权经过党组织做工作,准备起义。他手下有三个师,两个师长经他做工作答应起义,还有一个师长是他的学生,与他私交最好,思想却最反动、最顽固。在张权动员他起义后,他指使亲信马上向毛森报告,毛森再报告汤恩伯、蒋介石。蒋介石害怕出现"起义"二字会动摇军心,下令将张权以"贩卖鸦片罪""扰乱市场罪"枪杀于大新公司门前。做张权工作、跟张权保持联系的是 1925 年入党的王亚文。他与张权约好,张权如果跟他的学生师长谈不拢,家人便在阳台上挂红布。王亚文急于知道他们师生二人商谈的结果,便按约定时间匆匆忙忙向溧阳路张权家奔去。本来离老远就可以看到张权家阳台上有没有挂红布,哪知他快到张权家附近时才抬头看见红布。再仔细一看,张权家四周已有便衣把守。好在王亚文的身份是国民党少将,更主要的是他大摇大摆,装作路过,免遭了这场大难。可见,解放前的上海统战工作人员是把头颅拎在手里做统战工作的,他们是用"砍头不要紧,只要主义真"的坚定信念来做统战工作的。

(四)上海解放前后的统战工作具有极为严格的组织性和纪律性

在叙述上海解放前后统战工作的诸多文章中,有一部分是"各弹各的调",有的只讲自己做了很多工作,还有的认为别人没有做什么工作。他们这样写也是可以理解的,因为那时的情况很复杂,不是别人没有在他的工作对象身上做工作,而是他不知道别人也在他的工作对象身上做了大量工作。因为形势严峻,只能是"单线联系",免得万一出个叛徒牵连一批人。革命者之间不完全相识,或者是相识而不相知。那时的统战工作纪律十分严明,必须严守秘密。陈巳生父子都是中共党员,可是在解放前他们父子俩并不知道彼此的政治身份。快解放的时候,中共上海局书记刘晓叫陈震中带一份文件给他父亲。陈震中十分纳闷:父亲不是党员,怎么叫我把这份党内文件带给父亲?上海解放后他们父子才"相知",才知道家里有五名党员。

上海解放前夕,地下党想画毛泽东和朱德的巨幅画像,以迎接解放军进城。可是既然是巨幅,就需要有宽大的房子。画巨幅需要时间,没有半个月不行。找到了符合前两条的家庭,还不行。画家每天早上班,晚下班,必然会引人注意,那就要吃住在人家家里。世上哪有那么好的人管陌生人吃住半个月?另外,家里有保姆的地方也不能去。画像无法对保姆保密,万一保姆走漏风声就会被国民党政府知道。这就要求思想进步的富人家的女主人亲自为画家烧饭,这就更难了。地下党想来想去,找到正在读高二的地下党员许福闿。他父亲曾为国民党少将,不满意蒋介石的那一套做法,有自己的理念,又住在新闸路泰兴路口一幢独立的洋房里。于是组织上让许福闿把画家领到家,但不许他问画家的真名实姓。两位画家入住后齐赞许福闿的母亲"许妈妈真好",遗憾的是许妈妈不知画家是什么人。直到5月27日那一天,许福闿用三辆三轮车把2米高、1.5米宽的两幅画像运到南京路,受到市民鼓掌欢呼时,许妈妈仍不知画家是何许人。很久以后他们相互间才知道,于是成了好朋友。

不该问的一定不问,不该说的一定不说。遵守纪律就是遵守党章,严守铁的纪律是取得胜利的保证。

二、上海解放前后统战工作的成功之道

"山高挡不住太阳,困难难不倒英雄。"在极其艰难困苦的形势下,上海的统战工作者依然为上海的稳定和发展做出了难能可贵的贡献,功勋卓著,名垂青史。统战前辈是如何建功的呢?

(一)成功之道是寓理于情

很多统战前辈们在解放前后是官又不是官。是官却不拿薪水,不仅不拿薪水,有的前辈还卖掉自己的家产做统战工作(如女烈士王曼霞曾卖掉楼房)。上海的统战前辈与百姓有着深厚的感情,他们更懂得只有与统战客体建立了感情才能做到用情中之理来"以理服人",才能一步步把人"拉进来"。上海有位大老板叫刘靖基,他在上海、常州等地经营五家大型企业,他对国民党统治不满,但对共产党又不太了解。上海解放后,他准备赴香港选址办厂。陈毅告诉他,民族资本家只要爱国,党和政府就欢迎,就加以保护。他多次邀请刘靖基到自己家中聚餐,两人从国内外形势聊到书画鉴赏,多次促膝倾谈。刘靖基终于将香港和海外的资金、机器调回上海。事后,刘靖基深有感触地说:"陈市长的言行既掌握政策,又亲切感人。我既怕他,但又服他。他的统战工作真了不起啊!"

上海还有位著名的化工企业家叫吴蕴初,他从美国归来,陈毅亲自接见他,并安排工厂工人开大会欢迎他。吴蕴初惭愧地提出当年曾任"国大代表"一事,陈毅爽朗地答道:"过去在四大家族统治下,你们民族工商业不能不多方应付嘛!你们组织工业生产很有学问和经验,人民政府殷切希望你们回来做出更大贡献。"在陈毅的感召下,不仅被称为"味精大王"的吴蕴初回到上海,在吴的带动下国民党招商局前局长、企业遍布半个中国的大资本家刘鸿生,也从香港回到了上海。人民政府的巨大吸引力、凝聚力来源于共产党人的热情。还有件事很多人可能不知道,那就是中共上海市委统战部为什么不像其他部、委、办那样设在市委大楼里。其实刚解放时是在一起的,只因市委大门口有人站岗,专家教授来了,要让他们等在门外恭候通报,需要等好长时间才能进去。对这一点专家们很不习惯。陈毅知道后决定把统战部办公室设在市委大楼之外,简化专家、资本家、国民党留下的军政人员进出统战部的手续,此举博得了他们的欢迎,增强了彼此的信任感、平等感。这就是70年来中共上海市委统

战部一直设在市委大楼外的缘由。

陈毅被称为"天才的统战执行者"是名副其实的。在上海解放前,毛泽东、朱德电告全军:"陈毅对两李及陈运泰等统战工作有丰富宝贵之经验。望大家加以详细研究,加以发扬,广泛运用。"毛、朱所说的"两李"是谁?"大李"是李明扬,"小李"是李长江。前者是李宗仁任命的苏北第四区指挥官,后者是副总指挥。不用说,他们是反共的。但李明扬是有名的大孝子,陈毅抓住这一点,在李明扬为母亲祝寿时,送去了贺礼(有文章讲是为李明扬庆贺60大寿,不实)。李明扬只能领陈毅的这份心意,视陈毅为朋友,变"反共"为"亲共""联共",在后来的战役中帮了陈毅大忙。从感情入手,寓理于情是上海解放前后统战工作成功之道的第一条。

(二)成功之道是礼贤下士

在解放初的统战工作对象中不少人有清高思想,瞧不起"土八路"。这就要求我们统战工作者不仅要有政治素质,还要有文化素养,但是文化素养再好也不是万能的。他是天文学家,你是学地质学出身的也很难跟他"谈天";他是地质学家,你是学天文出身的也很难跟他"说地"。数理化、天地生、农工医、文史哲、经法社、戏剧、电影、音乐、美术,谁能样样精通?"难调众人口"怎么办?这就要求统战工作者要像陈毅那样礼贤下士。

1949年6月5日,陈毅亲自召开了文化界、知识界人士座谈会。上海人才荟萃,情况复杂。陈毅兼任文化接管委员会主任,可见上海文化地位之重要。陈毅对夏衍说:"所有在上海的文化知识界代表人物都要请到。在文化界特别要搞好团结,解放区来的和坚持在白区的,党内的和党外的,部队的和地方的,凡是代表人物都要请来。我们党过去在团结问题上吃大亏,现在胜利了,更要注意搞好团结。"他又说:"对知识分子一定要'礼贤下士',我们尊重他们,他们才会尊重我们。"为此,他和潘汉年对邀请名单一增再增,最后出席的有160多人,他们中有科学、文化、教育、新闻、出版、文学、戏剧、电影、美术、音乐等各界代表。陈毅与著名专家和文化界精英们推心置腹,侃侃而谈,讲自己信仰马克思主义的过程,又讲文化艺术界团结的重要性,使到会者钦佩之至。通过这次座谈会,文化知识界的朋友们认识了陈毅,陈毅也认识了许多朋友,其中许多人一直同陈毅保持着很好的友谊。会后,陈毅又挤出时间,登门拜访知名人士。他拜访了化学家任鸿隽、生物学家秉志、新文化运动倡导者之一沈尹默等。早年留学美国的卫仲乐先生,是上海民乐界第一琵琶名手,人们都说他性格怪僻,不愿与他交往,陈毅却与他相处甚洽。商务印书馆董事长、戊戌变法参加者张元济病瘫在床,陈毅专程去张宅探望,使张老先生感动得老泪纵横。

70年后的今天来看解放初,当时陈毅请到的文化界人士个个都是上海的栋梁,是国家的宝贝,还有不少是世界名人。

(三)成功之道是政策攻心

在召集文化界人士座谈之前的6月2日,陈毅出席在中国银行大楼召开的工商界座谈会。胡厥文、荣毅仁、刘靖基等90多位工商界人士拿着陈毅署名的请柬出席。由于解放前国民党对共产党的造谣中伤,他们中不少人是怀着惴惴不安的心情来到会场的。陈毅穿着褪了色的军装步入会场,向大家招手致意。他说:"工商界朋友们,国民党已经被打败,帝国主义侵略中国的历史已告结束,建设我们国家的任务已经开始,中国共产党对私营企业的政策是'公私兼顾,劳资两利,发展生产,繁荣经济',人民政府希望工商界朋友们尽快把生产恢复起来。你们有困难,政府帮助你们解决。"陈毅大气谦和,把党的"16字政策"讲得清清楚楚,头头是道,让与会者听了入耳入脑,把党的工商政策铭记心间,同时又看到了光明前途,心头上的一块石头落下了。参加过这个座谈会的荣毅仁先生后来是上海市副市长、国家副主席。他在多年后回忆说:"上海解放后第七天,上海军管会请我和其他同行到中国银行四楼参加工商界人士座谈会。我第一次见到了共产党的'大官'陈毅市长。他中等身材,器宇轩昂,穿一套洗得有点发白的布军装,脚穿布鞋,同我在马路上见到的解放军战士没有什么两样。他向我们阐述了党的经济政策,鼓励我们尽早把生产恢复起来。还说有什么事可找人民政府商量,人民政府会帮助大家的。陈毅市长讲话风趣诙谐,刚柔相济,神态可亲可敬。"

这次座谈会后,荣毅仁设家宴邀请陈毅和副市长潘汉年,由统战部副部长周而复和市政协副秘书长梅达君作陪,他们畅谈国家形势、党的城市政策、上海经济面临的困难和工商业前途。政策是党的生命。"16字政策"是送给统战工作对象的定心丸,"16字政策"是推动工商界向前的进行曲。一个座谈会和一次家宴,沟通了党和政府同工商界的联系。

（四）成功之道是注意防"左"

胜利后有些人产生了居功自傲的情绪。他们看到统战系统把上海最后一任国民党代市长赵祖康安置在重要岗位，就说什么"早革命不如晚革命，晚革命不如不革命，不革命不如反革命"，还说"韦悫不过是个大学教授，还要给他当上海市副市长；沙千里不过是个知识分子，还要给他当军管会的副秘书长"。有人发牢骚："现在是'工农干部打天下，知识分子坐天下'。"有些人"左"得把从艰苦卓绝斗争中走过来的地下党员称作"留用党员"。陈毅知道后对大家讲："我们是共产党员嘛，要有太平洋那样宽广的胸怀和气量啊！不要长一副周瑜的细肚肠噢！依我看，要想把中国的事办好，还是那句老话，团结的朋友越多，就越有希望。"还有人见陈毅与资本家交朋友，认为陈毅"右"了。陈毅严肃地说："我们是在正确地执行党的政策，引号中的'左'，为什么不可以反呢？只敢反'右'，不敢反'左'，不是一个好的共产党员。"1950年10月10日，陈毅在中共上海市委整风报告中，又一次语重心长地对大家说："为了新中国的建设，要处理许多新问题，自己的知识经验均不够，如何向党外人士、向有经验的人学习，这是我们进行工作的首要条件。"

陈毅提出在上海成立文史馆和参事室，原来只安排30多人，陈毅大手一挥："太少了，人数后面加个零。"谁知要扩大的人员迟迟难以落实，各区委统战部门认为这个不合条件，那个有历史问题。陈毅又一次发火了："你们这些人，连蒋介石都不如。蒋介石还把段祺瑞一家养起来呢！怎么会没有人？上海三教九流、遗老遗少、国民党的军政人员多得是，每人每月给八九十或一百多元生活费，我们养得起。每月组织他们学习两次，接受你的教育，有什么不划算？我看这样做有个最大的好处——可以减少一些反革命！"在陈毅的大力推动下，文史馆和参事室很快就建成了。接着，又成立了上海市博物馆、图书馆、文物保管委员会，大批专家学者、文博人才有了用武之地。

寓理于情、礼贤下士、政策攻心、注意防"左"，让上海的统战工作建设真正体现了海纳百川，团结一心。

三、上海解放前后的统战精神告诉我们什么

（一）要吃透情况

不要听到三言两语就下结论，不要听到顶头上司说什么就听什么。当然听也可以，正确的坚决听，不仅要听，还要不折不扣地按上级指示执行。但有

时候也不一定听了就信,不一定听了就"取",至少是不一定全信,不一定"全取",可以据实争辩。这就是我们为之奋斗百年的民主。别忘了 40 年前那场真理标准大讨论,别忘了检验真理的标准是什么,别忘了真理常常掌握在群众手中。小岗村的分田到户是哪个领导发动的?取消人民公社是哪个领导布置的?中央领导一再教导我们:从实际出发。从实际出发就要细致全面地了解情况。全面是无边际的。占领上海,先要占领杨树浦发电厂;要想不"打碎"上海,首先是不能打碎发电厂。因此,陈毅在知道还没有拿下杨树浦发电厂时,浓眉渐渐锁紧了。可是,他眉头一皱,计上心来。他问:"把守发电厂的国民党军属于哪一部分?"聂凤智汇报了守敌的番号。陈毅一边重复着敌人的番号,一边用手指在桌面上轻捷地弹奏着,然后慢慢地说:"他们的副师长叫……许照。对!你们赶快查找蒋子英的下落。他一直住在上海,过去在国民党陆军大学担任过教授,许照是他很得意的学生。"果然,聂司令在找到蒋子英后,通过蒋子英的关系,顺利地说服了发电厂守敌放弃固守的阵地。可见,陈毅不仅了解守敌的上司,还了解守敌上司的老师,以及他们师生之间的关系,这才叫"全面"。要全面了解情况,就要多作调查。而调查不是浮光掠影,不是走马观花,不是坐着轿车"观花",不是换个办公室听汇报。调查应当运用多种社会学的调查法,只用一种方法有局限性,只看一种指标是单调的。科学的结论只能产生在科学调查之后。不管什么人要做好工作都必须聆听调查后发出的石破天惊的呼声。

(二)要立足于拉

在解放上海前后,统战系统从敌人那边拉过来好多人。1949 年 5 月 12 日,在国民党特务头子毛森下令在十六铺码头"沉江处决"民盟领导人张澜、罗隆基的严峻情况下,把张、罗二人营救出来的是上海地下党从国民党那里拉过来的国民党上海警备司令部第三大队副队长阎锦文。他不是地下党,是彻头彻尾的特务。可是,就连他也能被智勇双全的地下党拉来营救民主人士,结果就连睿智的张、罗二位也不敢相信这个特务是来营救他们的。拉,不是生拉硬扯;拉,有拉的艺术;拉,要有拉力。"拉"的对立面是"推"。前面提到陈毅在谈到增加文史馆员、参事室参事时说得好:"我看这样做有个最大的好处——可以减少一些反革命!""减少一些反革命"是完全符合统战工作宗旨的。前面提到战争年代统战工作的目的是要化敌为友。少一个反革命就是少一个敌人,少一分阻力；少一个反革命就是多一分力量。如果少了反革命，能把那份宝贵的人力物力用在发展生产力上该多好呐！有领导能力的，是能够把反革命转化为革命的，是能够把有可能成为反革命的转化成革命的。打压只能是在不得已时依法采用的。热衷于打压确实能收到立竿见影之效，但被打压的人会走到对立面，这是有千百万例子可以证明的。同任何工作一样，解放初期的统战工作也不是十全十美的。

有一位名记者、名作家曹聚仁，国民党逃往台湾前夕把去台的飞机票送到他手里，他没去。这时，上海几位与他有过小摩擦的文人，想到曹与蒋介石、蒋经国有过交往，便发表了题为《蒋介石走了，曹聚仁留下来干什么》的文章，显然是认为曹留下来有阴谋。舆论这般待他，他就没法再留在上海了，无奈只得离妻别子只身去了香港。到了香港以后，他发表的第一篇文章是《从光明中来》。这是对刚解放的大陆很高的评价。想不到又引起香港某些文人的质疑："大陆光明你何以离开大陆？"曹聚仁又离开了香港，到澳门定居。在澳门他写了许多充满爱国情怀的好文章，并赴台规劝蒋家父子实现祖国统一。几年后曹聚仁来北京，受到毛泽东、周恩来的盛情款待。他对毛主席说："我是自由主义者。"毛主席说："你还可以再自由一点。"接着，陈毅专门陪了他三天，让他采访一般记者难以采访到的战犯和右派分子。包括解放军即将炮轰金门的消息，也是让他先发表，两小时后国内才发表。这些大大提高了曹聚仁在海外的地位。

回想70年来，国内把朋友推给敌方的事不是没有，把革命者划为敌人，以至于把本是自己人的人变为货真价实的敌人，把对革命流过血，为建设流过汗的人划为敌人，这是很可悲的。1945年12月马叙伦在上海发起成立中国民主促进会，幕后推动者有华岗。1946年6月上海各界人士代表赴南京请愿，幕后推动者也有华岗。华岗在建国后任山东大学校长。50年代中期正当民进要把华岗的功劳写进历史时，华岗突然进了监牢。"文革"之后方才给他彻底平反。新中国建立70年来，很多文章都提到陈毅与邓小平1949年5月26日是住在圣约翰大学的。为什么选择住在圣约翰大学？还不是因为那里的地下党组织可靠嘛！当年圣约翰大学党组织的负责人如今去了哪里？还有，被毛主席用四个"很好"赞扬的进上海的《十项守则》是谁制定的？不用说，是由陈毅制定的。如果再钻研一下历史，再"打破砂锅问到底"：《十项守则》的初稿是谁起草的？这位起草人晚年去了哪里？这当然不能把责任全都归到统战系统头上，但也值得统战系统思考。属于统战系统联系的党外人士变成反革命的也不是没有，这些虽然主要是自身的内因决定，可我们也不妨从外因上反思一下。说起来也很简单，要把地下工作者及其外围人员划成敌人是很便当的。他们是"白皮红心"，把他们的"白皮"当内心，他就有罪。前面讲到做策反工作的王亚文，他是在黄埔军校与林彪睡上下铺的中共党员，在解放后不久就倒了霉，犯的是"包庇"反革命之"错"。别人说某人反动，他说某人不怎么反动。其实，别人说的和他所说的都对，都有根据。要知道，"脚踩两只船"的人总是有的。有些国民党官员觉察到身边的人是共产党，他不说出来，他会偷偷地与你"通共"，却又在公开场合装作"反通共"，企图悄悄地为自己留条后路。在解放战争节节胜利时，这种"明修栈道，暗度陈仓"的人与日俱增。像这样"明"与"暗"兼而有之的两面派是不是一定要把他往敌人那里推？值得研究。毛泽东在1971年说："'斗争哲学'不要再提了，那是国民党讲我们的。"

（三）亲如一家

中国实行中国共产党领导的多党合作和政治协商制度，是历史的选择，是人民的选择，是天然合理的。从中国共产党角度看，是有党内党外之分的，总不能把非党员说成是党员。新中国建立后的上海统战部张承宗部长称民主人士吴若安为"党外布尔什维克"，可见，党员与民主人士之间看似有别又无别。20世纪60年代中共中央曾通知以后不再称"党外"，一律改称"非党"。这两年又传出"体制内""体制外"的说法。不论称呼什么，党与统战工作对象之间肯定是"一家亲"。亲到什么程度？举三个解放前后的例子。法学家史良曾按宋庆龄的吩咐，运用她丰富的法律知识，在法庭上为一位共产党人进行无罪辩护。国民党理屈词穷，不得不将其释放，但国民党对史良从此恨之入骨。解放前夕国民党要在上海抓捕史良。史良躲藏在圆明园路一个地下室里。地下党只知道史良藏身地的大方向，具体方位并不完全清楚，于是派两批人去救她。为什么派两批？是怕第一批失败了，牺牲了，还有第二批再接上去营救。结果，第一批就把史良救出来了，可是没能跟第二批接上联系，第二批仍然冒着生命危险继续搜索。史良知道后十分感动，视共产党为亲人。新中国建立后史良曾担任司法部长。

1949年4月解放军渡江前国共展开谈判，张治中任国民党政府和平谈判代表团首席代表，双方议定了《国内和平协定》。协定遭国民党政府拒绝后，张治中接受周恩来的劝说,愿意留在北平,可是又有些担心。因为他家属在上海,一旦声明自己留在北平,张家必遭灭顶之灾。他是了解国民党的手段是多么毒辣的。正当张治中犹豫不决时,上海地下党又是冒着生命危险把他的家属救出来,送到了北平。张治中跟共产党的亲密关系如同与家人的亲情。不打不成交。习仲勋夫人在文章中言及,1962年8月习仲勋遭批判时,替习仲勋说好话的只有张治中和邓宝珊两位。民主人士有时能起到党员起不到的作用。

1949年9月,陈毅到北京参加全国政协会议,他把分配给他住的老北京饭店的好房间让给傅作义将军住,还代表上海市送给傅将军两辆漂亮的小汽车,待傅作义亲如兄弟。这在党内外引起很大反响,一时传为美谈,但也有人摇头。陈毅对那些摇头的人说:"几天前,傅作义在电台讲半小时,能促使长沙国民党军最后的三个保安师起义。我给你两辆车、十门炮,你能消灭两个师吗?"

吃透情况,分清敌我,分清轻重,对有可能、有必要拉过来的要千方百计,不怕千难万险地去拉。拉过来后亲如一家地相处,于国于民有百利而无一害。

(四)"鉴古"是为了"知今""知来"

70年来中国的各项事业都有了突飞猛进的发展,统战事业也在伴随着时代的脚步向前。在统战地位上升、统战资源丰富、统战策略明确的情况下,我们更应强调统战行为规范、统战管理有序、统战参与热情。保持执政前的礼贤下士;保持在过去敌强我弱年代里那种求贤若渴的品格。愿我们在中国共产党领导下,继续弘扬解放前后统战工作者的统战精神,把各路大军拧成一股绳,形成"勠力同心,以治天下"的巨大力量。

我所知道的上海社联六十年
——八十抒怀系列之四[*]

上海市社联筹备于1956年,成立于1958年。1958年政法、财经两校,外加中科院在沪的经济、历史所,以及复旦法律系四个单位合并为上海社会科学院。这样就有条件抽一部分教师组成市社联。我的好多老师和同学都被调去了市社联。我毕业后留在社科院学习室(原全名为"毛主席著作学习室",后改称"学习室""研究室"),我们的室主任由副院长庞季云担任,他同时也是社联领导成员之一,经常带我、派我去社联。社联迁过好多地方,每一处我都去过。1967年1月,即"一月革命"后我所在的中共中央华东局机关食堂被砸掉了,我便到高安路63号的社联食堂搭伙。尽管社联已分成两派,但两派都有我的老师和同学,他们同意接纳我。我天天目睹他们的揭发、批判和斗争。我并不系统地、完整地了解社联,却或多或少地从一个侧面观察过社联。

对社联60年的历史,我难以查阅资料,这里仅凭印象,觉得大体上可以分为五个大的阶段。当然,有些大的阶段还可以分出若干小的阶段。

艰苦创业阶段(1956—1960)

筹备开始时,中国的学术生态环境极好。继"百花齐放"之后,毛泽东又吸收了陆定一等人的"百家争鸣"一说,形成了党的"双百"方针。在"双百"方针指引下,作为未来社联先声的《学术月刊》上,有关"商榷""对商榷的商榷"的论著层出不穷,学界生动活泼。可是,1957年来了个"反右",有关方面把有可能担任社联主要领导的学部委员沈志远打成了"右派",还有些《学术月刊》的作

---

[*] 原载《世纪》2019年第4期。

者，在他们本单位被揪斗后，《学术月刊》也不得不跟着反戈一击、再击，一期又一期地花费版面连续批判自己刊物的骨干作者，以致社联成立的筹备工作只能延迟。1957年底"大跃进"，1958年来了个"思想大解放"，从全国范围讲是解放过头，成了浮夸。不过，上海的学者解放而不浮夸，于是社联在思想解放声中应运而生。随着浮夸而来的国家贫困，又给欣欣向荣的社联带来经费上的极端困难。我记得社联办的《学术月刊》的纸张很差，《国外哲学社会科学文摘》纸张更差，纸张上竟有沙粒，用手触摸沙粒会掉下，掉一颗沙粒就少一个字。我遇到需要保存的文章，无奈何只好在沙粒脱落的地方用钢笔写上掉的是什么字，有时一页会掉好几颗沙粒，就要补写好几个字。社联工作人员生活的困难程度就不用说了，社联里的老同学常同我讲吃不饱的故事。有一次，我在市委农场劳动后，农场给每人赠一大碗毛豆角，我拿回来跟老同学分享得有滋有味，比今天吃山珍海味还要开心。政治运动给社联带来艰苦，经济拮据给社联带来艰苦，因此我把社联的第一阶段称作"艰苦创业阶段"。尽管苦中有乐，尽管大多数社联人是以苦为乐、兢兢业业的，但艰苦是毋庸置疑的。

稳步前进阶段(1961—1966)

1961年中国经济开始复苏，尤其是中央"七千人大会"以后，人们敢批评上边了，学者也敢于争鸣了。记得我参加过社联对李平心"生产力论"的批判，人家批他一通，他会反驳好几句。当时有位讲师(后来任市委党校副校长)批他，他说："小同志！你马列没学好，马克思还有一句是对你发言不利的……"接着，他念出马克思的原话来。这种既允许批评又允许反批评的做法是正常的，是学术探索的需要。当然，站在今天看，那时的火药味能再淡一点会更好。从总体上看，60年代初的社联是推动上海学术繁荣的动力，是促进学术稳步向前的巨大推动力。社联当时与科协共用科学会堂的所有会议室，社联经常在科学会堂组织学术报告会，仅仅是我听过的就有不少。我听过周予同讲经学，听过周原冰讲道德学(周不同意称"伦理学")，听过北京的黎澍讲史学，听过厦大王亚南讲经济学，还听过阿根廷研究马哲的学者讲哲学，如此等等，对我这样一个幼稚的青年长知识、增见识大有益处。那时社联注重培养青年，为青年树立榜样。社联让我在社科院工作的学长，以"青年理论工作者代表"的名义参加各项重大活动，以资鼓励，受到欢迎。

惨遭毁灭阶段（1966—1976）

"文革"初，社联勉强还能运转。1966年夏初，中共上海市委点名批判了文化界的8名"反动文人"，其中有3名是社联成员，他们是周谷城、周予同、李平心。这一下砸了锅，同时也引发社联后院起火，机关内部起来造反。社联秘书长曹漫之首当其冲，《学术月刊》主编王亚夫、《文摘》主编周煦良等每天都要被造反派斗几场。曹漫之是我老师，几次见了我都装不认识。有次他在拔草，旁边没人，我喊了声"曹老师"。他一句客套话也没说，就直截了当地讲了句："告诉你师母，我很好。"我还想说几句，他说："你快走，有人来……"其实，社联机关离曹老的家不过几十米。造反派不许他回家，也不许家人来看他。形势严峻到如此地步！我连忙到他家门口的邮局里站了站，看见后边没有"尾巴"，再上三楼他家敲门，把曹老师的话向师母转述了一下，又宽慰了她几句。1968年冬，"柳河五七干校"的经验发表，各机关、各部门、各团体统统走"五七道路"。市直"五七干校"设在奉贤县奉城镇南，而我们华东局的"五七干校"设在奉贤东南部、与南汇交界处。有次我背纤，用船到市直"五七干校"附近运毛竹为干校盖房子，看见七八位我所崇敬的老师正在铺路，拖着一米多高的压路机把石子压平，心里很不是滋味。社会上以做过"抗大学生""红大学生"为荣，在拉压路机的老师中有一位李培南，他是社联第一副主席兼党组书记，他不仅当过延安抗大的老师，还当过红大的老师，怎么还不解放他呢？据我了解，中共八届十二中全会提出"给出路"，不少自然科学家在被打倒了一阵以后，已经或多或少地恢复了工作，为什么从事社会科学的大师还在拉压路机，不能接触书本？我们小人物不足道也，那些在学术上做出过贡献的老师怎么还不给他们出路？不久，我又听说我那当过红大老师的李培南老师在"五七干校"因为在对"资产阶级法权"的解释上与当时流行的套话不一样，上了内部简报，挨了批斗。这让我几乎彻夜不眠，辗转反侧，回想李老1960年在陕西北路186号同我们讲的一个故事：在张国焘图谋不轨时，李老师在红四方面军讲课，张国焘派人监听，打小报告。如今与那时何其相似！严酷的现实促使我开始思考一个问题：是不是"自然科学保险，社会科学危险"呢？没有出息的我忽然萌生离开我所热爱的社会科学去改行的念头。在这次见到社联老领导一年以后，适逢毛主席提出研究"四大起源"，我进了上海市写作组的自然科学组，研究起天体、地球、人类起源来。

以正压邪阶段(1976—1978)

具体地说,这是指在夏征农主持社联工作期间积极为"文革"中受迫害的学者平反呐喊。我参加过夏征农召集的、在陕西北路186号为科技史专家胡道静平反的座谈会。胡道静激动地拿出了对他的逮捕证向与会者展示,他说他是在已被逮捕一年多以后才接到逮捕证的。随后,他主动提出要唱首歌来表示对党、对大家的感谢。胡道静是从不唱歌的人,也可以说是不会唱歌的人。他唱了首"英明领袖华主席……"他的歌声并不嘹亮,也不圆韵,甚至跑音跑调,但是我们很多人听了热泪盈眶。这让我思考一个问题:构成音乐效果的首要因素是歌唱者发自内心的真诚流露,而不是言不由衷、装腔作势的表演。应当承认,在以正压邪阶段也有压过头的地方。1979年上海市委领导变动,新领导认为前任在清查中存在"三不足",布置各个系统补课,要"足"。这样,就把负责上海理论界清查工作的哲学家姜丕之拿来做典型、当靶子,在淮海中路622号开了好多次对他的批斗会。一直负责写作组和《文汇报》清查的中央工作组成员,怕受"三不足"牵连,来了个走极端,拍台子,讲过头话,搞过火斗争。我当时还是受工作组信任的人,但是我实在看不惯他这般作为,管他信任不信任,"去留肝胆两昆仑"。在陕西北路社联,由王树人主持学习、讨论工作组报告的小组会上,轮到我发言。我严肃地戏言,用表面赞扬实为挖苦的语言说:"××同志台子一拍,群众发动起来了;××同志台子一拍,斗争的气氛上来了;××同志台子一拍,连那些在姜丕之受中央工作组信任时,拼命拍姜丕之马屁的人也抢话筒发言了……"我与王树人在"文革"中后期交往很深,我知道他不会向上汇报我挖苦领导,同时我也不怕有人告状,如果告了,我已准备好了辩护词。果然,好人王树人在总结时为保护我,说:"小邓肯定了'发动群众'……"不久,王树人调中宣部任研究室副主任,不久又任宣传局局长。那位工作组成员回他原单位当中层干部,被列为部门支部书记候选人,结果落选。姜丕之因不计前嫌,埋头苦干出版了五六本哲学书,遂在市委宣传部系统被评为先进。在他逝世时家属提出复查他在"补课"时挨斗的结论。查来查去,对他的批判未进入档案,原来是一场"虚惊""虚无"。是斗争也是游戏,对老人的斗争如儿戏,可悲也可笑。

走向辉煌阶段(1978年至今)

自十一届三中全会以后,社联的工作在一步一个脚印地走向辉煌,水涨船高。学术界活跃,社联工作具有吸引力、凝聚力、推动力。社联工作越出色,学术界越出成果。不过,实事求是讲,也可以认为1978年以后是在曲折中前进的。十一届三中全会以后学术界思想兴奋异常,敢写敢说。在真理标准讨论中上海慢了半拍,但是社联并不慢。从开大会这一点看,社联同上海整体形势一样,慢了半拍;从开小会支持真理标准讨论的角度看,社联还是领先的,是上海理论界的排头兵。社联连续开了几次讨论会,其中有一次让我介绍在北京听于光远、李昌、吴江报告的内容。这次我的传达比向科委领导汇报时敞开很多。可是,好景不长。1983年3月因为对周扬在纪念马克思逝世100周年会议上的讲话,有人有不同意见,引发了一场"清污",导致学术界鸦雀无声,准确地说是导致鸦雀"少"声。周扬逝世后,由于胡耀邦对周扬文章及对文章参与者的处理有所保留,有目共睹,学界顿时宽松了许多。后来,全国搞起了"反资产阶级自由化"。在社联的一次会上,老领导王元化对反自由化的扩大化有想法,引用《共产党宣言》里的一句话:"每个人的自由发展是一切人自由发展的条件。"然后我接着说:"我们上海是'无产阶级自由化'。"大家边笑边点头。想不到参加社联会议的市委宣传部干部把我们几个人的言论报了上去。接着市委宣传部领导口头对我说,中央领导批示:请再开个会听一听王元化、邓伟志等的具体意见。意想不到的是,这时市委宣传部机关内在对自由化问题上出现了分歧,那样,就不便于开会了。市委宣传部支持我等观点的人,只好个别访问我们,然后上报。大概是1987年初吧,中央连续发了一、二、三、四号文件,在"反自由化"问题的提法上,前后的分寸不一样。大家心花怒放般地拥护不要反过头的文件;上海理论界中支持"反自由化"的人则喜欢引用对自己观点有利的文件,双方较量了一阵。21世纪初提出的"科学发展观",颇受社科界欢迎。因为"科学发展"必然会"发展科学"。这之后的40年来上海社联走向辉煌,日益辉煌。六十一甲子。上海市社联诞生于戊戌,成熟于戊戌。60年来,社联上接天线,上海理论界的声音响彻云霄;社联下接地气,上海理论界的声浪推动着黄浦江的巨浪滚滚。如今国家处于繁荣昌盛的新时代,新时代需要新理论,新时代也能够在丰富的实践中提炼出新理论,上海的理论工作者正在雨后春笋般地发表新理论。上海市社联已成为上海理论界的百花园,成为各省市同行中的排头兵。

上海市社联敢为天下先,抓住真理,所向披靡,勇往直前,永不停息!让思想之光引领前行之路。

宋庆龄在新中国社会建设中的特殊贡献[*]

我不是宋庆龄社会建设思想的研究者,我是宋庆龄社会建设思想的受益者。宋庆龄不仅有深邃的社会建设思想,更有着社会建设思想的积极行动和实践,这是宋庆龄不同寻常之处。我妻子是在宋庆龄出资建的国际妇幼保健院生产的;我女儿的少年时代是在宋庆龄建的少年宫度过的。我女儿在10岁前后已见过十来位国家元首,得益于少年宫和她所在的小学。

作为宋庆龄社会建设思想的受益者,免不了要对宋庆龄社会建设思想作些思考。下面我讲几点不成熟的思考。

(一)宋庆龄主张创建和平社会。她提倡国家和平、世界和平。她的和平思想继承了中华文化的"和为贵"和"和合文化"。她的这一思想与后来中共中央提出的"和谐社会"是相衔接的。她在中国和世界和平组织中担任重要工作,她是和平的使者。她发起了和平签名运动,我至今还会唱在和平签名运动时的歌曲:"王大妈爱和平,爱呀么爱和平呀……快快来签名呀……"我们常讲"民以食为天",这是对的。其实还应当加一句:"民以安为地。"安全第一,和平第一。《庄子·天下》讲:"千举万变,其道一也。"这"一"就是和平。宋庆龄抓住了第一不放松。

(二)宋庆龄关注民生。1924年8月,孙中山在演讲中说:"民生主义就是社会主义,又名共产主义,即是大同主义。"宋庆龄多次重申:"孙中山的民生主义就是社会主义。"她认为新中国的成立就是对孙中山主张的实现,是"登上高峰",是"美丽的果实"。她用自己的慈善行为来改善民生。她是一位享受"一

---

[*] 写于2019年9月18日。

级工资"待遇的人。在我月薪60元时,在毛泽东月薪400多元时,她的工资是576元5角,但是她还不够用。是她生活奢华吗？不是。她在家里常穿旧改新的衣服。那是怎么回事呢？她把钱用来救济人了,她热心于带穷孩子。我的朋友隋雅芳的两个孩子常在她家吃住,宋庆龄还为她俩买衣服、付学费。宋庆龄的服务人员老周,也是我邻居,他家人口多,有困难,宋庆龄月月给他补贴。宋庆龄是最关注民生、践行救济的慈善家。

（三）宋庆龄大力宣传孙中山的"共进大同"思想。她说的"共进"类似今天我们常讲的"共建、共赢、共享";她说的"大同"就是今天我们常讲的"缩小贫富差距"。贫富差距大,一定是社会冲突多;反之,贫富差距小,公平、公正、公开,做到"大同",社会冲突定会减少,即使有冲突,其烈度也小。"大同"是大体相同之意,并非平均主义。宋庆龄平等待人,温暖待人。她手下有个人办事拖拉,她不像有的官员那样,动辄板起脸来训斥。她只是在吃饭时,给那位办事拖拉的人叨上一块鸡腿时,风趣地说:"请你吃鸡腿,吃了鸡腿就会跑得快了。"那人听了心知肚明,很快改掉了拖拖拉拉的毛病,办事抓紧了。她的保姆、管家李燕娥是个普通的人。宋庆龄对她十分信任,她身上时时刻刻带着宋家的一串钥匙。她人胖走路很慢,过去,我们一听钥匙响,就知道"李同志来了"。她终身未嫁,她不喜欢别人叫她"李阿姨"。她去世后宋庆龄把她葬在宋家墓边。与保姆葬一起,这是何等崇高的平等思想呀！

（四）宋庆龄第一个为"开放"和"走出去"发声。在人家把我们反锁在国门之外时,在世界不了解中国、对中国有误解和抹黑的情况下,1952年宋庆龄创办了《中国建设》杂志。创刊时为英文双月刊,1955年起改为月刊。从1960年至1980年,《中国建设》先后有西班牙文版、法文版、阿拉伯文版、俄文版和葡萄牙文版创刊;1980年10月中文版创刊。外文版的读者对象包括学生、教师、科技人员、医务人员、新闻工作者、商人、职员、工人、家庭妇女等;中文版的读者对象主要是华侨、华裔、台湾及港澳同胞。《中国建设》以文字为主,图文并茂,每期有16页到24页彩色图片。内容涉及经济建设、科学技术、社会生活、文化艺术、体育卫生、少数民族、旅游风光、文物考古以及中国的基本情况。开辟的主要栏目有:致读者、读者信箱、邮票、食谱、儿童、历史故事、中国物产、漫画、新闻摘要等。中文版还另辟海峡两边、侨乡音讯、锦绣河山、寻亲访友等栏目。《中国建设》杂志在世界上发出了中国声音,让世界了解中国,并愿意尽早与中国建交。

（五）宋庆龄关注文化建设。文化建设是社会建设的灵魂。宋庆龄很重视文化建设，她亲手创办了中国福利会、《儿童时代》杂志和儿童艺术剧院。她说："儿童是我们的未来，是我们的希望，我们要把最宝贵的东西给予儿童。对儿童要恪守我们的天职是我们的根深蒂固的传统之一。"《儿童时代》创办于1950年，为全国第一本儿童杂志。我也曾为《儿童时代》写过文章，并以此为荣。宋庆龄曾亲自带领儿童剧团到北京演出，国家领导人都去观看，并且大加称赞。儿童剧团创作的《马兰花》和《小足球队》早已传遍天下，教育了一代又一代人，感染了一国又一国的儿童。

（六）宋庆龄以实际行动改善人与自然的关系。我曾经一度与宋庆龄是邻居。我的工作单位，也是我的住处，在淮海中路1813号，与宋庆龄的家只隔一位将军的住处。宋家的鸽子和树上的鸟儿常常飞到我们院子里。我们都知道宋庆龄爱护动物。我的青年时代是听宋庆龄家树上雀儿的叫声而起床的，每天"闻'雀'起舞"，深感是一种享受。所以，我后来出了本书《人比雀儿累》，这种累中有乐始于与宋家为邻的快乐。

宋庆龄是中国社会建设的先驱之一。我们作为后人应当努力继承她的事业，按照中共中央指引的方向，把中国社会建设得更加和谐，更加文明、健康、自由！

求 学 十 部 曲[*]

尊敬的老师们！亲爱的同学们！

今天我在这里一坐，一股羡慕你们的激情涌上心头。我不是羡慕你们的年轻漂亮。你们的年轻漂亮固然值得羡慕，但我更羡慕的是你们的专业。你们选择海洋，说明你们的目光远大、理想远大，值得点赞、羡慕、欢呼。

为什么？理由有五点：① 因为海洋占地球面积的 70.8%。你们的研究对象之大除了太空专业以外没人能比。称"地球"其实是欠妥的，地球应改称"海球"。② 海洋中含有 13.5 亿多立方千米的水，约占地球上总水量的 97%。随着海水淡化技术的普及，你们学成之后，就是世界上最大的地球自来水厂的超级工程师。③ 火星上曾经有海洋，木星、天王星的冰层下面也可能有海洋。如果你们的专业壮大了，水声技术、遥感技术运用了量子学，你们学成之后就会成为征服宇宙、开辟新天地的先锋队。④ 海洋的能量胜过地表。地表只能种植在表面一层，至多掘地三尺。而海洋深有几千米，最深的地沟有上万米。不同的深度生长不同的生物，可以分成很多层次，为人所用。上海过去有位学者叫肖林。他在 20 世纪 50 年代是上海市商业局局长，1960 年调任水产局局长。他为他的调动感到高兴。他给我们讲话时说："我层层都能生产。""海量"的说法十分恰当，海洋的能量是海量。现在海洋经济的增速远远大于 GDP 增幅。你们学成之后，你们就是让人富起来的超级大师。现在很多大学者、大人物在为"地球超载"而发愁，如果你们的专业壮大了，"地球超载"的困惑会迎刃而解。你们是为人类解困的慈善家。海洋大学在为人类铺垫美好的未来。⑤ 海洋能供给人类的蛋白质为陆地的几十倍。海洋是人类的蛋白质供应基

---

* 2019 年 9 月 24 日在上海海洋大学的演讲稿，2020 年 3 月至 7 月连载于《新民晚报》，略有改动。

地。因此，可以认为你们的专业是人类的保健专业。海生生物是最佳也是最多的制药原料。因此，你们学成之后，你们就是人类的药剂师。你们会给人类提供长生不老药。说"不老"是艺术夸张，但是，你们会大大延长人的寿命。你们自己，海洋专业的莘莘学子也一定会成为寿比南山的老寿星。

我说这些，是在"关公面前舞大刀"，你们的海洋知识比我丰富得多。你们选择海洋学科说明你们是海洋的行家，熟悉海洋，热爱海洋。我也热爱海洋。1968年底我进的"五七干校"，就在东海的内堤与外堤之间，大海的涛声时时在耳边回响。我从蓬莱仙岛乘登陆艇去过八仙过海歇脚的山东长岛；我去过葡萄牙的欧亚大陆尽头，大西洋起点，去过直布罗陀海峡；去过南美的好望角。通常讲好望角是非洲最南端，实际上，好望角并不是非洲最南端。距离好望角东南约150公里、隔佛尔斯湾而望的厄加勒斯角才是实至名归的非洲最南端。我不顾劳累，去了非洲真正的西南端。站在真正的天涯海角上，心旷神怡，神清气爽，在那里把宠辱都忘了，却想着我们上海的海洋大学。

海洋大学不仅学科水平高，地理位置也好，位于长三角龙头，是长三角龙头上的龙眼。长三角是百川归海之处，将是人类命运共同体的第一角。同学们，你们的父母放你们进海洋大学是高明的，是放龙归海。海洋大学把你们吸收进来是蛟龙下海！"舟行天下，真龙在海大"。

同学们，看着你们胸前闪烁着光芒的校徽，我认为它不仅代表你们海大人的身份，更是海大人精神和使命的承载，别在胸前，提醒着你们不仅要身为海大人而自豪，更要为海大增光添彩，做一只迎风飞舞、受人喜爱的海鸥。

下面对如何求学提几点想法供大家参考。

（一）上下求索

做学问要上下求索。屈原讲："路漫漫其修道远，吾将上下而求索。"上，是读已出版的书籍、经典，这是站在前人肩上攀登科学高峰；下，是下到源头，即深入实际。实践是检验真理的唯一标准。朱熹说："问渠那得清如许，为有源头活水来。"活水是生动活泼的现实生活。"读万卷书，行万里路。"不仅要读"有字之书"，还要读"无字之书"，既要有"书卷气"，又要有"泥土气"，两者不可偏废任何一方面。你们知道中国近代教育家陶行知吗？他还有个名字叫"陶知行"。学以致用，知行合一。学生应在德智体美劳五个方面全面发展。不过，今天因时间关系，在这一个多小时里，我着重讲读书的重要性。

先听听前人的教导。北宋大文学家欧阳修说:"立身以立学为先,立学以读书为本。"这就是说要学习好,要以读书为本,本末不能倒置。孙中山说:"我一天不读书,便不能生活。"画家李苦禅说:"鸟欲高飞先振翅,人求上进先读书。"

再讲一个真实的故事来说明书的重要性。罗马尼亚的锡比乌市是800年前由日耳曼人建的城堡。因为每年都会在广场上举办国际性的爵士音乐节,被人称为"爵士之都"。这个广场又称"席勒广场"。席勒是德国18世纪的诗人,锡比乌怎么会以他的名字命名呢?是席勒来过这里吗?不是。是席勒有发了大财的后人在这里吗?也不是。那是为什么呢?是因为锡比乌有位与席勒既无血缘关系也无地缘关系的杀猪宰羊的屠夫,十分崇敬席勒的作品。为了报答席勒作品对他的感染、启发和教育,屠夫主动用他自己的血汗钱在广场上为席勒塑像,盖了座以席勒名字命名的公寓,还办了家席勒外文书店。

——可见书的威力之大。

(二) 博览群书

什么叫博览?一是数量要多,二是正面的、反面的,不同学派、不同流派的书都要读。地学有五大学派。人学的学派更多,仅仅是人类起源就有很多说法。天文学家,对以其名字命名的行星,也有未知之处。谁都知道,冥王星天经地义地是太阳系九大行星的老九,可是近来有人提出冥王星不属于太阳系。不管这种说法正确与否,作为太阳系一员的我们,也应当有所了解。按照量子纠缠对立守恒定律,有正粒子就有反粒子,有强力就有弱力,有玻色子就有费米子,有核聚变就有核裂变,有叠加态就有确定态,有波动性就有粒子性,有高能粒子就有低能粒子,有强子就有轻子……我们不能只知其一,不知其二。过去有人讲"尽信书不如无书"就是从批评"只知其一,不知其二"的角度讲的。抓住鸡毛当令箭是很可怕的,射不出去是要误大事的。学无止境。

为什么要博览?先从消极方面讲,不博不行啊!不博,会开国际玩笑,会遭世人唾弃。一位商人出身的总统,读书甚少,他堂而皇之地讲"比利时是一座美丽的城市",遭人耻笑。别人笑时他还不懂得别人笑什么,还以为是对他的点赞。他问别人:"阿尔巴尼亚在哪里?"这次因为有他们的外宾在场,没有人笑话他,只是笑在心里。他还公然说:"火星是地球的一部分。"他把无知的玩笑开到天上去了,逼得他们国家的媒体不得不出来纠正。落后就要挨打,无知会遭人瞧不起。这位总统患有愚蠢病。他这愚蠢病能不能治疗呢？两千年前对提出二十四个节气有贡献的刘向早就为愚蠢病开出药方。刘向说："书犹药也，善读之可以医愚。"

从积极方面讲，要为国家建设出力，总得拿出些高见来。不高于人家的见解算不上"高见"；不知道人家有什么高见，更谈不上自己能有高见。因此必须以牛角挂书、囊萤映雪的精神，博览群书，学到高人的高见，再把理论与实践相结合，更上一层楼，提出自己的高见，献给人民。

（三）大胆质疑

博生疑，随着博览群书而来的一定是生疑。只知其一、不知其二是不会生疑的。歌德说："经验丰富的人用两只眼睛看书时，往往是一只眼睛看到纸面上的话，另一只眼睛看到纸的背面。"看到背面难免提出疑问。马克思说："凡人类建树的一切我都要怀疑。"生疑之后存疑，存疑之后质疑，反复质疑之后才能产生解疑的方法和力量。做学问要敢于挑战常识、挑战权威、挑战"不可能"，敢入无人之境、敢闯未知领域、敢破"未解之谜"，做学问要善于对新问题、新发现进行研究，提出新解释、构建新理论。疑的结果可以是肯定，也可以是否定。疑后的肯定是进步，疑后的否定也是进步，很可能是更大的进步。"疑"是开花，"新"是质疑之花结出的硕果。研究海洋的人，要爱海洋，也要敢于对海洋的恶浪说"不"。希望大家以昂扬向上、励精图治的锐气，咬住青山不放松，一步一个脚印、一步一个台阶，日积月累、久久为功，就一定能实现自己的理想。

（四）多方求教

学问是问出来的，有疑必去问。要以甘拜下风的求教姿态去问，充满诚意地向一切有识之士去问。别忘了，哈军工创办之初，靠的是一名死刑犯在哈军工编写有关导弹的教材。敏而好学，既要"不耻下问"，更要努力"上问"，在学校，大量的是要问自己的老师。"传道、授业、解感"是教师的本职工作。学生首先要求教于老师。老师对学生有恩山义海，因此要强调尊师。吕不韦认为炎帝、黄帝以后的"十圣六贤"个个尊师，他把尊不尊师与国之强弱、族之兴亡、社会之治乱联系起来。他主张："事师之犹事父。"这就是"师父"的出典。他郑重指出，背叛老师的人，贤明的君主不会重用他，君子们不会同他交朋友。

当然，教师不是万能的。任何人的认识都有一个过程。"真理是过程"这一命题本身就是真理。晚年的学说不同于青年时代所述的大学者比比皆是。晚年的学说不同于青年时代的学说，多数是进步，也有少数可能是倒退。"弟子不必不如师"也是正常的，但是学生对老师的讲解有不同看法要当面提出，当面质疑。在课堂上公开讨论，切磋琢磨，大家受益。光明正大，光明磊落，襟怀坦白，开诚布公，是学风、校风，也是国家应有之优良作风。我曾给在课堂上不赞成我观点的学生打高分。这位学生的观点我始终不赞成，但我认为他从另一逻辑起点步步推理的方法是不错的。

我强调尊师，是有现实针对性的。学生千万不要背着老师打小报告，不要在背后"捅刀子"。我告诉大家：我这个普通教师，写过不少错误文章，在出全集时我尊重历史，不掩饰，不隐晦，敢于把错误文章收进去，让读者知道我没什么了不起。但我一直认为错误是正确的先导。对老师不要迷信，但要相信，要尊重。当前的主要问题是尊师不够。错不错，要公开讨论，切磋琢磨，千万不要打小报告。打小报告是"文革"遗风。小报告是一面之词，公开讨论是多面之词，两者是有区别的。

（五）逻辑思维

在多读、多问之后，包括在多读、多问的过程中，都会引发思考。读书而不思考，等于吃饭而不消化。孔子说"学而不思则罔"，意思是不思考就会陷入迷茫，一盆糨糊。知识分子不是"知'道'分子"。知道是第一步，经过思考，对所知道的进行过滤，去伪存真，去粗取精，加工制作，重新组合，才能变成自己的认识，才堪称知识分子。思考是人的大脑的功能，思考是让人脑中的一百万万细胞动起来。现在国与国之间争来争去的芯片就是摹仿大脑的产物。芯片再怎么高级，也比不上人脑聪明，至多比人脑快一点。

思考不会使人迷茫这只不过是最低要求，思考的最佳效果是聪明、睿智。哲学家笛卡儿在他的《方法论》中写道："意志、悟性、想象力以及感觉上的一切作用，全由思维而来。"殚精竭虑，举一反三，甚至于可以做到闻一知十。前面讲到博览，博览是为举一反三作积累，出新招。杨振宁的妹夫是学物理的，他把物理学原理移植到神经生理学上，在神经生理学上颇有建树。

思考不是胡思乱想，要讲究逻辑思维，把概念、判断、推理搞清楚，再从若干命题中直接得出一个新命题。这种命题形式和推理形式相结合的"思维形式",才容易做到"螺旋式上升",形成高超的新见解。

(六) 顺理成章

思路初步理清楚以后,如果不写,会自以为差不多了;如果写,会发现有不尽之处,仍有漏洞,会发现逻辑有点混乱。书到用时方恨少;一写方知读书少。但是觉得读书少也要开始写初稿。画家讲究"搜尽奇峰打草稿",实际上,没有一位画家是"搜尽奇峰"的,只不过是描绘奇峰多的画家比描绘奇峰少的画得更好而已。边写还要边搜集资料,写出初稿后,继续搜集资料,继续读书,继续思考,莫指望一蹴而就。

文字出门须检点。文章是给读者看的。在写的时候,要想到自己所写的读者会不会喜欢看。如果所写的是无病呻吟,脱离实际,或者是在将初稿征求意见时有人认为是"客里空",那就会促使作者自觉地深入到实际生活中去。大家看看,如今报刊上有的文章套话连篇,读了味如嚼蜡,这都是没到源头上去,没有"活水"的缘故。到源头上去,写出的文章才有可读性、亲切感。有的放矢,即使打不到十环,也能打个三五环,能解决实际问题。

如果把目标定得更高一些,看一看自己的初稿是不是挑战了最前沿的科学问题,是不是树立了最高严的研究标准,是不是直面了国家战略性需求,有没有挑战权威,有没有以创造性的方式对新问题、新发现提出新解释、构建新理论,那就会大大增强继续修改文章的决心。

文章是改出来的,笔杆子是练出来的。多练笔定会成为大"秀才"。

(七) 勇于创新

求新是中国人的优良传统。两千五百多年来我们中华民族一直讲"苟日新,日日新,又日新"。如今我们在提倡创新驱动,这是正确的,不过只是一个方面;另一方面,还要驱动创新,这是当务之急。现在"学奴"在增加,不是好兆头。要知道拾人牙慧、吃人家嚼过的馍是没有味道的。爬行主义是爬不出创造、创业和原始创新的。爱因斯坦说:"若无某种大胆放肆的猜想,一般是不可能有知识的进展的。"在处理人与人、国与国的关系上要坚持求同存异;在学术之道上要坚持求异存同。要敢于挑战常识、挑战权威、挑战"不可能",敢入无人之境、敢闯未知领域、敢破"未解之谜",不云人云亦云,不谈老生常谈。"出类拔萃",只有跳出老掉牙的那一类,方能选拔出"萃"来。我们想超车,不换轨如何超车？在学术上要提倡换轨超车的创新精神。

而要换轨超车，必须胸怀大志。诸葛亮说："非志无以成学"，在座的都是"小诸葛"，请无论如何不要忘记老诸葛有关立大志的遗言。开创"贞观之治"的李世民在他论政的名著中写道："取法于上，仅得为中，取法于中，故为其下。"什么意思呢？你想拿金牌，向拿金牌的方向努力，其结果可能是拿银牌；如果你只想拿银牌，那你肯定拿不到金牌，说不定只能拿个铜牌。可见，目标的定位很重要。卓越是你心中最强的力量，卓越是你身上最亮的光彩；希望你们绽放光芒，不能停留在眼皮底下的那片"小天地""小乐惠"。

从本质上来说正常人都是有创造发明的基因的。我们人的内因决定我们有不断挑战自己极限的可能。从外因看，你们所在的大学就是一个让年轻人充分展示、尽情释放、激烈碰撞各种奇思妙想的集散地，是创新的源头、是从0到1原创知识的基地。学术思想自由的大学校园使得每个角落都弥漫着创新的精神和创新的意识，新概念、新理论、新方法、新技术、新设计、新发明层出不穷。内因与外因决定大学生完全有可能把创新变成光辉的现实，干就干成一流、做就做到极致。

（八）坚持真理

创新之路不像上海的磁悬浮那样笔直，创出新以后也不会平静。"新"与"旧"天然地是一对矛盾，"旧"是不会轻易退出科学史的舞台的。避孕问题如今不仅没有争议，而且已进入书本，进入市场，可是一百年前，第一个提出避孕的护士在美国要被判处徒刑，接着有一百多名教授写信给总统表示反对，美国只好把徒刑改为驱逐。驱逐了去哪里？日本表示接纳。护士立即乘轮船去日本，海上漂了一个多月，快到日本时，日本变卦了，认为接纳她丢人，不准她上岸。怎么办？她掉头来中国。中国接纳她，并请她来华讲避孕，可是开讲前没人愿意为她讲这见不得人的事情当翻译。最后是谁翻译的？大家猜猜看。是大学者胡适为她当翻译，大材小用了。

我写过"从付出到杰出"，看来在杰出前一秒钟还要为创新再付出。光辉和荣耀从来都是和荆棘共存的，"欲戴王冠，必承其重"。我在捷克参观时经过特许戴了一下皇冠，不好受，大有紧箍咒的感觉。要创新，要夺冠，必须经得起来自"旧"的冲击。想想看，你开顶风船创了"新"，岂能不许守旧者从旧的角度撞两下呢？

真理从初步提出经过反复验证,再上升为新理论、新方法、新技术有一个过程,真理的传播、推广也要有一个过程。

马克思说:"真理是燧石,越打越发光。"真理的发现者要义不容辞地做真理的捍卫者。沧海横溢方显英雄本色,作为海洋大学的年轻人要以乘长风破万里浪的大无畏气概来对付来自方方面面的责难,直到真理战胜谬误。

(九) 集群效应

随着科学的进展,学科越分越细。20世纪80年代联合国科教文组织讲,文、理学科合计有三千多门,现在已有上万门学科。细化的好处是容易深化,不足之处是容易造成"攻其一点,不及其余"。而当今的科学难题恰恰需要综合治疗,来不得头疼医头,脚疼医脚,需要运用多学科的理论和方法点燃创新的火花,互补互动,思维共振,聚光成灯。做学问少不了联想,西方有位导弹专家发挥联想功能制造出一种特效药。上海一位管地下水管的环卫工人,在华东医院做肠镜手术,听了医生讲述做肠镜的原理,便把肠镜手术运用到疏通地下水管上,异想则天开,成功了,获了大奖。团队创新是联合,联合促进联想,促进异想天开。说一个数据:世界上诺贝尔奖的获得者70%~80%来自大学,每年我国国家科技奖获得者的70%~80%也来自大学。其实大学的硬件条件一般都比不上更加专业化的科研机构,为什么大学出成果?因为大学拥有多学科交叉的优势,所以我们要大力推行团队创新。

成立团队也有副作用,那就是难免有矛盾。数论大家陈景润的研究对象不需要实验室,他是单枪匹马,矛盾较少。大家还记得前面提到在量子力学中,有共同来源的两个微观粒子之间存在着某种纠缠关系,因此科学家给它下的概念叫"量子纠缠"。量子纠缠固然复杂,人际间的纠缠更不简单。20世纪60年代中期上海研究出了人工合成胰岛素,拿诺贝尔奖是笃定的。只因诺奖只给有名有姓的一两位牵头人,而我们纠缠在我们是没名没姓的集体成果,因而错失良机。"五个指头都不一般长",在集体中怎么能分不出高下呢?

不消说,分高下是很难的。这就要求团队要有互帮互学、互谅互让、小我融入大我的团队精神。安徽桐城流传着解决邻居纠纷的名言:"让他三尺又何妨?万里长城今犹在,不见当年秦始皇。"这告诉我们要以创新贡献为重,个人得失是次要的。我们讲海纳百川,团队不会比百川多。有不同看法,完全可以通过交流实现交融。陈景润在数论研究第二阶段中的成果,送给一家杂志,哪知杂志社不识货，没给刊发。过了一阵子，外国人发表了他们的研究成果。明明比外国早很多的陈景润这时完全可以跟杂志社打官司，跟老外比谁早，可他"退一步海阔天空"。他把纠缠的时间用在对第三阶段的研究上，没多久他完成了第三阶段的研究，遥遥领先，轰动世界。在大千世界中任何人都是沧海一粟。团结是力量，对学人来讲，这力量是创新的力量。

（十）动机动力

求学的动机就是孜孜以求的目标，也是自强不息的动力。责任和担当的力度取决于动机的纯度。动机是读书、求教、思考、创新等上述九部曲的总开关。

专心致志、心无旁骛是对求学的起码要求。说实在的，如今有些人的求学动机不如20世纪50年代，至少有两个"旁骛"：一是追求发财，二是追求当官。这两个"旁骛"严重妨碍了学习。以教子出名的颜之推说："积财千万，无过读书。"在求学时期，在温饱问题已经解决的情况下，腰缠万贯进出图书馆很不方便，何必自找麻烦呢！近30年来，每年报考公务员的人数与可能录用人数之比为报考大学人数与可能录用人数之比的几十倍，有的岗位甚至于达到上百倍，这很不正常。我曾摹仿一所学校，为学者写了副对联："要想发财莫进来，追求当官走别路。"我这样写，是经过思考的。以色列曾请爱因斯坦当总统，被爱因斯坦拒绝。只有提出三定律的牛顿，后来当了厂长，从此在学术上一事无成，原来的学术成果也部分被颠覆。

真心求学的青年应当心系家国，甘于奉献，把论文写在祖国大地上，把创新的理想融入国家和民族的事业中，让自己闪耀的青春和国家发展同频共振，让自己的人生同民族的命运紧密相连。党中央号召我们："坚持以人民为中心的研究导向，树立为人民做学问的理想。""为人民做学问"，才是崇高的动机，才是高远的价值追求，才有无穷的力量，也才能在学术上做出巨大贡献！

同学们，"莫等闲，白了少年头。"时光宝贵、青春宝贵，希望大家珍惜韶华，用奋斗给青春涂上靓丽的底色，用勤奋绘就壮丽的人生蓝图，尽早成长为担当民族复兴大任的擎天之柱！

手捧邓小平"宣言书"手迹的时刻*

1977年底邓小平在中央工作会议上所作的《解放思想,实事求是,团结一致向前看》的报告,被媒体称为"宣言书",这是再恰当不过的了。

这次中央工作会议可以说是十一届三中全会的预备会。邓小平在《解放思想,实事求是,团结一致向前看》中首次提出拨乱反正,把颠倒的历史再颠倒回来。会后很多冤案获得平反,一批又一批无产阶级革命家回到重要工作岗位。

在会上,在作总结报告前,邓小平委托于光远、林涧青等同志代他起草,并且写了个提纲给于光远,作为起草的基调。于光远一直把邓小平珍贵的手迹精心保存在身边。1980年我借调在身为国家科委副主任、中国社会科学院副院长于光远那里抄抄写写。有一天他忽然翻出邓小平的手迹,正巧我去于光远那里汇报工作,他把他看了又看的邓小平手迹拿给我看了。我兴奋异常,睁大眼睛阅读、学习。

手迹是用铅笔,竖直写的,约有二三百字,没有涂改一个字。可以想得出,他是深思熟虑后,大笔一挥,一气呵成写成的。

我手捧着邓小平的手迹,仿佛听到了雷鸣般的改革号角。

我手捧着邓小平的手迹,仿佛看到邓小平力挽狂澜的巨手。

我手捧着邓小平的手迹,决心从历史转折的拐点上继续迅驰。

在欢庆共和国70年的日子里,我又怀着崇敬的心情,从书橱里挑出邓小平《解放思想,实事求是,团结一致向前看》的雄文,学习,学习,再学习。

---

*　原载《民进申城月报》2019年9月。

平民市长曹荻秋

我到上海读大学的时候曹荻秋是上海市副市长,后来任市长。不论是任副市长时还是任市长时,他的口碑都极好,待人厚道,热爱百姓,人称"平民市长"。

参加工作后,我是小而又小的干部,与曹市长没有直接的工作联系。可是曹市长身边的保卫人员、勤杂人员、机要通信、印刷厂接送材料的同志,乃至康平路医务室的保健人员,我大部分认识。保健人员说:背着药箱去曹市长那里最轻松。他们老夫妇俩从不挑剔,从不提什么苛刻要求,给他打针以后他一定会说一声"谢谢",你出门时他会说"再见",有时还会起身说"再见",一点没有官架子。谁都知道市领导住在爱棠("文革"后把爱棠改称为"康办")最安全。曹市长有一阵子搬到东安新村去住,深入群众,了解真实情况。在"困难时期"副食品缺乏,有人喜欢向锦江饭店捞一点什么来补充营养,可是曹市长从不伸手。

"文革"后我到北京出差,住在一家小招待所里。隔壁住着吉林省人事厅局的负责人。他是来京要求平反,找人写证明材料的。当他知道我是从上海来的时,他告诉我,抗战初期他是曹荻秋的通信员(警卫员)。有次他与另一位首长的通信员一起做了件错事,另一位首长把他的通信员骂了一顿,可曹荻秋却对他循循善诱,苦口婆心地告诉他,以后遇到这类情况应当如何处理。这使他在自己成为中层领导时,坚持用曹荻秋对待他的态度对待下级。

1958年刮浮夸风,上海刮过,但远没有别处那么厉害。这与柯庆施、陈丕显、曹荻秋抵制浮夸风大有关系。有次他陪外宾参观一处养猪场。那里的猪

---

* 原载《大江南北》2019年第9期。

确实肥大,头头都有三百来斤。可是当外宾问大肥猪有多少斤时,介绍的人说有四百多斤。曹荻秋说:"把三百来斤的猪说成四百斤,我脸红。"他这话传开来,是给浮夸风泼了瓢冷水。

众所周知,曹市长说话和气,可是我见他发过一次大脾气。那是1967年"一月革命"后的一次批斗大会,我从电视屏幕上看到,一位大人物不知是出于转移视线,还是为了"立功赎罪",突然在台上讲:"我知道曹荻秋是叛徒。"这时曹荻秋脖子上挂着很重的牌子,已经无法抬头,他只得弯着腰举手大喊:"我抗议!我抗议!"——谎言不管出于什么人之口都是谎言。曹荻秋的那些历史问题在"文革"后期就已经澄清。

曹市长对自己要求严格,对子女的教育也很严格。他的大女儿曹小兰大学毕业后在我家乡皖北插队,吃苦耐劳,生活简朴。"文革"后被选为淮北市副市长,说实话,办实事,至今家乡人还常提起她,来上海看望她。我每次回乡,都有老人吩咐我见到曹小兰副市长时转告她:"俺想念她……"曹荻秋的小儿子曹嘉扬,这名字怕是很少有人知道,他任上海市新四军研究会三师分会常务副会长,默默无闻地整理新四军的史料。曹嘉扬的夫人赵霞在大别山当教师时,凶恶的大熊会爬到她窗户底下大吼,可是她坚守岗位,在大别山教书育人。她现在是上海市新四军研究会四师分会常务副会长。

曹市长的优良作风、家风代代相传,永存人间。

难忘我们的儿童团[*]

　　我的家乡在豫皖苏的交界处,自古以来都是兵家必争之地。解放战争时期为国共两党的拉锯区,常常是上个月为国民党统治,下个月是共产党领导。国民党反动派来了,我们东躲西藏;共产党来了我就是儿童团长。我曾在四个地方当过四次儿童团长。1945年底、1946年初,萧县西部为解放区,东部为国统区。共产党的县政府设在西部的陈杨山,我家就从东部的刘行迁徙到离陈杨山不远的小吴楼,我任小吴楼的儿童团长。1946年初国民党反动派背信弃义突然发动尚口战役,父亲所在的部队被迫西撤。1948年秋,淮海战役前夕,萧县及其邻县宿县西部又回归为解放区。共产党成立萧宿县政府,设在濉溪镇,即出产口子窖的濉溪镇。父亲任萧宿县政府民政科长兼司法科长,我任濉溪镇的儿童团长。1948年冬国民党军队在杜聿明率领下从徐州向萧县西南逃跑。华野、中野急行军途经濉溪镇,赶在杜聿明前面形成包围圈。国民党反动派的空军遂对濉溪镇狂轰滥炸。父亲请王文书把我转移,路上巧遇文艺兵铁牛坐的大卡车,顺利到达我外婆家纵瓦房,我任纵瓦房的儿童团长。1949年1月淮海战役胜利,我家搬到萧县县城,我又由许镇长任命为儿童团长。

　　四任儿童团长时间都很短,但那是我人生道路的起点,对我形成"为人民为国家,一不怕苦,二不怕死"的人生观起了很大作用。上面讲到我家乡当时为拉锯区。国民党来了,我被人称为"共匪羔子"受压迫受欺凌,东躲西藏。藏在谁家就改姓谁家的姓氏,认谁家的媳妇为娘。我大约有几十位"娘",姓过二十来家的姓。我童年时代比现在漂亮,国民党来了,我母亲会把我的脸部抹黑抹脏,让国民党的士兵讨厌,离我们远一点,免得我们孩子说漏嘴,被他们识别

---

[*] 原载《新民晚报》2019年10月12日。

出真实身份。藏的时候,说话声音不敢响,更不能唱歌。

共产党来了,我们一批解放军家属扬眉吐气,笑逐颜开。家里再困难,也会欢迎解放军(1945年前我家乡为新四军四师驻地)住下,也会给解放军烧水做饭。我们儿童团长先后做过五件事。

扩大儿童团队伍。正因为是拉锯区,有些家长不敢叫孩子加入儿童团。我们就要宣传儿童团的作用。我至今还能背得出当年吸引儿童的那首民歌:"调皮小三子,天天瞎胡闹,东跑跑,西跳跳,什么事情都搞糟。小三子加入了儿童团,在家学父母,出门敬长老。人人都说小三子变好了。"

大讲"刘百成将军不死"。刘伯承用兵如神。国民党反动派最怕刘伯承,因此国民党常用飞机撒传单,讲刘伯承在几月几日几时,在什么战役中被打死。这个消息出来,俺老百姓会很伤心。过几天,飞机又撒传单,换一个时间、地点讲刘伯承被打死。传单的这种自相矛盾,并不是每个人都了解。于是党组织就编了个材料,戳穿国民党反动派的造谣,题为《刘百成将军不死》,要我们儿童团宣讲。之所以改为"百成",是指刘伯承不仅没死,而且正在百战百"成"。老百姓听了为刘伯承叫好,同时更恨国民党反动派。

为保卫粟裕站岗放哨查路条。纵瓦房取保长而代之的新村长告诉我们:粟裕住在我们这里,让我们要做好站岗放哨查路条的事情。我们十分高兴。他又鼓励我们:你们儿童团站岗放哨有时比荷枪实弹、比解放军便衣站岗更管用。探子见大人会远远绕开,见你们儿童反而会丧失警惕。村长的话还真有道理。有一次我们儿童团按照大人的吩咐,几个人在村外边玩耍,边注意来人。果然探子跑来向我们询问村子里的驻军情况。我使个眼色,让一位我称他大毛哥的烈士子弟回去报告。我们还有几个人继续拖住探子东拉西扯,结果那人真的是探子。解放军表扬我们,把我们抱起来转了好几圈。不隐恶扬善,我们儿童团怀疑错了的事也是有的,把来考察我们的好人怀疑为探子的事也有一次,闹了笑话,但也受到表扬。多少年后才知道住在纵瓦房的是后勤司令刘瑞龙,不是粟裕。粟裕住在距离纵瓦房一里多路的蔡洼,那张著名的前委刘邓陈粟谭五人合影也就是在曾任上海市科协书记的李时庄妹夫的蔡洼家中拍摄的。

给急行军的战士送水喝。在淮海战役第三阶段开始时,在濉溪一条不到10米宽的狭窄街道上,有时有三个纵队争先恐后地往前赶,慢了杜聿明会跑掉。大冷天里个个战士汗如雨下。镇政府祁世华镇长叫我们儿童团把色香味俱佳的桑叶茶送到战士手里。由于战士不愿停步,都是边走边喝,我们就跑步跟上战士把空碗接过来。又因为过于紧张,大茶碗有时候会掉落在地上。祁镇长送来葫芦瓢,落地不会摔碎。这样跑着送茶不一会儿就累了,我们便来个轮流作业,这个儿童累了,那个儿童顶上去。

扭秧歌庆祝新中国成立。解放后我龙城镇儿童团会唱《解放区的天》《打得好》《走,跟着毛泽东走》,还有《你是灯塔》。新中国成立那一天我们儿童团有打腰鼓的,有扭秧歌的,欢天喜地。我还记得我们当时唱的是《没有共产党就没有中国》,后来通知我们改为《没有共产党就没有新中国》。在庆祝新中国70岁华诞的日子里,我这老头子几乎天天哼起儿童时代所唱的这几首歌曲,有时也会跟着电视唱《我爱你中国》,表达心中的欢乐。

七十年前松江县各代会的历史意义[*]

松江是一个具有悠久历史、灿烂文化的地方，也是一个具有光荣革命历史和民主传统的地方。七十年前的 1949 年 9 月 30 日，松江县在全国率先召开各界人民代表会议，毛泽东主席作出重要批示，给予充分肯定并向全国推广，由此开启了全国县级人民政协的光辉历史。这次会议，作为县级各界人民代表会议建立的重要标志，在新中国民主建政的历史上和人民政协的发展史上具有特殊重要的地位；作为"地方新政协"的"松江经验"，为全国各地召开县级各代会树立了标杆、作出了榜样，为人民政协制度体系的建立和发展作出了不可磨灭的贡献，充分彰显了松江人民大胆探索、勇于开拓的首创精神，是松江弥足珍贵的精神财富。七十年来，松江政协薪火相传、砥砺奋进，走过了不凡历程，为松江的社会主义革命、建设和改革开放事业发展作出了重要贡献。特别是党的十八大以来，松江区政协牢牢把握团结和民主两大主题，紧紧围绕全区中心任务，积极建言资政，广泛凝心聚力，在推动"科创、人文、生态"现代化新松江建设、G60 科创走廊建设等方面发挥了独特作用，展现了新时代松江政协工作的新气象。

松江县各代会的背景

由人民代表大会来产生政府、监督政府、表达民意，体现人民当家作主、一切权力属于人民，是中国共产党一贯的主张。早在 1940 年毛泽东在《新民主主义论》一书中就提出，由人民代表大会选举政府。不过，在这之后各抗日根据地，如晋察冀、晋冀鲁豫、晋绥、陕甘宁，以及华中、华南、山东等地都还是沿

---

[*] 原载《浦江纵横》2019 年第 9 期。

用"参议会"。1944年11月底,身为陕甘宁边区参议会副议长的谢觉哉提出把"参议会"改为"人民代表会议",毛泽东立即表示赞成。12月1日,毛泽东致信谢觉哉说:"关于参议会改为人民代表会议,我想对内对外都是会有好影响的,请你和其他同志商量一下。"次日,毛泽东又给谢觉哉写信说:"参议会改名,关涉各解放区,中央尚未讨论,请暂不提。"1945年9月,边区参议会和政府决定先将乡参议会改为乡人民代表会议。随后,在1946年4月召开的陕甘宁边区第三届参议会第一次会议上,通过了《陕甘宁边区宪法原则》,规定"边区、县、乡人民代表会议(参议会)为人民管理政权机关","人民普遍直接平等无记名选举各级代表,各级代表会选举政府人员"。这就以立法的形式确立了人民代表会议制度。1946年4月中共中央正式决定把参议会更名为"人民代表会议"。于是,1946年和1947年,在察哈尔、内蒙分别举行了以"人民代表大会""人民代表会议"为名称的会议。1947年11月,中共中央批转了关于政权组织形式问题的指示信,要求在土改中,应使解放区政权自下而上地实行人民代表会议制。从此人民代表会议在各解放区相继建立起来。1948年11月30日和1949年7月31日中共中央又发出指示,要求各解放区召开人民代表会议。1949年8月11日华北临时人民代表大会召开。接着,北平市各界代表会议举行,毛泽东、刘少奇出席。1949年8月26日中共中央发出关于"三万以上人口的城市和各县均应召开各界人民代表会议"的电报。

可是,上述这些人民代表会议主要是指在老解放区。在新解放区,在尚未减租减息、尚未土地改革、尚未调整工商业政策的新解放区,能不能举行人民代表会议呢?

松江县各代会的概况

新解放的苏南各市、县于1949年9月底至10月初,相继举行人民代表会议,其中影响最大的是松江县各代会。

松江县是1949年5月13日解放的。解放后四个多月,松江县便于1949年9月30日举行各代会,会期五天。会议出席代表286人,其中职工代表35人、农民代表138人、青年与学生代表13人、教育界代表22人、自由职业者代表15人、妇女界代表3人、工商界代表30人、开明绅士代表11人、党政军代表19人。会议主要议题是:征收公粮问题、私营企业劳资争议问题、减租减息问题。县长、县委书记都在会上作了报告,华东军政委员会主席饶漱石到会致词。会议形式简化,报告简短,目的十分清楚:要把时间留给代表。代表发言争先恐后,争论激烈。286 位代表共分 10 个组,先分组讨论,后大会发言。在会议第四天和第五天上午的大会上有 42 位代表发言。大会期间收到代表提案 165 件,其中:文教 32 件、生产救灾 30 件、劳资关系 20 件、医药卫生 18 件、财经税务 16 件、工商 14 件、治安 7 件、其他 14 件,会议闭幕时又收到 14 件。

毛泽东对松江县各代会的关注

松江县各代会结束后,10 月 11 日,饶漱石打电报给毛泽东,报告了松江县各代会的情况。饶漱石称:"我们选择了上海附近松江县,创造召开全县各界人民代表会议的经验","经过各界代表的热烈讨论和辩论后,成立了减租减息、合理负担、处理劳资纠纷等实施办法。对党内党外,教育意义均甚大。证明在各县召集各界人民代表会议,不但有迫切需要,而且有充分可能。"

毛泽东看了表示"极为欣慰",他于 10 月 13 日即指示新华总社广播松江经验,并致电各中央局负责人:"你们看了松江县的经验后,请即通令所属一律仿照办理。这是一件大事。如果一千几百个县都能开起全县代表大会来,并能开得好,那就会对于我党联系数万万人民的工作,对于使党内外广大干部获得教育,都是极为重要的。务望仿照办理,抓紧去做。并请你们选择一个县,亲自出席,取得经验,指导所属。"

在由松江而扩展至全国的这一批示发出一个月后,1949 年 11 月 27 日毛泽东又电示各中央局:"各县均应召开","按时召开"。1949 年 12 月 29 日毛泽东又致电饶漱石,问道:"全华东区内县的各界人民代表会议共有多少开过了,尚有多少县未开过?一九五〇年一、二、三月内,全华东区所有县市均应开一次人民代表会议,可以做到否?"

松江县各代会的历史影响

松江县各界人民代表会议的历史影响像春风吹拂春水一样,一波又一波地向远处、向全国各地拓展开来。在毛泽东对松江县各界人民代表会议作出批示前,《解放日报》于 10 月 6 日在头版刊发了饶漱石在松江县各界人民代表会议上题为《关于减租减息合理负担与工商业政策问题》的讲话。《解放日报》还为此加了编者按,指出:"松江县各界人民代表会议为华东新解放区第一次全县各界人民代表会议。"接着,《解放日报》又于 10 月 12 日在头版刊发了《松江县各界人民代表会议在民主团结气氛中闭幕》的消息,在头版刊发了松江各代会上集中讨论的一个话题:《农民是怎样穷的》。在头版,还刊发了松江县委书记在各代会上的报告摘要。同日,还在头版刊发了《解放日报》社论:《从松江县各界人民代表会议得到些什么经验》。

在毛泽东对松江各代会作出批示,新华社和《解放日报》分别发表了学习松江经验的社论后,山东立即提出"学习松江的榜样……",浙江迅速提出"接受松江代表会议经验"。皖北行政区在首次各代会上,代表们大声疾呼:根治淮河。代表们七嘴八舌,又主动提出要协助政府动员 200 万民工治淮。福建省泰宁县在各代会上讨论了肃清特务的工作。会后,便付诸行动,三个农民协助政府捕获了九名特务。

一年后,华东地区除了地处前线的福建一部分市、县以外,"百分之九十七以上的县,都已举行各界人民代表会议"。

一年多以后,"召开各级各界人民代表会议,已成为全国性的运动"。截至 1950 年 9 月 12 日,"全国 2 069 个县(不包括旗)中已开过县各代会的有 1 707 个县,其中代行县人民代表大会职权的有 18 个县(东北 15 县、华北一县、西北两县),召开县人民代表大会的有 20 个县(陕西 14 县、河北六县)。东北七个旗,内蒙 22 个旗,绥远两个盟、七个旗都已开过盟或旗的各代会"。

在这一年当中,会议名称有的地方称"各界人民代表会议",有的地方称"各界人民代表大会"。后来周恩来明确提出,凡代表由协商产生的,称"各界人民代表会议";凡代表由普选产生的,称"各界人民代表大会"。各代会的参会代表产生方法,是各界协商产生的,这就进一步明确了,松江各代会在历史上就是全国县级政协的发端。由普选产生的人民代表大会的确立,也进一步完善了国家的政治制度,并且又上升了一个很大的台阶。

七十年后看松江

我的一篇有关长三角的文章,结束语这样写道:"'上有天堂,下有苏杭。'松江地处江浙交界处。江浙都是吴语区,本来就是一体的。上海曾属江苏省下的松江府,而江苏与安徽在明代同为南直隶,在清代又同为一个江南省,早就是一体。现在三省一市集合为一体化的长三角,地区经济总量已达 21 万亿元,超过法国、意大利和英国的水平,长三角一区抵西方一国,被誉为世界第六大城市群,正在充当东方的带头羊,值得讴歌。我们相信:今后随着全局意识的进一步确立,继续探索新路径、积累新经验,扩大开放度,完善社会治理制度,有望更上一层、数层楼!国际化大都市、国际化中都市、国际化村庄都会在长三角不断涌现,超级智能城市、超级智能乡村将在长三角星罗棋布。一体化的长三角必将成为人类命运共同体的第一角。"

华东局三位领导戒烟的秘密[*]

1960年，中共中央华东局有三位吸烟很厉害的大领导。一位是华东局第一书记柯庆施。他在延安整风中受委屈时借烟解愁，从此上瘾。石家庄市有位副市长1948年与柯庆施的夫人于文兰是同事，他对我说："你们只知道柯庆施、于文兰夫妻恩爱的故事可以写本书。你们不知道他俩谈恋爱之初，于文兰曾嫌柯庆施吸烟而犹豫过。"

再一位是华东局第二书记曾希圣。他从1933年起任中央二局局长，在长征路上，白天行军，夜里还要收听敌我双方的电报，养成了吸烟的习惯。有一次他边吸烟边写东西，烟头烧坏了衣服他都没发现。

还有一位是华东局农委主任刘瑞龙。他从1939年起任豫皖苏区党委副书记。我的家乡原属江苏，现属安徽，与河南搭界，是豫皖苏的中心。家乡的大小干部都知道他。他们说："刘瑞龙喜欢晚上开会，作报告时香烟一根接一根地抽个不停。"

可是，1960年底，机关的人突然发现柯、刘两位不吸烟了。谁向他们递烟，他们都回答："戒了。"是不是为了拒绝递烟才说戒了呢？很多人想通过他们身边的工作人员了解情况，得到的答复是："怎么戒的不知道，反正桌子上的烟灰缸不见了。"奇怪，曾希圣有时来上海开会，也不吸烟了。戒烟不易，许多人从各种渠道打听他们戒烟的方法。有些人当面问他们，他们总是笑而不答。

久而久之，大家知道了他们的秘密。那是因为他们几位大领导相聚时，有人向他们提起在他们吸好烟把烟头丢在烟灰缸里以后，有些吸烟的小干部会把烟头里未燃烧的烟丝取出来，放在烟袋里，或者干脆用纸卷起来立即吸完。

---

*　原载《大江南北》2019年第10期。

这让大领导们心里不安。而且，他们知道了社会上存在"一条烟可以打倒一个人"的说法。这个"打倒"不是打倒在地，而是送给掌权人一条香烟可以诱发掌权人放弃原则，丢掉灵魂。当时的华东局第三书记李葆华不吸烟。几位大领导议来议去，决定向李葆华学习，不再吸烟。戒烟的有效方法很多，例如少聚会、去钓鱼、吃口香糖等，他们都无法采用。那他们是怎样戒的呢？两个字：意志。他们三位仅凭意志这一条战胜了戒烟过程中的易怒、失眠、焦虑等症状。在烟瘾偶尔上来时，至多吃几粒葵花籽。

他们的意志具有与众不同的威力，令人佩服。

我所知道的民革元老刘云昭*

在纪念上海解放 70 周年的日子里，有一个人的形象不时地出现在脑海里，他就是动员国民党淞沪警备副司令刘昌义起义的刘云昭。

刘云昭曾是孙中山的参议，国民党"一大"代表。刘云昭是我父亲的姨表哥，他们兄弟三人，他是老大，我称他"大大爷"。刘云昭号汉川，在同别人谈起他时，称他"汉川大爷"。称"大爷"是我们家乡的民俗，准确地讲应当是"大表大伯"。想写大表大伯的故事，又担心那都是少年时代听说的，未必准确，便迟迟没有动笔。后来查阅有关他的资料，很多是我第一次知道的，更加敬佩他。同时，也发现有的资料并不完全准确，从而激发了我写刘云昭的冲动。

动员刘昌义起义的第一人

很多地方讲动员刘昌义起义的是两个人，也有的书上只讲一个人，那就是只提王葆真，不提另一个人。其实，最先动员刘昌义起义的是刘云昭。刘云昭是上海地下民革的委员，他跟刘昌义和刘昌义的朋友、曾任国民党苏北司令的李明扬都很熟悉。李明扬与刘云昭同为萧县人，还是远房亲戚。李明扬与刘云昭很早就跟共产党取得联系。李明扬是个孝子，抗战开始不久，在李明扬为母亲祝寿时，陈毅送去了大礼，两人从此成了朋友（有文章讲是李明扬自己过生日，不实），因此在随后的黄桥战役中，李明扬帮了新四军大忙。

此事，一位名为国民党中将、实为中共地下党员的黄逸峰跟我讲过多次：李明扬就是《东进序曲》里的"周师长"。李明扬十分尊重刘云昭，视刘云昭为兄长。上海解放前夕，刘、李在上海过往甚密。两人讨论后，决定由刘云昭出

---

* 原载《联合时报》2019 年 11 月 26 日。

面,提醒刘昌义:"不要充当汤恩伯的替罪羊。"并于 1948 年 11 月与共产党员王葆真一起介绍刘昌义加入民革,还对刘昌义说:"我们现在是'同志'了。"

上海战役打响后,又是刘云昭帮助刘昌义与解放军联系,发起起义。有文章说,是解放军在造币厂附近把刘昌义的部队打得没办法了,刘才"投降"的;并提到,没有民主党派做动员刘昌义起义的工作。这是误会,因为当时是单线联系,严格保密,致使那篇文章的作者不了解真实情况。

他解救的共产党员远不止两位

不少文章讲:"刘云昭解救过共产党员刘苏民、陈令远。"这是事实。不过,刘云昭解救过的共产党员远不止这两位。对陈令远我不了解,对刘苏民我很熟悉。他年龄同我父亲一样大,但按辈分我称他"苏民哥"。他的夫人是当时萧县屈指可数的女性大学毕业生之一。新中国成立后,刘苏民在河南郑州一所与"农"字号有关的专科学校(我记不清学校全称)当领导。他的长子刘与任,"文革"前在国家科委当主任秘书。20 世纪 80 年代,刘与任曾任《科技日报》副总编。

说刘云昭解救过的共产党员远不止这两位,其根据是他救过我父亲。1930 年夏,我父亲执行"立三路线",组织苏州暴动。失败后,"纵横断线",无法找到党组织,不得已只好沿途讨饭回家。走到离徐州还有两站路的地方,偶然遇见父亲在武昌农讲所里的同学。这位老同学一见被他们农讲所学员称为"江北美男子"的父亲的那副惨样,大吃一惊。父亲的同学是国民党,但他十分同情我父亲这位共产党员。他说:"你在我这里住两天,等我发了饷,给你买身大褂,买张火车票,你扮成生意人回家。"我父亲就按他说的办了。哪知在徐州一下火车,父亲就被国民党抓了。父亲一口咬定自己是做生意的,不是共产党。国民党拿他没办法,提出找"保人",我父亲就请刘云昭担保。刘云昭一听说是他表弟,便说:"我这个表弟从小就想赚钱,到处跑生意。把他交给我,我来教训他,叫他回家种地。"这样,我父亲在汉川大爷的精心安排下,平安地回到了萧县。

能当我们邓家的家

我们与刘家不仅有亲戚关系,而且是几代的邻居。萧县属江苏省时,我们同住江苏省萧县刘行乡薛庄村。现在萧县属安徽省,有好几篇文章讲刘云昭是安徽淮北人,这不准确,淮北市是 1958 年成立的,确实是把萧县南部的几个区划归淮北,但是薛庄未划归淮北,仍为萧县龙城镇刘行村下的薛庄。刘家住薛庄东台子,我们住薛庄西台子,喝一口井里的水。萧县地处黄河故道,常闹水灾,能住在台子上是富裕的象征。可是,我们邓家早已由富变穷。曾祖父是当地名医,给县太爷看病没看好,县太爷周围的人咬定是我曾祖父害死的,为了打这场冤枉官司,曾祖父把地卖得所剩无几,总算把台子保住了。在清朝末年,哪有什么公理可讲?最后判我曾祖父的刑罚是"穿红绣鞋",即在烧红的铁上走。曾祖父死后,不久我祖父也因官方不公,气死了,从此家里经济十分拮据。

我父亲、伯父都比他们表哥刘云昭年龄小很多。这时,刘云昭便出来当家做主,叫我伯父不要读书了,学种地,把这个家支撑起来。说我父亲、叔父年龄太小,还干不动农活,只能去读书,并由他介绍到学费极低的学校读书。那极低的学费也由刘云昭来资助。

1925 年父亲 18 岁时,刘云昭建议他到上海国共合办的上海大学社会学系读书。经戴盆天等人介绍,我父亲于 1925 年底、1926 年初在上海大学加入了中国共产党。父亲把加入共产党的事告诉了这位身为国民党元老的大表哥,大表哥表示完全支持。可是到 1930 年父亲被国民党抓住时,刘云昭坚持说父亲是生意人,只想赚钱,用心良苦啊!

领李宗仁来我们薛庄村

很多文章讲孙中山、李济深很器重刘云昭,其实李宗仁也是刘云昭的好朋友。他俩关系好到什么程度,我不了解,不过,有个细节很能说明问题。李宗仁在徐州时,曾与刘云昭等人一起骑着马跑了 20 多公里,屈尊来到我们薛庄。李宗仁的到来一时传为佳话。

我们生活在黄土低坡的百姓,乡风淳朴。不管从哪里来的陌生人,穿过我们村庄,村民都会主动同他们打招呼:"歇歇再走!""吸袋烟再走!""天热喝口水再走!"如果过客真的停下来,村民真的会把比纪晓岚的大烟袋小一些的长烟袋递过去;如果过客真要喝水,村民会把土陶罐里的水倒在大黑碗里递过去。有时候碰巧,还有村民会把土陶罐里的桑叶茶水倒在大黑碗里递过去。顺便说一句,我们乡下人在桑树叶快干枯时将其采下来,用柳条串起,烧开水时从桑叶串上撕下两片,扔在水里,就是"茗茶"。这桑叶茶既香又有益于健康。听说春蚕之所以只吃桑叶,是因为桑叶里含有特殊营养物质,包括几大名茶里所没有的蛋白质。反过来说,骑马的过客如果经过村庄时不下马,骑自行车的如果不下车,对不起,村民会不高兴,不理你,甚至会放狗吓唬你。

大概是刘云昭跟同行的李宗仁打过招呼,李宗仁没进村便早早地下马,亲自牵着马进了我们薛庄,热情地跟大家打招呼。村民一看,还有汉川大先生(与刘云昭没亲戚关系的邻居都称刘云昭为"大先生")陪着他,便主动递上桑叶茶给他喝。在知道李宗仁是大人物之后,村民常用"李宗仁下马"的故事来教育后代,要尊重习俗,要讲礼貌。

刘云昭让我坐花轿

在国民党面临失败时,声称要对"共匪"家属斩草除根。我当时只有 9 岁,大有被"斩"的可能。怎么办?刘云昭有办法。大概是 1947 年秋或 1948 年春,他侄子结婚。他在外地,派了两个儿子赶来薛庄庆贺。他的儿子带信说:"大大(即父亲)说让胖弟(我乳名)去押轿,然后不用回薛庄。"

押轿有几个条件:第一要男孩,这没问题;第二要看生辰八字好不好。他们就带我去薛庄南台子神妈子家算命。后来知道,这神妈子很懂事,也很同情共产党。她左算右算说我样样好,有条件押轿。

于是,母亲为我借了一身漂亮衣服,坐了几十华里的花轿,到了一个大村庄。晚上,我在一处客厅中央正襟危坐,但我多少了解一点此行的背景,毫无威风感。正在七上八下时,忽然新娘子家里临时请来的三位老用人,跪在我跟前,齐声说:"老爷,赏我们两个钱吧!"因为母亲曾告诉我:"遇到什么事,都不要乱说话,免得说漏嘴。"在听到要赏钱时,我不知如何是好。想不到坐在我旁边的男士,掏出三块银元扔在地上。扔银元的是谁?新中国成立后我才知道,是保护我的地下党。

因为新中国成立后我就离开薛庄到县城读书的缘故,几十年来我没问过我那表嫂即刘云昭的侄媳的娘家是谁,我一直不知道我坐的那花轿去的是什么地方。3 年前回薛庄,才听人说已去世的表嫂是大画家李可染的小妹妹。

新中国成立后,汉川大爷出席一届政协,后任扬州市政协副主席、江苏省参事室参事。很高兴,由民革上海市委组织编写的《民革前辈与上海解放》(团结出版社 2019 年 9 月版)一书中详细叙述了刘云昭动员刘昌义起义的过程,还原了这段历史。

"邓氏三论"的来龙去脉

2017年底,加拿大籍华裔诗人蓝成东先生在《沁园春》中写道:"邓氏三论,高层赞赏。"这是对我的鼓励,我很感谢,但是诗词不等于历史资料。恕我在这里讲一讲"邓氏三论"的来龙去脉。

我名叫邓伟志,号为"邓争议"

我这个人哪,没出息!"文革"中心惊胆战,"文革"后虽被重用,仍然心有余悸。只是党的十一届三中全会以后,在改革开放的浓浓气氛中,我才从心有余悸渐渐转变为心花怒放、心驰神往。20世纪80年代初,我推心置腹,斗胆在《文汇报》上连续发表了三篇文章:一篇是《家庭的淡化问题》(1980年9月28日),一篇是《中国的学派为什么这么少?》(1984年10月24日),还有一篇是《淡化"当官心理"——谈当官与做学问的函数关系》(1985年6月27日)。不用说,对这"三论"褒贬不一,每篇都收到数以百计的来信来稿:赞成我者说我"独具匠心";反对我者说我"别有用心"。开明开通的《文汇报》既公开在报上讨论,也在其内部资料上刊发各不相同的观点,接着有些报刊也就所谓的"邓氏三论"展开了议论。

当时尚未回归祖国的香港有媒体如《广角镜》等讲得更为离奇,这个说我是某人的儿子,那个说我是邓演达的后代,还有人说我是"中南海"的什么什么人。其实我都不是。这迫使我不得不在报上说明,我父亲是普通的老共产党人,在武昌中央农民运动讲习所时,也只不过是邓演达手下的一名普通学员。我没有什么大背景,我也不希望自己有什么大背景。我书桌后的书架就是我

---

* 原载《一个人的四十年:共和国学人回忆录》,叶祝弟主编,生活·读书·新知三联书店2019年版。

的最好、最大、最高的背景；我过索道、走猴子路结识的工农大众是我坚不可摧的靠山。我的那些文章只不过是随心所欲挥挥笔杆子的产物，是对是错都由我一人承担。我在报上写道："我不怕争议，我欢迎争议，是非会在争议中分清楚。"我说，我的名字是邓伟志，我的号就叫"邓争议"吧！

我怎么会写这"三论"的？尤其是怎么敢提"家庭淡化"的？说简单也简单，说复杂也复杂。

简单的一面，在《邓伟志口述历史》一书中已经讲过了。我认为"文革"是1966年5月中央《五一六通知》发布后，由干部子弟，尤其是高干子弟哄起来的。大中学校红卫兵头头几乎都由大中级干部子弟承包了。大家还记得，1966年8月18日，在天安门广场举行的"庆祝无产阶级文化大革命群众大会"上，是谁的子弟上的天安门？是谁的子女跟毛主席对话？是工农子弟吗？不是。当时到处张贴的"老子英雄儿好汉，老子反动儿混蛋"，对谁有利？这一连后来成为"文革"祸害的"文革组长"陈伯达都表示反对的口号，是谁张扬出来的？绝不是"黑五类"。可是，在接连八次的天安门大会后，"矛头向上"了，揪所谓"走资派"了。这时，又有多少干部子弟吃尽苦头！不该打的挨打，不该关的被关，连未成年的干部子弟也失去了自由。这依然是"老子英雄儿好汉，老子反动儿混蛋"的封建血统论的后遗症。否极泰来，"文革"后，"走资派"的冤案平反了，于是乎又有一部分干部子弟变成"超大好汉"。物极必反，我担心会"翻烧饼"，便提笔破除血统论。

复杂的一面，过去我没有解释过。当时还依然有封建血统论作祟，有父荣子贵，必有父倒子"霉"。从秦朝的"夷三族法"开始，就有了一人犯罪，株连"上自高祖、下至玄孙"的九族，真不知冤死了多少好人！不过，株连九族也不是空穴来风。如果家庭不分是非地抱团，难免老头子犯法，"老婆孩子受'牵连'"。说得近一点，这几年不就有"雄老虎""雌老虎"一起被抓的案例吗？这还不恰好说明，应当坚持与封建家庭迥然不同的"国大于家"的家庭淡化观吗？

事实上，父子走两条路的并不罕见。现在参观中共"一大"会址的人山人海，知道"一大"十三位代表中有一位叛徒周佛海的也越来越多，可是知道周佛海的儿子周幼海是坚贞不屈的优秀共产党员的人并不多。都知道"一大"会址是"一大"代表董必武辨认出来的，殊不知是中华人民共和国成立后，先由周佛海的妻子找到，再请董必武来确认的。周佛海的妻子呢？那就更怪了，她先是中间偏丈夫,后是中间偏儿子,她支持周幼海的革命活动。对这样的家庭,能用封建血统论的"老子反动儿混蛋"去套吗?

因此,我后来就"家庭淡化"问题这"第一论",又写了"二谈""三谈"。

"邓氏三论"实质上就是一论

在议论中央子女如何安排时,有人说"一家出一个"。出一个什么?按其本意是出一个"高官"。

为什么那么喜欢当官?这也是封建官本位思想在作怪。社会主义事业需要经济建设、文化建设、社会建设、生态文明建设,当然还有政治建设,每项建设都需要人,都能出人才。用现在的术语叫"五位一体",怎么可以只热衷于"五位"中的"一位"呢?前些时候报考公务员的录取率是八百比一,乃至一千比一。这都意味着"当官心理"浓又浓,浓上加浓。这说明我早在1984年"风起于青蘋之末"时,提出的《淡化"当官心理"》的文章真拙,缺乏战斗力、说服力,也说明我人微言轻,轻于鸿毛,没有起什么作用。

中国的各项建设都要讲究科学,都少不了学识。学识有几千门,行政学是其中一门。官员占人口的比例不是越多越好,而是越少越好。官员多了,就是吃皇粮的多了,不消说,百姓的负担就重了。相反,做学问的人增多,则是创新型国家的前提和标志。

前人有句名言:做学问是没有平坦大道可走的,只有那些不畏险阻的才能登上光辉的顶点。做学问该坐冷板凳时就只能坚持"板凳十年冷",不怕孤立;该万马奔腾时,就只能快马加鞭,马不停蹄。学界历来被称作"清水衙门"。马克思穷得常常揭不开锅,一次又一次地向他的朋友恩格斯讨钱。爱因斯坦在瑞士提出"狭义相对论"时,租的是十多平方米的小房间。学者门上的楹联应当是:"要想发财莫进来,热衷当官走别路。"这是从科学精神上说的,是从学者自身素养上说的。做学问还要讲究科学方法,学会对事实的推测、演绎、抽象、分析、综合,只有这样才能对某一个或某几个现象的性质、作用、原因或起源做出评价,提出看法、说法或程式。这都是很不容易的,按俄罗斯人的说法,这是关于科学的科学。

做学问是为国家效力,为人类做贡献的。做学问不是空中楼阁,要在有声有色、有血有肉、有棱有角的大环境当中做研究;即使是空中楼阁,那楼阁里也应该有充足的氧气,氧气少了会窒息而亡。因此,做学问也有个学术生态文明的问题值得研究。

从"学派为什么这么少"说到学术生态

章炳麟在《文学总略》中说:"学说以启人思,文辞以增人感。"要"启人思""增人感",用老掉牙的套话是不行的。人啊!在人际关系上要"求同",在做学问方面要强调"求异"。吃人家嚼过的馍没味道。僵死的观点启发不了人,新思想才是学术之魂。有人从科学技术上看问题,认为今天是"人工智能时代";也有人一听到人工智能就惊慌失措:"机器人乱管我们怎么办?机器人会不会挤掉我们的饭碗?"殊不知,机器人是人造的,机器人的智慧是人给的,机器人的出现只会更加促使我们人类要出思想,因此,当今的时代应当是出新思想的时代。而新思想无不是推陈出新推出来的,是革故鼎新革出来的。

《礼记·中庸》讲:"博学之,审问之,慎思之,明辨之,笃行之。"《易·乾》里说:"君子学以聚之,问以辩之。"这一辩,问题就出来了:必有一方对,一方错;或者是一方对得多,另一方对得少。有对有错,新问题又来了:给不给错误留一席之地?对错误能不能宽容?不宽容,错误没有了,正确也出不来。错误往往是正确的前奏和先导。做学问少不了假设,假设未必都对;做学问少不了证伪,证伪未必都受欢迎。20世纪80年代,就有位学界领导由于不了解证伪法,而发野火,闹笑话。因此,学术确有个无禁区的问题。热点要研究,冷点也要研究,说不定冷点在哪一天会变成热点。研究冷点有时是超前。

通常讲敏感问题不要碰,这是值得商榷的。"研究无禁区,宣传有纪律"。敏感问题恰是学者应当聚焦研究之处。敏感点恰是学术最佳生长点。不让人谈敏感问题是神经过敏的症状。抓住敏感点来研究就是从延安讲到今天的、讲了70多年的"有的放矢",就是早为上下左右普遍认同的"问题意识"。理论家万万不可无病呻吟。无病呻吟是懒汉、懦夫干的事。"挑战不可能"是理论家必备的品格。习近平在讲理论工作时,十分强调问题意识,他指出:"理论思维的起点决定着理论创新的结果。理论创新只能从问题开始。从某种意义上说,理论创新的过程就是发现问题、筛选问题、研究问题、解决问题的过程。"学者要有敢为天下先的理论勇气,要有宠辱不惊的冷静。你"革故鼎新",那"故"自然会出来捍卫他的"故",否定你鼎出来的"新"。对否定你的言论要认真听,但未必都"取",更不要弃学、弃新而逃。

学术上有个"学习迁移"的概念。学习迁移又有横向迁移、纵向迁移之分,有正向迁移、负向迁移之别。这就增加了学术研究的复杂性。这也就要求我们要把党中央所倡导的"尊重差异,包容多样"作为学术生态文明建设的指针和核心。"百花齐放,百家争鸣"就是学术自由。一槌定音是定不了的。学术自由不应是西方的专利。

西方教师的学术自由,按他们西方自己的表述大概有五方面:(1)可以探讨任何可能引起求知兴趣的课题;(2)可以向学生、同事发表自己的新见;(3)可以出版所搜集的资料、得出的结论而不受审查;(4)可以用他们认为恰当的符合业务要求的方式进行教学;(5)少数大学如荷兰莱顿大学还规定,学术研究不受宗教和政治约束。当然,西方的学术自由也不是无限的。他们规定不能搞色情,不能搞诽谤。还有一点,西方的学术自由也存在时断时续的问题,存在对不同的学者有不同自由度的问题。因此,对西方的学术自由要扬弃,有分析,有选择,择善而从,不善则不从。

有了学术自由,学者就会下笔如有神,而不是下笔如有"绳";有了学术自由,写起来就会倚马可待,而不会把死马当活马医;有了与民主管理相结合的学术自由,学说就会灿若繁星,学派定会摩肩接踵。

为了响应党中央"加强理论武装",提高"传播力、引导力、影响力、公信力"的号召,联系中国当今学术界的情况,我们要大力提倡理论自信。自信就是要"抓住真理,所向披靡"。自信与自律是分不开的孪生兄弟。当前,是不是可以考虑:(1)课题报告如果是拾人牙慧,充斥已知,没有新意,不予通过。(2)课题费不是生活补助费,课题费只能用于课题研究,如果挪用,应加倍扣掉课题费。挪用100元,扣200元以上。(3)提倡同行评议,不应将首长批示同奖励挂钩。(4)理论自信要自信到"让人家讲话,天塌不来"的境界。(5)我们在自信的同时也要尊重他人的自信。

2018年是思想家马克思两百周年诞辰。在西方没有哪个国家以马克思主义为指导,在西方也没有哪个国家不认为马克思主义是伟大学说。十多年前,他们在评千年伟人时,一个系统评马克思第一、爱因斯坦第二,还有一个系统把爱因斯坦评为第一,把马克思评为第二。早在2017年夏天德国已开始筹备纪念马克思两百周年华诞了。信仰马克思主义的中国的学术界任重道远,我们一定要以"十九大"为动力,齐心协力,不遗余力地提高洞察力、创新力,大幅度提高学术生产力。

真了解民情的刘瑞龙[*]

刘瑞龙(1910—1988),无产阶级革命家。我党在南通地区创始人之一,参与领导苏北农民武装起义,成立红军第十四军;1935年5月随红四方面军参加长征,同中央红军会师后,8月任红军总政治部宣传部部长;抗日战争时期任中共豫皖苏区委副书记、淮海区军政委员会书记等职;解放战争时期任华中分局民运部部长兼苏皖边区政府副主席、第三野战军后勤司令员兼政委等职。新中国成立后,他任华东局农业委员会书记、国家农业部常务副部长兼党组副书记等职。

——《大江南北》编者

现在的年轻人不太了解刘瑞龙,可是大家都晓得"农业八字宪法",也一定知道"农业八字宪法"是1958年由毛泽东提出来的。这没错。只是有一点,在毛主席提出之前,刘瑞龙提出了"七个字",后来经中央讨论又加了一个字,于是毛泽东正式提出"土、肥、水、种、密、保、管、工"的"八字宪法"。新中国成立后,刘瑞龙在中共"一大"会址的房主李书城任农业部长不久,出任副部长。想不到在大跃进中有人扭曲了"八字宪法",刘瑞龙忧心忡忡。这忧心在1959年被视为"右倾"。1960年底,他到中共中央华东局任农委主任。为了配合1961年3月在广州召开的讨论农村工作的"三南"(指江南各省)会议提供真实情况,春节一过,刘瑞龙便组建了一个30多人的工作队,赴江苏常熟、江阴的两个公社调研。

能讲出我们20人家乡的故事

在未同江苏省、地、县的同志会合前,刘瑞龙先同从上海各单位借调来的

---

[*] 原载《大江南北》2020年第1期。

20个人见面。他要求各人自报家门,还要问每个人的家乡在哪里。广东人讲在广东什么县,刘瑞龙会追问:"你广东那个县、那个公社的生活情况怎样?"四川人讲自己是四川什么县,刘瑞龙会追问:"你四川那个家乡、那个公社生活情况怎样?"广东人、四川人回答得挂一漏万,刘瑞龙会马上予以补充。如果是福建、江西等华东地区的人,他会问得更具体。轮到我的时候,他问我家乡安徽萧县有没有吃树叶的情况。我回答有吃树叶的,在青黄不接时,还有吃麦苗的。他又补充一句:"还有吃水草的。"出乎意料的是,他又问我:"你能说出萧县在国共两党里有哪些名人吗?"我回答:"在共产党里有李砥平、纵翰民、徐彬如,在国民党里有王仲廉、李明扬。"他马上补充一句:"还有方先觉。"接着又说:"你知道纵翰民,你知道陈益民吗?"我脱口而出:"她是我大妗子。""大妗子"是我们家乡对舅妈的俗称。他重复了一遍"大妗子"三个字之后,又说:"你舅妈很有本事,很会做妇女工作。"

我们20人至少来自10个省、市,刘瑞龙能讲出每个人家乡的故事。他怎么会了解那么多故事的?他这样翻来覆去问我们,既是对部下的观察,实际上也是在做农村调查。我佩服他!

比某些基层干部更了解基层

我被分配在常熟县(现为市)白茆公社六大队。有一次刘瑞龙带我们几个人去六大队的第八生产队。还没进村,见到村外打谷场上有几个稻草堆,他马上情不自禁地对大家说:"八队队长一定是好队长。"来自省地县社的工作队员,包括我在内,都有点惊讶诧异,嘴上没说心里在想:"刘部长啊,刘部长!你没见到队长,没听社员反映,怎么就说队长好呢?"刘部长问大家:"你们知道稻草堆周围放一圈草木灰干什么的吗?"大家都不响。刘部长说:"那是防老鼠进去的。"接着又问:"你们知道为什么防老鼠吗?"有两个人回答"这里老鼠多。"刘部长笑了,说:"不是,是脱粒不干净。"这时县里一位干部悄悄地同我嘀咕:"不打干净还能是好干部吗?"不知道刘部长有没有听见,他说:"这队长不求亩产万斤,不打干净是要把谷子留在草堆里,等青黄不接时,他再第二次脱粒,这样就饿不死人。"大家恍然大悟。

进村后,开社员座谈会,社员都反映队长能为大家着想。一位县里来的队员,用自己的语言把刘部长对草木灰的分析讲了一遍。队长见刘部长不同寻常,不是来整人的,腼腼腆腆地承认了他想留一手。

比某些农民更了解农民

有次在公社开队长和老农座谈会,老农看出刘部长不是小官,在会议快结束时提出一个要求:增加粮票。老农的理由是:增加一两粮票可以多罱多少船河泥,一船河泥能增产多少稻谷;如果增加 2 两粮票可以多罱多少船河泥,又能增产多少稻谷。老农讲得有条有理,可他们不知道这位高于小官的大官是无权给他们多发粮票的。

刘部长晓得老农的心思,也同情农民的口粮不足,慢慢地向老农解释什么样的河泥可以增产多少稻谷。他的副手杨谷方也插话讲,不同的河泥可以增产不同的稻谷。我这书呆子当时听不懂,至今也记不住刘部长和杨副主任讲的数据,只记得长菱角的小河的河泥增产最多。老农当时听了也都流露出羡慕之情,他们明白自己讲的数字有所夸大,刘部长讲的是实在话。

带我去最差的食堂

3月初,刘部长似乎对公社食堂有不同看法,但未公开讲。有一天他提出要去六大队十五小队。十五小队是离公社最远也是最穷的小队,刘部长为什么要去这个队?我不解。公社食堂固然不好,小队食堂更差,怎么可以让大领导去吃。我婉转地对刘部长说:"路太远。"刘部长斩钉截铁地说:"不吃穷队的食堂怎么知道该不该办食堂。"他这话,在媒体对食堂一片叫好声中,仿佛是空谷足音。饭后他带着韩秘书跟社员长谈,农民看他平易近人,大胆讲了食堂的弊病:"食堂没地方给孩子烤尿布,在家可以边烧饭边烤尿布。打饭很难公平,勺子放深一点是稠的,浅一点就是稀的。"在回来的路上,刘部长比较明确地对我讲,在口粮很低、副食品很少的时候,办食堂弊大于利。他又针对我在调查中的低能与畏难,教导我说:"调查说难很难,让农民掏心窝是难;说不难也不难,拔腿一走,抬头一看,张口一问,回来一议,提笔一写,就出来了。"

他这话让我终生受用。58 年后回想起来,刘部长教导我的话,也是他了解民情的经验结晶。

春晚压台戏的主角是谁?*

在今年的春晚,六位央视主持人把过年称"过关",从防控冠状病毒角度这样讲武汉是可以的。可是我作为一名民进成员却有大喜过望之感。

先说小年夜,那一天的《解放日报》用大半个版面发表了讲共产党创始人之一俞秀松与盛世同爱情的文章,还配了五张照片。文章写得很好,遗憾的是没有点出盛世同曾是上海民进会员。盛世同是新疆军阀盛世才的妹妹。盛世才亲共时,他重用俞秀松;反共时,害了俞秀松。与俞秀松有共同信仰的盛世同决心与哥哥盛世才决裂,不再姓"盛"。她母亲姓"安",改姓"安",更名为"志洁",至诚高洁之意。20年前,我与民进市委组织部长金培基拜访安志洁时,安志洁还讲了一个故事。蒋介石、宋美龄夫妇在重庆单独宴请安志洁,要她与一位国民党将军成亲,遭安志洁拒绝。民进曾有安志洁这样高洁的会员,是民进的骄傲。

再就是大年夜播送的不怕牺牲,坚持为患者治病的武汉医生,其中有民进会员。我虽然看不清他们的面容,但他们这般大智大勇的精神让我钦佩。他们是民进的精英。他们为民进增光。

还有,春晚零时前的一个节目,也就是压台戏,是高唱《我亲爱的祖国》。歌唱家们都穿深色衣服,唯独一位站在歌唱家们最中间的高个子穿浅色衣服。他是谁?他是民进中央原常委李光羲。他春晚结束前90岁,春晚闭幕后就是91足岁了。他是著名的抒情歌唱家。他唱《延安颂》时,周总理听了一半就为他鼓掌。从此周总理宴请外宾时,就常请他为外宾唱上一曲。

民进是人才荟萃的政党,民进是共产党最亲密的挚友。

2020年1月27日

---

* 原载《民进申城月报》2020年2月。

天下没有无疵之佳作*

我写文章成瘾。我这个人不吸烟,没烟瘾;不喝酒,没酒瘾。但我写文章成瘾。画家石涛的"搜尽奇峰打草稿",我见过复制品。说"搜尽奇峰"是从写实角度讲的,很有道理。不过,我常常是一见"奇峰"就写,不等搜尽奇峰就写。尽不尽是相比较而言的。我相信石涛在三四百年前那种情况下,他既没搜过阿尔卑斯山的勃朗峰,也没搜过安第斯山的阿空加瓜峰,恐怕连珠穆朗玛峰也没去搜过,但不排斥他的聚峰一幅能流传百世。我这个人不怕浅,我主张循序渐进,由浅入深,深入浅出。我这个人不怕失败,不怕出错,错了就改。对勇于改正错误的人来讲,"错误是正确的先导"。

一个人在与人相处时,要求同存异;在学术研究中,要求异存同。拾人牙慧是没出息的表现。爱重复套话,是"高级"抄袭,没有半点创新,读了味如嚼蜡。说得重一点,套话连篇,对上是"语言行贿",对己是"语言索奖"。几十年来,我在写作上求异求新,追求"语不惊人死不休"。后来知道理论上的革故鼎新之路不平坦。革故,"故"会出来骂;"求异"会被人视为"异类"。

我知难而进,写过几篇不合时宜的文章。在党史研究中出现不太尊重历史的问题时,我著文罗列了党史研究中的十种现象,批评"一俊遮百丑""一丑遮百俊",批评"老子英雄儿好汉""儿子英雄爹好汉"等问题。我准备好了有人反驳,结果平安无事。在一而再、再而三地倡导"兼顾公平",并作为原则来推行时,我发表数篇文章批评不应该把公平放在兼顾的地位。在有人为"兼顾公平论"粉饰,讲"第一次分配讲效率,第二次分配讲公平"时,我提出第一次分配、第二次分配都要讲公平,甚至在被我称为"第三次分配"的慈善、救济工作

---

* 原载《北京日报》2020年2月3日。

中也要把公平放在首位。到目前为止，尚未见到批评的文章，以后不知怎样？

1979年有家刊物充斥着"耳朵认字""腋下认字""舌头认字"的文章。一个偶然的机会我在北京车公庄看了被刊物称为"之最"的两姐妹的表演，很明显是弄虚作假。上世纪20年代在周恩来领导下的特科工作、后任外贸部长的李强对我等说："什么耳朵认字？这戏法顾顺章早就在舞台上表演过。"我公开指出耳朵、腋下认字等是作假，招来一片骂声。后来，我不得已出了本《伪科学批判记》，没见读者批评。争论总有平息的时候。

在学术上，我是于1981年2月第一个在社会学重建后在社会学系开设"家庭社会学"课程的。我是于1982—1983年在国内第一个提倡"妇女学"的。因为我了解国内外的贫困阶层贫困到何等地步，便着力提倡民生社会学、贫困社会学、贫困文化学。我大讲社会平衡论、社会张力论、社会矛盾论。在2018年改革开放40周年时，我又提出建立一门"改革学"，希望用理论高屋建瓴地指导改革开放的深化。我提出了改革学的"八大规律"：目标守恒律、一改百改律、贫富均衡律、快慢有节律、进出有则律、内外有别律、多样包容律、上下一心律。

抚今追昔，追昔抚今，深感自己在学术上只不过是漂浮在知识海洋边上的一叶小舟。

如果说我还有点理论勇气的话，那是因为70年前，我10岁时亲眼看见过解放军的战斗英雄倒在血泊中，那是因为解放军战士冒着生命危险把我送出战场，让我死里逃生。我的家乡是淮海战场。我见过不怕死的英雄，英雄的精神感染我不怕死。因此在理论上受挫时，我会愈挫愈勇。倒霉时也不是一点都不怕，不太怕是绝对做得到的。我往往以幽默的语言对付倒霉，以马列毛的语言顶掉"政治帽子"。一触即跳不是学者应有的气度。即使人家是吹毛求疵，也应当感谢人家花气力吹毛，感谢人家找出了"疵"。天下没有无疵之佳作，何况我的拙作！要堵住人家的嘴应在写作过程中下苦功，堵在文章刊出之前，文章刊出之后就应当欢迎七嘴八舌了。虱多不痒，遇到的争议多了，我索性写文章讲：我的名字叫邓伟志，我的号叫"邓争议"。做学问不可能没争议，争议是推力，推动逻辑更严密，概念更准确。

几十年来，我是在出错与纠错中匍匐前进的，是从不错被误为大错、又被好人保护过关，侧身挤过来的。人们常讲酸甜苦辣，我从自己的经历上觉得这四个字描绘得不全，我又加了四个字"咸痒涩麻"。酸甜苦辣、咸痒涩麻"人生八味"我都尝过。

为潘汉年的"心病"作个"解"

从《世纪》(2019 年第 6 期)上看到张云教授的《潘汉年在南京会见汪精卫之谜》,很受启发。文章讲潘汉年见汪精卫是被动的,并且没说不当的话,符合实际。文章中提到潘有"心病"。什么心病呢?那就是他没有及时向党中央汇报。为什么迟迟不汇报呢?这是我长期关注的敏感问题。30 年前我向扬帆、张承宗、梅达君等老领导请教过。

最近三个月,我同几十位百岁上下的老领导朝夕相处。老领导中有好几位是潘汉年的部下,有的还因潘汉年事件入狱 14 年。聊天时,大家免不了把话题扯到潘汉年的心病上。百岁上下的老人,有的记忆力惊人,并能清楚地表达自己的看法;有的记忆力不错,也能表达,但是耳聋听不见,把问题写给他看了以后,马上滔滔不绝。对潘汉年拖了 11 年才汇报见汪精卫的事,大家作了如下的分析。

在潘汪见面后,汪派为了往脸上贴金,立即发布消息声称:汪精卫会见中共要员。国民党为了抹黑共产党,也随即发布消息:汪精卫会见中共要员。在延安的中共中央不知道潘见过汪,马上辟谣:绝无此事。这三方面的公开报道,潘可能是知道的,心情自然沉重。

潘汉年是 1943 年 3 月在国民党大特务李士群设了一个又一个圈套后,才见汪精卫的。也就在这时候,延安破获了多起伪装革命者的人,原来是国民党派遣来刺杀毛泽东的特务。于是,4 月延安开始"审干",5 月发动"抢救运动"。"抢救运动"的浩大声势对潘汉年多少有点威慑。紧接着,6 月新四军的"黄花塘事件",致使潘汉年欲说还休,说了肯定挨整,不说也罢,他就没说。人无完

---

*　原载《世纪》2020 年第 2 期。

人,潘的这种心理状态就是心理学上的"心理感染",也是一种负面的思维共振。

上海解放后,潘汉年威望极高,做报告满堂喝彩,尽管七届二中全会明确规定"少拍掌",可是听众给他的仍然是掌声如雷。人无完人,他那患得患失的缺点,让他没有提及此事。1949年饶漱石提出"以特制特",本无可非议。不料1954年批饶漱石的"以特制特",不消说,潘汉年是做了不少"以特制特"工作的。他见大事不妙,回想过去,便主动向陈毅作了汇报。陈毅立即向毛泽东报告,潘汉年得到的报应是"永远不得重用","穿着拖鞋被押走"。可以断言,对潘汉年的这般处理是过分的,失当的。不过,如果换位思考,汪、蒋过去在他身上大作文章,使得延安把不是谣辟成谣,给党制造了麻烦,是不是对那过重的报应也有可理解之处呢?很多人不知道的是,中央看在潘汉年功劳卓著的面上,对他的关押是有特殊照顾的,只是不允许随便外出。

纵观潘汉年的全部历史,我们应该反思。第一,要充分理解地下工作之艰难。他们远离党组织,不像正规部队,遇事可以开会讨论,转身可以向上级请示。可是地下党连开会的机会也难找到,随便见上级说不定是害了上级,说不定会给上级招来杀身之祸。地下党可谓孤胆英雄,对时时处处把脑袋拴在裤带上过日子的地下党的失误,应当充分谅解,对他们的政治安排至少应当与正规军平行,甚至高出半格。第二,出了事故以后,对更多人和事产生怀疑,这在心理学上属于前面提到的"心理感染"中的一种"爆发性"感染,是难免的,但是怀疑不等于事实,不可以匆忙作结论,否则会酿成"大群体感染",那就成了"刮飓风"。"一俊遮百丑,一丑遮百俊"的思维方式祸国殃民。什么事情都要"一分为二,合二为一"嘛!第三,在政治生活中,切忌大轰大嗡。大轰大嗡不是群众运动,而是"左"得出奇的"运动群众"。《人民日报》曾经披露一个消息,在潘汉年被关押后的大量外调中,替潘说好话的"只有一个半人"。"一个"是潘已离异的前妻。有人说,潘已离异的妻子之所以敢替潘说好话,是因为她是"不懂政治的普通人"。如此评价她是不恰当的,但其中也有发人深思之处。再想一想,八届十二中全会把刘少奇"永远开除出党"时,无一人投反对票。唯一一位被"四人帮"以反对开除刘少奇之罪而打压的女性中委,其实她也不是公开反对。她是既不举手赞成,也不举手反对,也没举手弃权,而是埋首漠然置之。对大事没有不同意见是不正常的,立于不同角度,看到不同侧面,很难一认就同。后来证明好多人内心里是不赞成开除刘少奇的。刘少奇平反后,只有襟怀坦白的胡耀邦就自己曾举手赞成而作了自我批评。只有胡一人公开自责，这也是不正常的。毛泽东就延安整风扩大化向受害者鞠躬道歉，对陕甘宁贯彻"三三制"不力而鞠躬道歉。由此必须引出第四条教训。第四，要学会道歉，勇于自我批评。"人非圣贤，孰能无过？"依我之见，圣贤也是有不少过错的。批评与自我批评是党的"三大作风"之一，是不可忘却的初衷。中央宣传部老副部长周扬整过人，"文革"后他诚恳地向被他整过的人道歉，再道歉，取得谅解，博得好评。

逝者已矣，生者还在。从剖析潘汉年的"心病"中还能引出什么哲理，我将继续向我周围百岁上下的老人请教。

普遍性仅次于宪法的根本大法
——重读中国的第一部婚姻法*

在迎接纪念 1950 年 5 月 1 日颁布施行的新中国的第一部婚姻法《中华人民共和国婚姻法》70 周年的日子里,我的心情很不平静。因为婚姻法的七位起草人个个都是我从青年时代就崇敬的老一辈革命家,尤其是执笔人王汝琪,她是我的师母。她丈夫陈传纲 1958 年是上海社会科学院筹备组成员,他们感人肺腑的故事常常浮现在我的脑海。

第一部婚姻法的起草过程

1948 年 9 月 20 日至 10 月 6 日,解放区妇女工作会议在平山县西柏坡召开,华北、西北、山东、华中、华南等解放区的妇女干部 85 人出席这次会议,中共中央直属机关 80 多名干部列席会议。就在这次会议期间,刘少奇同志召集中央妇委负责人,在他与王光美刚刚结婚的两间土墙瓦顶房里开碰头会。刘少奇在问了一些会议的情况后,说:"今天,找你们来,想交给你们一项任务,先吹吹风。新中国成立后,不能没有一部婚姻法,我们这么个五亿多人口的大国,没有一部婚姻法岂不乱套了?这个任务交给你们中央妇委,你们马上着手,先做些准备工作。"于是,中央妇委当即成立了以邓颖超同志为首的起草小组。

从 1948 年秋到 1950 年春一年半的起草过程中,有四点值得后人学习借鉴:

---

* 写于 2020 年 4 月。本文获上海市民政局"传承婚姻文化、守护家庭幸福——纪念新中国第一部法律《婚姻法》颁布 70 周年主题征文活动"一等奖。

（一）起草小组的组成做到了老革命与大知识分子相结合。起草小组由邓颖超任组长，成员有帅孟奇、杨之华、康克清、李培之、罗琼和王汝琪。7人中有4位是20世纪20年代入党的老党员，有3位是30年代入党的党员。从学历上看，有5位高学历。七位全部从事过妇女工作，编写过妇女报刊。既然是立法，七位中的王汝琪是复旦大学法律系科班出身，因此由她执笔最为合适。起草小组人员优秀，结构合理。她们是婚姻自由的先行者，反封建的领航者。人们都会记得20世纪20年代，沈剑龙与杨之华离婚、瞿秋白与杨之华结婚的故事。他们三位公开登在上海《民国日报》上三个启事：一是瞿秋白与杨之华的结婚启事；二是沈剑龙与杨之华的离婚启事；三是瞿秋白与沈剑龙结为好友的启事。开文明之先河，树自由之新风，古之所无，今亦罕有，可歌可颂！

（二）起草小组很重视研究中国共产党近30年来在婚姻家庭方面的正确主张。刘少奇把毛泽东1931年签署发布的《中华苏维埃共和国婚姻条例》拿给了起草小组。起草小组把这份《条例》当作主要参考资料，继承其精华。同时她们还注重研究1922年中共二大的《关于妇女问题的决议》、1930年闽西根据地的《保护妇女青年条例》《闽西婚姻法》、1931年鄂豫皖根据地的《婚姻问题决议案》，以及抗日战争和解放战争时期制定的《陕甘宁边区婚姻条例》《晋冀鲁豫边区婚姻法暂行条例》。40年代在晋察冀曾出现普选家长的活动，在延安《解放日报》连续发了十多篇记者采访，于是毛泽东和张闻天合写了《巩固家庭，变革家庭》的评论。虽然评论未曾公开发表，但是那些有关报道无不成为起草小组研究的对象。"巩固家庭，变革家庭"成为起草婚姻法的指导思想。

（三）开展调查研究，一切从实际出发。中央妇委在接到起草婚姻法的任务后，不是关起门来作文章，她们马上开始在山西、河北、察哈尔等省解放区农村作调查研究。她们了解到婚姻案件占民事案件的比例，少的占33.3%，多的达99%。在北平、天津、西安、哈尔滨等已解放的城市中，婚姻案件少则占民事案件的11.9%，多的占48.9%；在婚姻案件中离婚及解除婚约的，在上述四座城市中平均占54%，少的也占到51%，多的有84%。离婚原因主要是包办、强迫、买卖婚姻，虐待妇女，重婚，通奸以及遗弃等。女方主动提出离婚的占58%~92%。后来她们又了解到从1949年7月到1950年3月，仅河南省的部分县市就有122名妇女被夫家杀害或被逼自杀。调查得来的这些数据，既激发了她们起草的积极性，也成为起草、制定法律条文的针对性和重点。

（四）发扬民主，反复修改。1949年3月，初稿从西柏坡送进北平前，开过多次座谈会，反复讨论修改过多次。讨论中争议最大的是第9条："确定离婚自由，凡男女双方同意离婚的，即行离婚。男女一方坚决要求离婚的，亦即行离婚。"虽然离婚自由在她们当中已达成共识，但有的同志担心离婚太自由会不利于社会稳定，尤其在农村，必定要触动一部分农民的切身利益，导致他们成为反对派；另外一些同志则顾虑马上就要进城，担心进城以后，一些干部以"离婚自由"为借口，另觅新欢，抛弃农村的原配。但邓颖超态度鲜明，主张只要一方坚持也可以离婚。1950年1月21日，婚姻法草案呈送党中央，并附上邓颖超的亲笔信。信中写道："这个婚姻条例草案，曾经过妇委正式讨论过五次，会后交换意见多次，并另邀请了中组部、中青委、法委等几方面同志共同座谈过一次，历时两月有余。几经争论，几度修改，有些问题已经得到解决，但争论的主要问题，即一方坚持离婚，即可离婚，不附任何条件一则，至今仍意见分歧，尚未能取得一致。对于此点反对者是较多数人，赞成者包括我及少数人。现为了应各地的急需，且有关广大群众切身迫切的利益，不能再拖延不决。故大家商定，一致同意先以现在的草案，虽然我仍不完全同意，已经妇委多数同意了最后稿，并将我们不同的意见一并附上，请中央参阅作最后决定。另送了一份婚姻条例草案给法委，请法委将意见提交中央。"婚姻法草案一边修改，一边送各民主党派、中央人民政府、全国政协以及各司法机关、群众团体征求意见。又经政务院第二十二次会议讨论，并由毛泽东亲自主持，经中央人民政府委员会副主席、委员、政务院总理、副总理和委员以及政协全国委员会常务委员会委员等参加的联席座谈会讨论两次。其内容和文字在修改过程中，尊重每一个参与者的意见，保护少数。最后少数人提出的意见得到多数人的支持，方才定稿。

第一部婚姻法是反封建的宣言书

封建制度统治中国几千年。中国共产党要推倒的"三座大山"之一就是封建。中国共产党执政后之所以首先颁布婚姻法也是为了继续反封建。

第一部婚姻法以自由对抗封建，战胜封建。旧社会的婚姻多是由父母包办，搞买卖婚姻，男女双方没有自由，即使相爱也不能成婚，这是典型的侵犯人权。在那个年代因相爱而不能成婚，导致双双投河、上吊自杀的事屡见不鲜。婚姻法反其封建之道而行之，明确规定"废除包办婚姻""实行男女婚姻自由"，这是为自由恋爱扫除障碍,铺平道路。婚姻自由包括离婚自由。《婚姻法》第9条:"确定离婚自由,凡男女双方同意离婚的,即行离婚。男女一方坚决要求离婚的,亦即行离婚。"从而保障了人人都有结婚成家的权利。因此,这部《婚姻法》颁布不久,就被国际法学、社会学者评价为"恢复女性人权的宣言"。

第一部婚姻法以平等对抗封建,战胜封建。在封建社会"一夫多妻",富人家有三房五房姨太太的,毫不稀奇。男女人口数量是平衡的,有人"多妻"必然有人"无妻"。穷人讨不起老婆的事比比皆是。当时有首题为《穷光蛋娶妻》的顺口溜生动地反映了穷人的婚姻状况:"头一天吃的麦子面,第二天吃的地瓜蛋,第三天吃的瞪眼看。穷光蛋饿倒了,花媳妇饿跑了。"婚姻法明确"禁止重婚、纳妾",废除了"一夫多妻"就可实现一夫一妻。这在今天看来是不足道也的平常事,可是在贫富悬殊的年代,要做到这一点难于上青天。时任司法部部长史良解释说,要从不平达到平,必须加倍扶植实际处在不平地位的妇女,才能真正走向男女平等。也正如1950年4月26日《人民日报》中所说:"这部新的婚姻法完全符合全中国男女人民的一致要求。它的颁布有划时代的意义——废除了封建主义的婚姻制度,实行了新民主主义的婚姻制度。"新的婚姻法代表中国广大劳动妇女的利益,大大提高了妇女的就业率,促成了"妇女能顶半边天"。

第一部婚姻法以法的威力对抗封建,战胜封建。法律是社会治理的第一标杆。《婚姻法》实施后,效果立竿见影。据当时华东司法部统计,仅1950年下半年的婚姻案件便超过4万件,其中多数是女方因无法忍受包办婚姻、重婚、家庭暴力等主动提出的离婚案。但是也有些地区贯彻不力。1953年2月1日,周恩来签发《中央人民政府政务院关于贯彻婚姻法的指示》,要求"展开一个声势浩大、规模壮阔的群众运动,务使婚姻法家喻户晓,深入人心,发生移风易俗的伟大作用"。紧接着一场持续数月的《婚姻法》宣传运动蓬勃展开,报纸、广播、电影、戏剧齐上阵。据统计,全国70%以上的地区开展了这场声势浩大的《婚姻法》宣传贯彻运动,全国成年人口近一半直接受到了教育。区、乡领导以及宣传员深入街道、单位、农村宣讲《婚姻法》。《刘巧儿》《小二黑结婚》等戏剧演出座无虚席,大受欢迎。通过对婚姻法的宣传运动,全社会认识到妇女的解放是生产力的解放,是思想的大解放,是一项政治任务。《婚姻法》横扫封建如卷席。《婚姻法》被毛泽东称为"普遍性仅次于宪法的根本大法"。

中国的婚姻法不断向前

法律要有稳定性，但是从历史长河看法律没有一成不变的。1950年4月16日中央人民政府委员会第七次会议通过的中国第一部《婚姻法》共8章27条，相当完整。可是社会在发展，尤其是在改革开放以后，中国实行市场经济，国家由穷变富。同任何伟大的举措无不有二重性一样，市场有市场病，富有富人病。要推行市场经济就要解决市场经济中出现的与家庭有关的各种矛盾。

在市场经济中出现了债权问题。有人把财产转移到妻子身上后，搞假离婚；有丈夫失踪躲债，债务落在不知情的妻子身上。诸如此类，都需要以法律为准绳来处理。因此2018年债权问题被加进了《婚姻法》。

在富起来以后，财产继承权问题突出起来。这就要求继承权这一条需要细化，把婚前财产与婚后财产区别开来，把个人财产与共同财产区别开来。富起来了，天价的彩礼出现了。在基尼系数增高、贫富差距拉大的情况下，"因婚致贫"的事出现了。这都需要用法律条文来规范，因此，1981年、2019年《婚姻法》自我更新，再作修改，并进而写入了《民法典婚姻家庭编（草案）》。

还有家庭暴力问题。2001年在《婚姻法》里加上了"禁止家庭暴力"。2005年又把"禁止对妇女实施家庭暴力"写入《妇女权益保护法》，使中国的家庭暴力大为减少。不要认为这是小事，"不比不知道，一比吓一跳"。如今的美国平均每个月有52名女性被其伴侣枪杀，有450万名妇女受到枪支威胁。联合国妇女署的数据显示，多达70%的美国女性曾遭受来自伴侣的身体或性暴力。《路易斯安娜周报》网站2019年12月16日报道称，超过40%的女性表示，她们在工作中遭遇性别歧视。

中国的婚姻法走在前，中国的婚姻法正在不断向前！从1950年的第一部婚姻法演进到即将诞生的《民法典婚姻家庭编》，中国的婚姻法日臻完善。

又想起了韩材料*

战疫打响以来,看电视的时间多了。不知怎的,有好几次看着看着便想起了老领导韩哲一。

韩哲一在上个世纪50年代任国家经委副主任。那时,毛主席、周总理听汇报,主任总要韩哲一陪着去。韩对毛、周等的提问,总能回答得清清楚楚,有些数字能讲到小数点以下两位。有次韩哲一不在北京,主任去汇报。说主任"一问三不知"似乎过分,说他"三问一不知"则是事实。毛、周对主任有点不满意。毛主席说:"你那位'韩材料'不来,你就讲不出了。"从此"韩材料"就在中央机关传开了。60年代初"韩材料"调中共中央华东局任候补书记、书记,成了我的领导。当时我在政治研究室工作,对"韩材料"仰慕的同时,也注意他是如何成为"韩材料"的。都说他记忆力好,这固然不错,可是没讲出一个"所以然"。我悄然观察。

哲一同志(读者诸君,请谅解我不称"韩书记",因为当时中央有通知,一律不称职务,都要称同志)重视第二手资料,但他更注意第一手资料。那时正搞三线建设,三线者,"山线"也。"韩材料"不辞劳苦,爬山进洞,抓第一手资料。他有次为了提醒我们抓第一手资料,讲了一个故事:在夜间急行军中,三班的马靴子掉了,向后传:"三班的马靴子掉了,后面看见了,捡起来……"传到后来,变成了"司马懿的胡子掉了"。后面的战士说:"司马懿的胡子掉了,关我们什么事?"听了他的教导,让我开始懂得他记忆力好是因为他手中的资料有很多是他亲自抓来的。

不仅如此,我们还观察到他对第一手、第二手来的数字,无不反复考量:

---

* 原载《大江南北》2020年第4期。

是真是假？是进是退？下一步，是让这数字增还是减？增到什么程度？减到什么分寸？把数字当作研究的对象、决策的参考，这也是"韩材料"能够做到别人会忘记，他不会忘记的缘由。

1966年秋，无锡一家军工厂上千人来华东局请愿，要求增加收入，还扬言再去北京揪赵尔陆部长。当时，在衡山宾馆旁的风雨操场接待他们。先听厂造反派头头申诉，再由华东局分管领导讲话，最后哲一同志出场。他讲了这家厂在许多方面的贡献，再讲这家厂各类人的待遇，同时还讲他们兄弟厂的状况，最后还揭出造反派头头隐瞒的数字。但他不是生硬地揭，他说："可能是我没听清楚，也可能是你记错了，应该是……"台上的两位造反派头头其中一位还想解释，另一个头头制止了他。台下充满笑声。我后来知道，他们笑什么事都瞒不过"韩材料"，笑这位领导六省一市的"韩材料"对他们这个厂的情况怎么这样了解。于是他们来访时的气消了一大半，并表示回去抓生产，不去北京了。

材料，真实的材料，具有强大说服力；材料，真实的材料，具有公信力，走到哪里都可以亮出来。"韩材料"能做到，我们也应该能做到。

我在小小村落里长大
——八十抒怀之六*

每次放歌《我与我的祖国》,唱到"小小村落,袅袅炊烟"时,我总会想起建国前自己住过的一二十个小小村落。

复杂的政治形势逼得我们担惊受怕,四处奔走

俗话说"树怕移,家怕迁",这是前人的经验积累。那我们家为什么还要东搬西迁呢?是为了学习"孟母三迁"吗?不是。"孟母三迁"是自觉的,我们在苏鲁豫皖几个省搬来搬去,这完全是当时复杂的政治形势、军事形势决定的,是不得已的。我是在日本侵略中国、徐州沦陷那一年出生的。家乡萧县是徐州的后花园,我家的村庄离徐州只有20公里,沦陷后,日军杀光、抢光、烧光,民不聊生,受冻挨饿,百姓只能颠沛流离。

具体说到我家颠沛流离的情况,可能是别处见不到的。因为萧县地处三省交界处,萧县原归江苏,现属安徽,两省交界就不用说了。萧县西部与河南省的永城县接壤,这就是三省了。萧县与山东不相连,但萧县共产党的组织一度由山东分局领导。大家都知道《铁道游击队》里歌唱的微山湖,是山东省的。很多人不知道,山东有个湖西(微山湖以西)特委,湖西特委一度领导中共江苏萧县县委,这就是四省了。我们那里古代有个牌坊,写有"五省通衢"四个大字,那就是再加上一个河北省。萧县距离河北省的南部也不远。从行政区划上说,这五省都由国民党统治。他们是军阀割据,各省之间尽管钩心斗角,但是他们在对付共产党上都是杀人不眨眼的,真可谓"五座大山"压迫我们。

---

* 原载《世纪》2020年第3期。

无论是抗日战争时期,还是解放战争时期,萧县都是"一县两制",东部津浦路两边属国民党,西部山区归共产党。国民党的县政府设在位于中东部的县城,共产党的萧县人民政府设在瓦子口以西,离河南省不远的陈杨山。可这又不是固定的,是动态的。建国前,萧县一直是"拉锯地区"。那时敌大我小、敌强我弱,共产党采用了"敌进我退,敌驻我扰,敌疲我打,敌退我追"的战略战术。因此,在"敌进我退"时,我的家乡就属国民党统治,在"敌疲我打,敌退我追"时我的家乡就由共产党领导。在我们那里常常是上半年国民党统治,下半年共产党领导;上个月国民党统治,下个月共产党领导。在"敌驻我扰"时,我们那里甚至还存在白天是国民党统治,夜里是共产党领导的现象。村上都有保甲长,不用说,保长是国民党的安排。可是在我们那一带的保长不一般。国民党占领,保长孝敬国民党;共产党来了,他为共产党操劳。准确地讲,保长大多是白皮红心。空间上是一县两制,时间上是拉来拉去的"拉锯",决定了我们作为共产党的家属,既要躲开日本汉奸的维持会,又要躲开国民党反动派。躲得开日子好过,躲不开不得安宁,饱受煎熬,居无定所。

小小村落,大大安全

居无定所,住到哪里去?萧县有座汉高祖刘邦称帝前躲藏的大山,叫皇藏峪。那里有山洞,有拔剑泉,确实是躲藏的好地方。可咱草民绝不步皇帝后尘,我们另辟蹊径,选择了小小村落。小小村落多在血缘上是一个姓,地缘上同在一个小山沟,业缘上都是一个"农"字,邻里关系就像农民家门口石榴树上结的石榴那样,亲密无间,抱成一团。村里只要有一家愿意保护我们,全村都会保护我们。小小村落里多是穷村,穷人的朋友少,交通也不便,来来往往的人不多,容易隐蔽。穷人生活条件差,房子少,没有给国民党部队提供住房的优越条件,国民党部队也很少来。再说,国民党部队也知道穷人不跟他们一条心,他们也不大喜欢来穷村。还有,我们那里的穷村一般都有地下党员,他们有办法安置我们,转移到东,转移到西。有一次一位熟悉的叔叔告诉我母亲,让一位地主家的长工牵条小毛驴送我们转移。路上这陌生的长工轻轻地说了一句:"我见过果白(我父亲的名字)兄。"母亲大喜过望,知道父亲还活着。母亲再向他打听,他不再说什么了。不过,仅长工这一句就给我们全家带来极大安慰。大约一年多以后,淮海战役刚开始,两名解放军骑着三匹马,让那"长工"骑上马,走马上任去当兵站站长。这可把我们乐坏了,原来他不是一般长工，是地下党员，是父亲的朋友田启松叔叔。上海解放后，田启松叔叔又成了上海嵩山区区长。在那个年代，我们就是这样在地下党的指引下，到一个又一个比皇藏峪更安全的小小村落里居住、躲藏。——在写这一篇回忆录的时候，正值国内新冠病毒爆发，我想再加一条小小村落的安全功能。解放前有一年冬天，瘟疫大流行，离我们居住地不远的大村，天天都有尸体抬出来。当时，麦苗不高，连我们小孩子都能远看他们埋葬。可我们这小小村落里平安无事，表面上不隔离，实际上的距离比隔离要远百倍。用现在的语言讲，我们小小村落疑似病人零，确诊病人零，死亡人数更是零。这又进而让我思考一个规律性的问题：人口密度与传染速度和广度之间应该有怎样的函数关系。

小村落，大学校

小小村落里是没有学校的，孩子要到附近的大村庄里的学校去读书。说起来有人不信，我们那时的小学入学不必考试，你要读几年级就给你读几年级，老师只要"相"几分钟的"面"就定下来了。如果手续正规化，等考试张榜公布时，政治风云就要大变了。国民党的课本与共产党的课本是不一样的。正在读共产党的课本时，如果国民党来了，课本交给老师，统一埋地下，等国民党走了再拿出来。天无三日晴，朝不保夕，只能以简胜繁，以不正规胜过正规。

由于教师自己的命运动荡不定，停课、部分停课的事是常有的。停课后就以社会为课堂，拜穷人为师。我家乡的穷人"人穷志不穷"。再说一件令人难以置信的事：建国前，在我们穷萧县没有摇尾乞怜讨饭的。一是我们家乡流行一句话："冻死迎风站，饿死赛贫子。"贫子再贫也不讨饭，也要用男子的美称"子"来称呼。不乞讨怎么办？唱《好歌》。这《好歌》像《红楼梦》的《好了歌》，又不同于《好了歌》。一般是两名饥饿者在富人门口一唱一和，生动形象地夸奖富人如何如何行善乐施，好有好报。唱得富人笑不可支，便主动给唱者送上吃的。二是因为陇海、津浦两条铁路都穿过萧县，人们穷得没办法时便跳上火车到外地打工。我们那里还流行一句话："宁向南走一砖，也不向北走一千"，一般说是去江南。由于能吃苦，肯学习，不用几年就能从跑堂变成小老板。小小村落人"穷且益坚"的品格让我终生难忘。几十年来，我侧重研究民生社会学，写了几十篇文章为穷人呐喊。现在"弱势群体"这一概念随处可见，可是当年我文章中的"弱势群体"四字被大报删掉。无奈，我转为"三个面向"：面向基层、面向边疆、面向小报，拿到云南省发表。讲贫困的多了，有人讥笑我为

"贫困社会学家",我不仅不计较,反而更促使我乐于做一个"无恒产而有恒心者"。

居住的小小村落多,接触的人多,不消说,尝到的人生滋味也多。通常讲"甜酸苦辣",我曾经在这四个字后面又加上"咸痒涩麻"。"咸痒涩麻"这四个字来源于我住过的村落。人啊,不可能都是一个面孔。有次在国统区我们被敌人发现了,母亲与孙叔平的夫人颛孙大娘(哲学家孙叔平姓"颛孙")、许智远的夫人"大脚嫂子"(嫂子与我母亲年龄一样,只因有亲戚,按辈分称"嫂子")三人被押到县衙门受训诫。周围讥我者有之,耍我者有之,欺我的富家儿多多。母亲回来后,我难过得哭了,母亲便教我背一句名言:"美之所在,虽污辱,世不能贱。"背一遍还不行,母亲叫我立正站好,背一遍,再背一遍。坏事变好事,这让我在孩子时代就开始学习与各类人相处。由于"甜酸苦辣咸痒涩麻"的人生八味都感受过,长大了免疫力就会大一些。我尊重人,哪怕坏人我也尊重他的人格,不侮辱他。我崇敬很多了不起的人,但不迷信他们,哪怕是文帝、景帝那样的伟人,我也在经过研究后对他们一分为二,或"三七开",或"二八开"。

住在解放区的小小村落跟住国统区不一样,我先后担任过四个村庄的儿童团长。驻在村里的解放军给我们讲朱德的故事、刘伯承的故事,教我们唱"手把着锄头锄野草呀,锄去了野草好长苗呀!呀呀嗨,呀呵嗨"。一语双关,教我们敢于"锄草",善于"锄草"。老师为了要我们懂得人小志气大,教我们唱:"小胡椒辣人心,秤砣不大压千斤。"为了教我们树立为穷人翻身的志向,教我们《穷光蛋娶妻》:"头一天吃的麦子面,第二天吃的地瓜蛋,第三天吃的瞪眼看。穷光蛋饿倒了,花媳妇饿跑了。"因为是在"拉锯地区",有的儿童家长不让子女加入儿童团,怕留下后患。老师为了扩大儿童团队伍,教我们唱:"调皮小三子天天瞎胡闹,东跑跑西跳跳,什么事情都搞糟。小三子加入了儿童团,在家孝父母,出门敬长老,人人都说小三子变好了。"村长指导我们站岗放哨查路条。村长说儿童站岗有时比解放军站岗还管用。我们站岗不是一个人,是五六个儿童在村外十字路口玩耍。有次真的来了一个国民党探子,问我们村里解放军情况。我使个眼色,示意两个儿童团员回村里汇报,我等三四个人继续与探子瞎聊,拖住他。一会儿,解放军从后面沟里出来,抓住了探子,我们几个儿童因此受到夸奖。

"小小村落,袅袅炊烟",我们家乡的炊烟过去是用什么点燃的呢?火柴吗?不是。那时火柴称"洋火",穷人买不起。我们山里的人认为"乞火不若取燧"，小小村落里的人一般都是用火石，即燧石来点燃。我不管住在哪个村落，都能看见老人用一个厚一毫米的铁片，打击鸡蛋大的火石，冒出火星，燃着芦苇羽毛、高粱秆芯、大烟袋里的烟沫，以及干树叶什么的，都能点出火来。这火不仅自己用来烧无米之炊，天下穷人是一家，一墙之隔的邻居家会用一根去掉做绳子的表皮以后留下的青秆，再把火引过去，烧出富人瞧不起而穷人吃起来津津有味的地瓜汤、南瓜饭。新中国建立初，在家乡读中学时，学到古人用"闪电的光，燧石的火"来比喻转瞬即逝，我心里不服。燧石的火如果不与千家万户连结，确实是短暂的；如果与千家万户紧相连，那就会引出永不熄灭的、可以与彩云握手共舞的袅袅炊烟。

　　小小村落是我的根。我"立根原在"小小村落的"破岩中"。小小村落，与祖国的广袤大地紧紧相连。小小村落是祖国母亲身上的抗体，小小村落让我们从磨难中走出来。我爱那里的每一座山，我爱那里的每一条河！

我与"八大员"的情分*

我是1961年2月从上海社科院借调到中共中央华东局农委搞调研，1962年6月正式调到华东局政治研究室工作。在整个华东局机关里我是最小的小干部。华东局里高干林立，华东地区六省一市的第一书记、三个大军区的司令员都是华东局领导。我与他们的级别悬殊太大，可谓是典型的"可望而不可即"，远看而不近交。实际上，我也并不太愿意与他们攀谈，欠自然，难亲切。我最喜欢交往的是机关里的"八大员"：炊事员、警卫员、驾驶员、机要员、打字员、交通员、花工和医务人员。

先说炊事员。炊事员有老有小，老的是"扬州一把刀"，50岁上下，我与他有代差，见面只微笑而少交谈。我熟悉的是一位收饭票的年轻人。我们熟悉到什么程度？只要是食堂里有水饺，我不开口他就知道给我打八两。有次我主动说"六两"，他问我："怎么了？"我说："发高烧。"排在我后面的老领导马上伸过头来看看我："厉害！发高烧还六两，我不发高烧才吃三两。"再后边的人也笑了。1968年12月下"五七干校"，在干校晚上如果播出"最高指示"，我们就会全体出动向南汇县彭镇方向游行欢呼。敲锣的就是那位年轻的炊事员。不知他是过于热心还是过于用力，有次竟然把锣敲破，逗得大家笑不可支。可是不久，听说他被隔离了，什么原因我至今也不知道。在那个年代隔离，估计是犯了什么"政治错误"。可是在我眼里他是很朴实的。

再说驾驶员。华东局机关不大，只有五百来人，可是车队司机不少，因为有资格坐车的大干部太多。我没资格坐轿车，与驾驶员接触不多。可是，下"五七干校"以后不一样了。我们是每月集体回家一次，不用说是坐大卡车。

---

* 写于2020年6月25日。

干校位于芦潮港过去的大海内堤与外堤之间。从芦潮港到市区车子好开,从芦潮港到干校这几公里车子难开,因为没有公路,是在海堤上开的。海堤很窄,搞不好会滑下去。在这段路上,开惯轿车的不一定敢在这海堤上开卡车,好像只有一位司机敢开。尤其是冬天结冰时,更容易滑下去。有几次轮子滑下去十几厘米,这时司机就会把我们年轻人喊下来,顶的顶,推的推。由于这位司机爱讲俏皮话,我爱听,因此也乐于帮他忙。不料有一天晚上从他们五连的草屋里传来好像是打倒他的喊声。我走出我们二连的草屋到他们草屋跟前仔细一听,果然是造反派在喊打倒他。什么问题呢?因为他说了这样一句话:"干校干校是干部的学校,叫我们工人来干什么?"第二天在食堂打饭,只见他面孔绷得很紧,不说俏皮话了。大概是在海堤泥地上开车非他莫属的缘故,也许是有人为他说话,几天后他就平反了,又见面讲俏皮话了。

三说警卫员。大到柯庆施、陈丕显的警卫员,老到饶漱石、陈毅、曾希圣、罗炳辉的警卫员,大到保卫科长,小到"好八连"的战士,我都认识。认识他们有个好处,建国西路华东局礼堂放电影我们可以进去,康平路市委小礼堂放电影我们进不去,可是认识了警卫员,一招手就进去了。警卫员非常同情我们单身汉,周末没事干,进电影院要买票,没那个钱。康平路小礼堂放领导家属进来也坐不满。与警卫员交朋友还有一个最大的好处,能听到领导轶事。警卫员知道的多是小事,可是"小中"可以"见大",从他们所述的"细节"可以了解领导的"大节"。况且警卫员不大会说套话,从他们口里出来的玩笑话,即使是"没下颌的话"也都是大实话。1964年秋冬,我们在学习了持有"政权不在我们手里"这一论断的"桃园经验"之后下乡。我与一位曾在1943年护送陈毅去延安的老警卫在一个生产队。我是组长,他是组员。我们队同兄弟队的看法一样,认为这里不像是"政权不在我们手里"。可是一位很有声望但相信"桃园经验"的大领导听了汇报后说:"不要把自己的想法说成是'群众呼声'。"会上顿时一片寂静。不料陈毅的老警卫员马上冒出一句:"也不要把领导的说法说成是'群众呼声'。"大领导还好,没生气,苦笑一下就过去了。惭愧!组长不如组员。——半个多世纪后的今天,每当我回忆起大领导和老警卫的这番对话,都会让我头脑复杂而又清醒,少点直线思维,少点"本本主义"。

四说机要员。我后来所住的吴兴路沿淮海中路的大楼里绝大部分是机要局的人员。他们大多出身贫寒,生活上并不富裕。他们只同我讲生活,不讲工作,生活上互相帮助,机要上的事守口如瓶。由于我1964年在曾任瑞金军委二局的局长身边工作,局长是中共机要工作的创始人。毛主席讲"打着灯笼长征",那"竹笼"就是指的这位局长。他跟我讲过机要工作的艰辛,半夜里有电报来,马上就得爬起来收听,行军途中有电报,边走边译。"四渡赤水"的成功是靠"一言难尽"(恕我只能用这个词,待解密后再说)的电报指挥的。因此,我对从事机要工作的同事十分佩服。他们的行动远没有我那么随便,做到这一点很不容易,难能可贵。他们对工作那么忠诚,不分昼夜,值得我学习。他们的记忆力那么惊人,从不出错,简直是不可思议。更值得一提的是,"文革"中不管别的部门"造反"造到天上,他们也按兵不动,不造机要工作自身的反,坚持以正面学习为主。

　　五说打字员。我同打字员的交道打得最多。那个时候的手摇打印机现在早淘汰了,现在只要在电脑上写出来,作者自己揿一下按钮文章就打印出来了,不用再请别人一个字一个字地去打,不再用蜡纸和沾满油墨的轮子去推,可是当年写文章的人谁也离不开这样的打字机和打字员。我们政治研究室的打字员在一次打字速度比赛中获第一名,大家为她祝贺。她是高中毕业,学习很努力。她在打字时,有时还会诚恳而又温和地指出我们文章中的错别字,以及在标点符号上的错误。她还有一个特点,善良又稳重,她听到的人与人之间的是是非非,从不吐露一个字。法国有句谚语把"爱嚼舌头"的人叫"洗衣女人",因为妇女爱在几个人一起洗衣时议论张家长李家短。我们室的打字员从不乱说。

　　六说接待员。机关接待处的人讲卫生,讲整齐,个个标致,用今天的话讲,都是"帅哥"。接待工作不容易做,遇到朴实的大首长好接待,还能学到不少有用的道理;碰到脾气大的首长,说不定会挨骂;还有时候,"阎王好见,小鬼难缠",首长好伺候,首长的随从百般挑剔,很难对付。他们告诉我,陈云、陈赓、刘亚楼人品最好,江青等人难办。大概是1965年初冬我到小剧场看戏,这本是很平常的,可是一到门口,见三位接待处的人肃然而立。他们看见我不像平常那样对我开玩笑了,我心里明白:今天有要人来。19时多,开戏前一两分钟,要人进场:一位女士走在市领导前头,身材细长,戴着帽子,穿着黑色呢子大衣,扎着腰带。这人是谁呢?因为要人坐7排,我坐2排。为了弄清这位走在市领导前头的女领导的来头,我向后看了两三次。坐在我旁边的老首长江岚同志看出我的心思,问我:"你知道她是谁吗?"我说:"不知道。"江岚同志小声告诉我:"江青。"我恍然大悟,心想:这够接待员他们几个苦的了。演出中间休息时，工作人员专门在江青座位上下多喷了些香水。

七说花工。华东局机关分布在五处，特别需要花工的是两处。我们研究室在淮海中路1813号，院子里有大树，还有小河，花园面积多大我不知道，只知道花园东面的宛平路没有2号到8号，都是我们的院墙。我们花园的深度就一直到宛平路10号的篱笆；因为是梯形，宽度更加说不清。最宽的地方几乎与宋庆龄住处相接。我们大树上的鸟儿与宋家大树上的飞鸟是共用的，尽管中间还隔着刘司令一大家。在这么大的花园里成天能看见一位花工在忙忙碌碌。我这个人喜欢接触工农，有空就去跟花工闲聊。不聊不知道，一聊才知道这里大有学问，说得夸张一点，比种麦、种稻的学问丰富得多。因为花的品种多，要一年四季都有花开，就要学会搭配，不同的花喜欢不同的土壤，喜欢不同的水分和肥料，还有在小河里种什么花，更有讲究。是啊！真要做到"百花齐放"要下大功夫才行。我从花工那里听到了不少新鲜知识，遗憾的是几十年来没有实习的机会和条件。

最后说一下医务人员。康办对面弄堂里有个小别墅，主要是为领导人做保健工作的"康平路医务室"，但是市委办公厅和华东局两个单位的工作人员以及不属于上述两大系统，但住在附近的几位局级干部都可以来这里看病、拿药。医务室服务一流，岳、纪、胡、王等医生是全职大夫。我那时不像现在浑身是病，可是因开夜工而感冒发烧的事还是有的。1965年底，有一次去医务室，长脚王医生喊道："小凳子驾到！"大家都朝我笑。年轻的女护士小杨、小刘他们偷偷地微笑。对这突如其来的大笑，我有点奇怪，但也没多想什么。病还没看好，华东局计经委老彭进来后，和他在医务室工作的夫人小蒋一起把我拉到一边，问："认识不认识医务室小张？"我回答："认识。"又问："你对她印象怎样？"我立即回答："蛮好！工作细心。"他俩说："介绍你俩做朋友好不？"我沉默了一会，说："可以考虑。"这时我方才知道这桩事是他们医务室共同策划，最后委托彭、蒋夫妇出面找我谈话的。就这样，我与小张交往了一年多以后，于1967年初登记结婚。登记了，便是合法夫妻了，但实际上没有结婚，因为只有登记后才有资格申请房子。我当时住康平路100弄1号楼，因为住在这里的市委的一位部长在家吊死，家属不忍也不敢住那间房间，便向华东局机关行政处提出：找一位年轻而又温和的人住在部长自杀的房间，于是就派我去住了。随着所谓"一月革命"风暴越刮越大，华东局造反派要求"走资派"压缩房子。因为我住的房子是市委的，不归华东局管，机关就动员华东局宣传部教育处长

(厅级)张远达老领导让一间房子给我。这样,我就荣幸地在康平路100弄510室举行了婚礼(后迁前面提到的吴兴路)。半个多世纪以来,我与小张相濡以沫,举案齐眉。她为了让我多读点书,做出很多牺牲,该我干的活,她抢着干。通常说"滴水之恩,涌泉相报",她给我的是"涌泉"之恩,我该拿什么来"报"呢?

往事并不如烟,历史是最好的老师。如果在历史上能遇到像"八大员"那样优秀的老师,那历史就更加是终生难忘的恩师了。

改革的交响乐

——读《一个人的四十年》[*]

往事悠悠,岁月如歌。

我花了六七天时间,阅读叶祝弟先生主编的《一个人的四十年——共和国学人回忆录》,仿佛是在分享一曲改革的交响乐。

《一个人的四十年》是一部生动的改革史,是一部有血有肉的改革史。书中近百位老少学者40年的亲闻、亲见、亲历,折射出中国的当代史。不同学者从不同角度、不同侧面的描绘集合成一部立体的学术史。书中相当多的作者在40年前是山沟沟里的知青,耕地、锄草、抬大粪。有的还是被人鄙视的"黑五类子弟",极个别的人是刚刚走出监狱的"罪人"。1977年恢复高考,成为他们这一代人命运的转折点。高考让他们破土而出,扶摇直上,从"泥腿子"一跃而成为学科带头人,新时代的新先锋。1978年5月,正如本书第一篇所叙述的关于"真理标准的讨论",振聋发聩,扭转乾坤,把人们从本本主义中解放出来,极大地改变了人们的观念。1978年底的十一届三中全会,拨乱反正,从制度到观念,从社会到个人都有拨开云雾见青天之感。

书中的作者无不是改革的受益者。但是从作者的叙述中,尚能看出他们在"文革"后仍遇到过这样那样的麻烦,情绪有起有伏,时而欣喜,时而烦恼。这说明四十年是可以分阶段的,改革力度大,带给人们的喜悦多;改革力度小,带给人们的喜悦少。1992年邓小平的南方谈话和到首钢的谈话,是有针对性的,是变"伏"为"起",是加快改革步伐的冲锋号,是大转折中的又一次小转折。

书中讲了恢复高考时令人提心吊胆的政审,没人提到当时的考研。我顺

---

[*] 原载《中国图书评论》2020年第7期。

便讲个考研的故事。"文革"前（请读者诸君注意，不是"文革"中）北大揪出好几名"反动学生"，其中一名在1977年的考研中考分第一。从分数看该录取，从政审看不可录取。不录取，此人的成绩太突出了，似乎也说不过去。请示有关部门，有关部门不敢表态，再请示更上层的有关部门，更上层的有关部门也不敢表态，最后请示到方毅副总理。副总理批示："录取。"于是，故事就传开了。有几位高干的女儿在一起议论此事，说起那"反动学生"相貌堂堂，身材高高，蛮可爱的。想不到，其中年龄稍大些的高干女儿对"反动学生"产生了爱慕之心。怎么办？都是未婚女青年，都不好意思当月老。这时年龄最小的、比"反动学生"小十多岁的女孩挺身而出："我去帮你介绍……"大家认为可以。真心帮姐姐成婚的小妹妹去见了"反动学生"。出乎意料的是，小妹妹自己爱上了老大哥。于是，小妹妹便被大家认为是"欺骗"，都不理睬她了。这逼得她只好与"反动学生"马上结婚。在"文革遗风"没扫干净的1978年，小妹妹的高干爸爸反对这门婚事："你结婚自由，但不许女婿进我家门。"结果小两口就挤在仅能放一张床、一个书桌、一把椅子的小房间。我当时借调在国家科委下工作，知道此事后，决心为小妹打抱不平。先去见了小妹妹，小妹妹再领我去看了那新婚房间。小妹妹当时的女同事（当时不出名，现在已是著名社会学家）也支持我为小妹妹讨个公道，可是我部门的顶头上司劝我说："人家刘宾雁想为她打抱不平都已作罢了，你别替我惹事了。"手无缚鸡之力的我，也只好善罢甘休。

事情是复杂的，清除"文革余毒"不花大力是不行的。完全可以相信：清除了"文革余毒"，必将有更多人才茁壮成长。

《一个人的四十年》是文化科学的百花园。从学科上看，书中涉及的学科有哲学、经济学、历史学、法学、文学、社会学及其分支学科，甚至还有分支下的分支学科，堪称"小百科全书"。更可喜的是同一学科里，还出现了不同的学说、学派，各抒己见，交流、交融、互补、共振。他们对儒学、对海派、对《联共（布）党史》、对西方哲学、对法国诗歌、对比较文学、对芝加哥学派、对"日本法人资本主义，美国个人资本主义"，提出质疑和商榷；他们对中外的历史人物有不同看法，如对布哈林、萨特做出不同凡响的评价，可谓是百花齐放，百家争鸣。

在评价前人的同时，书中有的作者还大胆地提出自己的主张。有作者提出"文学输入输出不平衡"问题，提出"翻译走向世界"；有作者不怕争论，提出

"新权威主义"。尤为可贵的是,书中的作者不搞门户之见,大胆地提出"从自己喜爱的学说中杀出来"。在治学上,他们鼓励"思想个性",提出"爱之所爱,爱之所不爱",这在今天是难能可贵的。真理是过程。一部科学史告诉我们:今天认为不可爱的思想、观点、主义,明天说不定会转化为可爱的思想、观点和主义;这个人认为不可爱的思想、观点、主义,换个人会认为是可爱的思想、观点和主义。地动说的经历,解剖学的遭遇,清楚地告诉我们书中的观点是能站住脚的。你尽可以不爱,但要允许它的存在。还有作者在书中提出"保护学术叛逆"。不管这叛逆打不打引号,都要允许学者改变观点,修正错误,服从真理。向真理投降是光彩的。世界级的大学者几乎无不有改变观点的历史故事。

《一个人的四十年》是思想库。很多作者思想敏锐,立于时代的潮头,提出了不少超前的观点,至少在 40 年前、30 年前是超前的。有的作者提出"市场准入",推动了市场经济的繁荣,加速了经济转型的步伐。有的作者批判地运用"非均衡性经济学",建议处理好平衡与不平衡的辩证关系,促进可持续发展。在作者参加的道德科学研讨会上,他们倡导"和合文化"。与"和合文化"相关联的是,书中的法学家提出彻底抛弃"有罪推定论"。不是吗?"文革"把"有罪推定论"推到了极端,"文革"简直是把"有罪推定论"推到了"有大罪推定论""有死罪推定论",结果害死了多少人才!

书中的近百名作者有一个共同的特点是心中有人民,提笔为人民。有作者写了一本又一本书,阐述共生论,为构建人类命运共同体提供理论根据。为了改变农村面貌,有作者提出村民自治,创办乡建学院。有的作者研究贫困,不单着眼于物质上的贫困,还注重权力贫困、文化贫困、教育贫困。他们为农民工呐喊。面对贫富差距拉大,勇敢地提出"富饶的贫困"。为了社会文明,有作者倡导阅读运动,绘制知识地图,研究电视美学。他们有理论勇气,他们藐视社会上的"犬儒"。

党和政府指向那里,学者就奔向那里。在"小三线"发生困难时,作者奔向"小三线",从多种解决问题的方案中选择最佳方案。在全球出现经济危机时,学者提出"危、机并存论",让中国不仅避开危机,而且化危为机。

《一个人的四十年》是友谊的海洋,这集中体现在第二辑。学生回忆老师的教导和恩爱,记者采写、描述老教授的风骨和气质。学生尊敬老师,老师爱护学生,师生情谊深似海。这与当今出现的学生背后打老师"小报告",戳老师脊背骨的不良风气,形成鲜明对比。课堂上有课堂讨论,学生有权利在课堂上发表与老师不同的观点,何必再偷偷摸摸干那些出卖老师的勾当!

第二辑有不少点赞老教授的文章,触到了我的兴奋点。因为有些老教授也是我的老师,有的不是我狭义的老师,也是我频繁请教过的广义的老师。此时此刻请允许我这控制不住感情的人,在书评中离题讲几位老教授鲜为人知的轶事。

书中有人提到哲学家冯契。我在20世纪60年代初就与他同在上海荣家花园里办公,我写了篇《界限篇》,他手把手地指导我修改。80年代中期,一位力主反自由化的政治局委员来上海,两次约他见面,他不去,"道不同不相谋"。他认为学者的价值不应当是靠官员的"会见"捧起来的。

书中有人提到中国社科院哲学所老领导杜任之。大家也许都知道中国社会学是1978年开始恢复和重建的。可是你知道吗,第一位提出恢复和重建社会学的不是社会学家,是哲学家杜任之在1977年上书建议的。在杜任之上书后的半年时间没有动静,直到1978年春节后社会学界才在社科院副院长主持下召开座谈会,正式决定恢复社会学。

书中有人提到大名鼎鼎的法学家张友渔。关于他的历史功绩和贡献很容易检索到,这里就不赘述了,只讲一点,1978年筹划编纂《中国大百科全书》时他就参与了。中国大百科全书出版社筹建时没有办公地点,是一位大百科工作人员把自家在史家胡同的小院让给大百科使用的。原任北京市副市长的张友渔的办公室只有10平方米,而且还正对着家用改公用的厕所。一天,张友渔的学生来看望老师,学生坐在只能容一位客人入座的小椅子上,嗅到了厕所的臭味。学生告别老师后没说什么,只是脸上有点愧疚的表情。学生是在任的北京市副市长,他回到市政府没进自己的市长办公室,便去规劝、说服有关部门,把东总布胡同一个大院借给大百科全书出版社使用,略微改善了张老的工作条件。

名师出高徒。书中很多改革后成长起来的大学者就是由冯契、杜任之、张友渔等这一批大师们培养出来的。

书中的这批新秀个个是懂得"滴水之恩当涌泉相报"的人。他们不仅感谢老师,而且感恩出版他们处女作的编辑和出版家。他们多次提起对"走向未来"丛书等丛书的感情。正是这份深情,促进了他们在学术上"达理"。

对学者古代称"贤人",现在称"精英"。在当今社会正在讨论"精英阶层的社会地位""精英与人民群众的关系""民主与民粹主义的关系"时,恰是《一个人的四十年》出版后能够受欢迎的一个原因。精英应当积极响应中央多次号召的"坚持人民至上""以人民为中心",倾听人民群众的呼声。人民群众的呼声是原材料,精英阶层的智库是加工厂。说起加工就有个去伪存真、去芜存精、由此及彼、由表及里的过程;说起加工又涉及当前争论很大的"民主与民粹主义的关系"。现在固然有"民粹冒充民主"的,更有"把民主当民粹来打压的"。民粹主义所代表的利益是狭小的,是不顾大局的,而民主所反映的群众呼声是广大的、合理的;民粹主义的活动是无序的,是有破坏性的,而民主的活动、运动是有序的,是没有破坏性的。两者是有严格区别的,不可以依据个人的好恶,或者说受角度和利益的局限,把自己不喜欢的民主一概说成"民粹"。

扯得更远一点,最初的"民粹"定义还包含"农民仇恨工人"这一组成部分。大家知道,在农业社会农民是主体,农民是主要劳动者,那么进入工业社会后呢?在工业社会萌芽时期,工人的力量在逐渐强大,于是有些视野狭窄、目光短浅的农民便跑出来反对工人老大哥,搞出了"民粹"。

从总体上说,今天世界上的大多数国家已告别了工业社会,进入了知识经济时代。在知识经济时代谁是主力军呢?毫无疑问是知识分子。知识分子是创造社会物质财富和精神财富的主体。敬贤、思贤、齐贤是中华民族的优秀传统。在知识经济时代更需要弘扬这一传统,为学界提供宽松的学术生态环境,不拘一格降人才,不拘一格举人才,不拘一格用人才。《一个人的四十年》里反复讲到"文革是'大史震'",反复论证"改革是人的解放"。为了继续涌现一批又一批类似《一个人的四十年》中那样的精英,我们要深化改革,全面改革,我们要扩大开放度,放开,放开,再放开!

教育家于右任是真正的无产者[*]

老上大校长于右任1909年开始办报。报纸被官方一封再封后,他回乡办学。孙中山知道后,于1919年9月1日致信于右任,称"远道闻之,深慰新望",赞扬他从事新教育是"放眼远大",是"改造社会之筹策"。1922年于右任又创办了国共合作的上海大学并任校长。1924年出席国民党"一大",后来当了34年的国民党监察院长。可是他一生中都是一名彻头彻尾、彻里彻外的无产者。

于右任大女儿于秀芝结婚,他没有送任何金银财宝,只送了一首长诗;他儿子于中令出国留学,是借钱出去的。晚年在台湾,他没钱装假牙,生病也没钱住医院。1961年是他发妻80岁大寿,他无力为在西安的发妻操办,心情沉重。是周恩来叫于右任在北京的女婿去祝寿,并把照片寄给他的。他在感慨之余写下了那首堪称触动炎黄子孙灵魂深处隐痛绝唱的《望大陆》。[注] 1964年于右任逝世,他的友人和儿子打开他的箱子,只见里面是他借钱的账单和他发妻寄给他的布鞋、布袜,没有别的。因此人们颂他是"右老遗产,仅有账单,清廉自苦,元老典范""三十功名袖两风,一箱珍藏纸几张"。

是于右任没有生财之道吗?不是。他是"书圣",他的草书挥洒自如,收放有度,笔酣墨饱,遒劲有力,价值连城。有次他见他监察院有人随地小便,写了"不可随处小便"六个字贴在墙上,两天后就被人揭走卖钱。台湾"立法院"三个字是他写的。有次台湾动乱,有人乘机把于右任写的"立法院"牌子挟走了,一直下落不明,几十年后,有人在香港拍卖,价格高达几十万美元。想想看,他如果卖字,还不是早就成亿万富翁了,可是他不卖。再早,他家乡人欠他家的

---

[*] 原载《联合时报》2020年9月1日。

债，有个账单，他看了以后，立即撕掉，说："不要还了。"1927年陕西大旱，出现了人吃人现象。有人掘了于右任伯母的墓卖钱，家乡人告诉他掘墓人的地址、名字，劝他告状。他知道后很难过，因为是伯母把他养大的。他也知道这场官司一定能打赢，但他了解灾情后，说："饥民是万不得已，不要追究。"1943年于右任的同乡好友，曾任于右任机要秘书，后任国民党中央秘书长，还曾协助于右任办上海大学的王陆一逝世，家人要为王陆一修墓地。于右任面对陕西贫困的现实，写好了墓志铭，又考虑再三，最后忍痛说了一句："还是省几个钱，让百姓多喝几碗粥吧！"

"让百姓多喝几碗粥"是于右任成为无产者的根本原因。他20岁时写诗讥讽慈禧不顾百姓死活，遭到通缉。1948年他为上千位求他墨宝的人写的都是同一句话："为万世开太平。"他深刻理解贫富差距大，社会不会太平。他1909年在上海四马路办《民呼日报》；被封掉后，跑到法租界再办《民吁日报》；又遭抗议后，再换个地方办《民立日报》。

于右任曾写道："诗吟天地广。"民呼、民吁、民立，"民"字在他的诗文中是大写的。个人家产在他的诗文中是小写的，微不足道的。"兼济天下"之心使得他"独善其身"。

注：《望大陆》全文是：葬我于高山之上兮，望我故乡；故乡不可见兮，永不能忘。葬我于高山之上兮，望我大陆；大陆不可见兮，只有痛哭。天苍苍，野茫茫，山之上，国有殇！

踏着猿人的足迹[*]

一、我怎么会去追随猿人？

我不是学人类学的，怎么会对猿人感兴趣？怎么会舍命走进一个又一个猿人洞？原因有两点。

一是从积极方面说，是响应毛主席号召。

"文革"中后期，毛泽东的大部分时间可能是用在读书上，除了读历史以外，我猜想他老人家大约阅读了上百本自然科学名著，比如哥白尼的《天体运行论》、严复的《天演论》、海克尔的《宇宙之谜》，等等。有些书没翻译出版他怎么读？有办法。一，他在读国内已出版的自然科学著作时，看见里面提到更多的名人名著，他想读，但在北京找不到。他便告诉他身边的一位作家，请这位作家通知上海翻译。二，上海看到还有毛泽东未提到的名著，或者说更有价值的名著，便主动向作家反映："要不要翻译？"作家点头，上海便启动翻译。

上海怎么翻译？当时由历史学家、"市革委会"常委朱永嘉负责，在自然科学方面成立了三个组：第一个组是复旦大学理科大批判组。组里数学方面有苏步青、谷超豪和另外两位中青年；物理学方面有卢鹤绂、周同庆（好像是）、蔡怀新（蔡元培之子）和一位青年；生物学方面有谈家桢、包正（参加中共一大的包惠僧之女）、庚镇成（满族，全名爱新觉罗·庚镇成）、赵寿元和一位女青年马征荣老师；化学方面有姚志成等几位。此外，人类学是复旦独有的，人类学学者有刘咸等三位，但他们不属于理科大批判组。英语、法语的自然科学名著就由上述这些名家推荐、翻译。德语方面，因为那时同济大学合并到复旦，同济有三位德语教师陈少新、马静珠、袁志新不在理科大批判组，但参加翻译德文

---

[*] 原载《世纪》2020年第5、6期。

书。复旦还有位讲师是德国犹太人,名字叫王晓玲(上海一位姓王的药学家的夫人),她不懂自然科学,但德语好,三位德语教师译好后,请她校看。意大利文请上外一位女教授译。第二个组是华东师大自然辩证法组,组长袁运开,成员有张瑞琨等数、理、化、生几方面有造诣的教师。组里有位并非教授的王耀发,他就是"文革"后发明金嗓子喉宝的那位名人。唯有地理学是华师大在上海独树一帜的,地学参与自然辩证法组的有金祖孟、徐天芬、朱新轩等。复旦、华师大这两个组都做一些推荐、翻译工作。翻译一般不是译全书,而是译出一两万字的提要。如果毛主席看了提要后提出译全书,上海马上译全书,如《宇宙之谜》就是由毛主席1972年初提出译全书,1974年由上海人民出版社很有水平的编辑徐福生负责出版的。第三个组是在朱永嘉直接领导下的上海市"革委会"写作组下设自然科学组,这是过去所没有的。自然科学组先是由王绍玺任组长,王绍玺调到专案办负责文汇报驻京办专案后,由哲学家孙克强负责,组员有朱维铮。此外有不在编的纪树立,以及后来进去的我邓伟志。自然科学组负责联系复旦理科大批判组和华师大自然辩证法组。我分工联系复旦生物组和华师大地理组。夏天没空调,我常常与谈家祯一起赤膊看书写东西,谈家常。谈老再婚时我们吃到了他的喜糖。后来,根据毛泽东的提议,上海办了一份《自然辩证法杂志》,主要发表复旦、华师大两个组的文章,以及工农医技术革命技术革新的文章。毛主席逝世时,有文章讲,毛主席枕边放着一本《自然辩证法》,我猜想是《自然辩证法杂志》,不会是恩格斯的《自然辩证法》。

朱永嘉考虑毛主席如此重视从自然科学中提炼哲理,便在复旦办了个自然辩证法专业,收的学生要高中毕业的,授课教师是理科大批判组的老师,如苏步青等。于是,复旦有人告朱永嘉"复旧"。从"文革"后的情况看,从自然辩证法专业出的几乎个个都是优秀人才。上海师大有位博士生专门就《自然辩证法杂志》写了篇博士论文,其中介绍了从自然辩证法专业走出的教授、大学领导、高级记者、全国政协委员。

杂志主要文章署名"李柯",即"理科"之意。1978年科学大会后,我与谷超豪一起在北京参加一个座谈会,一位在中科院工作的高干子弟发言说:"谷超豪他们用'李柯'当笔名,是因为江青姓李……"我低声对谷超豪讲,我要发言澄清:"你没写文章取名李柯,只是有时参加讨论。再说,取名李柯从未想到江青姓李。"可是老谷按着我的腿,不让我站出来澄清。

1971年,毛泽东对他身边的作家说要研究"四大起源":天体起源、地球起源、生命起源、人类起源。我就是由此进了自然科学组。

"我们从哪里来？我们到哪里去？"不知道从哪里来，很难确定往哪里去。我们从哪里来？我们作为炎黄子孙，是从炎黄哪里来的吗？是，又不是。因为我们经不起这样一问："炎黄从哪里来的？"普天下的黑人、白人、黄人无不是从古猿变来的。所以，要明白我们从哪里来，就必须拜见猿人。

我是哪一天进去的，早忘记了。后来忽见一篇写《文汇报》北办负责人艾玲的文章，让我知道是1971年3月23日。艾玲是这天午夜接徐景贤通知到康办开会，由王洪文、徐景贤二人下令逮捕的。我呢？是这一天通知我到设在文汇报社五楼的自然科学组开会，听有关毛主席讲自然科学问题的传达。传达到晚上10点多时，问我："小邓！你跟小朱（朱维铮）是一个档次（指都是1960年毕业），但进自然科学组小朱比你早，让小朱带带你好不好？"我连声说"好"。11点钟，吃夜餐后睡觉。哪知王绍玺说他要去开个会，走了。孙、纪、朱和我开始睡觉。小朱睡下铺，我睡上铺。席子被子也是小朱帮我早就准备好的。我睡得很香。哪知第二天早上醒来，小朱不见了，孙、纪二位面孔严肃。我觉得神色不对，是不是我昨天说错了什么？问他俩："小朱呢？"都说"不知道"。纪是我大学老师，我们关系很好，可他也对我也严肃起来。我再也不好意思说什么了。上午10时，王绍玺来了，说小朱因文汇报北办的事，夜里被"文攻武卫"抓走了。王说，他自己也被调去搞文汇报北办专案。自然辩证法组的工作以后由孙克强负责。这时我才明白，抓小朱时他们二位都被惊醒了，而我这"小弟弟"睡得太死，什么都不晓得。

二是从消极方面说，是逃避政治运动。

1974年我与上海自然博物馆（筹）徐永庆以及复旦毕业的一位高才生合写了《人类的继往开来》，用"李炳文、胡波"两个笔名在1975年的《自然辩证法杂志》上连载。"李炳文"的"李"是取理科"理"之音，"炳文"是"普通一兵的文章"之意；"胡波"的"胡"取上海的"沪"，"波"取自然博物馆的"博"。这一年适逢胡耀邦主持中科院工作，他认为我们的文章有辩证法，并指示中科院古脊椎与古人类所访问作者。于是当时古脊椎与古人类所负责人吴汝康先生便偕张锋来上海。吴汝康先生与我们交流，我们在交流中更注重向他请教。他当面讲了一些我们文章的长处，离沪时向写作组领导讲了对我们更多的好评。既有胡耀邦的评价，又有吴汝康的评价，写作组领导说："奖励你们去北京一趟，看看北京猿人。"那时经费困难，让人出远门是难得的，我们三位作者都很高兴、感激。

哪知连载完时,国家的政治形势变了。社会上开始"批邓""反击右倾翻案风"。批邓还牵出邓小平"拉二胡":一胡是胡××,再一胡是胡耀邦。前面一胡很快写了揭发邓小平的材料,"四人帮"把他的揭发材料当作重磅炸弹,印发全党全国,算他立功赎罪,勉强过了关。只有胡耀邦坚决不认账。这样"四人帮"更加集中力量大批特批胡耀邦的《中科院汇报提纲》。"凡是敌人拥护的我们都要反对,凡是敌人反对的我们都要拥护。"那么,对我们这三个受"敌人赞扬的"该怎么看?难哪!好在写作组领导在几个月前也赞同过胡耀邦,便没有大动干戈。可是,下面少数人嘀嘀咕咕的事是有的。这时,我们三人难免有压力。"三十六计,走为上计。"我们三人商量:原来说好连载完之后叫我们去北京,现在该落实了吧?三人商量后叫我去请示,我立即去请示。领导说:"现在不是去北京的时候。小邓啊!你关系复杂,万一跑错门……"我明白领导意图,马上接上去说:"你讲得对,现在不能去北京。我们也不打算去北京。最近发现的元谋猿人是170万年前的,比北京猿人早100多万年,时间最早。让我们去元谋吧!"领导听了略加思索,便点了头,说:"手头事办办,下个礼拜启程。"我回来向徐永庆他们两位一说,都乐不可支。老徐比我大两岁,是老大哥,夸了我一番。接下去,我们怕领导变卦,自己凑钱买了下周三的火车票。因为俺仨拿不出去云南的车票钱,便只买了去柳州的车票,因为柳州也有猿人洞,还有打破"中国无巨猿"说的巨猿洞。到了下周一,我们向领导汇报已买好周三的火车票,领导感到吃惊。我说:"你说下周,我们就买了下周三。"领导一笑,便签字叫我领出差费。

于是,我开始了追随猿人的艰难历程。

二、在广西被民兵用绳子吊进了巨猿洞

在柳州接待我们的是博物馆的老馆长,他说起猿人来滔滔不绝,头头是道。到柳州的第二天他先陪我们看莲花洞。12公里的路程我们走了大约两个多小时,先是走在弯曲的田间小道上,再走在田埂上。快到白面山南麓时,老馆长指着远处的一个地方,说:"你们看那个洞口像不像一朵即将盛开的莲花?"我们齐声说"像",越走近越像。老馆长掏出一份文字资料,向我们介绍:莲花洞遗址是古人类的故乡,住过几代人。又说,这一代就是一万年。第一代两三万年前,第二代一万二千年前,第三代是一万二千到七千年前。第一代用

的工具是砾石，属旧石器时代晚期；第二代用燧石石器以及少量磨刃石器，大有进步，属中石器时代；第三代磨制工具由前期局部磨刃到通体磨光、钻孔磨光，并出现了原始陶片，为新石器时代早期。老祖宗之所以住在这里不走，可能是因为我们这里自然条件好，动植物比较丰富，连大象都有。我们听了，都忘记了疲劳，爬上爬下。老馆长说：柳江人洞离这里不远，但咱们还是把自带的干粮吃了再走吧。午后到了柳江人洞。柳江人是中国乃至整个东亚迄今所发现的最早的晚期智人。柳江人的生存年代距今少则六七万年，多则一二十万年，约属于旧石器时代晚期。这一天过得很有意义，虽然没看到头骨、股骨化石，但是实地学习了人类进化史，也开始了我们三人的进洞史。

第三天我们来到位于柳州市柳城县社冲乡社冲村南的楞寨山。我们与老馆长四人分别吃住在四户壮族兄弟家中。我是从小"今天住东家、明天吃西家"的人，但全是住在汉族家中，这次是我人生第一次住在少数民族家中。我们先向老馆长打听壮族风俗，应该注意什么事项，接着与巨猿洞发现者柳城农民覃秀怀见了面。老馆长来前已跟我们讲了他发现的经过，见覃秀怀时再请他老人家介绍一下。

那是十年前，1956年8月的一天凌晨，覃秀怀上山打猎，他枪法好，打到一只野山羊。他高兴地看着受伤的野山羊向下滚，想不到滚了几米就不滚了。不滚下来，等于自己没打中，等于失去了一笔到手的财富。上去找吧，不可能，楞寨山南是几十米的悬崖陡壁，根本没法爬上去；从山北爬吧，也十分困难，山北也有许多陡壁，正因为难度大，所以当地人世世代代从来没有谁上到过那地方。一个人上不去，他不肯罢休，回家叫上他弟弟，冒着风险，跌倒多次，互相推推拉拉，花了大半天时间，终于找到了小山羊。原来小山羊滚到一个洞口以后，掉进了洞口下边的一块大石头上。他们弟兄俩朝洞里一看，发现洞里有许多巨大的"龙骨"。他们不知道什么化石，只晓得龙骨值钱，便捡了一些，与山羊一起带回家。过了几天，他把"龙骨"卖给了供销社。又过些日子，他又挑了一担"龙骨"到供销社去卖。龙骨价格高，供销社再买这一担买不起，另外龙骨是难得的，这老农怎么可能搞到这么多，便对覃秀怀说："你这龙骨是假货，我们不要。"覃秀怀也不知道这龙骨是真是假，既然供销社不要，他就倒在了离供销社不远的小河边。大约过了一段时间，中科院发现一堆巨猿化石，但不知从哪里来的。巨猿是人类的大伯。它们与人类祖先那古猿一样都是古猿的一种，只因第四纪冰川逼古猿下地，促古猿变人时，巨猿因为体大饭量大，因吃不饱而饿死了,灭亡了。过去学术界都认为中国无巨猿,如果这巨猿化石出自中国,那就会得出一种震动山河的结论:中国有人类的"大伯"。中科院古人类所又费了好大劲查出这化石出自广西柳州市柳城县社冲公社的供销社,便兴高采烈地来到供销社。供销社又查出这化石是覃秀怀几年前挑来的,便通知公社,公社再告诉覃秀怀所在大队:"上边来人要找覃秀怀。"

大队长一听"上边来人",觉得这不会是好事:一个普通社员上边怎么会知道他?是不是覃秀怀做了什么坏事?又一想覃秀怀这从来不做坏事的老实人怎么可能做坏事?于是,他急忙跑到覃秀怀家中,问覃秀怀:"你最近做了什么坏事?"

"我什么坏事也没做过。"

大队长又问:"你没做坏事,怎么上边来人查你?"

"我真的没做坏事。"

大队长说:"你先躲一躲。我去向上边说我没找到你。"

大队长忧心忡忡到了公社,见一大帮人在,汇报说:"覃秀怀不在家,没找到。"

公社和北京来的都是聪明人,见大队长是不会说假话的人在说假话,便具体讲明来意。大队长见上边不是来抓好人的,况且他本来也知道覃秀怀卖龙骨的事,便说:"那我再去找找。"

不一会,覃秀怀到来,北京来的人个个眉开眼笑,问他龙骨的情况。供销社还插了一句:"你后来挑来的那一担呢?"

"喏,就在你们旁边的小河里。"北京来人一起跟着覃秀怀来到小河边,覃秀怀卷起裤脚下水一摸,说:"还在!"一点一点送上岸,北京来人如获至宝,然后心急火燎地随覃秀怀去愣寨山。北京来人站在山脚下望而生畏:这有什么办法能上去?沿着覃秀怀兄弟俩的路从山北上去,对他们来讲太困难,他们决定在山南陡壁上搭脚手架。在山上搭脚手架,也是难于上青天,没有路怎么运器材?他们花了好多天才搭好了三十多米高的脚手架,进了巨猿洞。考古学家们进洞比古人进宫还兴奋,在洞里工作了一个多月,取走了比覃秀怀的两担多数倍的化石。前前后后从这洞里共出土巨猿下颚骨 4 个(包括村民发现的一个),巨猿牙齿化石 1 100 多枚,分别代表 72 个巨猿个体,同时还发掘到许多哺乳动物化石共 4 000 多枚。

我们是步中科院后尘来到洞下。怎么进洞?搭脚手架不可能,一没时间,二没这笔经费。最后还是大队长的主意好：从当年帮过考古学家的民兵中挑选几位身最强、力最壮的，带上早中饭的干粮，天一亮就从北面登山，爬到洞口，扔下两根绳子，一根粗的，一根细的，粗的是让我们抓住攀登的，细的是让我们系在腋下，供民兵把我们提升上去的。巨猿洞离地面90多米，下面的60米我们自己可以爬呀爬地爬上去。到了30米高的悬崖跟前，下面的民兵帮我们用绳子拴好，做好示范动作。民兵要我们以年龄为序，第一个上去的是我们三人中最年轻的小朱。他不畏难险，勇于攀登，爬上去后在洞口向我们喊话，为我们加油。第二个是我，有了小朱的榜样，我胆子也大了，不一会儿就被上面的民兵提了上去。第三个是老徐，他的动作稍微慢一些，但也顺利地爬上洞口。老徐爱说笑话，他一进来，就对我俩说："今天又一次入洞房。"是的，"会当凌绝顶"，与今人见不到的200万年前的72头巨猿同住一室，大有入洞房的快感。我们很佩服中科院的考古学家，他们把洞里的化石挖得干干净净，我们东摸西摸，连一颗牙齿也没摸到。没摸到，丝毫不减入洞的乐趣。

三、在贵州观音洞捡到猿人的刮削器

告别了广西，来到了贵州。贵州黔西观音洞遗址是我们向往已久的地方，观音洞是可以与北京周口店猿人遗址相媲美的遗址，都是距今30万年以上，被人称为中国远古时代三大文化类型之一的"南方文化起源地"。我们住下后，持介绍信去了贵州省博物馆，想不到贵州省博物馆正忙于"举旗抓纲"，对我们很冷淡。有关人员介绍的情况还没有我们从书本上知道的多，至于我们心里渴望的安排人陪同，压根儿不提。我们悻悻地离开博物馆，回到住地。因为贵阳都在忙于"批邓"，忙于批邓小平在贵州的代表李葆华，市区公共汽车不开，当我们走回贵州饭店时已经累得走不上楼了，三人坐在传达室休息。听传达室的两人讲，李葆华如何如何好。造反派逼李葆华坐在汽车上游街，李葆华居然服装比平时更整齐，纽扣全扣好，脖上的风纪扣也扣好。沿路造反派喊"打倒李葆华"，李葆华不喜不惧，若无其事。我听了很舒心，便插嘴说："李葆华是人品最好的领导干部，对子女要求严格。有次上海市体委主任去看望老领导李葆华，知道李葆华的两个儿子喜欢看球，回去寄来两张球票。李葆华立即寄还一块四毛钱，一张球票七毛。"传达室的两人听了，问我："你了解李葆华？"

"了解一点，他地位这么高，我小兵拉子接近不了他。李葆华的妻子田映萱也是最好的人。"

"你认识李葆华的老婆?"

"认识!她是我们机关党委副书记,没一点架子。我认识她,她不一定认识我。"

"什么机关?"

"华东局机关。"

说到这里,那位个子不高,人也不胖,戴着帽子的传达员离开了。不一会儿,那位传达员陪着田映萱下来了。我喊了声"田大姐!"田大姐笑着说:"十几年过去了,你还是那样!"然后,她拉来两把椅子,叫我坐在传达室后的小房子里,与我交谈。在问了我来贵州出差的情况后,便开始问华东局各人的情况,我一一作答。因为曹荻秋刚逝世,她又问我曹荻秋怎么逝世的。最后,她又说"你的名字是……"我回答后,她掏出 3 张花溪公园门票,说:"小邓!明天'五一',你们去参观一下。不必急着去观音洞。"她告别时又叮嘱了一句:"对外不要说我在这里。"我明白,住在这里的不只她一个人。

她走后,那位瘦小的传达员继续跟我们闲聊。我们才知道他不是传达员,是省委机关汽车队长。

5 月 1 日傍晚从花溪回到饭店,传达室告诉我们:"队长叫我给你们打招呼,明天去观音洞的车子安排好了。明天 8 点钟你们等在这门口。"这让我后悔,昨天不该在聊天时向队长"诉苦"。

2 日一早队长开一辆吉普车来了,里面还坐着一位身材魁梧的光头汉子,队长介绍说:"这是文化局'×兵'局长(局长姓什么忘了,只记得名'兵'),老局长在家闲着没事,陪你们一起去。"我表示感谢。老局长在车上向我们介绍,在观音洞发掘出土石制品 3 000 多件,包括石核、石片、砍砸器、尖状器、石锥、雕刻器等,还有 25 种哺乳动物化石,包括剑齿象、犀牛等。在 25 种中有 8 种是已经灭绝的动物,灭绝的动物化石更珍贵。10 时左右到了黔西。观音洞在沙井乡井山村,海拔 1 450 米,够高了,可是洞在高处的低洼地里。车子停在远处,大家步行到观音洞。我在洞口惊讶地说:"几十万年前的人类已住上了楼上楼。"洞有上下两层。由于陌生人的到来,吸引了当地的布依族的围观,同时引发了我对布依族人的注意。局长说:"布依族主要在贵州。本来与苗族、瑶族为一族,后来逐步分化为三个不同民族。越南也有布依族,越南的布依族又分出热依族。"说着说着看见一位穿着宽裤筒的布依族妇女给我们送来了茶水。局长接过茶罐和大碗时用布依语言表示感谢。我用敬佩的眼光看着老局长,老局长说:"布衣语接近壮语。"

喝了茶更有力气往洞里钻。我与老徐把手电筒照到大石头缝里的小石片上,拿出一看,我问老徐:"这是不是刮削器?"老徐说:"肯定是。"我欣赏后,随手递给老局长。老局长说:"我现在是靠边对象,不能去博物馆。你交给队长吧!"

在回来的路上,我向老局长请教了一个问题:"观音洞里为什么没有古人类化石?"

他说:"这是很多人最关心的问题。"

"古人不知何处去?不在黔西在黔东。"我摹仿一首古诗诌了两句。

局长说:"恐怕就在观音洞不远处,迟早会发掘出来。"

快回到贵阳时,我又向局长打听:"你们省有位副省长戴晓东现在怎么样?"

局长转过身来对我说:"你认识他?他就住在我附近。"

我也很兴奋地说:"我们是同乡,远房亲戚。我小时候他抱过我,但我没印象。他与我舅舅、父亲是战友。"我心里翻腾起戴伯伯当年的故事,但没有讲给局长听。萧县苏维埃时,大概是1930年或者1931年,为了抗捐,由戴伯伯组织黄口暴动,我舅舅组织永堌暴动。暴动失败时,他被国民党抓到。审他时,他说自己不是共产党,我是老百姓说的那号"土匪"。敌人问:"那你来这里(指暴动场所)做什么?"戴伯伯说:"我想浑水摸鱼,捞一把。"不恨土匪恨共产党的国民党看他胡子邋遢,就把他放了。

车子送局长回家时,把我送到了戴伯伯家。戴伯伯留我吃晚饭,家里没什么现成的菜,他和大娘就把女儿英霞孝敬他俩的罐头打开招待我。

四、在云南先去拜"活化石"

在云南博物馆接见我们的是两位,一位是领导,一位后来知道是著名爱国将领张冲的外甥。在领导讲几句离开后,就由张冲外甥向我们详细介绍。不知怎么他把话题扯到了苦聪人身上。苦聪人是生活在哀牢山上的游牧人,摩擦取火,赤身裸体,用芭蕉叶挡雨。这引起我们三人的极大兴趣,我们很想先去看看这些"活化石",然后去走访元谋人化石。

我们先坐窄轨小火车去哀牢山。过麻风病区时,我们闹了个笑话。我们带上大饼、酱菜作午餐,见到爬行的麻风病人,退避三舍。后来讲给别人听时,惹人笑了,他们说,患者喷出的细菌,一秒钟后就会死亡,因此只要距离患者一米,就不会被传染,出来爬行的一般都是痊愈了的,未必都是患者。

过文山时,州委派了小杨和一位中年人陪我们去金平县。金平县城高高低低,汽车不能开,全城没一部汽车,条件好的是骑自行车。离开县城去苦聪人居住的六五新寨、六六新寨时,县里对我们说:路上能骑马时可租马骑。当地的马又小又矮,我们舍不得多骑,怕压伤了马。在翻山越岭、不断转180度大弯时,才知道小矮马的好处,在崎岖蜿蜒的山路上,小马转弯时灵活,上上下下方便。可是马疲劳了也会出问题。有次马失前蹄,受惯性作用,我从马头上滚进了山谷。我想:完了,研究化石的将要变成化石了。想不到滚了十几米,被一棵灌木小树挡住了。我慢慢抓住野草、荆棘、小树上来了,满手是点点滴滴的鲜血。到现在还能看得出手心上被刺过的痕迹。

能骑马的路还算好路。过密林时,因为荆棘刺马肚皮,马不肯走。马不走,人不能不走。走进亚热带雨林区的密林,不仅要披荆斩棘,而且还要对付蚂蟥。我是北方乡下人,从小就知道蚂蟥是在河里的,无数次见过蚂蟥在河里游。密林不是小河,怎么会有蚂蟥?陪同的朋友说:"雨季蚂蟥上树。"所以蚂蟥会不知不觉地掉进我们的脖子里。好在我们五个人全是男性,每走十来分钟,见到有桌子大的空地时,五个人会脱下衣服,互相看看有没有蚂蟥吸附。有,立即一巴掌打过去。大约互相打了六七次,终于走出密林,重见天日。

重见天日,心旷神怡。走了不大一会儿,要过铁索桥。横断山脉的铁索桥完全不同于公园里的铁索桥,只有4根铁索链,下面两根是供两只脚踩的,两根之间没有任何木板之类的东西,上面两根是供两只手抓的,万一脚蹬空了,手还能抓住。可怕的是稍有不慎,就会掉下去喂鱼。这时我突然冒出一句歇后语"大肚子婆娘过独木桥——铤而走险"。老徐说:"铁索比独木桥更险。"陪同的小杨轻松而又迅速地走到了对面,等着我们。陪同的中年人留在最后指点我们。我们三人分别用了比小杨慢得多的时间,战战兢兢地挪到对面,松了一口气,面色由蜡白开始变红。

在山脚下要过激流。激流是从山上下来的水,不深,最深处也不过到胸口,可是由于坡度大,水流急,冲力很大,用当地人的说法,"搞不好就去见胡伯伯"。意思是会冲到越南见越南领袖胡志明。他们说,人被冲下去的事时有发生,不过并不可怕,激流不会是笔直的,冲到转弯处,会有石头挡住。再怎么样,灌进河水是很难受的。当地有土办法抢救:水牛的正常体温比人体高2度,让人横趴在水牛背上,让牛温暖人温,肚子里的河水便会一滴一滴流出来,脏水出来了,人就好了。就在中年人同我们讲故事的过程中,年轻人请来了民兵。一位民兵拉住绳子的一头,另一位民兵拉着绳子的另一头,走到对岸。两头固定,让我们在绳子的"上游"抓住绳子走过去。为了减少冲力,绳子是斜拉的:起步的绳子居高,到达的绳子在下。我抓住绳子往前走,开始很太平,走到激流中间,两条腿会飘起来,差一点被冲下去,幸亏有绳子可抓,终于到了对岸。我兴奋地说:"尝到了'中流击水'的味道。"

过了激流要爬坡。通常讲的"爬坡"都不是真爬,"爬",是艺术夸张。我们面前的爬坡是真要爬的"猴子路"。这坡的坡度大约是70度,上面全是白色的河卵石一般的小石子,没有树,也不长多少草。如果弯腰向上走,小石子会把人滑下去,因此,只有四肢着地才能爬上去。开始时,我们觉得这比越激流、过铁索桥会容易得多。哪知爬了二十来米时,就爬不动了。休息可以,但不能站着休息,还得趴着,抬头向上看,还有百十米,只得继续爬。前面路上遇到的几处险,陪同的两位都比我仨本事大,可爬坡时不分先后。爬上来以后,五个人都无力说话,一直大喘气。第一个开口的是中年陪同者,他说他有次陪云南日报总编去苦聪人那里,跟今天一样,爬到这里休息时,总编说:"以后你们来稿,我再不批什么'请补充材料'。我今天知道,叫你们补充就是叫你们爬……"——是的,人类是从爬行动物变来的,变成直立以后怎么就爬不动了?

渐渐地离苦聪人近了,还有110华里。110华里要分两天走,怎么走?按常理头一天走55里,第二天走55里。不行,第一天必须走70里。为什么?这110里当中只有70里处有一个哈尼族村庄,假如第一天走不了70里,夜晚要住在树上,否则就会被蛇咬死。这110里,既不是走平路,也不是爬高山,是走在类似河南省的平顶山、类似南非的桌子山那样的山顶上。远看是一条直线,走上去是一块接一块的露出地面的巨石顶部。马的脚有铁掌,走上去是要滑倒的,只有人能走。我们走到黄昏,还未到哈尼族村庄,没路标,也不知离哈尼族村庄有多远。五个人都不再有说有笑了,各人心里一本账:都怕睡树上。闷声不响地往前走,忽听狗叫,我们上海人反应迟钝,中年陪同大声说:"到了!"这时我们才明白是狗传来了喜讯。在哈尼族兄弟家中住了一夜,第二天哈尼族的生产队长带我们到了苦聪人的"六五新寨"。队长既是翻译又是领队,他比州里的陪同更熟悉当地情况。

在六五新寨、六六新寨,我们住了好几天。

为什么把苦聪人住的地方叫作六五新寨、六六新寨?那是因为他们是在1965年和1966年才肯从深山老林里搬到国家为他们盖的六五新寨、六六新寨中。1950年云南解放后,政府听说有一批叫"苦冲人"的"野人"成天一丝不挂活跃在深山老林里,便派解放军去找,可是找了快两年也找不到,原因是他们在树上跳来跳去的本领很大,看见他们了,到跟前又不见了。找不到苦冲人,解放军心情很沉重。

有一天,哈尼族一位妇女看到解放军焦虑的样子,说:"我带你们去找。"

解放军说:"你怎么能找到?"

妇女说:"我是从苦冲人那里嫁过来的。"

"那你怎么不早一点带我们去?"解放军有点抱怨地说。

"因为一直有人造谣,说你们跟国民党军队一样坏。现在我们看来看去你们是好人,不同于国民党军队,我才肯带你们去。"

有了这位妇女带路,什么都好办了。她走到深山里喊话、唱歌,苦冲人听了都过来了,大有夹道欢迎的架势。

找到他们以后,解放军上报中央。周总理批示:把苦冲人改称"苦聪人"。一字之差,给苦聪人和其他兄弟民族都带来极大鼓舞。可是世世代代的游牧人不愿意定居,直到1965年才陆续走出大山,直到我们来到六五新寨的1976年,还有一位苦聪人坚持在大山里不出来,只是在过年过节时来六五新寨、六六新寨看亲戚。

我们在六五新寨、六六新寨过得很愉快,处处感到新鲜,处处都有值得我们研究的大学问。

不用说,我们先拜访的是氏族长。氏族长讲,他们是男打猎,女采果。打到野兽大家吃,打到的人吃头,大家吃其他部位。打猎的工具不是弓而是弩。为了讲清楚弩与弓的区别,他拿来一把弩给我们看。陪同的翻译是40多岁的生产队长。他接过弩拉了几下拉不开,70岁的氏族长抓过来一把就拉开了,我们几个人对氏族长肃然起敬。

氏族长又讲到他们的摩擦取火。这一点我们有书本知识,听得出他们是用摩擦取火的三种方式中最落后的一种。磨出一次火要大半天时间。哀牢山常下雨,保存火种就成了最大的问题。我们向氏族长请教如何保存火种。氏族长说,通常是用芭蕉叶盖住。如果身边没芭蕉叶,他们就一拥而上,这让我想起大概就像女排获胜时一样，弯下腰，手臂搭在队友肩上，组成雨篷状。翻译与氏族长是老朋友，翻译提醒我们问一下"在用人体搭雨篷时谁在下面"。我们问了，翻译和氏族长一起把氏族长的上衣提了起来。我们大吃一惊：氏族长的胸部和肚皮伤疤连伤疤，伤疤叠伤疤。翻译说"是他在最下面"，氏族长接着说"是我在最下面"。我们明白了，在最下方的人离火种最近，是火种把氏族长烧成这样。我们三天两头动员干部"身先士卒"，苦聪人无须动员就真正做到了身先士卒，身先"氏族"啊！

苦聪人的分配原则是"有饭大家吃，没饭大家饿"。就是在我们1976年见他们的时候，看起来是一家一户分开住，实际上仍然绝对平均：我有8个地瓜，你有6个，不用打招呼我会主动送给你两个；如果你没有，我有一个，我会瓣一半给你。我们晚上与五六位苦聪人座谈，他们每人手里都有一把水烟袋，可是并不是各人吸各人的烟袋。他们的做法是：一个人点燃了烟袋，吸一口后，立即传给旁边的第二个人吸；第二个人吸一口后，再传给第三个人吸一口，依次类推。过一会儿，另一个人点着水烟，也是让大家轮流吸烟。

翻译和氏族长讲起苦聪人的"物物交换"更有意思。他们实行的是"无声贸易"。他们知道兄弟民族不愿意看到他们的裸体，便把自己的兽皮和藤编放在十字路口。行人会知道这是苦聪人的东西，也知道苦聪人需要什么东西，便会拿出铁锅之类的东西放在路口，然后拿走苦聪人的兽皮和藤编。这就是苦聪人著名的"无声贸易"。值得一提的是，行人哪怕放一块铁片，拿走虎皮，这般不等价交换全是正常的，平安无事；反之，如果什么东西都不放，哪怕是拿走苦聪人的小鼠皮，对不起，隐藏在芭蕉叶后边的苦聪人一箭射过去，让你一命呜呼哀哉！

我们去了六五新寨，又去六六新寨，拜访了黑苦聪又拜访了黄苦聪。离开时他们以歌送别。他们唱道："我们没有吃过一粒米，我们没有穿过一件衣。天上阴森森，地上湿淋淋……"我们听时心灵颤动，眼泪哗哗流。我们照相，用的是海鸥牌相机，对镜头不是向前看，而是向下看。老徐的热泪滴在了相机的玻璃板上，老徐把相机递给我；我的热泪也滴在了相机的玻璃板上，我再把相机递给小朱……我们"3+2"五人是挥泪告别苦聪人的。

五、做了两天考古实习生

回到昆明，博物馆告诉我们中科院古脊椎与古人类所的科考队正在禄丰县发掘。老徐一听科考队里还有他的同学周国兴，大家商量先去禄丰，后去更远的元谋。

到别处的具体日期记不清了,到达禄丰的日子不会忘。我们在黄昏的时候从大喇叭里听到"两报一刊"纪念《五一六通知》十周年的文章《文化大革命永放光芒》,叹曰:我们这里现在是日落西山。

第二天,在周国兴带领下,我们走进了挖掘现场,这是我生平第一次遇到这种场面:面对宽有二十多米,高有四五米的大山一角,七八位学者拿着不同于猿人而又类似猿人的不锈钢做的斧、锛、铲、凿、镞等工具精雕细刻。他们介绍说这是侏罗纪的地层,禄丰是群龙共舞之地;禄丰龙是草食,是不是有点杂食还有争论。我们听了大有令人神往之感,向考古学家提出参与他们的行列,干起重劳动。他们手把手教我们时,反复讲一句话:千万别猛打猛冲。做了两天的"实习生",我们尝到了考古的滋味,依依不舍地离开科考队,去了元谋县。

两百年来,学界对猿人诞生的时间的认识有个过程,先说是几万年,北京猿人被发现后,认为是几十万年,元谋猿人的发现,打破了当时的世界纪录,学界认为人类有170万年的历史。去人类祖先的居住地是我们的追求。

到了元谋,想不到云南最热的地方不是南部的热带、亚热带,至少不只是在南部的热带、亚热带,云南北部的元谋五月的气温已高达三十八九度,湿毛巾挂在绳上几分钟就干了。热,也恰是元谋猿人的最佳居住地。这里过去是湖泊,猿人近湖有水喝,有鱼吃,有助于大脑发育。170万年后,湖泊变成了盆地,盆地中心是阳光照射产生热量的聚焦点。元谋的领导指着金沙江北岸的大山介绍说,那就是红军长征经过的火焰山,也就是毛主席诗里所说的"金沙水拍云崖暖"的"暖云崖"。那里因为气温高而不长草,又因为不能长草导致气温和石头温度更高。接下去县领导朝我笑着说:"我们招待所条件差,要不要下金沙江洗个澡?"我们早已是汗流浃背,挥汗如雨,自然同意洗澡,但是又担心风急浪高。县领导招待客人不止一次,他猜得出我们此时的心情,说:"不用怕,任何大江大海都是既有波涛汹涌的一面,也有波澜不惊的地方。"他这富有哲理的一句,让我顿开茅塞,老老实实地跟着县领导下到了金沙江。在江里,既有与170万年前的猿人同游的自豪感,也充满着与1935年长征的红军同行的幸福感,可谓不虚此行!

六、结论

踏着猿人的足迹进了好几个洞,纯属走马观花,并不深入,但是留下的思考一直延续了 40 多年。

坚信人是从猿变来的。现在绝大多数人相信人是从古猿变出来的，也有少数人从骨质坚硬角度考虑认为人是鲨鱼变的。我通过这次进洞，坚信是类人猿通过长期劳动，逐渐变成类猿人的。类人猿本是爬行动物，为了生存，不得不下地直立，直立变草食为杂食，直立为促进大脑发育提供了生理条件。现在任何一个刚生下的婴儿都有动物性，都能爬几步，但很快就不会爬了，说明人是从爬行动物变来的。人有返祖现象，有人有尾巴。如果是鲨鱼变的，怎么会返祖返出尾巴呢？我有位朋友是复旦大学教师，他已去世多年了，我可以"解密"了：这位老师长有尾巴。他爱站着，不喜欢坐着，因为他坐久了尾巴痛。他从不到什么公共浴室洗澡，那时他家里没有浴缸，他用木盆洗澡，因为他怕人看见。领导也未必知道，只有我们几个铁哥们晓得。

牢记并弘扬猿人的聪明才智。猿人是很聪明的。我们见到的猿人洞绝大部分方向朝南，与今天朝南向阳的房子比朝北的价格高没什么两样。长期以来学界把远古人类分为旧石器时代、新石器时代，有的中间再加一个中石器时代。不论哪种石器的出现都是一种翻天覆地的变化，都是远古人类聪明才智的结晶。在 170 万年前的元谋人打破世界纪录后，肯尼亚又发现了 200 万年前的人类。猿转变为人的唯一标志是在劳动中学会了制造工具。那时的工具现在看都没什么了不起，但如果与今天动物园里的拥有两三千万年历史的非洲猿、亚洲猿一比，就知道猿人的智慧了。到现在不论是哪种猿都不会制造工具，倘若它们能用一下工具就足以逗游人喜欢了。可是人类的祖先会制造石器。再看一看，今人手中的磨制石器：斧、锛、铲、凿、镞、矛头、磨盘、网坠、犁、刀、锄、镰等，跟石器时代的磨制石器：斧、锛、铲、凿、镞、矛头、磨盘、网坠、犁、刀、锄、镰，有多大差别？无非是原材料变了，精密度提高了。终点的胜利始于起点的成功，无视起点是忘本。

坚信"四海之内皆兄弟也"。各地的猿人遗址都被各地认为是自己祖先的居住地，这自然是持之有故、言之成理的。有一般就有例外。自从柳江人被发现后，日本有关专家研究认为，日本人的祖先可能是"柳江人"的一个支系。1984 年《科学之春》杂志第一期刊载了日本东京大学人类学教授植原和郎的一篇题为《日本人起源于中国柳江？》的文章。文章称："到目前为止在日本所发现的人骨化石形态都是矮个子，类似中国柳江人，特别是港川人简直跟'柳江人'像极了。许多日本人类学家认为日本人的起源要到中国南方去找。"

1994年"中日古人类与史前文化渊源关系"国际学术研讨会在柳州召开,来自中国以及日本、越南、韩国、美国等地的专家学者取得共识。由此可见,人口是会流动的,地壳也是会分久必合、合久必分的。"多元"的人类祖先留下了今天"一体"的70多亿现代人。人的基因类型同猿的基因类型只有万分之一的差别,不同种族的基因同为一类。祖先都姓"猿"的不同种族、不同民族一律平等。"四海之内皆兄弟"是构建"人类命运共同体"的生理基础。别看今天有些国家的政客横行霸道,不顾疫情夺去本国同胞的生命,到处散布政治病毒,"本是同根生,相煎何太急",要坚信今日之地球村迟早会实现世界大同。

要懂得"后来可以居上"。从一时的横断面看,不同民族的发达程度不一样,有先进,有落后,但先进不是永恒的,落后也不是固定不变的。苦聪人过去是落后的,过去有种说法是黑苦聪人比黄苦聪人先进,无非是因为黑苦聪有点刀耕火种,也是很落后的。可是,近年由外交部对口扶贫金平县,不论是黑苦聪还是黄苦聪的经济文化状况都在从渐变到突变,起了巨大的变化。从最近有关苦聪人的报道看,许多人的网络技术、视频技术比我强得多。1976年,苦聪人称我"老师",现在想想不能认为名不符实。因为他们那里的学校当时只有一位老师,是从昆明来的高中生,校长是他,教师是他,语文老师是他,数学老师也是他。他高中毕业,我大学毕业,做他这位老师的老师也是可以的。何况在六五新寨,他确实也向我讨教过几个问题。可如今,他的苦聪学生成了老师、老板。苦聪人先进了,而我大大落后了,成了老朽了。我应当甘当苦聪人的小学生,恭恭敬敬地拜苦聪人为师。

建言献策

为十九大建言[*]

十九大即将召开,这是国内的头等大事。作为一名社会学教师,我想提几点建议,希望能在十九大文件中得到反映。

(一)党务政务进一步公开,既要公开在决策之后,更要公开在决策之前。决策前发动对几种预案的广泛讨论,远远胜过决策后的大张旗鼓的宣传。比方说核心价值观,完全可以像当年征求国旗式样那样,向全民征集,在报上公布几百条,发动公民择优投票,再把票数多的十条十几条,交中央讨论决定。现在能一口气讲出24字价值观的人可能不多。在24字颁布后,有权威又解释说,前8个字是国家层面,中间8个字是社会层面,后面的8个字是公民层面。想想看,中间8个字中的"法治"难道不是国家层面吗?24个字中的前8个字是多次政府工作报告的结束语。虽未明说,实际上其中的"富强"是对应经济的,"民主"是对应政治的,"文明"是对应文化的,"和谐"是对应社会的。我们怎么可以把经济富强列为社会主义核心价值观呢?世界上哪个国家不追求"富强"呢?特朗普不也大喊富强他那个美国吗?

(二)公务员收入要一笔一笔公开,而不是笼统地讲一句有存款多少万。存款能说明什么呢?如果是祖上的遗产,即使一千万元也是正当的,他人不得干预。财产只上报远远还不够,这几年判处的贪污犯,我相信他们都上报过很多次,可结果呢?可以有把握地说,向上报不如向下报,笼统报不如明细报。芬兰之所以为廉政国家之首,就在于公务员有一笔收入公布一笔,哪怕是一块钱的外快也得上网公开。三个月之内不见公布,立即离职。他们廉政公署副署长自豪地说:在他们芬兰谁要举报官员贪污受贿,有时会被人认为是"精神

---

[*] 原载《民进申城月报》2017年9月。

病"。因为不可能,如此高度透明使人很难贪腐。立陶宛首都的女市长参加全市马拉松跑,晕倒后需要到外国医治。市民考虑她付不起国外的医疗费,立即主动发起捐款资助。市民怎么会知道市长付不起医疗费?因为她的收入人人皆知。只有一笔一笔公开,才能从根上做到不能贪。对收入公开,人们已经是千呼万唤了,可是还没出来,让人失望。

(三)要公开宣称中华民族是由"56 加 16"共 72 个民族组成的命运共同体。这就是包括台湾的 16 个少数民族。16 个民族中的布农族认为自己是从贵州布依族迁来的,现在与布依族往来甚多。台湾的少数民族受过日本和汉人的欺侮,至今对日本恨之入骨,对汉人有戒心。我们要像长征中刘伯承对彝族兄弟那样,善待台湾的 16 个民族。撇开台湾 16 个少数民族不提,不利于台湾回归。如果将来在回归问题上全民公决,台湾的五六十万少数民族是有投票权的。

(四)建议在十九大报告中批评"效率优先,兼顾公平"的提法。这一提法是在中共中央十四届四中全会上作为"原则"提出来的。这是古之所无,今亦罕有的错误观念,这是连那些实际不公平的国家也说不敢说出口的"原则"。20 多年来这一原则在社会上造成极为恶劣的影响,分配不公、教育不公、司法不公等很多不公都与这一原则有关。表面看,克扣工人工资,拖欠工资,有利于降低成本,提高效率;加班加点,加大劳动强度也有利于贯彻"效率优先,兼顾公平"的原则。可结果呢?要总理出面替工人讨工资;结果是出现了"十二跳、十三跳",提高了自杀率和精神病发病率,激化了社会矛盾。近年来中央一直在从正面提倡公平,可这是一方面,另一方面更应当看到,不破不立,没有否定就没有肯定。有错必纠是共产党人的一贯主张,何况是原则呐!原则问题要作为原则问题来处理。在中共八大会议上,有好几位中委在发言中公开检讨。八大把所有中委发言广播、登报、出书,高山仰止。敢于自我批评才是自信,也会换来他信,换来群众的信任。

我知道我提这个建议不会有好下场。可是,那么多不公的事摆在面前,不说行吗?不说在良心上说不过去,不说对不起党的培养,对不起科学的理论。我是明知不可为而为之。不为难领导,建议这样向上反映:"邓伟志坚持要求反映他个人的这一管见。"

参政党的监督问题*

一、不可或缺的异体监督

"没有监督的权力必然腐败","绝对的权力绝对腐败",这是世界公理。中国共产党对民主党派采取"长期共存,互相监督,肝胆相照,荣辱与共"的方针,完全符合中国国情,合乎世界公理,是正确的。监督是提升的千斤顶,是政党活力的高能加速器,是政党存在的长生不老药。中国共产党在作为革命党的岁月里,欣然接受各界人士的监督,坚持言无逆逊。身正不怕影子斜,丝毫不怕任何形式的挑刺。国民党反动派的挑剔、谩骂不用说了,人人皆知。外国人怀着对共产党将信将疑的心情,本来打算教训教训共产党,去了延安,到了各根据地调查以后,马上来了个180度的大转弯,坚定不移地支持共产党。被国民党派到延安搞破坏的特务,受八路军优良作风的感染,变得下不了手,停止了破坏,居然成为"双面人"。历史证明,严肃、严格、严密的监督,哪怕是来自敌方的监督,对被监督者来讲,都有助于素质的提高,从而备受拥戴。从这个角度讲,中国共产党是在接受国内外各界的观察、监督下由弱到强、由小到大,发展壮大为执政党的。

自我约束是有效的。可是,对任何人来讲,自己脖子后的灰自己是很难看到的,因此,东西方的政党学说都普遍强调异体监督,也就是我们所说的互相监督。互相监督是互助互鉴,提纯提高,是共商共决、长期共存的保障、保证。异体监督能收到异曲同工之妙。

二、定位在主要是参政党监督执政党

互相监督不是"平分秋色"。由于执政党地位的重要性和影响力的巨大,

---

* 原载《民进申城月报》2017年11月、12月。

中国共产党早就提出互相监督的侧重点主要是作为参政党的民主党派对执政党的监督。"主要"二字的明确,不仅展示了共产党人的宏大胸襟和宏伟气魄,而且是、更重要的是,抓住了主要矛盾的主要方面,是认识上的飞跃。认识是实践的指南,是前进的先声和号角。

随着"主要"二字的明确,监督就成为参政党的职责。放弃监督或者是监督不力,是参政党的失职。参政党既然参与了,就比较知情,也就有条件、有可能热心监督,严肃监督。根据习仲勋的夫人齐心同志的文章,20世纪60年代在无端地处理习仲勋时,只有两个人,请注意"只有"二字,只有张治中、邓宝珊两位直接向毛泽东主席说了不同意见。张、邓两位是什么人?是非中共的民主人士。"横看成岭侧成峰,远近高低各不同",看问题以"横看"为主,但也需要"侧看"。高屋建瓴、高瞻远瞩是必要的,但是,"山高"还要配上"水低"才算得上美景。有"高歌猛进",也少不了"低声细语"。中国人喜欢讲"丝竹八音",此乃经典之言。有八音,有高低起伏,才能余音绕梁。如果一味地高音,那就成了尖叫。张治中、邓宝珊两位曾作为国民党在中国西北地区工作过,与中国共产党长期在西北工作的习仲勋打过交道。不打不成交,彼此了解甚笃。加之,他们不是中共党员,"不在此山中",不受党纪约束。因此,他们在习仲勋问题上敢于担当,勇于直言。

三、监督的性质是诤友诤言,异口同声

民主党派监督的性质不是别的,只能是友党监督,诤友提醒,是肝胆相照,异口同声。出发点是爱护、帮助、完善、健全,是补台而不是拆台。

中国共产党与八个民主党派的友党关系是历史形成的,也是鲜血凝成的。在国民党反动派迫害民主党派,并企图杀害民主党派领导人时,是共产党人挺身而出,把民主党派领导转移到了香港,安全脱险;在共产党处境困难的时候,是民主人士伸出了援助的手,送药、送信,加油打气。1945年7月,黄炎培等6人为国共商谈问题,以私人名义飞赴延安。著名的兴亡周期律(率)便是黄炎培与毛泽东共同提出来的,这一论断至今仍然熠熠生辉,扣人心弦,发人深省。黄炎培返渝后写出的《延安归来》一书,也是民主人士冒着杀头的危险印刷、出版的。在1946年的"下关惨案"中,马叙伦惨遭毒打时,是共产党员阎宝航用手臂挡住了特务打向马叙伦的铜痰盂,结果阎宝航自己被打成骨折。在雷洁琼被特务打得鲜血直流时,是邓颖超给她送去衣服,并亲自帮助雷洁琼换下血

衣。在20世纪40年代中国有12个党派。其中有3个跟着蒋介石,后来去了台湾,还有9个党派跟着共产党。其中有两个党派认为新中国成立了,民主已经实现,任务已经完成,准备自行解散。一个动作迅速,已经公开宣布解散了,无法挽回。另一个尚未公开解散的,在共产党劝说下保留至今。共产党与民主党派的关系是你选择了我,我选择了你的"互相选择",一直是荣辱与共、生死与共的友党关系。中国的8个民主党派自觉接共产党的领导,佩服共产党的先进性和执政能力、执政业绩。共产党领导下的多党合作制是中国社会主义政党制度的特色,这一原则绝不会因为强调党派监督而有丝毫改变。

四、监督的内容是多方面的

监督的性质决定监督的内容应当是多侧面、多角度、多层次的。从门类看,对经济建设、文化建设、社会建设以及包括党的建设在内的各项政治建设事业都可以提建议,可以对全局工作提建议,也可以对局部工作提建议。

党派有地方与中央之分,地方又有省、市、自治区及其下属机构。不同层次的民主党派以对同级党组织监督为主,也允许对上一级党组织进行监督。

党派就是党派,不是群众团体,监督要力求从大处着眼,而不是纠缠于鸡毛蒜皮,要荦荦大端,少搞针头线脑。

中国的8个民主党派的组成虽有交叉,但更有各自的特色。因此党派监督应当多从党派成员的组成特色提出问题,党派成员监督也要多从自己所熟悉的专业角度考虑。当然,也允许党派对自身专业外的问题发表意见,因为这里有个"旁观者清"的道理存在。

天下兴亡,匹夫有责。监督是为了执政党的身心健康,是身有疾就指出身有疾,是心有疾就指出心有疾。同心圆里内容多,不拘一格去监督。

五、监督的方式应当是有序的

监督的方式应当是有序的。一般是用党派名义发声,也允许党派成员直接上送。是人大代表、政协委员的党派成员,也可以用议案、提案的方式传递信息和意见。

监督的方式应当是内外有别,要像前面提到的张、邓二位那样不张扬。他俩的监督为什么长期不为人所知,因为他们监督的动机是出于爱党,不是为了出风头,不是为了另起炉灶。在倡导内外有别的同时,也允许适当的内外"无"

别,过去把太多货真价实的"外"化作成了"内"。大量的实践证明,偷偷地改正会旷日持久,而且难以改得彻底。比如公务员的财产申报问题。请问:如今抓出的那些"大老虎"哪个没有在内部向上申报过?可结果怎样?结果的结果告诉我们:上报不如下报。监督还是公开、透明为好。透明度决定有效度。透明度也会增强真实性。假话的腿是不可能长的。透明后为十目所视,十手所指,谁还敢隐瞒?纸包不住火,隐瞒没有好下场。这是一方面,另一方面,有了十目所视,十手所指,谁还敢无中生有乱监督?因为诬陷是犯罪的。

在监督中,我们绝不能像某些国家和地区的政党监督那样搞人身攻击,甚至挥舞拳头。谩骂不是监督,拳头不能代表真理。动手动脚是无理、无能的表现。

政党是阶级的工具,是某一阶层、某些群体利益的代表者。"龙头摆一摆,龙尾跟上来。"政党之间的和谐会带动全社会的和谐;反之,政党之间乱起来,全国都会不安宁。

六、监督者要具备监督的素质

古人说:己不正焉能正人。为了提高监督水平,参政党迫切需要提高自身素质。《孟子·尽心下》篇写道:"贤者以其昭昭使人昭昭,今以其昏昏使人昭昭"。今天,在参政党的监督中"以其昭昭"的情况固然很多,"以其昏昏"的事也不是没有。不了解情况就发言的事有之,用缺乏理论常识的说法去监督的事也有之。外国的政党多有这类情况,也许更为严重。2017年春夏之交,有个国家的政党为了上台,为了执政,竟然大呼小叫地讲对方政党的领导人没有资格谈论国家的未来,因为他没有孩子。这是什么逻辑?这是在闹国际笑话。谈国家前途,社会未来,与有没有生孩子有什么关系?选民的眼睛是雪亮的,几天后,选票告诉我们他这个党的候选人落选了,没有孩子的那位候选人当选了。

国内外政党监督的状况告诉我们,要担当起监督至少要做到两点:

一是要深入调查。不调查没有发言权,浮光掠影的调查也发不好言。调查是一门学问,有普遍调查、重点调查,有典型调查、抽样调查,调查方法有参与法、观察法、比较法,等等。调查既是艰苦的思想劳动,也不是太轻的体力劳动。如果允许对今日之调查作一番调查的话,不难发现今天有些人是把调查变成"换个办公室听汇报",习惯于在走马观花中哇啦哇啦讲这花儿美,那花儿不香。有些人连走马观花也不如,简直是"跑"马观花,是"坐着轿车观花"。试问:那样的调查能了解多少实际情况呢?老实讲,要拿出真实情况监督,必须下马观花,甚至还得下马浇花、栽花。必要时,还得与工人农民同吃、同住、同劳动。要让群众掏心窝不是那么简单的事情。只有与群众打成一片、融为一体了,群众才会向你交心、才会与调查者同心。参政党用深入调查得来的、有根有据、有血有肉的事实说话,才会有说服力,才有现实针对性,也才会被执政党的慧眼看中,采纳。

二是要懂点理论。作为参政党骨干,不可不学点政党学、政治学。当然,要从经济上监督,还要学点经济学;要从教育上监督,还学点教育学;要对社会建设监督,还要学点社会学。理论是监督的准绳和依据。经过实践反复检验过的理论可以转化成巨大的、磅礴的物质力量。一位伟人讲得好:"抓住真理,所向披靡。"现在有些人在监督中软弱无力,左顾右盼,有肝无胆,这无疑是没把握住真理的表现。规律是铁打的。真理是磁石,越打越发光。真理在胸的监督者方有监督的气魄和胆略,无所畏惧,一往直前,一帮到底。

不惮胼胝之劳下去调查,"接地气";静下心来在案牍之劳中坚持钻研政党理论、治国之道,"接天线":吃透两头便能够充分运用监督职能,发挥监督职能。

教育者先受教育,监督者更应当受监督。可不可以考虑让群众对八个民主党派的监督水平、质量、状况进行第三方评估,开展民调?民调反映民意。敢于正视民调才是真正的自信。民调能发现先进,认识后进,知道"天外有天楼外楼,还有先进在前头",从而激励后进赶先进。孤芳自赏不好。不痛不痒,你好我好大家好,把监督变成"干杯",无补于事。如果一开始大家对民调不习惯,也可以考虑把民调的结果先在内部公布,过一段时间体会到民调的威力之后,再公之于世。

七、营造宽容包容的监督氛围

中国人了不起,很会立德、立言,居然把《诗经》里的两句与朱熹的《集注》的两句并成一条行为规范,这就是:"有则改之,无则加勉。言者无罪,闻者足戒。"这"16个字"在今天提倡加大监督力度的形势下,完全适用。从客观上说,参政党的监督状况取决于执政党的开明状况。同样的麻雀,在有的地方它敢于飞到餐桌上与主人共餐,有的地方的麻雀见有人靠近便吓得立即飞开。

这般差异是条件反射的结果。生活在不同条件下的动物,包括高级动物,会有不同的心情。没有"惊弓"亮出,就不会有"惊弓之鸟"。"文革"结束之初有不少人心有余悸,归因于"文革"中到处有"帽小店""棍子铺"。

  毛泽东曾提出"两个万岁"即共产党万岁、民主党派万岁的口号。毛泽东、周恩来曾多次对民主党派语重心长地说:"不是同年同月同日生,但愿同年同月同日死。"这充分表达了中国共产党与各民主党派长期共存的决定。中共中央曾多次提醒、告诫大家:执政党的执政地位不是一劳永逸的。可是能不能一劳永逸取决于监督者与被监督者两方面。被监督者能做到那16个字,监督者才会解除顾虑,动真格。监督者出于善意,被监督者怀有美意,同心同德,耐劳,任劳,未必能"一劳永逸"的执政党的执政地位完全可以做到"'多'劳永逸",实现"'勤'劳永逸"。

  不到阶级消亡之日,政党仍为长青的参天大树。

从"读"到"走"再到"写"
——我的祝福与嘱咐*

祝贺大家走进被称为社会学"中国第一系"（按：上海大学社会学系建于1980年，是我国社会学恢复重建后最先成立的，当时为复旦大学分校，后更名、合并到上海大学。）的上大社会学院。走进社会学院是走进高端智库，走进人才高地，是走进治理社会的学海、学渊，但绝不是走进保险箱，而是进到新起点。你们要马上做好艰苦奋斗的思想准备——社会学院是你们的殚精之地，是你们的竭虑之所。

读，读万卷书；走，行万里路。读，网罗天下书；走，阅尽人间春色。网络化的今天，在网上可以把"五洲四海"一网打尽，可是别忘了也有漏网的。而漏网的可能恰恰是必读的。因此，书与网应当交相辉映。

明清之际的大画家石涛有句名言："搜尽奇峰打草稿"。运用到社会学学科，这"奇峰"包括书本与社会实践。而要搜尽奇峰，应该坚持三个结合：学贯中西与走南闯北相结合；坐不窥堂与眼观八面相结合；甘于寂寞与不甘寂寞相结合——甘于寂寞专心读，不甘寂寞走四方。

为了讲清楚读、走、写三者的关系，实际上还有其他很多元素应该列进去。比较完整的方程应当是：读＋走＋思＋胆→合格的社会学者（写＋讲＋干），恕我简单地抽象为：读＋走→写。

先讲读书

从上大学到今天61年，我积攒了24个书架的藏书。因为我是书痴，上海

---

* 写于2018年1月9日。本文为作者在上海大学社会学院开学典礼上的讲话，收入本卷时略有改动。

市振兴中华读书指导委员会还给我发过"书香家庭"的奖牌。我对你们有个过分的苛求：少买化妆品,多买点书。然而,我买的书只占所读书的少部分,大量读的是借来的书。

买书、借书是为了读书,读书却是苦差事。当在书中有新发现,会如获至宝,雀跃三尺。但是如果发现书中有矛盾,要判断是非高下,又会搞得自己愁肠百结,睡不好觉。谈一些我的读书心得。

（一）读书要有读书精神,要披星戴月,手不释卷。我是笨鸟先飞。我出过一本书《人比雀儿累》。什么意思？我家门口有康有为与他妻子合植的几棵广玉兰大树。树上的鸟儿天一亮就"喳喳"地争鸣,这时我早已起来看书了。天一暗,鸟儿回到树上叫几声,便开始睡觉,可我的夜工才刚刚开始。我深感自己比雀儿累。古人的悬梁刺股今天不用了,但这种读书的精神必须继承。我主张攻苦食淡,主张物质生活简单化,读书生活复杂化。

（二）读书范围要广,要博览群书。对社会学人来讲,中国的严复、晏阳初、陈翰笙、费孝通、林耀华、胡绳的书都要读,他们几位之间曾有一度观点不一致。正因为不一致,才都要读。西方的孔德、亨廷顿、帕雷托、帕森斯、滕尼斯、吉登斯、哈贝马斯、齐美尔、韦伯的书也要读。读时允许一目十行,但更要强调为了抠一个字眼要"捻断几根须"。

（三）读书态度：尊重不同学派。社会学界的功能学派、结构学派、结构功能主义学派的书要读,芝加哥学派、法兰克福学派的书要读,历史学派、未来学派的书也要读。读书是沙里淘金。书中只要有1‰正确的成分和合理的元素都要吸取。十全十美的学派是没有的,天下没有无可挑剔的文章。采百花酿成蜜般自己创立的学说、学派,感觉是十全十美的,实际上未必,也可能是自吹自擂的,因为"癞痢头儿子自己的好"。

要读非社会学界有关的书。中国第一个提出恢复社会学的不是社会学家,是哲学家杜任之。要做社会学的"T形人才"。社会学有一百多个分支学科,任何大学者也只是占有其中几个分支,但其他分支也要涉猎,与社会学相关的哲学、史学、法学、政治学也要读一些。研究面窄有窄的好处,但宽中有窄更能成大才。

（四）学而思,开卷也少不了掩卷深思。尽信书不如无书。多读才能比较、选择,用比较法鉴别真伪,去粗取精,含英咀华,融会贯通。人无不有历史局限性。读书要进得去,出得来。要尊敬任何人而不迷信任何人。对很坏的学人要尊重其人格,对伟大的学者要拥戴而不盲目迷信,要敢于站在前人肩上创新。

（五）厚积薄发。我把厚积薄发具体地量化为"读写比"：至少是100∶1,最好是100以上比1。不足100不下笔。

再讲走路（即调查）

"不调查没有发言权"已成世界名言。调查是社会学者的拿手好戏。网上调查、问卷调查等方法的调查有信度,但可信度不是最高。我这里强调一下常常被忽略的参与法、访谈法。参与、访谈是艰苦的,要走路。读书是艰苦的脑力劳动,调查则是艰苦的体力劳动。社会学人是脑力劳动与体力劳动的结合体。

走,我曾在哀牢山上走,在贺兰山下的沙漠上走,在内蒙古大草原上走,在长白山雪地上走。走哀牢山之路。我们一行三人去不通公路的黄苦聪、黑苦聪的六五新寨、六六新寨。我历经了马失前蹄,差点坠下悬崖；披荆斩棘穿越密林,被蚂蟥叮咬；拉绳索过激流,战战兢兢跨越一脚踏空便会掉进深渊的铁索桥；四肢着地,爬行于70度陡坡、寸草不生的"猴子路"——是的,我常对友人说,我有些文章是爬出来的。

再讲参加劳动。我在上海各个系统的120多家工厂里劳动过。

去国外参观。我出国讲学,常向他们提出参观请求,变他们招待的游览为参观访问。多年来,我参观过监狱、戒毒所、同性恋俱乐部、痴呆儿童学校等。参观算观察法,实际上是浮光掠影,这是没有办法的办法,因为人家不可能让我们深入调查。好在浮光掠影也或多或少"掠"了点"影"。我对大人物会见没兴趣,我喜欢与草根接触。老百姓讲话少旁征博引,但实在,少虚套。与我合影的百姓来自140多个国家,我将出版《与百国百姓在一起》的影集。海外奇观让我有资本讲几句海外奇谈。比如我去过的监狱,不让囚犯穿囚服,刊物由囚犯去办而不审查；进救济站吃饭无须登记,即使通缉犯在里面吃饭,警察也只能等在外面等通缉犯吃饱了出来再抓；心理咨询处不许记录咨询者的电话,等等。

对调查的调查。调查不只是一门科学,调查是科学、艺术、作风的综合。如果对当下的调查做一点调查,不难发现有些调查不是调查,是走马观花,是换个房间听汇报。真要了解社会,应当是从走马观花到下马观花,再到下马浇花、栽花。这里我强调一下调查作风。挺胸凸肚,两手插在口袋里,官气十足的提问是很难听到真话的。迈开两腿,卷起双袖,与百姓一起干活,百姓自然会掏心窝子。作风与调查的信度之间有函数关系。作风出可信的数据,可信的数据又会激发社会学人进一步改进调查作风。

最后谈写作

写是思想的表达。多写才能写好。音乐家曲不离口,秀才要笔不离手。社会学人要养成三天不写手发痒的习惯。进校之日就要考虑四年后的毕业论文怎么写。

写要求新,不新不要硬写。口头上拾人牙慧是羞耻,在论文中拾人牙慧是剽窃。要"出新"必须"推陈"。革故鼎新,青年人要敢于"革故"。包括我今天的老生常谈,也希望你们站出来颠覆。我上面列举的那些大学问家、载入社会学史的大学派,都有瑕疵。马克思讲:"凡人类建树的一切我都要批判。"批判是过滤,不等于全盘否定。

学术著作不是源,是流。是流,就要不断交流。交流是触类,触类则旁通,嫁接出新品种。从交流、交锋到交融,交锋会产生思想火花。害怕交锋,害怕人家批评,是庸人,是没出息。身经百战,中流击水,迎着批评而上的学人是铁打的,不是纸糊的老虎。过去把学者说得一无是处是荒唐,今天把大学者吹捧为神仙是矫枉过正。交流是商榷,提倡"商榷——对商榷的商榷——对商榷的商榷的商榷……"学者之间要多商榷,少打棍子,少一点斗争,少一点封口,少一点"一槌定音"。运用肯定否定律,学术在无穷无尽的商榷中提升。

写的水平体现在分寸上,要学会把握分寸。有时要开门见山,有时要意在不言中。因时制宜,因地制宜,是唯物,不是学奴,不做跟风派。

学者要有学术勇气。抓住真理,所向披靡。有新思想就放开胆量写。肝胆相照,不能有肝无胆。不能怕扣帽子,笑看扣帽子。实践是源,理论要勇于接受实践这个源的检验。实践的检验不会是一次性的。如果经过反复检验证明自己确实错了,也不要固执己见,要知错就改,向真理低头不是软弱。

说一千道一万,社会学要创新,要努力改善学术生态环境。尊重差异,包容多样。绿水青山,绝不会是一花独放,要万紫千红才是青山。要让人下笔如有神,而不要下笔如有"绳"。

几句叮咛

第一句：有付出必有杰出。要相信"天道"一定会"酬勤"。要相信功夫一定不负有心人。赶快从当今横流的物欲中蹦出来，理想迟早会成为光辉的现实。

第二句：时不我待。时间逼人，四年只不过是一瞬。放松这四年的学习是在缩短学术生命，对不起父母，对不起老师，对不起国家！

第三句：你们将挑战未来，未来也在检阅你们的挑战。谁能成为排头兵还不知道。你有可能，他也有可能。只有你们身上的汗水，才有本领把你们的可能变成璀璨的现实。

第四句：自古英雄出少年，不出在我们老年。可是，老年有权利盼望少年成英雄。后生可畏，后生可"慰"，后生可望。胜利在向你们招手！英雄的奖牌迟早会挂在你们胸前！

生活甜美，身体健美，家庭和美，事业完美，山海壮美，尽善尽美

——2018年3月24日在萧县企业家协会年会上的讲话*

朋友们！兄弟姐妹们：下午好！我要对大家说的第一句话是：萧县的游子回来了。我们弟兄俩在大姐的带领下来到老家了。我们是喝四眼井的水长大的，我们是把凤凰山上的地角皮当菜吃强壮起来的。我出门在外，之所以喜欢回家乡看看，是因为我根在家乡，思念家乡。几十年来，我不管游走到哪里，我的乡情、乡愁没有减少过一分，不只是没有减少，而且是与日俱增。我到过几百个县，与140个国家的人握过手，合过影，聊过天，但是仍然觉得与家乡人握手更自然，更亲切，更温暖。我走到天涯海角都想着萧县。人老了容易怀旧，怀旧就是怀家乡。我的乡音一点没有改变。我不会讲普通话，一是因为我太笨，二是因为我尝到了用乡音寻找乡贤的甜头。我在广西讲话，广西检察院的萧县老乡出来同我打招呼；我在湖北讲话，咱萧县在湖北的一位市长拉着我讲萧县风情；我在云南，陪同我的同志没陪几分钟就问我是哪里人，他就自我介绍他是陈阳（杨？）山人，跟我还有亲戚关系。同乡之间缘分多，血缘、地缘、业缘，还有口音的音缘。我到甘肃西部，古人讲"西出阳关无故人"，可是萧县人出了阳关会遇到很多很多故人。萧人遍全球，萧人的朋友遍天下。

兄弟姐妹们：游子这次回乡的第一感觉是萧县大变样，山更绿，水更清，人更美，美得简直让人醉。在战争年代，战士的鲜血染红了凤凰山、老虎山，鲜血染红了龙河、岱河；在建设时期，萧县干群一条心，黄土变成金，在座的你们

---

* 写于2018年3月19日。

用汗水换来了千树万树梨花开,千树万树染绿了凤凰山、老虎山,是你们把穷山恶水变成了山清水秀,鸟语花香,是你们把穷乡僻壤变成了柳暗花明又一村。在县委、县政府领导下,全县人民个个都有了安全感、幸福感、进步感。"进步感"是我加上去的。"获得感"一般是指物质利益的获得,只是一个方面,有很大局限性。比如道德水平提高很难讲是道德获得,文明程度提高很难讲是获得文明,而"进步感"能够包括物质、精神两方面。恩格斯把人类生活分为"生存、享受、发展"三个阶段。进步感与发展相近。好了还要好,只有更好,没有最好,好无止境。

我这次回乡的突出感觉是"人更美",这里既包括外在美,还包括内在美。过去我们穿的是"撅腚小袄子",能美吗?过去穿的彩色布是用石榴皮染的老粗布,能美吗?今天我看见大家穿的华冠丽服,真美噢!比我穿的都好,令我羡慕不已。当然,关键是萧人的心灵美。别处是"经济上去了,社会风气下来了",萧县是"经济上去了,社会风气也上去了"。有一位大学毕业后在徐州下过矿井的副国级领导同我开玩笑,说:"你们徐州人有句话,'穷山恶水出刁民'。"我说这话用在过去是错了70%,对了30%,用在今天是错了100%。为什么?旧社会有"人穷志短""穷猿投林,不暇择木""穷鼠啮狸"的现象,出小偷,出刁民,出叫花子。新社会倡导"穷则思变,穷不失义,穷当益坚",怎么会出刁民!再说,今天我们已经由穷变富了,人家有的我们有,人家没有的我们也有,谁还会吃饱饭没事干,去偷去抢呢?刁民往往是刁官逼出来的。今天我们可以自豪地说:萧县刁民极少极少,这也说明萧县的清官很多很多。

萧县自古出高人,今天更是人才辈出,正在大量涌现出一批又一批高人。天安门广场的烈士纪念塔上的浮雕是谁设计的?是萧县人。大文豪郭沫若第一次入党是谁批准的?是萧县人。郭沫若拜的"一字之师"是谁?是萧县人。前总书记胡锦涛最敬重的老师是谁?是萧县人。农村改革的发祥地小岗村最受欢迎的书记是谁?是萧县人。淮海战役抓住国民党副总司令杜聿明的是谁?是萧县人。演英雄王成的是谁?是萧县人。

今天带头发展市场经济,让萧县富起来的是谁?是在座的萧县著名企业家协会的全体会员。中央号召"不忘初心",其中之一是不忘民企当年的贡献,不要忘记中小微企业办过的大事,不要忘记中小微企业更贴近老百姓,更贴近千家万户须臾不可少的国计民生。小微企业规模不大,作用巨大。小微企业小中见大,由小变大。

如何让萧县的著名企业家更上一层楼？我提几点建议，请县领导和企业家指正。第一，处理好老板与职工的关系。要充分发挥职工的积极性、创造性。我在高邮县看到一段顺口溜："老板把我当人看，我把自己当牛干，累死也心甘。老板把我当牛看，我把自己当人看，说什么也不给你好好干。"第二，处理好企业与企业的关系。坚持抱团取暖。温州人、犹太人之所以生意做得红火，关键是抱团取暖。我们要提倡"一方有难，八方支援"。彼此有竞争但不伤害别人。竞争靠创新取胜，向管理创新要财富，向技术创新要利润。成人之美，美美与共，天下大同。第三，处理好利与义的关系。市场经济既是法制经济，又是道德经济。商有商德，商德可以转化为流动资金和固定资本。为什么儒商客户多？发人深思！第四，处理好国企与民企的关系。国企是骨干，民企是血肉。骨肉相连，互补互助，我们要为民企松绑，大家都要为民企的发展鸣锣开道。第五，处理好先富与后富的关系。先富帮后富，实现共同富裕。不帮后富是断了自己的后路，是作茧自缚；帮了后富才能更富，才能持续地富下去。不要只看"人均收入"！我在广东西部县级报上看到一首诗："张家有财一千万，九个邻居穷光蛋。平均起来算一算，家家都是张百万。"算得对不对？对！可打100分。事实怎么样？给它零分还嫌多。第六，处理好上接天线与下接地气的关系。萧县有个天门寺。我们全县都是"天门县"。站在家门口，望着天安门。用我们的基层设计为顶层设计提供原材料，让基层与顶层交相辉映，有了交相辉映方有交口称誉。

萧县是"可拔的"县。光辉的业绩可拔，美丽的山河可拔。萧县的河山如画，萧县的画如河山。画家的成功之道是"搜尽奇峰打草稿"。萧县的画作之所以举世闻名，是因为萧县的大画家搜尽了萧县的奇峰。美术界把美丽留在了萧县。画家在美化萧县。龙城画派是萧人头上的明珠。萧县地上美，地下也美。地上有书画，地下有汉画，这不是所有的县市都具备的。萧县的文化建设与经济建设齐头并进。可拔县改县设市指日可待。看！萧国市正在向可拔县招手，在伸出双手拥抱可拔的县！

萧县地处黄淮平原。"淮"字有水上大鹏之意。我们萧县就是带头改革的大鹏鸟。萧县地处黄河故道。咸丰年间，黄河流经萧县。黄河是中国的母亲河，那么萧县就是母亲河怀中的骄子，萧县永远立于奔腾、开放大河的潮头。

祝我的家乡一如既往，做改革开放的排头兵，做最优秀的排头兵！更上一层、百层楼!"美丽"是今年"两会"上的高频词。祝家乡明天比今天更美丽,祝家乡人民生活甜美,身体健美,家庭和美,事业完美,山海壮美,尽善尽美!让天下人都感受到萧县美不胜收!桂林风景甲天下,我的家乡萧县美丽甲天下!

越是热爱执政党,越要热心于议政,不屈不挠地议政*

我担任过一届民进上海市委副主委,一届民进中央常委,三届副主席。在担任两届副主席后,我曾提出不再连任,后来还是连任了。在民进任职期间,不论是在上海还是北京,我没有安插过一个人,没有批示过一分钱。我相信民进领导的安排。我相信孟子的"人皆可以为尧舜"。从勇于担当上理解"舍我其谁"是有益的,如果认为领导岗位"舍我其谁",那就大错特错了。"六亿神州尽舜尧"嘛!我长期所从事的专业,决定了我成为民进成员以后,应当把精力用在议政上。我很能听得进"政协不是权力机关,不是决策机构"这句话。我深知自己不是掌权的料。坦率地说,我还有个"阿Q式"的片面性:我认为"议政"高于"决策"。先议后决,议字当头。而决策免不了要迁就方方面面,明知有"上策",有时也不得不屈从于"中策"。决策是求最大公约数,而最大公约数往往低于最高自然数。马克思主义在今天是放之四海,而在当时不要说当局不求最大公约数,就是求了,也求不到马克思主义。要不然,马克思的《德法年鉴》为什么只让他办了一年?议政是可以把话说透彻的,不必看他人的眼色。听不听是决策者的事,听了是不是"听取"也是决策者的事。议者是雁过留声,启发人思考,接受历史的检验。当然,"议"中有"参","议"有时也会转化、升华为"参",那么,从这个角度也可以说作为参政党的一员,我在参政上尽了绵薄之力。

深刻认识党、热烈拥抱党是当好参政党的前提

30年来,我做的各项工作都是从热爱执政党、帮助执政党出发的。我始

---

* 写于2018年3月21日。

终认为执政党是伟大的党。

先说感性认识。我从小生长在苏鲁豫皖交界处。我的家乡历来是兵家必争之地。在20世纪40年代,我的家乡是国共两党的"拉锯地区",常常是上个月中央军占领,下个月是解放军进来,有时甚至于是白天被国民党统治,晚上由共产党领导。这样,促使我在童年时代就开始对国共两党作了比较。中央军来了随便骂人,拿百姓的东西;八路军、新四军来了称百姓"老大娘""老大爷",帮老百姓挑水、扫地、抱小孩。"老九不能走"一说,"文革"中是借用古人的"九儒十丐",指排在老九的知识分子不能走,可是我们家乡在抗日时期说的是新四军四师由张爱萍任旅长的"九旅不能走"。九旅来了百姓安宁,坏人富人不敢欺负人;九旅走了,日本鬼子来了,邱清泉、孙元良的国民党部队来了,百姓东躲西藏。

新中国成立以后,我从感性认识慢慢提升到了理性认识,对党的性质、历史有了初步的了解。成为参政党成员以后,我觉得要为民进争光必须更多地了解中国共产党各个历史时期的状况及其行为规则。我着重研读了中共一大13位代表、八大97位中委每个人的正史、野史乃至于少数人的秘史、艳史,以及个别人的丑史。即使是了解了他们的丑史,我也作了对比,共产党比国民党要美上十倍、百倍,国民党比共产党丑十倍、百倍。我阅读了上百位中共著名人物的传记和不同版本的党史和党史资料,从而促使我更加热爱共产党,更加自觉地接受共产党的领导,深刻认识到共产党执政是人民的选择,是历史的选择,是社会前进的必须。我在文章中把中国共产党领导多党合作制比作太阳与"九大(8个民主党派加上无党派)行星"。

为了懂得参政党、资政党,我阅读了中国政党史。中国从"朋而不党"到辛亥革命前后涌现了300个政党,忽然又变为150个。到重庆谈判时中国有12个政党,重庆谈判后有3个跟着国民党,有9个跟着共产党。接着我又学习了8个民主党派多党合作的历史和经验,阅读8个党派元老的传记,深知没有共产党的救护,不知有多少民主党派领袖会死在国民党反动派刀下。

为了学点参政议政的知识,我还学了点政党学、政治学。我到《红旗》杂志出版社想尽办法买了本由中宣部原副部长主编的、当时还是禁书的《世界政党辞典》,大开了眼界。接着,我又读了些行为主义政治学的书籍,算是学了政党学的入门教材,初步懂得了政治参与的类型、层次、渠道、深度、广度。为了议好政,我密切注意当今社会主义的种种思潮和流派,粗略地进行些比较研究。

理论是武装,理论是胆识。1988年4月我在《解放日报》发表了学习体会《知政、懂政、议政、督政才是参政》,积极投入了议政,并在议政中继续学习议政。

在20世纪90年代我是常碰钉子的议政新生

事情是复杂的。

我是五十岁担任上海市政协委员的。子曰:"五十而知天命",那是一般规律。有一般就有例外。我到五十而仍不知天命,属例外。参政一出手我就碰了钉子。

有次从电视上忽然看到通缉"苦聪族王××"。开会时我提出:"这个人不宜通缉。如果这个人已回到家乡,叫县公安局去抓他,县公安局都不会抓他。因为抓了他,苦聪人就走光了。还有,56个民族里没有苦聪族,不能擅自称苦聪人为族。"我这话,主持人尚能听进去,问我"是不是这个民族很勇敢?野蛮?"副主持满脸的不高兴,对我怒目而视。我觉得副主持似乎不了解民族政策。

我去过苦聪人定居的哀牢山。苦聪人世世代代以游牧为生,处于氏族社会阶段,连刀耕火种阶段都没有进化到。从他们的歌曲中可以了解他们的生活:"我们没有吃过一粒米,没有穿过一件衣。天上阴森森,地上湿淋淋……"他们活跃在大树上。周恩来总理派兵寻找,找了多年找不到。他们现在居住的地方叫"六五新寨""六六新寨",是因为他们一直到1965、1966年才愿意下来定居。原来周围的人称他们为"苦冲人",是周总理出于爱民之心,大笔一挥把"冲"改成了"聪"。苦聪人是拉祜族的一个支系,不是一个单独的民族,有关部门怎么可以随便称其为民族呢?"文革"中县公安局下去批斗一位拉祜族的苦聪人,由氏族长即人民公社领导讲话。县公安听不懂苦聪人的语言,但见氏族长疾言厉色,以为批斗成功,便安然入睡。哪知氏族长不是批斗,是在布置逃跑。县公安半夜听见猪叫、狗叫,以为是苦聪人"赶摆"(去集镇买东西),继续睡大觉。想不到早上起来时,全村一个人也没有,全都走了。县政府从此知道,应该如何对待不同民族的不同习惯。"十里不同风,百里不同俗",不要说不同民族,就是同一民族在不同地区也不一样。入乡随俗是尊重,是涵养。1949年4月解放军渡江,要靠渔民划船。渔民热爱解放军,可是渔民忌讳"翻身",不许解放军讲"翻身"二字。尽管解放军纵横千里一直把"翻身"二字挂在嘴边,可是渔民不许解放军讲"翻身",解放军就不能讲"翻身"。

前考后虑,我可以不计较领导的"怒目"以及他们后来对我的评价,但不能不讲明重视民族特色的重要性。我在《联合时报》发表了《委员应有知"民"度》，指出"人民政协的'民'字里也包含有'民族'的神圣之意"，强调知道民族才能做好统战工作。

多年来，我一直把碰钉子当作历练，是学习议政之必须。

1993年我作为全国政协委员，对全国政协一位副主席大谈耳朵认字，称赞耳朵认字是"社会主义绿叶"的说法有不同意见，因为我在长春、在郑州、在北京、在上海多次看见声称耳朵、舌头能认字的人是如何弄虚作假的，所以在政协会前提交了"建议组织科学家对耳朵认字进行测试"的提案。提案组很有礼貌地打电话给我说："不拟列入提案。"我很失望。我想提案组有提案组的难处，只好同意不列入提案，但不等于我思想通了。适巧政协要开设"语音信箱电话"，通知从零时起，委员可以用电话向大会会务组反映自己的意见和建议。于是，我盼望零时快些到来。

零时一到，我就抓起电话打到会务组，啰啰唆唆地讲了20多分钟，把我所见到的情况述说一遍，指出耳朵认字是伪科学，又提出：那位副主席是受骗上当，如果不让那位副主席了解真相，是害了那位副主席，有损于科学家的威望。想不到第二天政协记者在报道时，把我电话里所说的材料摘要刊发。后来，伪科学的始作俑者节节退却，先把耳朵认字改为"人体特异功能"，过一阵子又改为"人体科学"。尽管是换汤不换药，但也多少说明他们不敢为"伪科学"亮剑。医学、解剖学、生命科学不都是人体科学吗？退却未必是政协报道的威力，也可能是始作俑者自己陆续发现耳朵认字的虚伪性。说到这里，我想向当年在电视上、在报刊上所宣传的那几十位耳朵能认字的人提个问题：你们现在还能用耳朵认字吗？被称为新发现的人体科学真是新发现的吗？你们把文艺复兴中因提倡人体解剖而遭迫害的维萨留斯（Vesalius，1514—1564）往哪里摆？早在公元前500年就大讲特讲"尸可解剖而视之，其脏之坚脆，腑之大小，谷之多少，脉之长短"的《内经》是不是讲的人体？

从1992年起，"兼顾公平"论作为原则风靡全国。我从盲从到怀疑，再到坚决反对。我查阅了40多个国家的价值观或城市精神，没有一个把公平置于"兼顾"地位的。只有英国曾有几个人鼓噪过"兼顾公平"，无人理睬，未成气候。我坚信"兼顾公平"论是错误的。原则问题要作为原则来纠正，我把批评"兼顾公平"视为议政的制高点。信仰给人勇气，我想即使惹点麻烦也要议下去，个人得失再大也是小事。但鉴于风势太大，我只能婉转表达。可是，不管怎么拐弯抹角,报刊都不给登。有的给登,但删去了我的得意之笔,甚至连"弱势群体"四个字也不得见报。无奈我来了个"四个面向":面向小报、面向基层、面向边疆、面向内刊。不过,即便如此,我发表出来的所谓得意之笔也是轻描淡写。

公平是道德的准绳。"兼顾公平"论冲破了道德底线,是不道德的。1994年3月15日我在《团结报》发表了一篇《立法年,立德年》,接着又在当年6月1日的《团结报》上发表了《提倡"德治"》,立即得到雷洁琼的口头赞扬。用道德治理社会的思想历史悠久,可是"德治"这个概念的出现还是有史以来第一次。六年多以后才有文件使用"以德治国"的提法。不过,文件把法治与德治平行,没有明确法治第一,德治第二,我也不敢苟同。

90年代群体性事件一天天地突出起来,在20世纪末群体性事件每年达30万件上下,件数多,人数多,烈度大。我与友人徐觉哉、沈永林等十余人合写了一本《变革社会中的政治稳定》,提出了变革动力论、稳定条件论、发展目的论。也许是集体创作面子大,出版之后平安无事,令人泰然、舒然,尝到了议政的甜头。

21世纪初叶我为和谐社会写了20多万字

21世纪初中共中央提出"和谐社会",提出"科学发展观",提出"缩小四个差距"。我学习了以后精神为之一振。为什么?因为1996年我为了赞同全国政协八届四次大会的闭幕会上提出的"和谐、和气"受到有关宣传部门的批评。

全国政协八届四次大会闭幕后,在走出会场的过程中,解放日报记者李文祺先生采访我。我根据闭幕词讲"和"的精神,说:"12亿人,不'和'行吗?"并建议李记者用"12亿人,不'和'行吗?"做标题。第二天《解放日报》就登出了。在由京返沪的飞机上,能看到早报的领导同志陈铁迪、王生洪在机舱里同我打招呼时,夸奖了我同记者的这番谈话。可是,我当时还没见到这张《解放日报》。到上海后,我也没有马上去找这张《解放日报》。想不到一两天后有关部门在几十家报纸的吹风会(或称通气会)上批评了这篇报道。这促使我马上把报纸找来,横看竖看,没看出有什么毛病。记者所记完全符合我的原意,没有丝毫走样。我左思右想:领导如此批评和谐是错误的,是有害的,是"斗争哲学"的残余。我学习毛主席著作从来是认真的,我清楚地记得毛主席在1975年明确抛弃过"斗争哲学"。我翻箱倒柜,找出我过去学习毛著所做的卡片。毛主席说:"'共产党的哲学是斗争的哲学',这是资产阶级讲我们的,以后不要说了。我们是讲斗争的,同时讲团结。老斗争就乱,还是以安定团结为好。讲斗争是对的,还要讲团结和纪律。"

重温了毛主席教导,手中握有了理论,增强了理论勇气。我考虑再三,想想国情,想想千百万人的愿望,我决定写信批评领导。什么时候批评？根据我的办事方式,应该再琢磨琢磨。可是我又考虑,如果迟迟不纠正,势必牵连到记者。我虱多不痒,牵连到记者我抱愧。于是,我立即把报上那豆腐干大的报道复印在一张 A4 纸上,然后在"豆腐干"四周,一气呵成写出我的看法。写完以后如何寄出？

我又考虑,如果寄去,很可能领导在收到后不会理睬我,他们往哪里一放,从此石沉大海。这是不少领导的艺术。因此,我决定用传真机传过去,这样至少是收到传真的工作人员会看一眼,那就可以多一位读者。果然不出所料,到今天 24 年过去了,我所批评的领导有因为优秀早就提拔了上去的,又有因年龄原因早已退了下来的,他或他们没有就此提起过一个字。

人不能过于自信,领导不理我,也说不定不是他们错,说不定是我错了,他们才把我当作不可理喻之人的。我翻阅有关书籍,我联系现实思考。由于有了多年思考,在 21 世纪初中共中央提出"和谐社会"后,我雀跃三尺,披星戴月写和谐社会,接连写了几十篇有关和谐社会和科学发展观方面的文章和发言、提案,先后出版了《和谐社会浅说》和《谈谈社会建设》两部书。其中有一篇转载在《新华文摘》上,被一位中央政治局常委看见了。他叮嘱中央、国务院、全国政协三个研究室的部分同志听我讲一次,接着又命我在政协大会上发言。因为我是乡下人,乡音太重,笨得学不好普通话,所以我从不申请大会口头发言。现在领导有吩咐,赶着鸭子上架,我只好登台献丑。

退下来以后坚持做中国特色社会主义的阐释者

2008 年我裸退了。我记起陆游的"位卑未敢忘忧国",我也未敢忘记陆游的另一句话:"夜半挑灯更细看"。可是我也自知自己思想老化,精力不济,在议政方面只能是坚持"小车不倒只管推",尽力而为。

由于 20 世纪末叶国家把"兼顾公平"论当作原则来推行,导致"不平则鸣",群体性事件增多,社会矛盾突出。如何把社会矛盾化解在萌芽状态,如何不把局部矛盾酿成全局性矛盾,经过一番研究以后,我就社会矛盾写了篇近万言的文字。时任上海市委书记的俞正声同志在这方面有不少高见,他就此跟我一个人讲了一个半小时,我得益匪浅。

2013年我写出了《展望民主的第三境界》。20世纪80年代初在中央文件里曾提出高度民主,并把"高度民主"作为标题,令人兴奋,后来讲得少了。十八大又强调了民主,正中下怀。我很快提出民主有三个境界:人治民主→法治民主→社治民主。"社治民主"是我根据党中央"小政府,大社会"思想提出来的。2018年3月的全国人大十三届一次会议上,国务院撤销、精简、合并了好几个部委,表明政府在减肥。说起"小政府,大社会",还有个故事。"小政府,大社会"最早是由我北京的一位朋友廖研究员根据恩格斯的思想概括出来的。想不到提出后立即受到他所在单位领导的批判:"小政府岂不是削弱政府吗?"几个月以后,中央文件采用了"小政府,大社会"的提法。他所在单位的领导忘记过去,脸色一变,在一个重要场合把发明权揽了过来,说:"'小政府,大社会'是我们研究所首先提出来的。"时为中年人的廖兄看到这种场面不具备理论研究的生态环境,便去了海南大展宏图。

2014年我写了《人与社会互为本》。在文章第一部分我用了两个标题:一、"社会不以人为本就不成其为社会";二、"人不以社会为本就不成其为人"。我之所以倡导互本论,还是与我不赞成"兼顾公平"论有关。我目睹不公平现象害死人,想用互本论绕着弯子取代"兼顾公平"论。

2014年我写了《社会主义分配原则的现状和未来》。其目的是表明看不惯那些为了替"兼顾公平"论擦粉,大讲"第一次分配讲效率,第二次分配讲公平"的歪理。事实清楚地告诉我们:第一次分配也不能不讲公平。文章中我针对救济、扶贫中的不公平,提出了"第三次分配"。我写道:"把第一次分配、第二次分配以及慈善、救助等第三次分配统统完善起来,一个'橄榄形'的社会结构一定会在中国出现。"

2016年我写了《论"五大理念"的思想解放力》。背景是中共中央在"十三五"建议中,首次将"创新、协调、绿色、开放、共享"并称为五大发展理念。可是当时阐述五方面之间的辩证关系的文章不多。我想作为参政党的一员,应当为五大理念出力。从我的研究重点、知识积累考虑,几年来我写了十几篇为弱势群体,也就是今天所讲的"低端人口"呐喊的文章,因此曾被人戏称为"贫困社会学家"。这样,我在五大理念中突出强调了共享。中国的经济总量世界第二,中国的基尼系数却徘徊在第60位上下。我曾经粗略地计算过,仅用近年"老虎""苍蝇"所贪腐的数额,就足以让贫困人口早日脱贫,不必等到2020年。

2017年我写了《多学科视野下的"人类命运共同体"》。我在年青时代,见过苏联主席伏罗希洛夫,见过印尼总统苏加诺,以及埃塞俄比亚的也是世界上的最后一位皇帝塞拉西等国家元首,对他们都很崇敬。正如郭沫若在一首诗中所写的:"呜拉齐欢呼,伏罗希洛夫。"随着时间的流逝,随着见闻的增多,我开始瞧不起好多外国的国家领导人。即使是不太坏的外国领导人,据我了解,他们也常干些损人利己、损人未必利己的勾当,干过出手为云、翻手为雨的两面派行径。他们不以地球为起点,不向银河系进军,眼睛只盯住别国的一亩三分地,算什么胸怀!他们不如百姓。我与140个国家的普通百姓握过手,合过影,聊过天。我曾著文讲,有些国家的百姓比他们国家的总统高明。从2007年起,尤其是在2013年以后,中国领导人讲了近百次"人类命运共同体"。我认为这个观点值得那些欺侮人的国家元首关注。在联合国把中国提出的"人类命运共同体"两次写进决议后,我怀着无比喜悦的心情写了《多学科视野下的"人类命运共同体"》一文,力图顶住"逆全球化"的思潮。

2017年底我因发表《论社会平衡》而获奖。十九大提出,"中国特色社会主义进入新时代,我国社会主要矛盾已经转化为人民日益增长的美好生活需要和不平衡不充分的发展之间的矛盾"。找到主要矛盾就是抓住了牛鼻子,次要矛盾迎刃而解。对"不平衡"三个字我深有感触。在十九大召开之前的2017年8月,执政党征求参政党对十九大的建议时,我已向民进中央,并通过民进中央向中共中央反映解决"不平衡"的问题。因此在十九大闭幕后,我日夜不停写了《论社会平衡》,发表在《探索与争鸣》上。

我今年80足岁,死神在向我招手。我的愿望是:一息尚存,笔耕不辍,议政不止。今年是改革开放40年,很多人写了学习邓小平南方谈话的文章。对此,我也写点看法。20多年来,各地对南方谈话的宣传力度是不一样的,有的城市火红,有的城市冷清,有的城市学人发表了纪念文章,反而受领导批评、限制。这里大有值得思考的余地。如果让我议政,我将呼吁领导带头宣传邓小平南方谈话。我自己也打算写一篇《我与特区》,议一议特区这个政。

越是热爱执政党,越要在原则问题上,敢议政、真议政,真诚而不敷衍,尖锐而不极端,努力增进共识。

脱稿于2018年3月21日晨

建议立即停止对期刊定级的做法*

近年来,推行对期刊定级,不能说对提高期刊质量毫无用处,可是,站得更高一点看,从总体看,这样做的结果是弊大于利,弊大于利千百倍。请看,不知有多少刊物负责人为了提高等级,不得不对评判人、定级单位摇尾乞怜,送礼行贿。又由于学人在不同级别刊物上发文章会拿到不同的"分数"、不同的奖金,也不得不对"一级""前十""核心"刊物的人"热情招待、精心侍候、常送大礼"。期刊定级正在制造腐败,正在加剧腐败,搞得知识界少文多腐。

再者,现在定级的指标看似在理,实则未必恰当,不含多少"理"。被引率、被摘率看起来很有道理,可是几个人串联起来,来一个"互引""互摘",不就可以不用吹灰之力大幅度提高被引率、被摘率了吗?这只要看看如今许多文章后面附的"引文出处""参考文献"占多大面积就可以心中有数了。刊物还有个转载率,这个指标也是有一定道理的。美文就是要转送给更多人看嘛!可是,由于刊物等级的过于"神圣",这个指标逼得办刊人用减少刊物篇数来提高转载率。好文章不会很多,一期上能有一篇值得转载的好文章就算不错了。编辑是有眼力看出哪一篇会被转载的。在 10 篇中被转 1 篇,转载率就是 10%;如果 20 篇中转 1 篇,那么转载率就只有 5% 了。因此,加大文章篇幅,减少一期中的篇数,是提升转载率的锦囊妙计。这只要看看本来可以简短的文章,如今都在拉长便可知晓。作者不拉长,编辑也会示意其拉长。至于学校、科研单位、地方的大领导为了"升等"如何走上层路线的,那就只有大领导自己心中有数了,这里不便赘述。

因此,为了优化学术生态,推动科学文化事业,净化社会空气,建议立即停

---

* 原载《民进信息》第 98 期,2019 年 3 月 7 日。

止评级活动。刊物的质量如何,读者最为了解,最有发言权。读者与读者之间的看法也许有差异,但是读者群的看法不会有误。读者群是刊物最富有权威的高评委,建议把对刊物的评审权尽快还给广大读者。这一建议也许会减少有关评审人员的物质、精神效益,恕我在这里说一声:对不起!请息怒!

2019年2月10日

心往一处想，劲往一处使
——我是如何为中国国际进博会建言的[*]

2018年初，我从上级传达里知道将在上海举办的中国国际进口博览会被列为国家2018年的四件大事之一。国家的大事就是我们每个人的大事，我们不能只当参观者不做参与者。后来，我又接二连三地听说报名参展的国家数量，简直是与日俱增，令人欣喜。这就更加激发我的思考：作为一名教师一名上海文史馆的馆员应当如何为进博会做贡献？我前考后虑，打算从提升世界眼光、开阔世界胸怀方面着手，于是就对展馆设施提了三点建议。

第一条是建一个用几十种文字书写"欢迎"二字的高大石碑或画布。这一条我是移植来的。有一年我在马克思的母校柏林洪堡大学时，适逢德国外交部开放日。一进德国外交部就见到他们用几十种文字写有"欢迎"的画布。汉字的"欢迎"二字在右上角。不管德国人怎么想，我按中文竖写的习惯，认为它是大写的"第一字"，立即产生拍照留念的想法，但是人山人海挤不上去，只能等到参观出来时，人稀少了再拍。进去看了他们外交部的图书馆、部长办公室以及地下的"一旦通知下来可以拎起装有文件和可供'衣食住行用'的全套手提箱就飞"的保密室以后，来到了外交部的谈判桌。这长长的会谈桌一年至少举办上百场会谈，可是开放日那一天会谈桌上交叉放着一面中国国旗和一面德国国旗，没有第三国的国旗。我异常兴奋，站在两面旗帜后拍照。拍照时，不知是哪国来的人指着会谈桌用英语说了句："中国人一定喜欢这里。"因为我正对着镜头，便没与那人对话，可我心里想："那是当然……"参观出来，见德国外交部长（也就是现任的德国总统施泰因迈尔）立在"欢迎"画布前。我对这位

[*] 写于2019年4月17日。

外交部长有个好印象:他当部长时曾把自己的肾脏移植给了患病的妻子,媒体称赞他有品格。我对施泰因迈尔身边的人说:"我是中国教授。能不能与部长在中国'欢迎'二字下合影?"还没等他身边的人回答,施泰因迈尔听见了就主动答应:"欢迎!欢迎!"哪知又因为人头攒动,汉字"欢迎"二字只照了一个边,看不大出是汉字。我提出:"再照一次。"施泰因迈尔又欣然同意再照。我暗暗在想:施泰因迈尔这般给面子,是因为"我的名字是中国"。国有威则民有亲。与此同时,我又看见不同肤色的人争相在他们国家的文字面前留影。既然本国的文字对人们有那么大的吸引力,在上海举办的中国国际进博会上岂不是也应当有这样一座石碑或一面画布,让各国友人高兴高兴吗?于是我便把这一建议作为头一条提出。

第二条是建一个显示"世界各大城市与上海的方位、距离以及时间和天气"的地图。如果说第一条是摹仿,这第二条则是完善。在南美好望角顶峰仅有十多平方米的狭小空间里,人们用小木片写上从好望角望世界十多个大城市的方向。木板虽然破旧,但是也能拉近游人的祖国与好望角的距离,让人"'抬'头思故乡"。我想,在我们上海举办的中国进博会上,如果在什么地方,地面一张世界地图,在地图中的上海地理位置上立一根石柱,上面向东西南北伸展出世界各大城市的方位、距离,如果再能够显示出此时此刻各大城市的时间和气温,岂不是更能让人把世界装进心中吗?于是我便把这一建议列为第二条提出来。

第三条是建一架"水风琴""水钢琴"。我不会弹琴,但是我参观过制造风琴、钢琴的工厂和乐器进化历史的博物馆。造风琴、钢琴说复杂很复杂,说简单也简单。从原理上讲,风琴无非是靠风源的风力打在不同长度的音管或簧片上而产生乐音,钢琴无非是琴槌打在众多的琴弦上,从而产生广阔的音域。同样的,我们在黄浦江边插几根高低粗细不同的巨大金属管,风生水起,风有风力,浪如音槌,风浪打上去,岂不是同样可以奏出悦耳的风琴的音色、钢琴的音量吗?也许"水风琴""水钢琴"的琴声不如风琴、钢琴,但它是无时无刻不在弹奏的呀!是不用买音乐会门票就能让千百人听到并产生不同联想的乐曲呀!有什么不好?何乐而不为?于是我把这一建议列为第三条。

三条合一,我写了《建议上海举办的国际进口博览会增加三个小工程》,上送后被中共上海市委统战部的《统战专报》2018年第45期采用。2018年3月13日市委统战部书面通知我:建议"获中央政治局委员、市委书记李强批示"。

接着市发改委的领导同志持副市长、发改委主任等领导的批示来与我讨论落实的具体部署和设想。他们的分工是：发改委负责落实第一条，市商委负责落实第二条，徐汇区和在徐汇区的音乐学院、乐器制造厂负责落实第三条。后来具体设计人员也与我议论过多次。我说：很抱歉，我是只会动嘴，不会动手，对材料、结构、造型我一窍不通，为了办好进博会，仰仗大家一起努力。

三条建议在进博会开幕前全都得到落实。从这次变文字为实体、变思想为物质的过程中，我深深体会到领导对年老馆员的重视与关怀，丝毫不因我们的老朽而嫌弃，也不因我说外行话而置之不理。我深深体会到"上下一条心，黄土变成金"。这"上下一条心"不仅是指市领导与我这普通馆员一条心，更是指市委、市政府与中央领导一条心。我后来知道，进博会成功的背后，上海各界、全国各地，乃至世界各国都付出了无比艰辛的劳动和博大精深的智慧，这背后有三天三夜也说不完的感人肺腑、催人泪下的动人故事。我坚信：只要举国上下"心往一处想，劲往一处使"，伟大的中国没有办不成的伟大事业。"山高挡不住太阳，困难难不倒英雄。"任何艰难险阻都挡不住英雄的中国人民前进的道路。谁要想在我们中国人面前耍什么小手腕，玩什么鬼花样，甚至挖坑埋地雷，也只能是螳臂当车而已。中国开放的大门永远敞开，改革的大道永远向前。

再回过头来把我这三条建议放在世博会整体建设中观察，三条加起来也不过是东海之一粟，九牛之一毛，微不足道，微不足道啊！一位老劳模说得好："小车不倒只管推"，今后我只要有一口气，就要为国家、为中华民族出一分力。人老骨头硬。必要时，需要我献身，我也会连眼睛都不眨一眨地为人民、为国家豁出我这条老命！

建议换个思路，
把疫灾当作"破坏性试验"

在这次战疫中，党政军民医的表现总体上都是很好的。看到李克强在武汉的镜头，我想起了志愿军的"向我开炮"。从灾害社会学角度看，这一阵子在处理灾与灾民、医与患、社区与灾民、灾区与外地、中国与外国的关系上都还是不错的。灾是具有破坏性的，但也是难得的破坏性试验。认真研究破坏性试验，会丰富完善社会治理体系。这里提三点：第一，居安一定要思危。在平安时要想到灾害，想到各种各样的灾害，做出预案，"预则立"。恰恰是人在平安时很容易想不到有灾，这是缺个心眼。第二，增加透明度，快速地、极大地提高透明度。透明是集中全民智慧和力量。透明是效率，高透明是高效率。立陶宛首都市长参加市民马拉松时发心梗，需要送德国医治。市民立即想到市长没钱医治，自发捐钱送市长赴德。市民是什么眼睛能看出市长没钱？第三，各部形成合力的速度要快、要真。在战疫中要把本位主义、山头主义扔到太平洋里去。

此外，我在想三点：第一，为鼓舞士气，在战疫中是否可以像战争年代那样火线入党、火线授奖？第二，对贪污救灾款的是否可以像处理刘青山、张子善那样依法从严从快？我的邻居是老革命。她与张子善同村，她说张做过很多好事，被处决后村民争着抚养他的孩子。可党中央对其罪行绝不手软，大得人心。第三，新闻发布会能不能不念稿，少念稿？尤其是记者提问，只一句话也念稿，影响不好。

---

* 本文为向民进上海市委提交的社情民意信息，写于 2020 年 2 月。

贯彻"双百"方针,发挥知识分子作用,建设长三角文化高地*

一、长三角地区文化名人最多

长三角的三省一市是中国文化最发达的地区,从古到今不知出了多少文化大家,不知出了多少学科、学派、画派、剧种和曲种。华夏"第一人文始祖"有巢氏建立的氏族社会(有文章讲是"古巢国",待考)在今天安徽的巢湖一带。夏朝治水的天子大禹葬在今天浙江的绍兴。宋代,程朱理学的集大成者是安徽的朱熹,陆王心学的集大成者是浙江的王阳明,因此又称阳明理学。中国的"四大小说名著"①中有三部是江苏人写的。如果说"五大名著",加上《儒林外史》,那就是有四部是长三角人写的。在一千多年的科举史上,全国总共出了596 名文状元②,其中苏浙状元数占总数的 35%以上。人口不多的安徽省休宁县走出了 19 名状元,成为"全国状元第一县"。南京有座可容纳 2 万人的考场,叫江南贡院,明清两代名人唐伯虎、郑板桥、吴敬梓、施耐庵、翁同龢、李鸿章、清末状元张謇等人皆出于此。在清代,考生在江南贡院乡试中举后经殿试考中状元者,江苏籍 49 名、浙江籍 19 名、安徽籍 9 名,共计 77 名,占全国状元总数 114 名的 62%以上③。

民国初年,蔡冠洛编纂的一部很有影响的《清代七百名人传》,从 260 多年中选出了 713 人,包括政治、军事、学术、艺术等各方面的人物。按地域分布,江苏居首位,有 144 名,浙江次之,有 102 名,安徽第三,有 51 名,三省占到总数的 40%。

古代如此,今天亦然,或者还可以加个"更"字。至 2016 年末,新中国

---

* 本文为第二届长三角文化论坛会议论文,南京,2020 年 11 月。

1 629 名两院院士中,籍贯为长三角的院士有 909 人,占比 56%。江苏第一,达 88 人,浙江第二,安徽第七,上海第十。在自然科学方面,三省一市都出了诺贝尔奖获得者(李政道为苏州人,生于上海)。此外,还有一位出生在国外,后来加入中国籍的,先后住在江苏、安徽的女士,因写了部反映中国农民生活的小说而获诺贝尔文学奖,这要不要算在内?可以讨论。今年 4 月 24 日是中国的航天日。1999 年国家授予"两弹一星"功勋奖章的有 23 位,按地区获奖人数多少排名,长三角三省一市有 15 位,占到 65%,其中江苏、浙江各 6 位,安徽 3 位。这是权威发布的数字。笔者统计的是浙江 5 位,即使按笔者的统计少了一位,长三角也是占绝大多数[①]。按元勋青少年成长所在地统计,上海第一,有 5 位,安徽第二,有 3 位,江苏第三,有 2 位。

还有一件值得一提的是在马克思《资本论》这部不朽名著中,一共提到了 680 多个世界各国的人物,唯一提到的中国人就是安徽的财政学家王茂荫。王茂荫毕生致力于中国经济史尤其是货币史的研究和实践,他的货币观点及钞币发行方案最为引人注目,被学术界评价为"我国封建社会货币理论的最高成就"。在他的建议屡遭皇帝否定后,他针对当时朝廷权臣肃顺等请添铸"当百、当五百、当千"大钱的建议,一针见血地指出:"官能定钱之值,而不能限物之值。钱当千,民不敢以为百;物值百,民不难以为千。"他在价值规律和货币投放之间的关系问题上的高见引起马克思的关注。能够为马克思主义的形成提供原材料,这是很了不起的一件事,是我们长三角人的荣幸。

长三角三省一市在世界上有影响的作品和人物不胜枚举,仅举一只歌曲为例。诞生在江苏的歌曲《茉莉花》,早在 19 世纪末就已传到英国。音乐是"世界语"。《茉莉花》在 1920 年到 1924 年又被意大利作曲家编入一部歌剧。如今《茉莉花》是除了国歌《义勇军进行曲》以外,我国在地球上传播最广的歌曲。《茉莉花》的词和曲均已翻译、传遍七十多个国家[⑤]。一首歌能传播这么多国家是世界上罕有的,也许只有《马赛曲》可以与之媲美。外国人为了表示与中国友好,一见面就唱起《茉莉花》。胡锦涛访问肯尼亚时与当地群众一起唱中文的《茉莉花》。唱完后,胡锦涛高兴地对肯尼亚人讲:"这首《茉莉花》就是我家乡的歌曲。"这首鼓舞人与人和谐相处、人与自然和谐相处的《茉莉花》正在成为人类命运共同体的主题歌。

不论从历史上看,还是从现实状况分析,长三角都是中国的文化高地,太平洋上的文化灯塔。

二、文化因文化融合而发达

发人深思的是,长三角文化为什么会如此发达? 近代著名学者梁启超很关注这个问题,他在《近代学风之地理分布》一文中,按地域列举了清代众多知名学者的成就,认为第一个特别值得思考的问题是:"何故一代学风几为江浙皖三省所独占?"康熙皇帝曾说出了一半,他说:"东南财富地,江左人文薮。"财富只是一个方面,更重要的是长三角三省一市在文化上就像长江水一样,兼容并蓄,开放通达,敏于转向,不拒细流,注重融合。

(一) 时间上古今相融

长三角古为吴越之地,吴与越二者是对立的统一,政权上对立,文化在交流、碰撞、互动中统一。在中原逐鹿时,长三角成为中原难民避乱之地,一大批豪族士绅、文人墨客涌了进来,促使吴越文化不断嬗变,成为"千载读书地,历代名士邦"。现在还看得出,长三角地区书院多、藏书楼多。南京曾被誉为"六朝古都、十朝都会",有"天下文枢"之称。今天呢? 今天南京更辉煌,科教综合实力仅次于北京、上海,居全国第三位。葬在安徽的唐代诗仙李白曾为南京写了200首诗。由于长三角人能够继承中华文化的优秀传统,促使当代涌现了一批不是诗仙、胜似诗仙的大诗人。长三角文化名人之多犹如江水中的中华鲟、扬子鳄。

(二) 空间上区域相融

长三角文化是长江文化的组成部分。长三角文化是与长江中上游文化融合而成的。长江文化是中华文化的组成部分,长江文化是因为与黄河文化相融合而飞腾起来的。长三角注重地区间的文化融合而成就了一大批文化大家。许多人往往是出生在长三角的这一个省市,成就、成名在长三角的另一个省市。比如诺奖获得者李政道是苏州人,但生于上海。作为长三角龙头的上海,荟萃了全国各地,尤其是苏浙皖的文化名人。上海有条只有550米长的多伦路,原为江苏省的一条不起眼的小河浜,1912年填河修路。从此多伦路上群贤毕至,先后住过茅盾、夏衍、冯雪峰、叶圣陶、柔石、周建人、许幸之、潘汉年、张爱萍,还有台湾作家白先勇的童年时代也是在这里度过的。常来这里聚首切磋琢磨的大文人还有住在附近的瞿秋白、鲁迅、郭沫若、陈望道、王造时、丁玲以及日本的内山完造等。有人说,茅盾的《子夜》就是从阳台上递给隔壁邻居叶圣陶出版的。现在上海约有200处名人故居,几乎都是来自全国各地的,按省的数量排列居于第一位、第二位的都是长三角的省份。还有些文化名人如陶行知、陈鹤琴,在长三角的三省一市都有故居。江苏文化是吴文化、金陵文化、江淮文化、中原文化的有机融合。1962年中宣部要华东六省一市共同编写哲学、政治经济学教材,最后选定以上海的冯契、庞季云,江苏的孙叔平、邓克生四位的书为基础,加工补充后上送。四位中冯契是浙江人,孙叔平是安徽人。多样融合才是繁花锦簇,丰富多彩。后来华东编的两本普及读物作为大学教材、两本有深度的书作为教师参考读物。这足以说明长三角是文化交汇、人才辈出的宝地,说明长三角海拔不高,文化高,是不折不扣的文化高地。

(三)垂直的高雅文化与大众文化相融

"情洒秦淮不夜天"。好几个朝代的大诗人从不同侧面赞美过流淌在长三角的秦淮河,有的诗人还不只写一首,辛弃疾写了三首。学人无不希望我们的研究成果能够"飞入寻常百姓家",这"飞入寻常百姓家"的诗句就是刘禹锡在秦淮河边写的。"飞入寻常百姓家"就是把高雅文化与民间的大众文化相结合,从而加快文化发展的速度。江苏人的文化意识之浓超出人们的想象。镇江有金山、焦山等小岛,那里有美景可供欣赏,那里有佛堂可去参拜,可是富有文化素养的江苏人却不从这些角度看金山、焦山,他们说:"提起金焦当墨磨,长江好比砚池波。"江苏的文化就是用"金焦当墨"写出群众文化来的,是把长江作为特大砚池扬起高雅文化来的。长三角的每一滴水都饱含着"高雅中有通俗,通俗中有高雅"的健康的、优质的文化细胞。

(四)横向的不同流派之间相融

我们都知道,徽班被称作"京剧之父",更应当知道的是,这"京剧之父"从年轻时起就兼唱二簧、昆曲、梆子等腔,活跃于苏浙皖赣等省。1790年进京后,不仅把不同的徽班之间进行了合并、融合,而且又兼唱多种声腔戏。在秦腔进京后,徽班又吸收了秦腔在剧目、声腔、表演等方面的特长。紧接着,徽班又兼习楚调之长,又进一步汇合了西皮、昆曲诸腔,从而把徽班提升为"采得百花酿成蜜"的成熟的京剧之父。不同学派、流派之间的文化融合不只是量的相加,更是质的飞跃。长三角文化界十分重视民族文化,研究56个民族的文化史,吸收56个民族的文化特长,帮助56个民族培养文化人才,传播、推广56个民族的文化成就。台湾因为受日本侵略者的掠夺,高山族酋长在重大活动中所穿的珍珠衣已经绝迹。可是复旦大学刘咸教授1947年在台购买的珍珠衣珍藏在复旦大学博物馆,令高山族响往,促两岸一家⑥。多元一体是长三角文化的特色。"多元→交锋→交流→交融→一体→再多元→再交锋→再交流→再交融→再一体→……",循环往复,以至无穷。这就是文化发展的规律。

(五) 本土文化与外来文化相融

1949年之前中国是半封建半殖民地社会。长期以来,英、法、美等列强在上海有租界,压榨中华同胞,又都肆无忌惮地不断扩张租界面积。殖民者在建筑、绘画、戏剧以及生活方式等方面带来他们的文化。起初,殖民文化不仅与我们的本土文化有冲突,而且殖民者之间也有矛盾,后来渐渐地出现了融合的倾向。有人提出中国人对外来文化经历了"惊→异→羡→效"四个阶段,这种划分不完全准确,但也多少有点道理。当时有许多文人从爱喝茶到爱喝咖啡,从爱穿中装到爱穿西装。许多外国的文学作品在上海翻译成中文,大量的中国文学作品在上海翻译成外文。一百多年前,上海有位德国人在读了《三国演义》以后,对诸葛亮崇拜得五体投地,便把自己的名字改为"陈诸葛"。与此同时,先进文化也传了进来。马克思主义开始传到中国。《共产党宣言》是1920年在上海提出后,由陈望道在浙江翻译出来的。1921年之前,上海已经有社会主义研究会,有共产党组织。中国共产党能够在上海诞生、在浙江红船上开会不是偶然的,在中共"一大"中有外国人参加也是有历史必然性的。20世纪初叶,中国出国留洋的年轻人成群结队从上海出发。上面提到的诺贝尔奖金获得者以及"两弹一星"元勋,其中有很多是"走出去"又"海归"的。在近现代,长三角人由于对外来文化去芜存菁,注重吸收外来文化的长处,从而把长三角文化提到一个新的高度。

经济是基础,文化是上层建筑。"经济搭台,文化唱戏"⑦,繁荣的长三角经济成为先进文化的孵化器;长三角发达的文化成为经济健康发展的先导和灵魂。目前,长三角正带头把经济建设推进到知识经济时代。在农业经济时代农民是主力军,在工业经济时代工人是主力军,在知识经济时代知识分子应成为主力军。因此中国的知识分子早已不是"臭老九",社会地位空前提高,成为领导阶级的主要组成部分,成为天下英才,备受各界尊重。长三角自古就有敬贤、学贤、尚贤、齐贤的优良传统。被称为孔子弟子中"十哲第九人"的言偃,到东海之滨开设学馆办学,东海之滨的这块地方就取名"奉贤县"⑧。可以相信,在知识经济时代,长三角人会把知识分子的社会地位提得更高,更加注重发挥知识分子的积极性和创造性。

三、为进一步提高长三角文化提三点建议

科学在空间上无国界,在时间上无止境。在科学文化界面前还有很多未开垦的处女地,还有很多未知数等待学界去求解。2020年蔓延全球的、冲击社会治理、变革国际结构的新冠病毒就是一道正在破解中的世界难题,此外,还有很多领域都有各自的"哥德巴赫猜想"。

如何把科学文化提到新高度?这里提几点不成熟的建议。

(一) 坚持"双百"方针

真理是要从多种学说、多种流派的比较、共振、互补、互动中产生的,文化水准是沿着肯定否定律波浪式向前的。占上风的主流观点往往是从许多非主流观点中提炼出来的。文化史上把已经被人淘汰的思想上升为主流意识的事比比皆是。当今,以万世师表孔子命名的孔子学院遍布世界各地,可是两千年来孔子的学说挨过多少次批判?汉高祖刘邦当初是仇恨儒学和儒家的,后来又成为皇帝祭孔的带头人。中山陵怎么建比较好?当时有三种方案。宋庆龄看中的是一位当时并不知名的年轻的安徽建筑师的方案。文化史要求我们尊重差异,包容多样。一花独放不是春,万紫千红才是春。一部中华文明史就是一部百家争鸣的学说史。一锤子定音不仅是定不了的,而且很容易砸掉新学说、新思想、新流派。"双百"方针是知识分子最能听得进、做得到的方针。在1956年青岛遗传学会议上,中宣部第一次传达"双百"方针,立即点到了学界的兴奋点。会上有学者发言9次。学者在下海游泳时还会聚在一起"点赞"双百方针,变渤海为学海。曾经发现数十颗行星和彗星的、逝世后国际上又以其大名为天上行星命名的紫金山天文台老台长张钰哲,在1978年科学大会上,对记者说起"双百"方针时,流下了激动的热泪。"双百"方针是生命力最强的方针。哪里有科学文化哪里就少不了"双百"方针,只要科学文化不消亡,"双百"方针就不会失效。"任尔东西南北风",知识界都要抓住"双百"方针不放

松。少谈"双百"方针是缺陷,不谈"双百"方针是失误。

(二)坚持政治体制改革

政治改革、政治体制改革是邓小平率先提出来的。要让文化人把各种改革的见解充分发表出来,政界就要为学界营造一个宽松的温暖的宜人宜学的学术生态环境。"你有肚量,我有胆量。""笑逐'言'开",不笑言不开,一笑言就开。敢与蒋介石对骂、对打的安徽大学代校长刘文典,被人认为是一位爱说话、爱评论的"狂人",可是在1957年"反右斗争"后他闭口藏舌,默不作声。春秋战国时期的"百家争鸣"是与当时的变法交相辉映的。王权衰落,诸侯争霸,各国都意识到为了争雄需要另找出路,企图变革。怎么变革?需要延揽人才,起用贤能之士使得原本几乎没有资格参与政治的庶民也可以发表自己的政见并参与政治决策。当时的形势一边是诸子百家:老子、庄子、孔子、孟子、荀子、墨子、列子、申子、韩非子等学术思想代表人物,是道家、儒家、法家、墨家、兵家、名家、阴阳家等不同学术流派;一边是变革:魏国有李悝变法、楚国有吴起变法、秦国有商鞅变法、齐国有邹忌变法、韩国有申不害变法、赵国有胡服骑射,等等。学界的高见是变法的智库和杠杆,变法为学界施展才华开辟广阔天地,变法的力度与学术的高度成正相关。清初王夫之认为"治世有三代",三代中的每一代都是依靠文人的改革思想治成盛世的。今天依然令人念念不忘的汉代"文景之治"不用说,那是文、景二帝的功劳,可是与文景他们"笃信黄老"而又不忘儒学有很大关系,更与他们重视并依照思想家贾谊的《治安策》治国有关。"贞观之治"不用说,那是唐太宗李世民"治"成功的。殊不知李世民靠的是"以贤治天下",他靠一批贤人为他出谋划策来提升自己的老谋深算。李世民称帝后设弘文馆,储备天下文才。他鼓励群臣批评他的决策和风格,嘱咐臣下"莫恐上不悦而停止进谏",励精图治。在政治上,他既往不咎,知人善任,从谏如流,整饬吏治;在经济上,薄赋尚俭,为政谨慎;亦致力复兴文教,遂使动荡之局面得以稳定下来。魏徵批评过他200多次,在廷上直陈太宗的过失,多次弄得李世民很尴尬,下不了台,可李世民尚能接受、承受。还有宋代的"建隆之治",是因为宋太祖及其后人有"以文靖国"的理念,有"右文抑武""内修文德"的国策。宋太祖立下祖训要求子孙不得杀害文人及上书谏议之人。他们尊孔崇儒,尊师重教,完善科举,文人的社会地位高于官位。宋真宗时,状元出身的陈尧咨拒绝出任高官;王安石为了不接已经送到家门口的委任状,而躲到厕所里。后来叫王安石当翰林学士,他欣然答应。因此有历史学家说宋代是"皇帝与士大夫共治天下"。"政者,正也。"这三代之治的共同点是都提倡言论自由,"谏者无罪",兼收并蓄,择善而从。文人在社会上是"自来自去堂前燕",彼此之间是"相亲相近水中鸥"。毫无疑问,这三代之治也不是尽善尽美的,正如毛泽东所指出的他们是"略输文采""稍逊风骚"。况且春秋时代被称为"百家百鸣"多少有点艺术夸张,那时只有一二十家,远不足百家。中国共产党总结了中国五千年的历史经验,结合20世纪50年代学派林立的实际,于1956年把"百家争鸣,百花齐放"提升到方针的高度,这是认识上的一大飞跃。因此我们在今天更应当从政治改革、政治体制改革着手,为"双百"方针的贯彻提供国策,鼓励、推动文化人敢于并善于"指点江山,激扬文字"。前面说到,党中央一再提倡"尊重差异,包容多样",尊重差异出百家争鸣,包容多样举百花齐放。"尊重差异,包容多样"是文化自信,是文化担当,为官者既要鼓励自然科学创新,也要鼓励、吸纳人文科学界的创见,不宜只听顺耳的忠言,更要能够恭听逆耳的建议,既欢迎先天下之"优"而优的豪言壮语,更欢迎先天下之忧而忧的带刺的谏言,做到兼听则明,推动文化事业灿然生辉。

(三)坚持教育者先受教育

文化人对自己的创新成果应有自信,但稍不留意会演化为自满,酿成"文人相轻"。要知道,虚怀若谷方能让浩瀚的学海奔腾而来,形成壮观的瀑布,"飞流直下三千尺"。文化人还应该有一个特点,那就是孟子所称赞的"无恒产而有恒心者,惟士为能"。现在,在西方的语境中,依然有人认为知识分子是"以知识文化的积累、传播、诠释、应用和创新为其生存方式的人",而不是别的。二十多年前,中国有些知识分子由于受"闷声发大财"一说的影响,拜金主义抬头。人才流动变成"人才买卖";一项发明,改头换面变成多项"知识产权";申报课题重"课题费"而轻创新,写出的东西充斥他人的"牙慧"。要知道,演员腰缠万贯是舞不起来的;学者富甲一方,就很难做到"耳听八方"了,就会多偏见而少创见了。金无足赤,文化人是贤人,不是完人,必须确立"先受教育"的理念,千万不要忘记这样一句话:"进思尽忠,退思补过,社稷之卫也"⑨。作为长三角人应当具有祖籍浙江、生于安徽的嵇康那样超然脱俗、清俊洒脱的魏晋风度;作为长三角人应当牢记长三角一位教育家的名言:"捧着一颗心来,不带半根草去。"学界要做到学术自由与品格自律齐头并进,多追求学富五车,少琢磨富甲一方。有了"不带半根草去"的精神,学者才敢于"舍得一身剐,敢把'旧论'拉下马",才会像江苏的另一位名人徐霞客所言:"达人所未达,探人所未知。"学者一定要敢闯未知领域,敢解难解之谜,勇立钱塘江大潮的潮头。前面把"两弹一星"元勋的籍贯只按省一级统计,没有按省以下的县市统计。如果按省以下的县市统计,浙江省湖州市位居全国第一,出了钱三强、屠守锷、赵九章三位元勋。他们这般一身正气、两袖清风,具有"钱王射潮"的大无畏气概、勇立潮头的精神,是不是与湖州每年八月十八呼啸而来的钱塘江大潮有关呢?发人深思,值得研究。

治国要靠法治、德治,还少不了文治。法律条文的准确性,道德规范的水准,以及核心价值观的表述,都受文化的制约。建设长三角一体化,要求我们弘扬长三角三省一市"你中有我、我中有你"的文化优势和传统,进入"江苏与安徽齐飞,浙江共上海一色"的崇高境界,实现"'3+1'大于4"的增长速度,推动长三角的科学文化事业蓬勃发展,登上科学高峰,披荆斩棘,勇敢地站到文化的最前沿、制高点。

2020 年 9 月 23 日

注释:

① 四大小说名著是:《三国演义》《水浒》《红楼梦》《西游记》。

② 还有一种说法是:文状元 654 人。

③ 有文章仅统计江南省,未包括浙江 19 名。

④ 作者查阅到 1999 年被中共中央、国务院、中央军委授予"两弹一星功勋奖章"的浙籍人士是:钱学森、钱三强、陈永芳、屠守锷、吴自良五位。还有哪一位尚未查到。

⑤《茉莉花》译成 70 多国文字这个数字是上海戏剧学院一位老教授告诉我的。我已记不清他说的是"70 多"还是"170 多"了。本着宁少报也不多吹的态度,这里取"70 多"。

⑥ 刘咸于 1947 年赴台调查访问高山族,1948 年在上海出版了《高山族》一书。刘咸从高山族带来酋长的珍珠衣,捐给了复旦大学博物馆。由于日本的掠夺,现在台湾没有珍珠衣。

⑦ 我不赞成曾经流行的"文化搭台,经济唱戏"的说法。按照历史唯物主义理论,大量的、主要的是"经济搭台,文化唱戏"。

⑧ 为敬奉贤人,1726 年奉贤设县,后隶属江苏省,1958 年划归上海市,2001 年撤县建区。

⑨《左传·宣公十二年》。

参考文献：

[1] 蔡冠洛. 清代七百名人. 北京：北京图书馆出版社,2008.
[2] 长三角文化论坛论文集(2019 年). 上海：上海人民出版社,2020.
[3] 龚育之. 龚育之回忆："阎王殿"旧事. 南昌：江西人民出版社,2008.
[4] 范文澜. 中国通史简编. 北京：商务印书馆,2010.